# 石油钻探企业
# 钻井现场 HSE 作业程序
# 实用手册

中国石油天然气集团公司质量安全环保部 编

石油工业出版社

## 内 容 提 要

本书以钻探企业钻井现场的作业程序为基础，内容包括 HSE 作业程序概述，钻前准备作业程序，井口准备作业程序，钻进施工作业程序，井控设备与操作作业程序，设备操作与维修作业程序，辅助作业作业程序，处理事故、复杂作业程序，完井作业程序，工具、仪器及仪表作业程序 10 部分内容，旨在细化和量化作业过程中的关键控制点，实现对常规作业风险的管理。

本书可作为钻探企业钻井现场 HSE 管理人员和操作人员的实用手册，也可作为石油钻探企业 HSE 作业程序的培训教材。

### 图书在版编目（CIP）数据

石油钻探企业钻井现场 HSE 作业程序实用手册／中国石油天然气集团公司质量安全环保部编．—北京：石油工业出版社，2017.12
ISBN 978-7-5183-2300-5

Ⅰ.①石… Ⅱ.①中… Ⅲ.①油气钻井—石油企业—工业企业管理—中国—手册 Ⅳ.① F426.22-62

中国版本图书馆 CIP 数据核字（2017）第 285149 号

---

出版发行：石油工业出版社有限公司
　　　　（北京朝阳区安定门外安华里 2 区 1 号　100011）
　　　　网　　址：www.petropub.com
　　　　编辑部：（010）64222430
　　　　图书营销中心：（010）64523633
经　　销：全国新华书店
印　　刷：北京中石油彩色印刷有限责任公司

2017 年 12 月第 1 版　2017 年 12 月第 1 次印刷
787 毫米 ×1092 毫米　开本：1/16　印张：13.5
字数：280 千字

定价：85.00 元
（如出现印装质量问题，我社图书营销中心负责调换）
版权所有，翻印必究

# 《石油钻探企业钻井现场 HSE 作业程序实用手册》

## 编委会

**主　　编：** 徐非凡　川庆钻探工程有限公司长庆钻井总公司

**副 主 编：** 李建林　川庆钻探工程有限公司质量安全环保处

　　　　　　李雪岗　川庆钻探工程有限公司长庆钻井总公司

　　　　　　李守泉　川庆钻探工程有限公司长庆钻井总公司

**成　　员：** 李　阳　川庆钻探工程有限公司长庆钻井总公司安全环保节能部

　　　　　　王　勇　川庆钻探工程有限公司长庆钻井总公司安全环保节能部

　　　　　　刘希宏　川庆钻探工程有限公司长庆钻井总公司安全环保节能部

　　　　　　李富平　川庆钻探工程有限公司长庆钻井总公司安全环保节能部

　　　　　　徐智锋　川庆钻探工程有限公司长庆钻井总公司安全环保节能部

　　　　　　王维强　川庆钻探工程有限公司长庆钻井总公司人事劳资部

　　　　　　刘思远　川庆钻探工程有限公司长庆钻井总公司第五工程项目部

　　　　　　海鹏飞　川庆钻探工程有限公司长庆钻井总公司安全环保节能部

　　　　　　王杰飞　川庆钻探工程有限公司长庆钻井总公司第五工程项目部

　　　　　　谢　敬　川庆钻探工程有限公司长庆钻井总公司安全环保节能部

　　　　　　田金江　川庆钻探工程有限公司长庆钻井总公司钻井业务外包部

　　　　　　谭宁军　川庆钻探工程有限公司长庆钻井总公司生产运行部

　　　　　　任桂英　川庆钻探工程有限公司长庆钻井总公司安全环保节能部

　　　　　　陈鹏生　川庆钻探工程有限公司长庆指挥部

# 前 言

作业程序是HSE"两书一表"《中国石油天然气集团公司HSE作业指导书》、《中国石油天然气集团公司HSE作业计划书》、《中国石油天然气集团公司HSE现场检查表》作业指导书中操作规程的重要组成部分,重点规范人的行为,通过强化"规定动作",减少并杜绝"自选动作",实现对常规作业风险的管理。本书通过作业程序流程化形式,直观地反映了作业流程、工序和作业步骤,对作业过程中关键控制点进行细化和量化、风险提示,便于作业人员学习、掌握。

本书根据钻井施工作业过程对作业程序进行排序,内容包括HSE作业程序概述,钻前准备作业程序,井口准备作业程序,钻进施工作业程序,井控设备与操作作业程序,设备操作与维修作业程序,辅助作业作业程序,处理事故、复杂作业程序,完井作业程序,工具、仪器及仪表作业程序10部分内容。

本书在编写过程中,得到了中国石油天然气集团公司质量安全环保部及川庆钻探工程有限公司领导和专家的大力支持和悉心指导。长庆钻井总公司基层单位多位同志为本书提供了大量翔实的素材,在此一并表示感谢。

由于编者水平有限,书中疏漏和错误在所难免,敬请读者批评指正。

编者

2017年10月

# 目 录

## 1 HSE 作业程序概述 ······················································· 1

1.1 作业程序的定义及由来 ·················································· 3
1.2 作业程序的编制 ·························································· 3
1.3 作业程序的管理 ·························································· 4
1.4 作业程序分类 ···························································· 5

## 2 钻前准备作业程序 ····················································· 7

2.1 钻前准备作业概述 ························································ 9
2.2 钻前准备作业程序 ························································ 9
  图 2.1 基础施工 HSE 作业程序 ·········································· 10
  图 2.2 30B 钻机钻台（带机房底座）安装 HSE 作业程序 ·················· 11
  图 2.3 30DB 钻机钻台安装 HSE 作业程序 ································ 12
  图 2.4 30LDB 钻机钻台安装 HSE 作业程序 ······························ 13
  图 2.5 40LDB 钻机钻台安装 HSE 作业程序 ······························ 14
  图 2.6 40V 钻机钻台安装 HSE 作业程序 ································· 15
  图 2.7 50DB 钻台安装 HSE 作业程序（低位绞车） ······················· 16
  图 2.8 50DB 钻台安装 HSE 作业程序（高位绞车） ······················· 17
  图 2.9 50LDB 钻台安装 HSE 作业程序 ·································· 18
  图 2.10 50L 钻台安装 HSE 作业程序 ···································· 19
  图 2.11 70DB 钻台安装 HSE 作业程序 ·································· 20
  图 2.12 70LDB 钻机钻台安装 HSE 作业程序 ····························· 21
  图 2.13 井架（JJ170/41-K）安装 HSE 作业程序 ························· 22
  图 2.14 井架（JJ170/42-K）安装 HSE 作业程序 ························· 23

图 2.15　井架（JJ250/42-K）安装 HSE 作业程序 …………………… 24
图 2.16　井架（JJ250/44-K3）安装 HSE 作业程序 ………………… 25
图 2.17　井架（JJ315/45-K3 DZ315/7.5-X13）安装 HSE 作业程序… 26
图 2.18　井架（JJ315/45-K6 DZ315/9-X13）安装 HSE 作业程序 … 27
图 2.19　安装井架人字架 HSE 作业程序（翻转型）………………… 28
图 2.20　安装井架人字架 HSE 作业程序（翻转型）………………… 29
图 2.21　摆放大支架 HSE 作业程序（安装井架）…………………… 30
图 2.22　40V 钻机机房安装 HSE 作业程序…………………………… 31
图 2.23　40LDB 钻机机房（带绞车）安装 HSE 作业程序 ………… 32
图 2.24　50LDB 钻机机房（带绞车）安装 HSE 作业程序 ………… 33
图 2.25　绞车安装 HSE 作业程序（低位）…………………………… 34
图 2.26　绞车安装 HSE 作业程序（高位）…………………………… 35
图 2.27　穿大绳 HSE 作业程序………………………………………… 36
图 2.28　钻台偏房支架安装 HSE 作业程序（低位安装）…………… 37
图 2.29　钻台逃生滑道、梯子、大门坡道安装 HSE 作业程序……… 38
图 2.30　钻台偏房支架安装 HSE 作业程序（高位安装）…………… 39
图 2.31　钻台逃生滑道、梯子、大门坡道安装 HSE 作业程序……… 40
图 2.32　安装绞车爬坡链条 HSE 作业程序…………………………… 41
图 2.33　安装气动绞车 HSE 作业程序………………………………… 42
图 2.34　安装管柱自动化系统 HSE 作业程序………………………… 43
图 2.35　起底座 HSE 作业程序………………………………………… 44
图 2.36　起井架 HSE 作业程序………………………………………… 45
图 2.37　接方钻杆 HSE 作业程序……………………………………… 46
图 2.38　校正井口 HSE 作业程序……………………………………… 47
图 2.39　吊装生产水罐 HSE 作业程序………………………………… 48
图 2.40　循环罐安装 HSE 作业程序（双排型）……………………… 49
图 2.41　铺设钻井液池土工膜 HSE 作业程序………………………… 50
图 2.42　卸方钻杆 HSE 作业程序……………………………………… 51
图 2.43　摆放大支架 HSE 作业程序（拆卸井架）…………………… 52
图 2.44　放井架 HSE 作业程序………………………………………… 53
图 2.45　抽大绳 HSE 作业程序………………………………………… 54

图 2.46　井架拆卸 HSE 作业程序　……………………………………………　55
图 2.47　拆卸井架人字架 HSE 作业程序（翻转型）　………………………　56
图 2.48　拆卸井架人字架 HSE 作业程序（整体吊卸）　……………………　57
图 2.49　拆卸气动绞车 HSE 作业程序　………………………………………　58
图 2.50　拆卸管柱自动化系统 HSE 作业程序　………………………………　59
图 2.51　绞车拆卸 HSE 作业程序　……………………………………………　60
图 2.52　30B 钻机钻台拆卸 HSE 作业程序　…………………………………　61
图 2.53　30DB 钻机钻台拆卸 HSE 作业程序　………………………………　62
图 2.54　30LDB 钻机钻台拆卸 HSE 作业程序　………………………………　63
图 2.55　40LDB 钻机钻台拆卸 HSE 作业程序　………………………………　64
图 2.56　40V 钻机钻台拆卸 HSE 作业程序　…………………………………　65
图 2.57　50DB 钻机钻台拆卸 HSE 作业程序（低位绞车）　…………………　66
图 2.58　50DB 钻机钻台拆卸 HSE 作业程序（高位绞车）　…………………　67
图 2.59　50LDB 钻机钻台拆卸 HSE 作业程序　………………………………　68
图 2.60　50L 钻机钻台拆卸 HSE 作业程序　…………………………………　69
图 2.61　70DB 钻机钻台拆卸 HSE 作业程序　………………………………　70
图 2.62　70LDB 钻机钻台拆卸 HSE 作业程序　………………………………　71
图 2.63　钻台逃生滑道、梯子、大门坡道拆卸 HSE 作业程序　……………　72
图 2.64　绞车搬迁 HSE 作业程序　……………………………………………　73
图 2.65　井架推移 HSE 作业程序　……………………………………………　74

# 3
# 井口准备作业程序 ……………………………………………………………… 75

3.1　井口准备作业概述　………………………………………………………　77
3.2　井口准备作业程序　………………………………………………………　77
　　图 3.1　冲鼠洞 HSE 作业程序　……………………………………………　78
　　图 3.2　校正井口 HSE 作业程序　…………………………………………　79
　　图 3.3　打导管装钻头 HSE 作业程序（钻头直径小于转盘通径）　……　80
　　图 3.4　打导管装钻头 HSE 作业程序（钻头直径大于转盘通径）　……　81
　　图 3.5　打导管卸钻头 HSE 作业程序（钻头直径小于转盘通径）　……　82

图 3.6　打导管卸钻头 HSE 作业程序（钻头直径大于转盘通径）…… 83
图 3.7　下导管 HSE 作业程序（焊接型）……………………………… 84
图 3.8　下导管 HSE 作业程序（螺纹型）……………………………… 85

# 4
# 钻进施工作业程序……………………………………………………… 87

## 4.1　钻进施工作业概述 ………………………………………………… 89
## 4.2　钻进施工作业程序 ………………………………………………… 89
图 4.1　装钻头 HSE 作业程序 ………………………………………… 90
图 4.2　吊单根 HSE 作业程序 ………………………………………… 91
图 4.3　接钻杆（单根）HSE 作业程序 ……………………………… 92
图 4.4　接钻铤（单根）HSE 作业程序 ……………………………… 93
图 4.5　下表层套管 HSE 作业程序 …………………………………… 94
图 4.6　气动小绞车接立柱 HSE 作业程序 …………………………… 95
图 4.7　短程起下钻 HSE 作业程序 …………………………………… 96
图 4.8　起钻 HSE 作业程序 …………………………………………… 97
图 4.9　管柱自动化系统起钻 HSE 作业程序 ………………………… 98
图 4.10　管柱自动化系统下钻 HSE 作业程序 ……………………… 99
图 4.11　川式取心筒单筒组装 HSE 作业程序 ……………………… 100
图 4.12　川式取心筒双筒组装 HSE 作业程序 ……………………… 101
图 4.13　川式取心筒取心 HSE 作业程序 …………………………… 102
图 4.14　捅岩心 HSE 作业程序 ……………………………………… 103
图 4.15　水平井完井电测通钻柱内径 HSE 作业程序 ……………… 104

# 5
# 井控设备与操作作业程序…………………………………………… 105

## 5.1　井控设备与操作作业概述 ……………………………………… 107
## 5.2　井控设备与操作作业程序 ……………………………………… 107
图 5.1　安装防喷器 HSE 作业程序（带套管头） …………………… 108

图 5.2　安装防喷器 HSE 作业程序（无套管头）……………………109
图 5.3　钻井液液气分离器安装 HSE 作业程序……………………110
图 5.4　更换防喷器闸板 HSE 作业程序……………………………111
图 5.5　井控设备试压（半封闸板）HSE 作业程序…………………112
图 5.6　井控设备试压（其他工具）HSE 作业程序…………………113
图 5.7　井控设备试压（全封闸板）HSE 作业程序…………………114
图 5.8　低泵冲小排量循环试验 HSE 作业程序……………………115
图 5.9　地层破裂压力试验 HSE 作业程序（钻井泵）………………116
图 5.10　地层破裂压力试验 HSE 作业程序（水泥车）……………117
图 5.11　钻进关井（顶驱钻机）HSE 作业程序……………………118
图 5.12　钻进关井（非顶驱钻机）HSE 作业程序…………………119
图 5.13　起下钻杆关井（顶驱钻机）HSE 作业程序………………120
图 5.14　起下钻杆关井（非顶驱钻机）HSE 作业程序……………121
图 5.15　起下钻铤关井（顶驱钻机）HSE 作业程序………………122
图 5.16　起下钻铤关井（非顶驱钻机）HSE 作业程序……………123
图 5.17　空井关井（顶驱钻机）HSE 作业程序……………………124
图 5.18　空井关井（非顶驱钻机）HSE 作业程序…………………125
图 5.19　压井 HSE 作业程序（司钻法）……………………………126
图 5.20　压井 HSE 作业程序（工程师法）…………………………127
图 5.21　放喷点火 HSE 作业程序……………………………………128
图 5.22　拆防喷器 HSE 作业程序（带套管头）……………………129
图 5.23　拆防喷器 HSE 作业程序（无套管头）……………………130
图 5.24　钻井液液气分离器拆卸 HSE 作业程序……………………131

# 6 设备操作与维修作业程序……………………………………………133

## 6.1　设备操作与维修作业概述………………………………………135
## 6.2　设备操作与维修作业程序………………………………………135
图 6.1　更换盘刹块 HSE 作业程序…………………………………137
图 6.2　电磁刹车操作 HSE 作业程序………………………………138

图 6.3　北石顶驱安装 HSE 作业程序 …………………………………… 139
图 6.4　拆卸顶驱 HSE 作业程序 ………………………………………… 140
图 6.5　钻井泵（电传动）开关 HSE 作业程序 ………………………… 141
图 6.6　钻井泵（皮带传动或万向轴传动）开关 HSE 作业程序 ……… 142
图 6.7　更换钻井泵阀座 HSE 作业程序 ………………………………… 143
图 6.8　更换钻井泵缸套和活塞 HSE 作业程序 ………………………… 144
图 6.9　保养钻井泵安全阀作业程序 ……………………………………… 145
图 6.10　检查钻井泵安全阀 HSE 作业程序 ……………………………… 146
图 6.11　更换钻井泵空气包胶囊 HSE 作业程序 ………………………… 147
图 6.12　液气大钳操作 HSE 作业程序 …………………………………… 148
图 6.13　B 型大钳上卸扣 HSE 作业程序 ………………………………… 149
图 6.14　气动卡瓦使用 HSE 作业程序 …………………………………… 150
图 6.15　更换气囊离合器 HSE 作业程序 ………………………………… 151
图 6.16　电焊机 HSE 作业程序 …………………………………………… 152

# 7
# 辅助作业作业程序 …………………………………………………… 153

## 7.1　辅助作业概述 ……………………………………………………… 155
## 7.2　辅助作业作业程序 ………………………………………………… 155
图 7.1　调节刹把 HSE 作业程序（带刹） ……………………………… 156
图 7.2　调节刹把 HSE 作业程序（盘刹） ……………………………… 157
图 7.3　倒（割）大绳 HSE 作业程序 …………………………………… 158
图 7.4　滑大绳 HSE 作业程序 …………………………………………… 159
图 7.5　更换大绳 HSE 作业程序 ………………………………………… 160
图 7.6　电控系统安装 HSE 作业程序 …………………………………… 161
图 7.7　电路检查 HSE 作业程序 ………………………………………… 162
图 7.8　高处作业 HSE 作业程序 ………………………………………… 163
图 7.9　隔离作业 HSE 作业程序 ………………………………………… 164
图 7.10　更换链条 HSE 作业程序 ………………………………………… 165
图 7.11　更换水龙带 HSE 作业程序 ……………………………………… 166

图 7.12　火焰切割 HSE 作业程序 …………………………………… 167
　　图 7.13　清理沉沙罐 HSE 作业程序 …………………………………… 168
　　图 7.14　清洗钻井液罐 HSE 作业程序 ………………………………… 169

# 8 处理事故、复杂作业程序 ………………………………………………… 171

## 8.1 处理事故、复杂作业概述 ……………………………………………… 173
## 8.2 处理事故、复杂作业程序 ……………………………………………… 173
　　图 8.1　处理大绳打扭 HSE 作业程序 ………………………………… 174
　　图 8.2　处理立柱出指梁 HSE 作业程序 ……………………………… 175
　　图 8.3　处理天车大绳跳槽 HSE 作业程序 …………………………… 176
　　图 8.4　倒划眼 HSE 作业程序（方钻杆在转盘面以上或无法接方钻杆）… 177
　　图 8.5　倒划眼（方钻杆在转盘内）HSE 作业程序 …………………… 178
　　图 8.6　倒划眼（使用顶驱）HSE 作业程序 …………………………… 179
　　图 8.7　地面震击器 HSE 作业程序 …………………………………… 180
　　图 8.8　泡油解卡作业程序 ……………………………………………… 181
　　图 8.9　有线随钻打捞无线随钻仪器施工作业程序 …………………… 182

# 9 完井作业程序 ……………………………………………………………… 183

## 9.1 完井作业概述 …………………………………………………………… 185
## 9.2 完井作业程序 …………………………………………………………… 185
　　图 9.1　水平井完井电测挂天滑轮 HSE 作业程序 …………………… 186
　　图 9.2　水平井电缆送测 HSE 作业程序 ……………………………… 187
　　图 9.3　下套管 HSE 作业程序 ………………………………………… 188
　　图 9.4　管柱自动化系统下套管 HSE 作业程序 ……………………… 189
　　图 9.5　下油管 HSE 作业程序 ………………………………………… 190
　　图 9.6　卡瓦式套管头安装 HSE 作业程序 …………………………… 191

| 图 9.7 | 完井试压 HSE 作业程序 | 192 |
| 图 9.8 | 绷钻杆 HSE 作业程序 | 193 |
| 图 9.9 | 绷钻铤 HSE 作业程序 | 194 |

## 10 工具、仪器及仪表作业程序 … 195

10.1 工具、仪器及仪表作业概述 … 197
10.2 工具、仪器及仪表作业程序 … 197
　图 10.1 装载机拆卸安装铲斗（抓管器、吊臂）HSE 作业程序 … 198
　图 10.2 MWD 循环套拆卸 HSE 作业程序 … 199
　图 10.3 校正指重表 HSE 作业程序 … 200
　图 10.4 喷灯使用 HSE 作业程序 … 201

**参考文献** … 202

# 1 HSE 作业程序概述

## 1.1 作业程序的定义及由来

### 1.1.1 作业程序的定义

作业程序是由组织内部自行撰写的一种工作准则,就是将某一事件以文件的形式、统一的格式描述出来的标准操作步骤和要求。主要描述操作人员日常的和重复性的工作操作步骤和应遵守的事项,用来指导和规范日常的工作。其目的在于让操作人员通过相同的程序完成产品或使得操作结果一致。

### 1.1.2 作业程序的由来

作业程序也叫 SOP,即标准操作程序。在作坊手工业时代,制作一件成品往往工序很少,或分工很粗,甚至从头至尾是一个人完成的,其人员的培训是以学徒形式通过长时间学习与实践来实现的。随着工业革命的兴起,生产规模不断扩大,产品日益复杂,分工日益明细,品质成本急剧增高,各工序的管理日益困难。如果只是依靠口头传授操作方法,已无法控制制作过程和产品质量。采用学徒形式培训已不能适应规模化的生产要求。因此,必须以作业指导书形式统一各工序的操作步骤及方法。

SOP 是经过不断实践总结出来的在当前条件下可以实现的最优化的操作程序设计,是操作层面的程序,在 HSE 和 ISO 9000 体系中被称为第三层次文件,即作业性文件。

## 1.2 作业程序的编制

### 1.2.1 作业程序结构

作业程序主要按一项具体的作业为单元进行编制,是将某一作业按照作业流程、工序,分解作业步骤,从作业应具备的条件、准备工作、设备工具检查、作业步骤、作业关闭等过程的描述，对生产过程中关键控制点的细化和量化，对作业步骤开展危害因素辨识，进行风险提示，制定相应的风险削减措施。

### 1.2.2 作业程序编制流程

（1）梳理作业单元。按工序流程，梳理作业单元，确定有哪些控制点，哪些控制点应当需要编制作业程序，哪些控制点不需要制定，哪些控制点可以合起来编制一个作业程序，明确编制程序名称，确定编制人员。

（2）收集并梳理资料。在编写前，编写人员尽可能收集该作业单元相关的技术标准、事故（事件）案例和其他相关的安全规定，确保作业程序合规。

（3）确定作业单元步骤。以该作业单元的工作安全分析为基础，通过工作安全分析，划分作业步骤，明确作业步骤具体操作要求，对每一步骤进行风险识别，制定风险控制措施。

（4）编制作业程序。以作业单元工作步骤为主线，以流程图的方式表现工作步骤、具体操作要求、风险、控制措施，形成图示化作业程序。

（5）现场验证。作业程序编制完成，编写的作业程序是否正确，是否符合现场实际能在现场有效运行，应运用工作循环分析（JCA）对作业程序进行评估。首先对程序的完整性和适用性进行初始验证后，由员工按作业程序实施工作或模拟操作，对作业过程实施观察，记录观察结果。通过对作业程序的书面讨论、现场实施和观察结果、最佳实践，提出建议和改善措施，根据建议制定并实施改善措施，组织修订作业程序，直至达到最优化。

（6）评审。程序修订完成后应组织专家进行评审。评审应提前将作业程序和程序改进意见传递给专家组，利于专家充分了解、准备，提高评审效率。

# 1.3 作业程序的管理

（1）制定 JCA 计划，按计划对作业计划进行评审，根据评审结果对作业步骤、风险及控制措施进行修订、完善、发布。

（2）应根据生产工艺改造、设备更新，对作业程序进行修改、补充、完善。

（3）当引用标准、制度发生改变，应及时修订。
（4）应根据事故事件情况，及时修订作业程序。

## 1.4　作业程序分类

钻井作业程序一般按照钻井作业流程进行分类，分别为：
（1）钻前准备作业。
（2）井口准备作业。
（3）钻进施工作业。
（4）井控设备与操作。
（5）设备操作与维修。
（6）辅助作业。
（7）处理事故、复杂作业。
（8）完井作业。
（9）工具、仪器及仪表。

# 2 钻前准备作业程序

## 2.1 钻前准备作业概述

钻前准备指开钻前的一切准备工作,包括钻井设计、钻机和钻井设备的搬迁安装、井场布置、井口准备,水、电、油料、钻具、钻井工具、各种钻井液处理剂及钻井的常用消耗材料的准备工作。

## 2.2 钻前准备作业程序

钻前准备作业程序主要包括:基础施工,钻机和设备设施的拆卸、搬迁、运输和安装等作业。设备设施的拆卸、搬迁和安装工作头绪多,分工细,劳动强度大,施工车辆、机械多,并且容易受到施工作业现场等客观条件影响,作业过程中有吊装、高处(临边)、交叉等高风险作业,作业人员之间、机械设备之间指挥不协调,人员资质、吊装设备不满足要求,作业流程工序错误,这些都可能导致生产安全事故发生。

本部分主要对 ZJ30-ZJ70 型共 10 种型号钻机的钻台、机房安装、拆卸,6 种型号井架安装作业和井架拆卸及起放井架等 65 项作业程序进行描述。钻前准备作业程序如图 2.1 至图 2.65 所示。

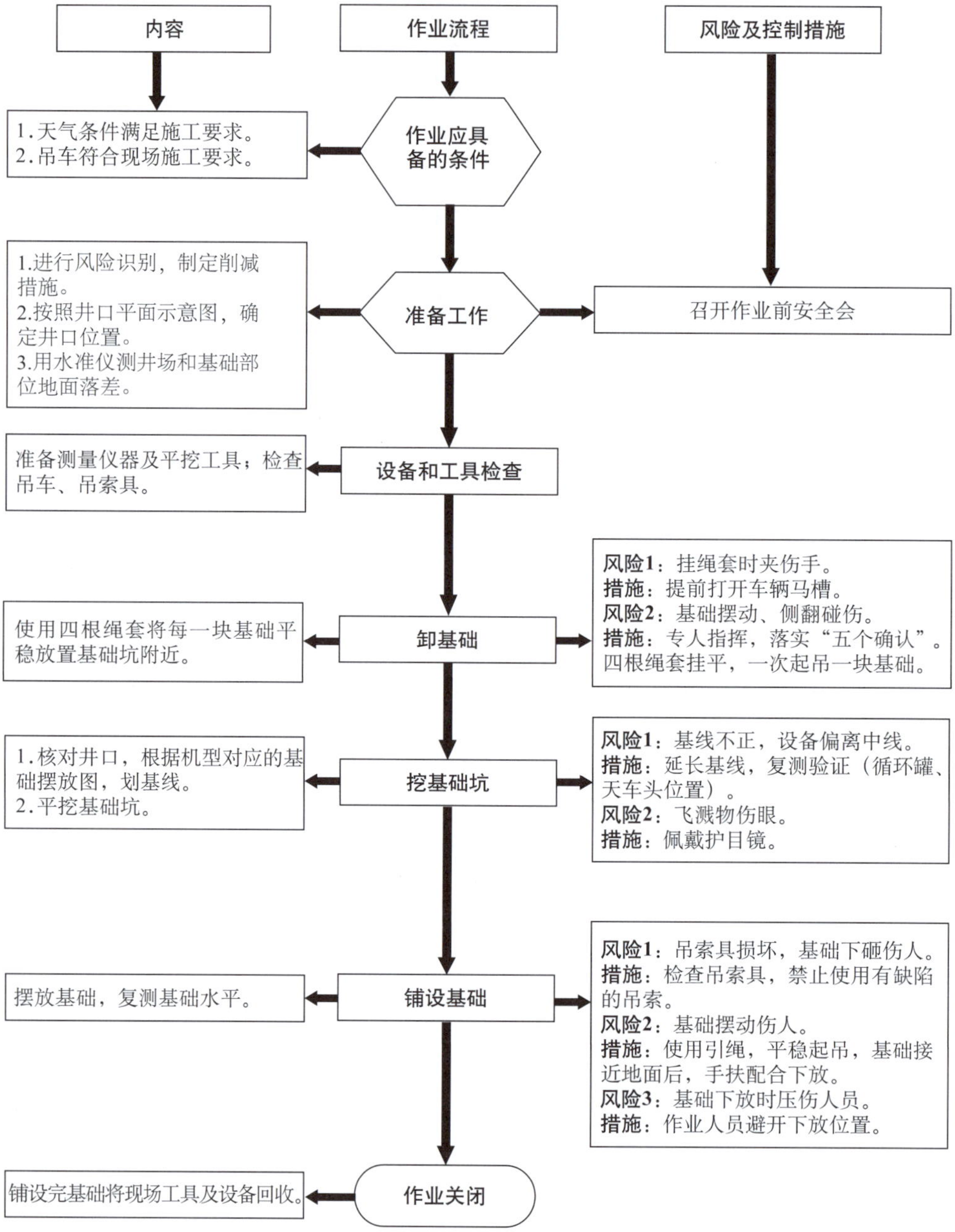

```
┌──────────────┐      ┌──────────────┐      ┌──────────────┐
│    内容      │      │  作业流程    │      │风险及控制措施│
└──────────────┘      └──────────────┘      └──────────────┘
                             │
                             ▼
┌──────────────────┐   ╱──────────╲
│1.天气条件满足施工│   │作业应具  │
│  要求。          │◀──│备的条件  │
│2.吊车符合现场施工│   ╲──────────╱
│  要求。          │         │
└──────────────────┘         ▼

┌──────────────────┐   ╱──────────╲    ┌──────────────┐
│1.进行风险识别,制定│   │          │    │              │
│  削减措施。      │   │ 准备工作 │───▶│召开作业前安全会│
│2.按照井口平面示意│◀──│          │    │              │
│  图,确定井口位置。│   ╲──────────╱    └──────────────┘
│3.用水准仪测井场和│         │
│  基础部位地面落差。│        ▼
└──────────────────┘

┌──────────────────┐   ╱──────────────╲
│准备测量仪器及平挖│◀──│设备和工具检查│
│工具;检查吊车、吊 │   ╲──────────────╱
│索具。            │         │
└──────────────────┘         ▼
```

卸基础 阶段：
- 风险1：挂绳套时夹伤手。
- 措施：提前打开车辆马槽。
- 风险2：基础摆动、侧翻碰伤。
- 措施：专人指挥,落实"五个确认"。四根绳套挂平,一次起吊一块基础。

内容：使用四根绳套将每一块基础平稳放置基础坑附近。

挖基础坑 阶段：
- 风险1：基线不正,设备偏离中线。
- 措施：延长基线,复测验证(循环罐、天车头位置)。
- 风险2：飞溅物伤眼。
- 措施：佩戴护目镜。

内容：
1. 核对井口,根据机型对应的基础摆放图,划基线。
2. 平挖基础坑。

铺设基础 阶段：
- 风险1：吊索具损坏,基础下砸伤人。
- 措施：检查吊索具,禁止使用有缺陷的吊索。
- 风险2：基础摆动伤人。
- 措施：使用引绳,平稳起吊,基础接近地面后,手扶配合下放。
- 风险3：基础下放时压伤人员。
- 措施：作业人员避开下放位置。

内容：摆放基础,复测基础水平。

作业关闭：铺设完基础将现场工具及设备回收。

图 2.1 基础施工 HSE 作业程序

注："五个确认"的含义是：(1)确认危险区域无人；(2)确认吊具选择正确；(3)确认吊挂安全可靠；(4)确认物件固定牢靠；(5)确认吊物未被连接。

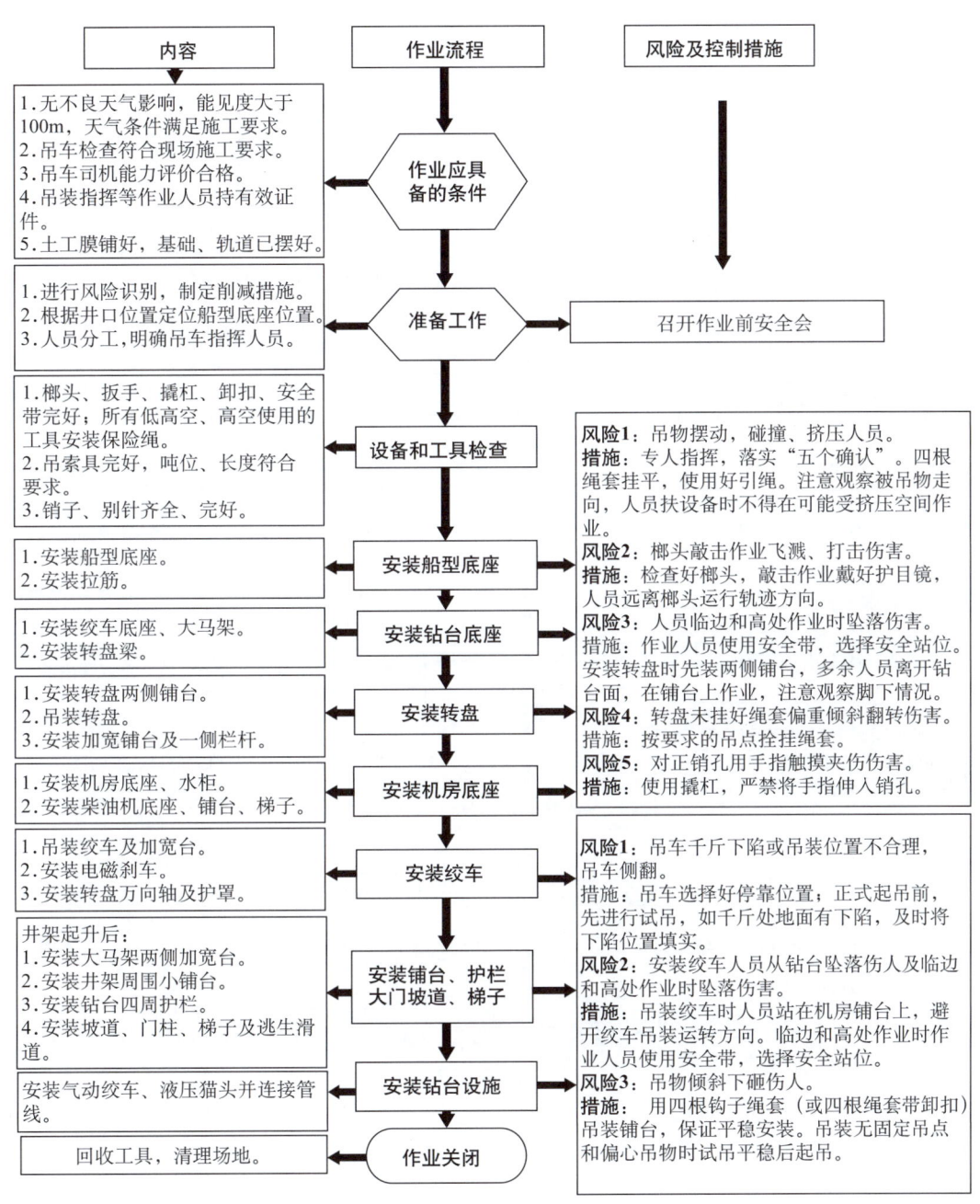

图 2.2　30B 钻机钻台（带机房底座）安装 HSE 作业程序

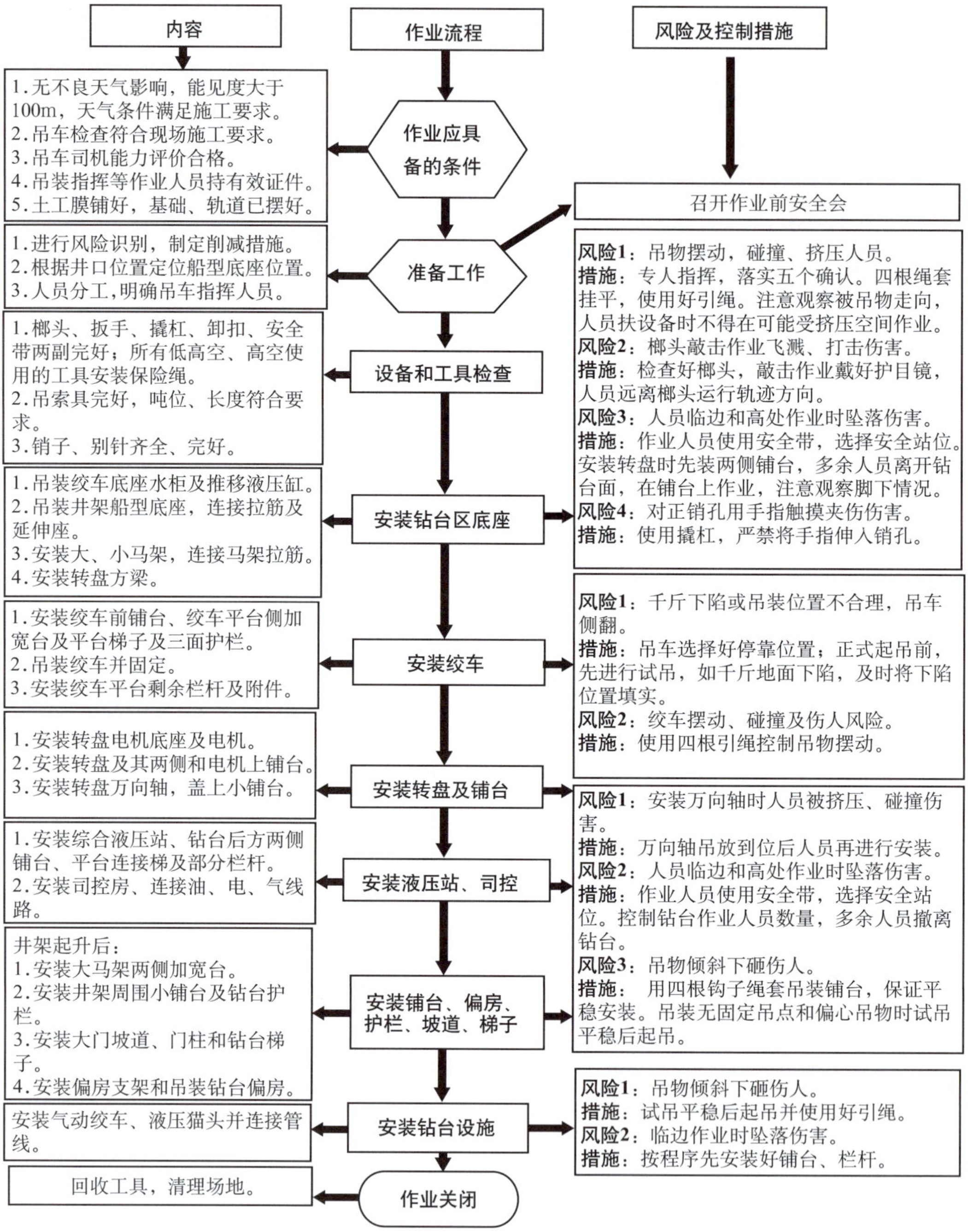

| 内容 | 作业流程 | 风险及控制措施 |
|---|---|---|
| 1. 无不良天气影响，能见度大于100m，天气条件满足施工要求。<br>2. 吊车检查符合现场施工要求。<br>3. 吊车司机能力评价合格。<br>4. 吊装指挥等作业人员持有效证件。<br>5. 土工膜铺好，基础、轨道已摆好。 | 作业应具备的条件 | 召开作业前安全会 |
| 1. 进行风险识别，制定削减措施。<br>2. 根据井口位置定位船型底座位置。<br>3. 人员分工，明确吊车指挥人员。 | 准备工作 | 风险1：吊物摆动、碰撞、挤压人员。<br>措施：专人指挥，落实五个确认。四根绳套挂平，使用好引绳。注意观察被吊物走向，人员扶设备时不得在可能受挤压空间作业。 |
| 1. 榔头、扳手、撬杠、卸扣、安全带两副完好；所有低高空、高空使用的工具安装保险绳。<br>2. 吊索具完好，吨位、长度符合要求。<br>3. 销子、别针齐全、完好。 | 设备和工具检查 | 风险2：榔头敲击作业飞溅、打击伤害。<br>措施：检查好榔头，敲击作业戴好护目镜，人员远离榔头运行轨迹方向。<br>风险3：人员临边和高处作业时坠落伤害。<br>措施：作业人员使用安全带，选择安全站位。安装转盘时先装两侧铺台，多余人员离开钻台面，在铺台上作业，注意观察脚下情况。<br>风险4：对正销孔用手指触摸夹伤害。<br>措施：使用撬杠，严禁将手指伸入销孔。 |
| 1. 吊装绞车底座水柜及推移液压缸。<br>2. 吊装井架船型底座，连接拉筋及延伸座。<br>3. 安装大、小马架，连接马架拉筋。<br>4. 安装转盘方梁。 | 安装钻台区底座 | |
| 1. 安装绞车前铺台、绞车平台侧加宽台及平台梯子及三面护栏。<br>2. 吊装绞车并固定。<br>3. 安装绞车平台剩余栏杆及附件。 | 安装绞车 | 风险1：千斤下陷或吊装位置不合理，吊车侧翻。<br>措施：吊车选择好停靠位置；正式起吊前，先进行试吊，如千斤地面下陷，及时将下陷位置填实。<br>风险2：绞车摆动、碰撞及伤人风险。<br>措施：使用四根引绳控制吊物摆动。 |
| 1. 安装转盘电机底座及电机。<br>2. 安装转盘及其两侧和电机上铺台。<br>3. 安装转盘万向轴，盖上小铺台。 | 安装转盘及铺台 | 风险1：安装万向轴时人员被挤压、碰撞伤害。<br>措施：万向轴吊放到位后人员再进行安装。 |
| 1. 安装综合液压站、钻台后方两侧铺台、平台连接梯及部分栏杆。<br>2. 安装司控房，连接油、电、气线路。 | 安装液压站、司控 | 风险2：人员临边和高处作业时坠落伤害。<br>措施：作业人员使用安全带，选择安全站位。控制钻台作业人员数量，多余人员撤离钻台。<br>风险3：吊物倾斜下砸伤人。<br>措施：用四根钩子绳套吊铺台，保证平稳安装。吊装无固定吊点和偏心吊物时试吊平稳后起吊。 |
| 井架起升后：<br>1. 安装大马架两侧加宽台。<br>2. 安装井架周围小铺台及钻台护栏。<br>3. 安装大门坡道、门柱和钻台梯子。<br>4. 安装偏房支架和吊装钻台偏房。 | 安装铺台、偏房、护栏、坡道、梯子 | |
| 安装气动绞车、液压猫头并连接管线。 | 安装钻台设施 | 风险1：吊物倾斜下砸伤人。<br>措施：试吊平稳后起吊并使用好引绳。<br>风险2：临边作业时坠落伤害。<br>措施：按程序先安装好铺台、栏杆。 |
| 回收工具，清理场地。 | 作业关闭 | |

图 2.3　30DB 钻机钻台安装 HSE 作业程序

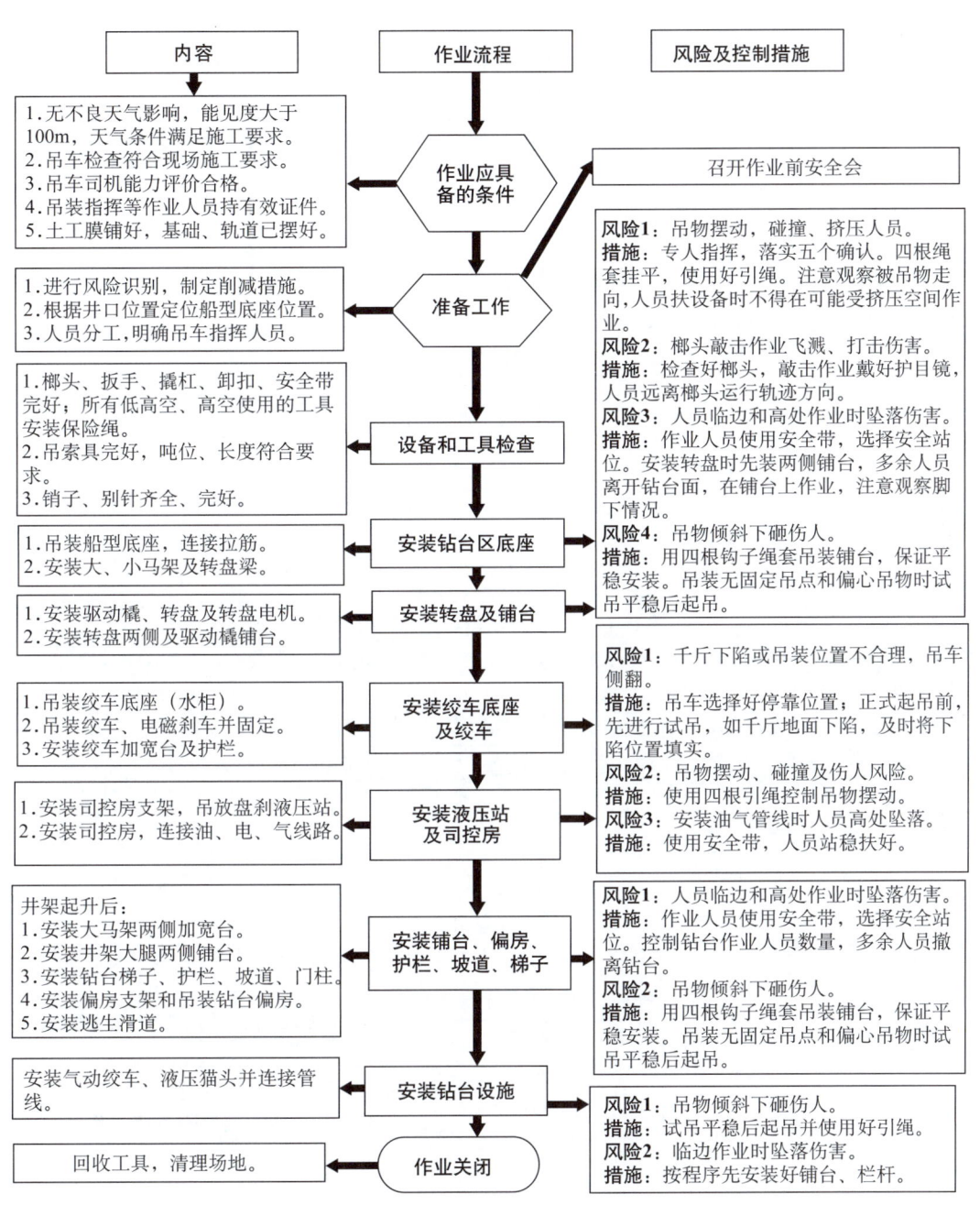

图 2.4　30LDB 钻机钻台安装 HSE 作业程序

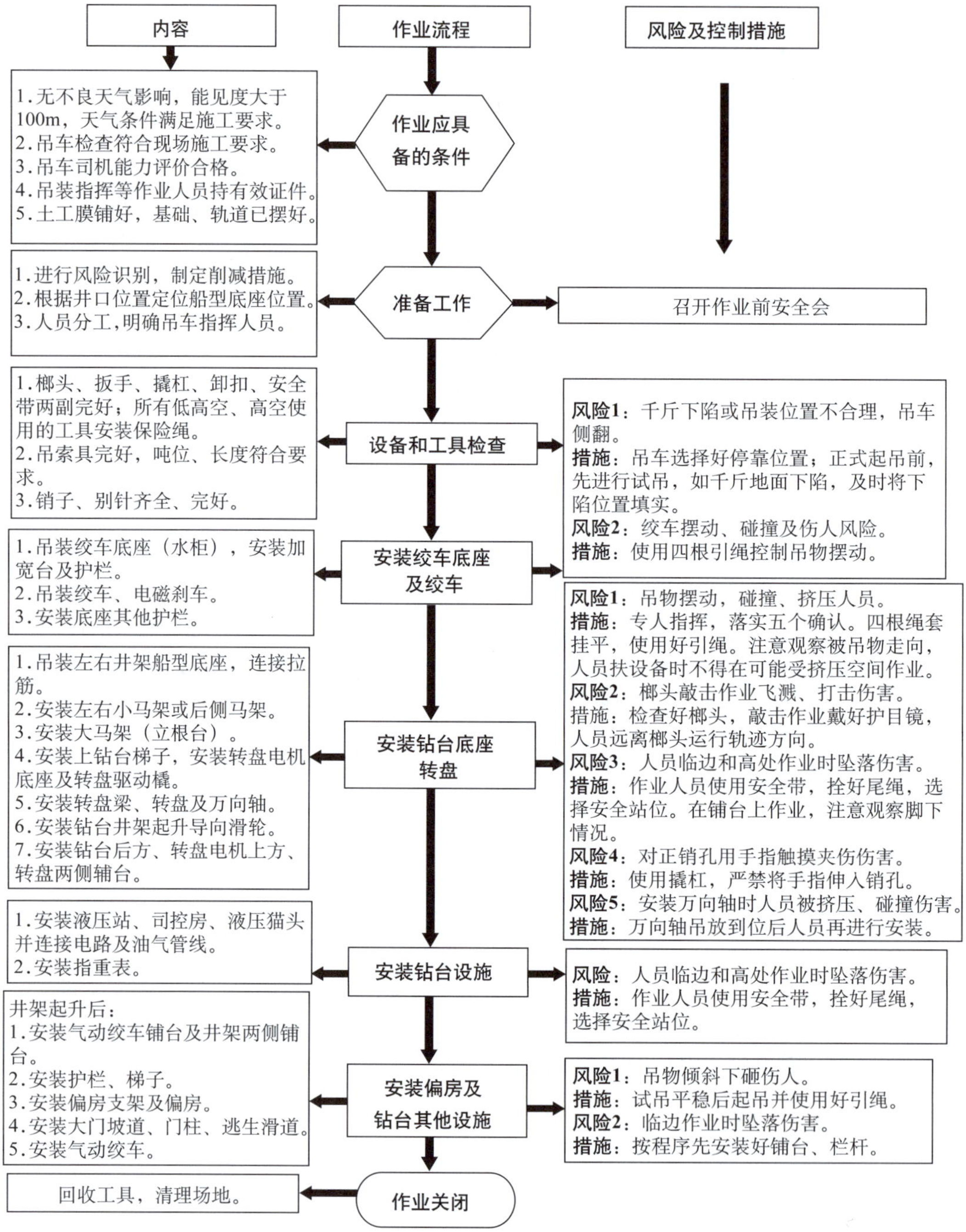

| 内容 | 作业流程 | 风险及控制措施 |
|---|---|---|
| 1.无不良天气影响,能见度大于100m,天气条件满足施工要求。<br>2.吊车检查符合现场施工要求。<br>3.吊车司机能力评价合格。<br>4.吊装指挥等作业人员持有效证件。<br>5.土工膜铺好,基础、轨道已摆好。 | 作业应具备的条件 | |
| 1.进行风险识别,制定削减措施。<br>2.根据井口位置定位船型底座位置。<br>3.人员分工,明确吊车指挥人员。 | 准备工作 | 召开作业前安全会 |
| 1.榔头、扳手、撬杠、卸扣、安全带两副完好;所有低高空、高空使用的工具安装保险绳。<br>2.吊索具完好,吨位、长度符合要求。<br>3.销子、别针齐全、完好。 | 设备和工具检查 | 风险1:千斤下陷或吊装位置不合理,吊车侧翻。<br>措施:吊车选择好停靠位置;正式起吊前,先进行试吊,如千斤地面下陷,及时将下陷位置填实。<br>风险2:绞车摆动、碰撞及伤人风险。<br>措施:使用四根引绳控制吊物摆动。 |
| 1.吊装绞车底座(水柜),安装加宽台及护栏。<br>2.吊装绞车、电磁刹车。<br>3.安装底座其他护栏。 | 安装绞车底座及绞车 | |
| 1.吊装左右井架船型底座,连接拉筋。<br>2.安装左右小马架或后имо马架。<br>3.安装大马架(立根台)。<br>4.安装上钻台梯子,安装转盘电机底座及转盘驱动橇。<br>5.安装转盘梁、转盘及万向轴。<br>6.安装钻台井架起升导向滑轮。<br>7.安装钻台后方、转盘电机上方、转盘两侧铺台。 | 安装钻台底座转盘 | 风险1:吊物摆动、碰撞、挤压人员。<br>措施:专人指挥,落实五个确认。四根绳套挂平,使用好引绳。注意观察被吊物走向,人员扶设备时不得在可能受挤压空间作业。<br>风险2:榔头敲击作业飞溅、打击伤害。<br>措施:检查好榔头,敲击作业戴好护目镜,人员远离榔头运行轨迹方向。<br>风险3:人员临边和高处作业时坠落伤害。<br>措施:作业人员使用安全带,拴好尾绳,选择安全站位。在铺台上作业,注意观察脚下情况。<br>风险4:对正销孔用手指触摸夹伤伤害。<br>措施:使用撬杠,严禁将手伸入销孔。<br>风险5:安装万向轴时人员被挤压、碰撞伤害。<br>措施:万向轴吊放到位后人员再进行安装。 |
| 1.安装液压站、司控房、液压猫头并连接电路及油气管线。<br>2.安装指重表。 | 安装钻台设施 | 风险:人员临边和高处作业时坠落伤害。<br>措施:作业人员使用安全带,拴好尾绳,选择安全站位。 |
| 井架起升后:<br>1.安装气动绞车铺台及井架两侧铺台。<br>2.安装护栏、梯子。<br>3.安装偏房支架及偏房。<br>4.安装大门坡道、门柱、逃生滑道。<br>5.安装气动绞车。 | 安装偏房及钻台其他设施 | 风险1:吊物倾斜下砸伤人。<br>措施:试吊平稳后起吊并使用好引绳。<br>风险2:临边作业时坠落伤害。<br>措施:按程序先安装好铺台、栏杆。 |
| 回收工具,清理场地。 | 作业关闭 | |

图 2.5 40LDB 钻机钻台安装 HSE 作业程序

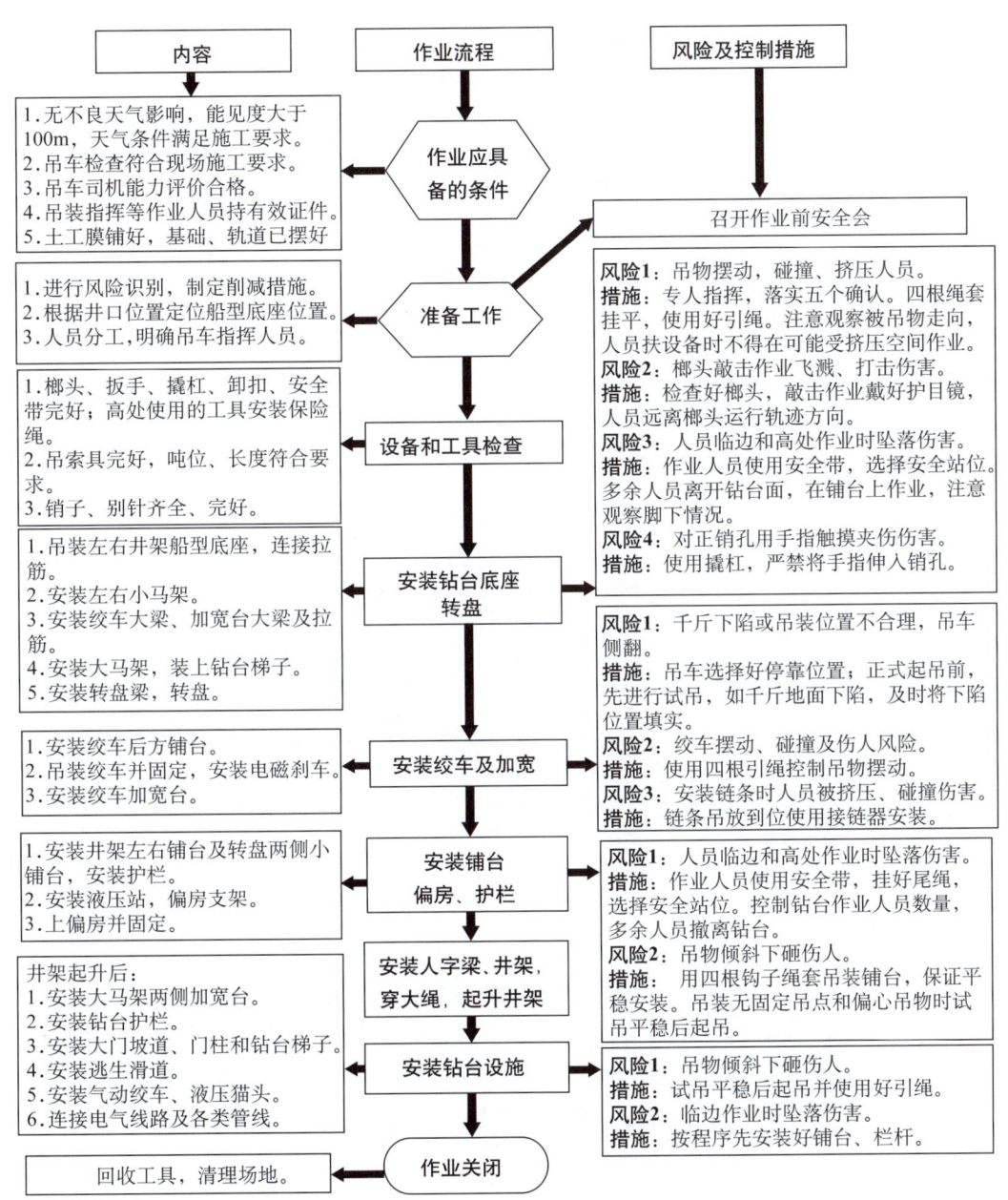

图 2.6　40V 钻机钻台安装 HSE 作业程序

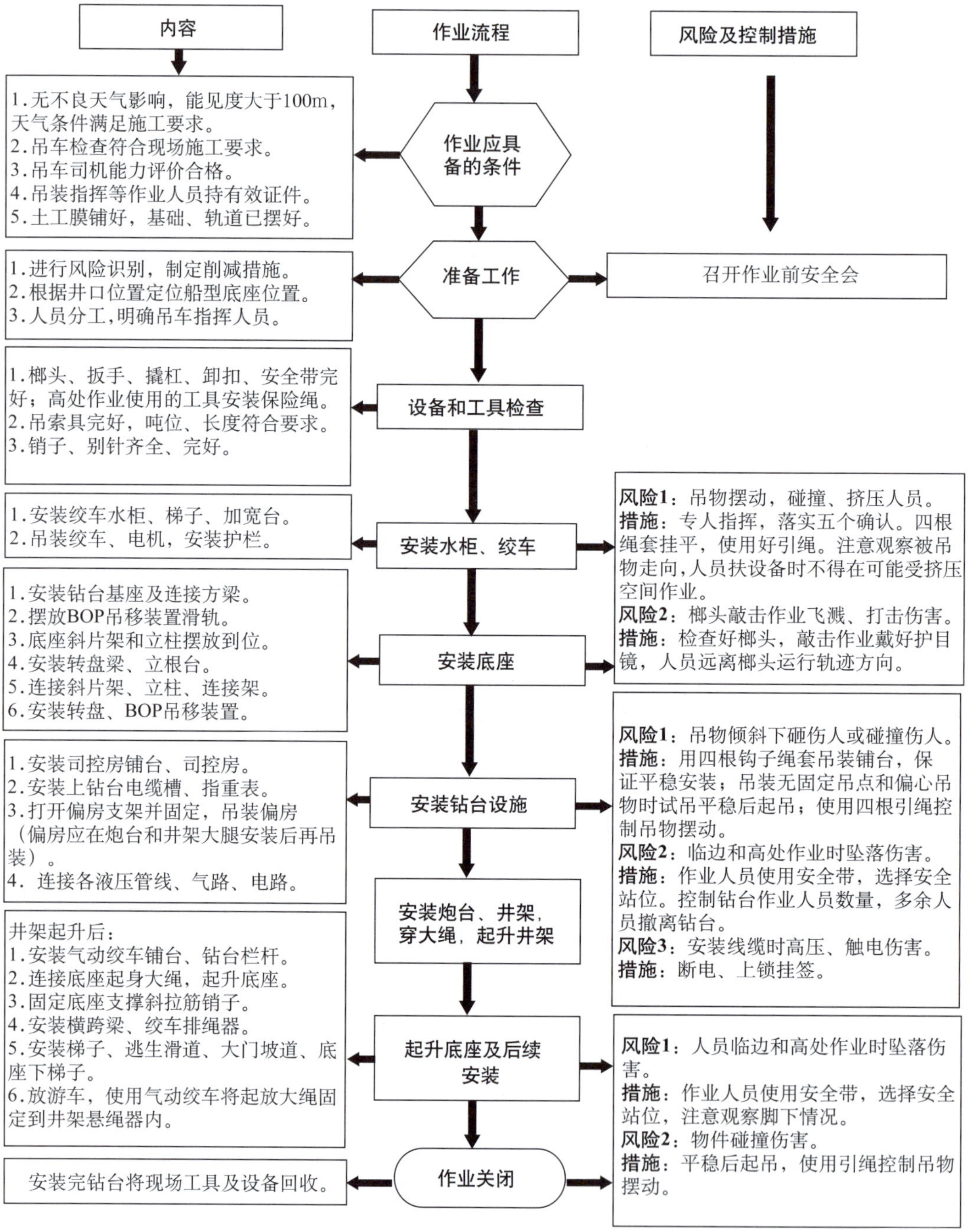

| 内容 | 作业流程 | 风险及控制措施 |
|---|---|---|
| 1.无不良天气影响，能见度大于100m，天气条件满足施工要求。<br>2.吊车检查符合现场施工要求。<br>3.吊车司机能力评价合格。<br>4.吊装指挥等作业人员持有效证件。<br>5.土工膜铺好，基础、轨道已摆好。 | 作业应具备的条件 | |
| 1.进行风险识别，制定削减措施。<br>2.根据井口位置定位船型底座位置。<br>3.人员分工，明确吊车指挥人员。 | 准备工作 | 召开作业前安全会 |
| 1.榔头、扳手、撬杠、卸扣、安全带完好；高处作业使用的工具安装保险绳。<br>2.吊索具完好，吨位、长度符合要求。<br>3.销子、别针齐全、完好。 | 设备和工具检查 | |
| 1.安装绞车水柜、梯子、加宽台。<br>2.吊装绞车、电机，安装护栏。 | 安装水柜、绞车 | 风险1：吊物摆动、碰撞、挤压人员。<br>措施：专人指挥，落实五个确认。四根绳套挂平，使用好引绳。注意观察被吊物走向，人员扶设备时不得在可能受挤压空间作业。<br>风险2：榔头敲击作业飞溅、打击伤害。<br>措施：检查好榔头，敲击作业戴好护目镜，人员远离榔头运行轨迹方向。 |
| 1.安装钻台基座及连接方梁。<br>2.摆放BOP吊移装置滑轨。<br>3.底座斜片架和立柱摆放到位。<br>4.安装转盘梁、立根台。<br>5.连接斜片架、立柱、连接架。<br>6.安装转盘、BOP吊移装置。 | 安装底座 | |
| 1.安装司控房铺台、司控房。<br>2.安装上钻台电缆槽、指重表。<br>3.打开偏房支架并固定，吊装偏房（偏房应在炮台和井架大腿安装后再吊装）。<br>4.连接各液压管线、气路、电路。 | 安装钻台设施 | 风险1：吊物倾斜下砸伤人或碰撞伤人。<br>措施：用四根钩子绳套吊装铺台，保证平稳安装；吊装无固定吊点和偏心吊物时试吊平稳后起吊；使用四根引绳控制吊物摆动。<br>风险2：临边和高处作业时坠落伤害。<br>措施：作业人员使用安全带，选择安全站位。控制钻台作业人员数量，多余人员撤离钻台。<br>风险3：安装线缆时高压、触电伤害。<br>措施：断电、上锁挂签。 |
| | 安装炮台、井架，穿大绳，起升井架 | |
| 井架起升后：<br>1.安装气动绞车铺台、钻台栏杆。<br>2.连接底座起身大绳，起升底座。<br>3.固定底座支撑斜拉筋销子。<br>4.安装横跨梁、绞车排绳器。<br>5.安装梯子、逃生滑道、大门坡道、底座下梯子。<br>6.放游车，使用气动绞车将起放大绳固定到井架悬绳器内。 | 起升底座及后续安装 | 风险1：人员临边和高处作业时坠落伤害。<br>措施：作业人员使用安全带，选择安全站位，注意观察脚下情况。<br>风险2：物件碰撞伤害。<br>措施：平稳后起吊，使用引绳控制吊物摆动。 |
| 安装完钻台将现场工具及设备回收。 | 作业关闭 | |

图 2.7 50DB 钻台安装 HSE 作业程序（低位绞车）

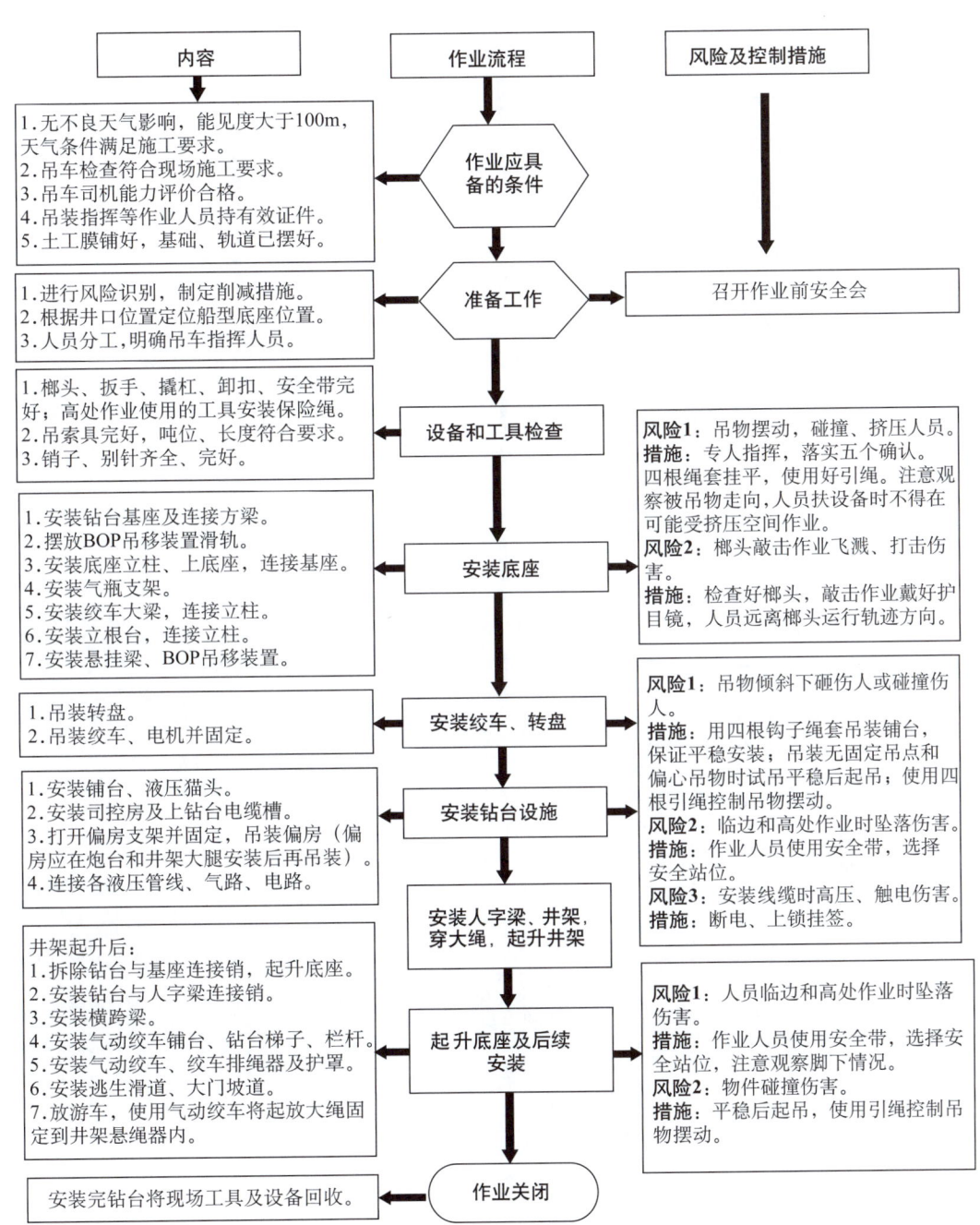

图 2.8 50DB 钻台安装 HSE 作业程序（高位绞车）

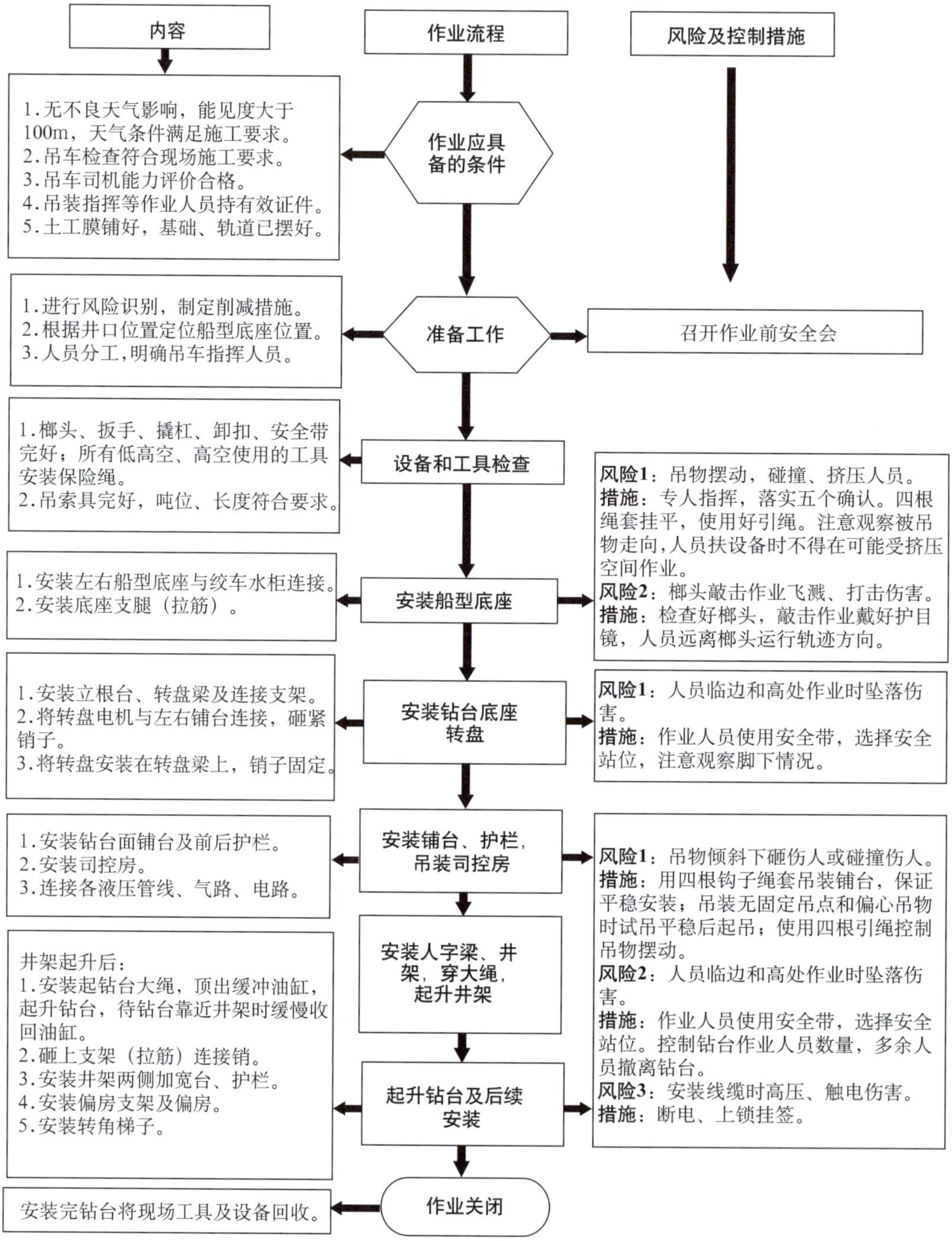

## 50LDB 钻台安装 HSE 作业程序

| 内容 | 作业流程 | 风险及控制措施 |
|---|---|---|
| 1. 无不良天气影响，能见度大于100m，天气条件满足施工要求。<br>2. 吊车检查符合现场施工要求。<br>3. 吊车司机能力评价合格。<br>4. 吊装指挥等作业人员持有效证件。<br>5. 土工膜铺好，基础、轨道已摆好。 | 作业应具备的条件 | |
| 1. 进行风险识别，制定削减措施。<br>2. 根据井口位置定位船型底座位置。<br>3. 人员分工，明确吊车指挥人员。 | 准备工作 | 召开作业前安全会 |
| 1. 榔头、扳手、撬杠、卸扣、安全带完好；所有低高空、高空使用的工具安装保险绳。<br>2. 吊索具完好，吨位、长度符合要求。 | 设备和工具检查 | **风险1**：吊物摆动，碰撞、挤压人员。<br>**措施**：专人指挥，落实五个确认。四根绳套挂平，使用好引绳。注意观察被吊物走向，人员扶设备时不得在可能受挤压空间作业。 |
| 1. 安装左右船型底座与绞车水柜连接。<br>2. 安装底座支腿（拉筋）。 | 安装船型底座 | **风险2**：榔头敲击作业飞溅、打击伤害。<br>**措施**：检查好榔头，敲击作业戴好护目镜，人员远离榔头运行轨迹方向。 |
| 1. 安装立根台、转盘梁及连接支架。<br>2. 将转盘电机与左右铺台连接，砸紧销子。<br>3. 将转盘安装在转盘梁上，销子固定。 | 安装钻台底座转盘 | **风险1**：人员临边和高处作业时坠落伤害。<br>**措施**：作业人员使用安全带，选择安全站位，注意观察脚下情况。 |
| 1. 安装钻台面铺台及前后护栏。<br>2. 安装司控房。<br>3. 连接各液压管线、气路、电路。 | 安装铺台、护栏，吊装司控房 | **风险1**：吊物倾斜下砸伤人或碰撞伤人。<br>**措施**：用四根钩子绳套吊装铺台，保证平稳安装，吊装无固定吊点和偏心吊物时试吊平稳后起吊；使用四根引绳控制吊物摆动。 |
| | 安装人字梁、井架，穿大绳，起升井架 | **风险2**：人员临边和高处作业时坠落伤害。<br>**措施**：作业人员使用安全带，选择安全站位。控制钻台作业人员数量，多余人员撤离钻台。 |
| 井架起升后：<br>1. 安装起钻台大绳，顶出缓冲油缸，起升钻台，待钻台靠近井架时缓慢收回油缸。<br>2. 砸上支架（拉筋）连接销。<br>3. 安装井架两侧加宽台、护栏。<br>4. 安装偏房支架及偏房。<br>5. 安装转角梯子。 | 起升钻台及后续安装 | **风险3**：安装线缆时高压、触电伤害。<br>**措施**：断电、上锁挂签。 |
| 安装完钻台将现场工具及设备回收。 | 作业关闭 | |

图 2.9　50LDB 钻台安装 HSE 作业程序

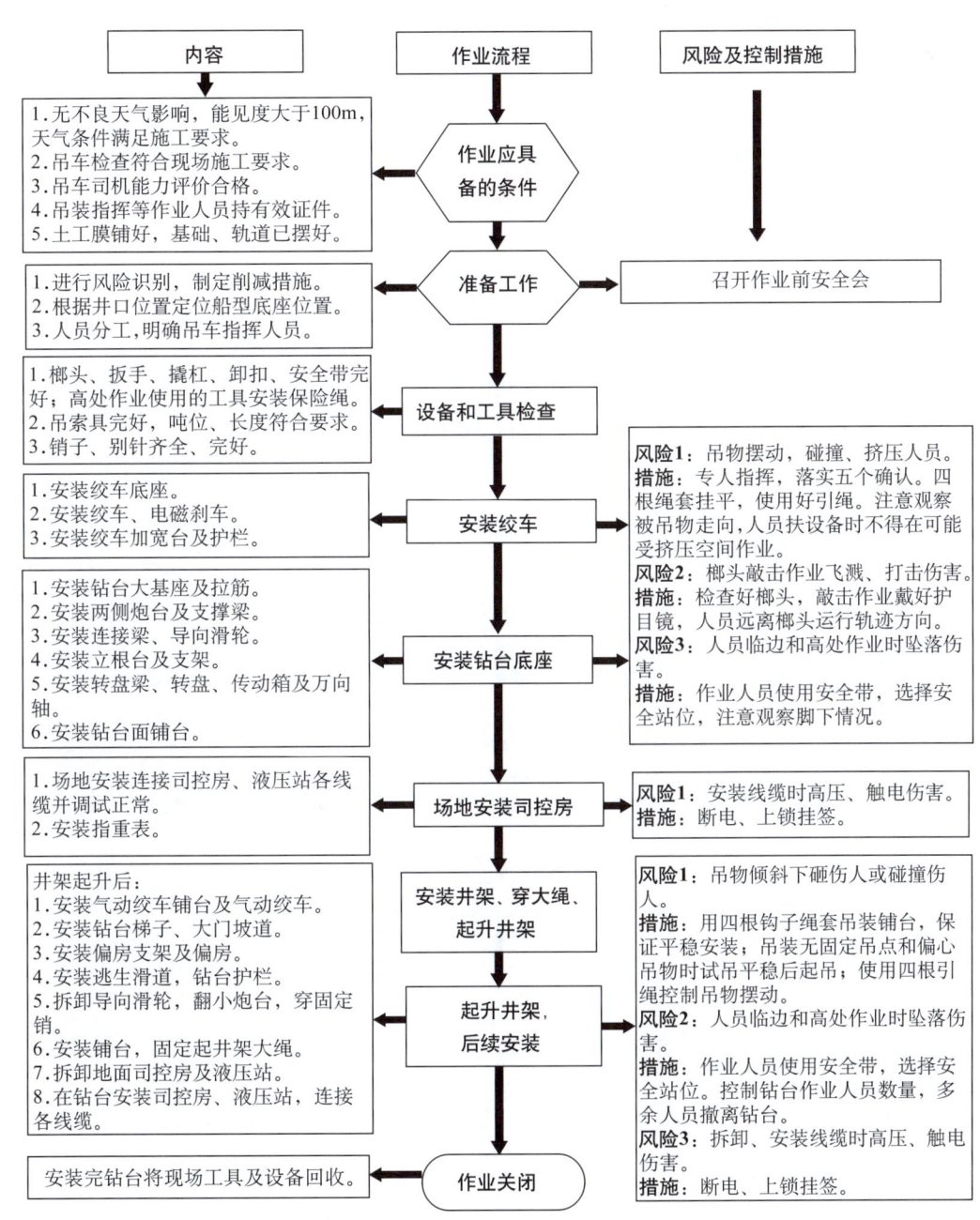

图 2.10  50L 钻台安装 HSE 作业程序

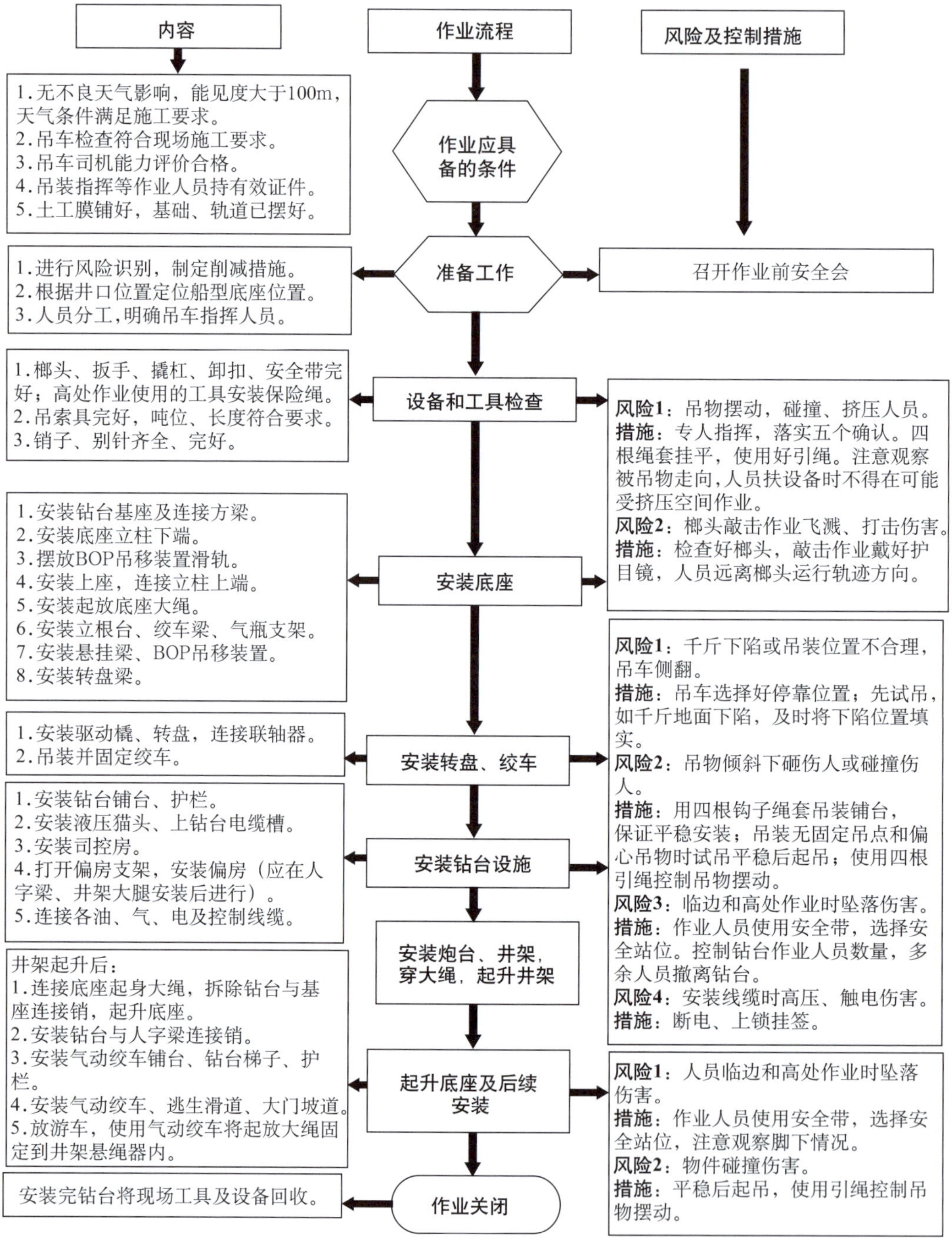

| 内容 | 作业流程 | 风险及控制措施 |
|---|---|---|
| 1. 无不良天气影响，能见度大于100m，天气条件满足施工要求。<br>2. 吊车检查符合现场施工要求。<br>3. 吊车司机能力评价合格。<br>4. 吊装指挥等作业人员持有效证件。<br>5. 土工膜铺好，基础、轨道已摆好。 | 作业应具备的条件 | |
| 1. 进行风险识别，制定削减措施。<br>2. 根据井口位置定位船型底座位置。<br>3. 人员分工，明确吊车指挥人员。 | 准备工作 | 召开作业前安全会 |
| 1. 榔头、扳手、撬杠、卸扣、安全带完好；高处作业使用的工具安装保险绳。<br>2. 吊索具完好，吨位、长度符合要求。<br>3. 销子、别针齐全、完好。 | 设备和工具检查 | 风险1：吊物摆动、碰撞、挤压人员。<br>措施：专人指挥，落实五个确认。四根绳套挂平，使用好引绳。注意观察被吊物走向，人员扶设备时不得在可能受挤压空间作业。<br>风险2：榔头敲击作业飞溅、打击伤害。<br>措施：检查好榔头，敲击作业戴好护目镜，人员远离榔头运行轨迹方向。 |
| 1. 安装钻台基座及连接方梁。<br>2. 安装底座立柱下端。<br>3. 摆放BOP吊移装置滑轨。<br>4. 安装上座，连接立柱上端。<br>5. 安装起放底座大绳。<br>6. 安装立根台、绞车梁、气瓶支架。<br>7. 安装悬挂梁、BOP吊移装置。<br>8. 安装转盘梁。 | 安装底座 | 风险1：千斤下陷或吊装位置不合理，吊车侧翻。<br>措施：吊车选择好停靠位置；先试吊，如千斤地面下陷，及时将下陷位置填实。<br>风险2：吊物倾斜下砸伤人或碰撞伤人。<br>措施：用四根钩子绳套吊装铺台，保证平稳安装；吊装无固定吊点和偏心吊物时试吊平稳后吊起；使用四根引绳控制吊物摆动。<br>风险3：临边和高处作业时坠落伤害。<br>措施：作业人员使用安全带，选择安全站位。控制钻台作业人员数量，多余人员撤离钻台。<br>风险4：安装线缆时高压、触电伤害。<br>措施：断电、上锁挂签。 |
| 1. 安装驱动橇、转盘，连接联轴器。<br>2. 吊装并固定绞车。 | 安装转盘、绞车 | |
| 1. 安装钻台铺台、护栏。<br>2. 安装液压猫头、上钻台电缆槽。<br>3. 安装司控房。<br>4. 打开偏房支架，安装偏房（应在人字梁、井架大腿安装后进行）。<br>5. 连接各油、气、电及控制线缆。 | 安装钻台设施 | |
| 井架起升后：<br>1. 连接底座起身大绳，拆除钻台与基座连接销，起升底座。<br>2. 安装钻台与人字梁连接销。<br>3. 安装气动绞车铺台、钻台梯子、护栏。<br>4. 安装气动绞车、逃生滑道、大门坡道。<br>5. 放游车，使用气动绞车将起放大绳固定到井架悬绳器内。 | 安装炮台、井架，穿大绳，起升井架 | |
| | 起升底座及后续安装 | 风险1：人员临边和高处作业时坠落伤害。<br>措施：作业人员使用安全带，选择安全站位，注意观察脚下情况。<br>风险2：物件碰撞伤害。<br>措施：平稳后起吊，使用引绳控制吊物摆动。 |
| 安装完钻台将现场工具及设备回收。 | 作业关闭 | |

图 2.11　70DB 钻台安装 HSE 作业程序

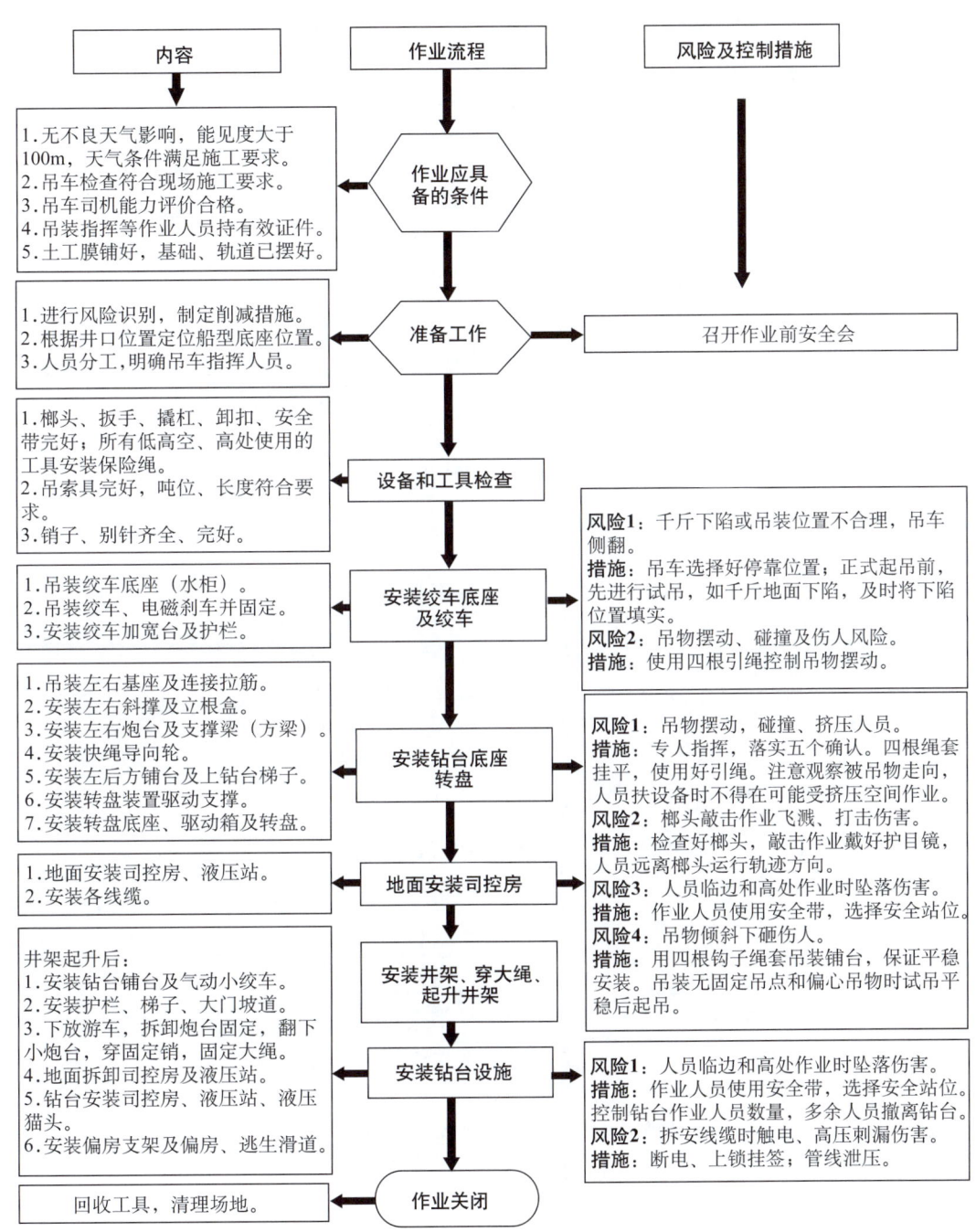

图 2.12 70LDB 钻机钻台安装 HSE 作业程序

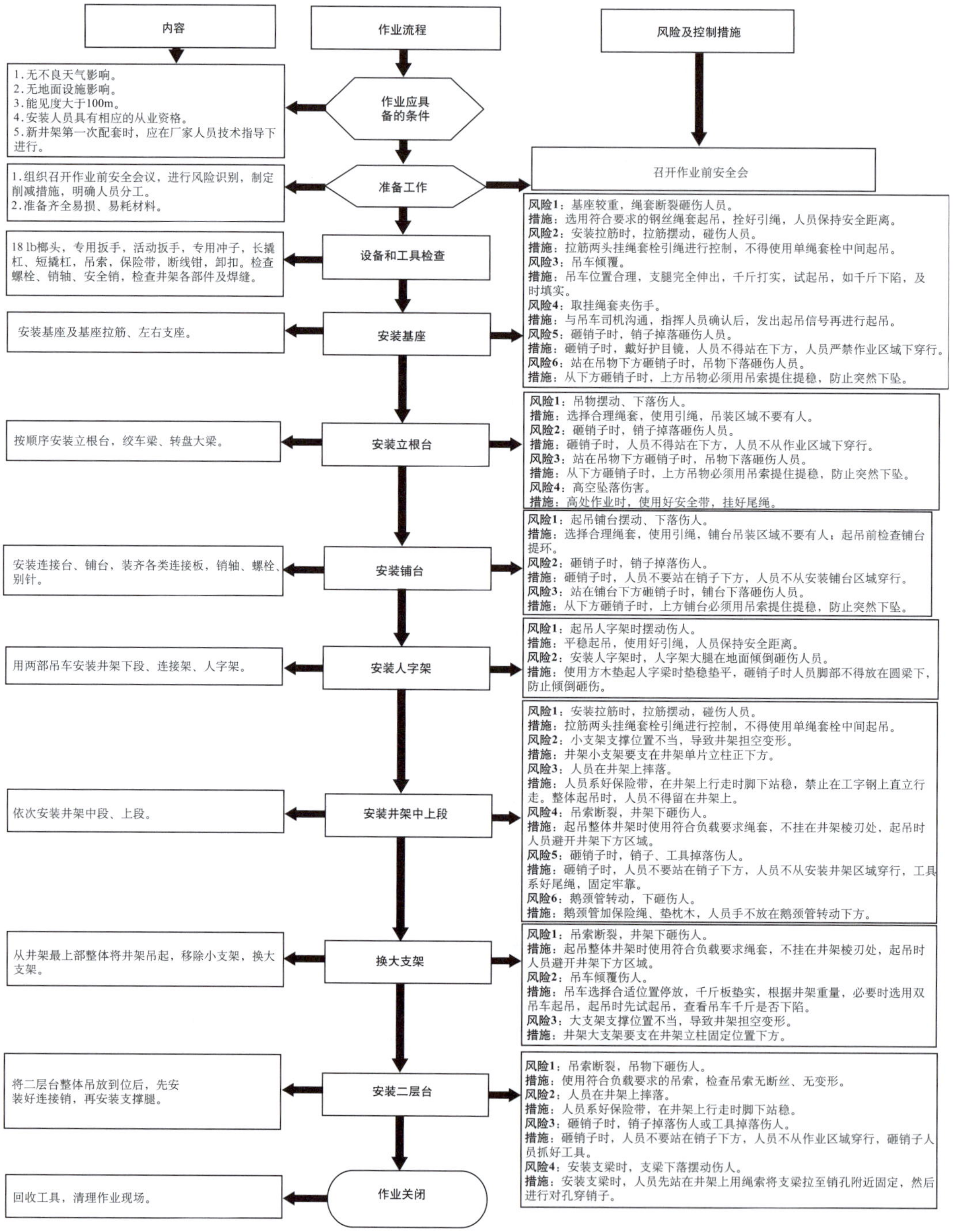

| 内容 | 作业流程 | 风险及控制措施 |
|---|---|---|
| 1.无不良天气影响。<br>2.无地面设施影响。<br>3.能见度大于100m。<br>4.安装人员具有相应的从业资格。<br>5.新井架第一次配套时，应在厂家人员技术指导下进行。 | 作业应具备的条件 | 召开作业前安全会 |
| 1.组织召开作业前安全会议，进行风险识别，制定削减措施，明确人员分工。<br>2.准备齐全易损、易耗材料。 | 准备工作 | |
| 18 lb榔头，专用扳手，活动扳手，专用冲子，长撬杠、短撬杠、吊索、保险带、断线钳、扣卸。检查螺栓、销轴、安全销，检查井架各部件及焊缝。 | 设备和工具检查 | |
| 安装基座及基座拉筋、左右支座。 | 安装基座 | 风险1：基座较重，绳套断裂砸伤人员。<br>措施：选用符合要求的钢丝绳套起吊，拴好引绳，人员保持安全距离。<br>风险2：安装拉筋时，拉筋摆动，碰伤人员。<br>措施：拉筋两头绳套栓引绳进行控制，不得使用单绳套栓中间起吊。<br>风险3：吊车倾覆。<br>措施：吊车位置合理，支腿完全伸出，千斤打实，试起吊，如千斤下陷，及时填实。<br>风险4：取挂绳套夹伤人。<br>措施：与吊车司机沟通，指挥人员确认后，发出起吊信号再进行起吊。<br>风险5：砸销子时，销子掉落砸伤人员。<br>措施：砸销子时，戴好护目镜，人员不得站在下方，人员严禁作业区域下穿行。<br>风险6：站在吊物下方砸销子时，吊物下落砸伤人员。<br>措施：从下方砸销子时，上方吊物必须用吊索提住稳，防止突然下坠。 |
| 按顺序安装立根台、绞车梁、转盘大梁。 | 安装立根台 | 风险1：吊物摆动、下落伤人。<br>措施：选择合理绳套，使用引绳，吊装区域不要有人。<br>风险2：砸销子时，销子掉落砸伤人员。<br>措施：砸销子时，人员不得站在下方，人员不从作业区域下穿行。<br>风险3：站在吊物下方砸销子时，吊物下落砸伤人员。<br>措施：从下方砸销子时，上方吊物必须用吊索提住稳，防止突然下坠。<br>风险4：高空坠落伤害。<br>措施：高处作业时，使用好安全带，挂好尾绳。 |
| 安装连接台、铺台，装齐各类连接板，销轴、螺栓、别针。 | 安装铺台 | 风险1：起吊铺台摆动、下落伤人。<br>措施：选择合理绳套，使用引绳，铺台吊装区域不要有人，起吊前检查铺台提环。<br>风险2：砸销子时，销子掉落伤人。<br>措施：砸销子时，人员不要站在销子下方，人员不从安装铺台区域穿行。<br>风险3：站在铺台下方砸销子时，铺台下落砸伤人员。<br>措施：从下方砸销子时，上方铺台必须用吊索提住稳，防止突然下坠。 |
| 用两部吊车安装井架下段、连接架、人字架。 | 安装人字架 | 风险1：起吊人字架时摆动伤人。<br>措施：平稳起吊，使用引绳，人员保持安全距离。<br>风险2：安装人字架时，人字架大腿在地面倾倒砸伤人员。<br>措施：使用方木垫起人字梁时垫稳垫平，砸销子时人员脚部不得放在圆梁下，防止倾倒砸伤。 |
| 依次安装井架中段、上段。 | 安装井架中上段 | 风险1：安装拉筋，拉筋摆动，碰伤人员。<br>措施：拉筋两头绳套栓引绳进行控制，不得使用单绳套栓中间起吊。<br>风险2：小支架支撑位置不当，导致井架担空变形。<br>措施：井架小支架要支在井架单片立柱正下方。<br>风险3：人员在井架上摔落。<br>措施：人员系好保险带，在井架上行走时脚下站稳，禁止在工字钢上直立行走，整体起吊时，人员不得留在井架上。<br>风险4：吊索断裂，井架下砸伤人。<br>措施：起吊整体井架时使用符合负载要求绳套，不挂在井架梭刃处，起吊时人员避开井架下方区域。<br>风险5：砸销子时，销子、工具掉落伤人。<br>措施：砸销子时，人员不要站在销子下方，人员不从安装井架区域穿行，工具系好尾绳，固定牢靠。<br>风险6：鹅颈管转动，下砸伤人。<br>措施：鹅颈管加保险绳、垫枕木，人员手不放在鹅颈管转动下方。 |
| 从井架最上部整体将井架吊起，移除小支架，换大支架。 | 换大支架 | 风险1：吊索断裂，井架下砸伤人。<br>措施：起吊整体井架时使用符合负载要求绳套，不挂在井架梭刃处，起吊时人员避开井架下方区域。<br>风险2：吊车倾覆伤人。<br>措施：吊车选择合适停放，千斤板垫实，根据井架重量，必要时选用双吊车起吊，起吊时先试起吊，查看吊车千斤是否下陷。<br>风险3：大支架支撑位置不当，导致井架担空变形。<br>措施：井架大支架要支在井架立柱固定位置下方。 |
| 将二层台整体吊放到位后，先安装好连接销，再安装支撑腿。 | 安装二层台 | 风险1：吊索断裂，吊物下砸伤人。<br>措施：使用符合负载要求的吊索，检查吊索无断丝、无变形。<br>风险2：人员在井架上摔落。<br>措施：人员系好保险带，在井架上行走时脚下站稳。<br>风险3：砸销子时，销子掉落砸伤人或工具掉落伤人。<br>措施：砸销子时，人员不要站在销子下方，人员不从作业区域穿行，砸销子人员抓好工具。<br>风险4：安装支梁时，支梁下落摆动伤人。<br>措施：安装支梁时，人员先站在井架上用绳索将支梁拉至销孔附近固定，然后进行对孔穿销子。 |
| 回收工具，清理作业现场。 | 作业关闭 | |

图 2.13　井架（JJ170/41-K）安装 HSE 作业程序

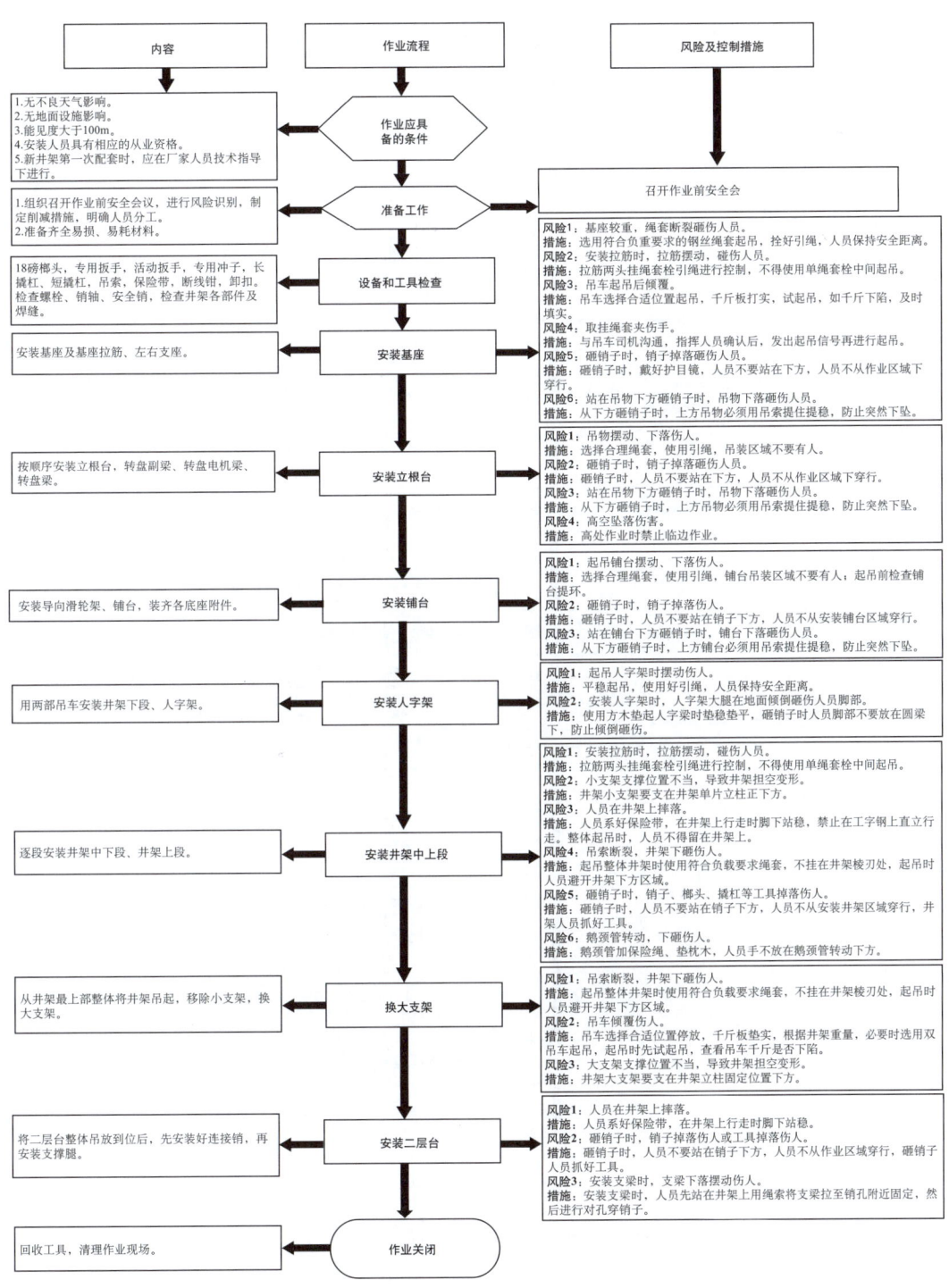

图 2.14 井架（JJ170/42-K）安装 HSE 作业程序

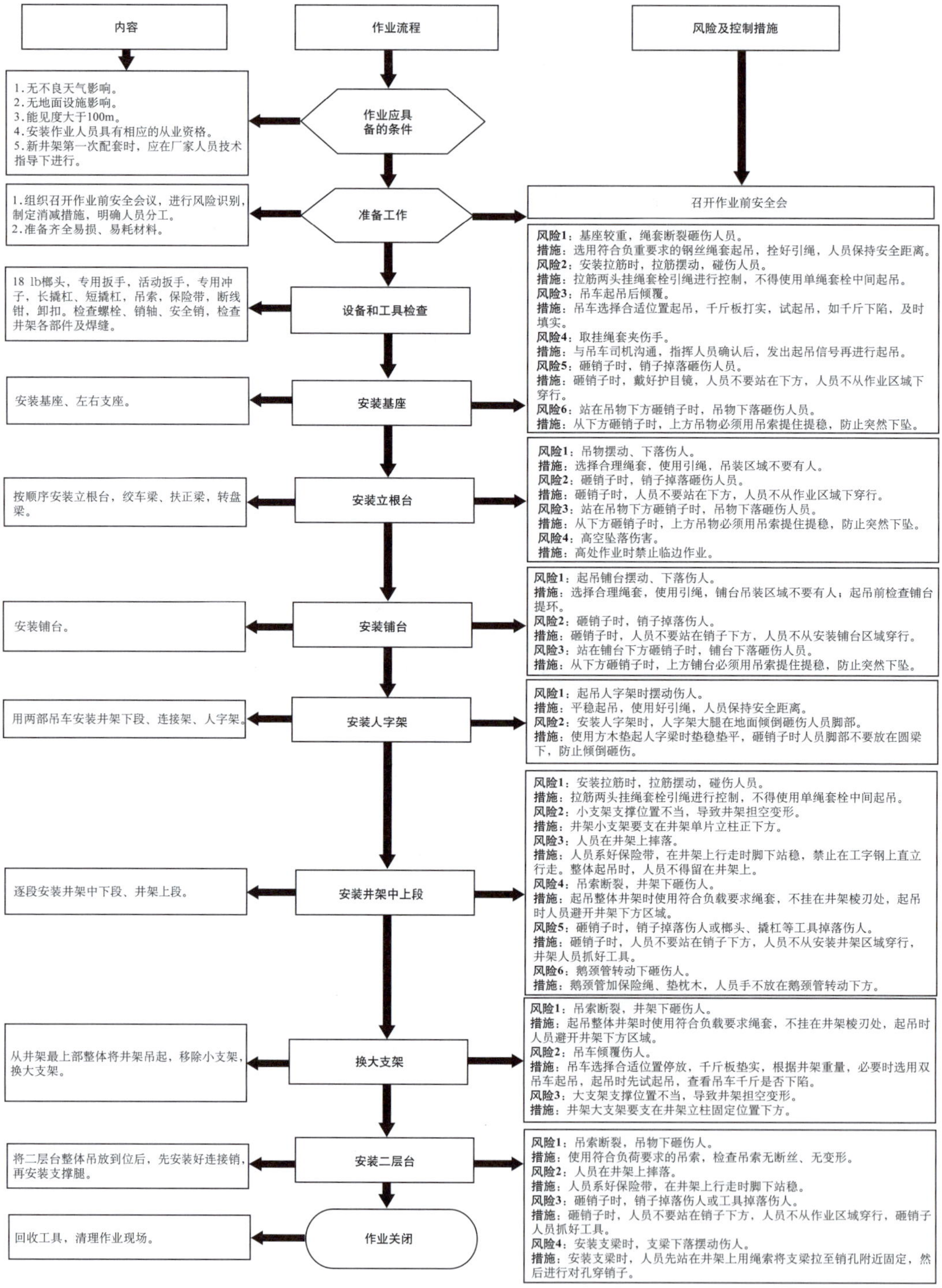

图 2.15 井架（JJ250/42-K）安装 HSE 作业程序

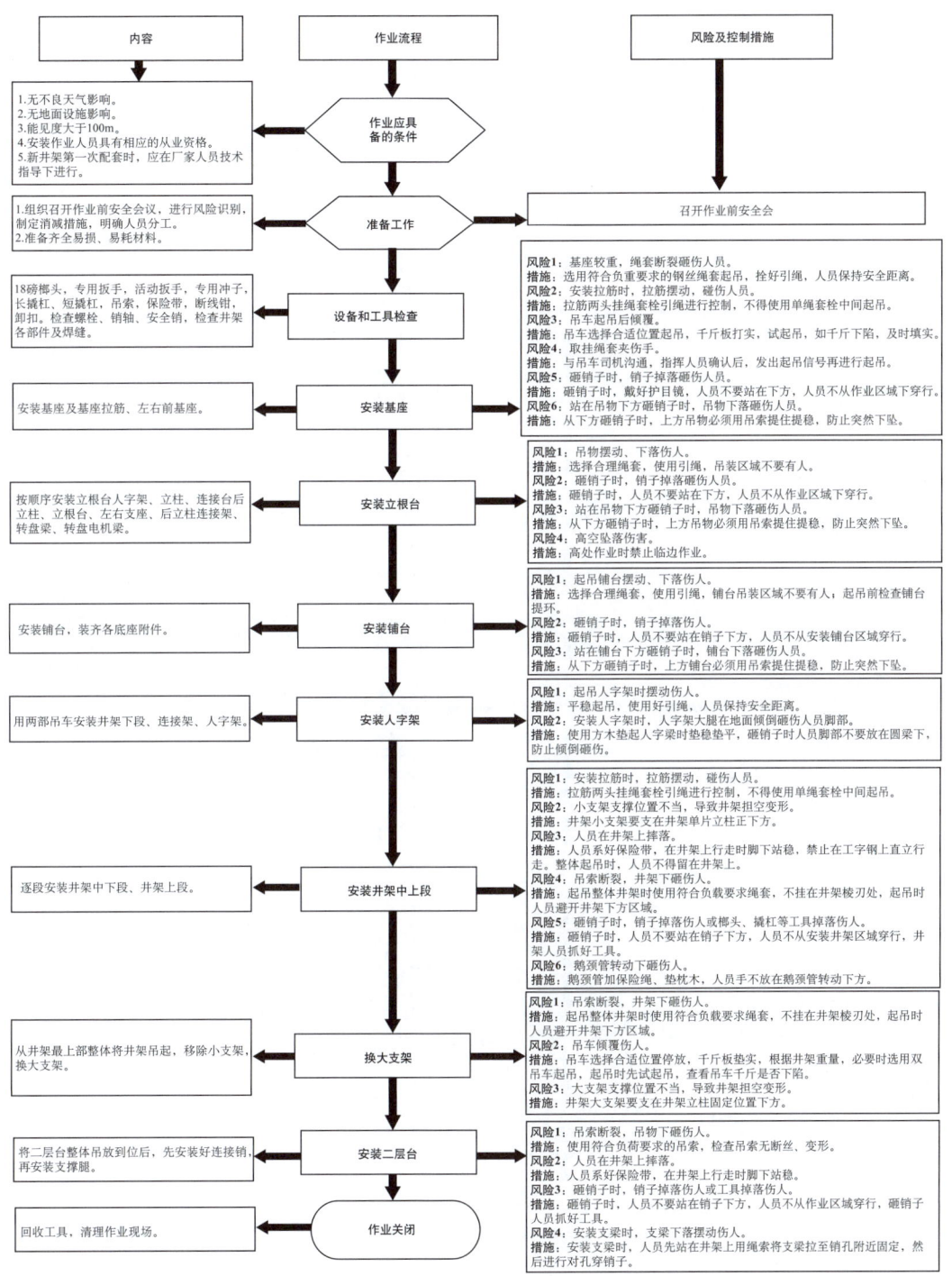

图 2.16 井架（JJ250/44-K3）安装 HSE 作业程序

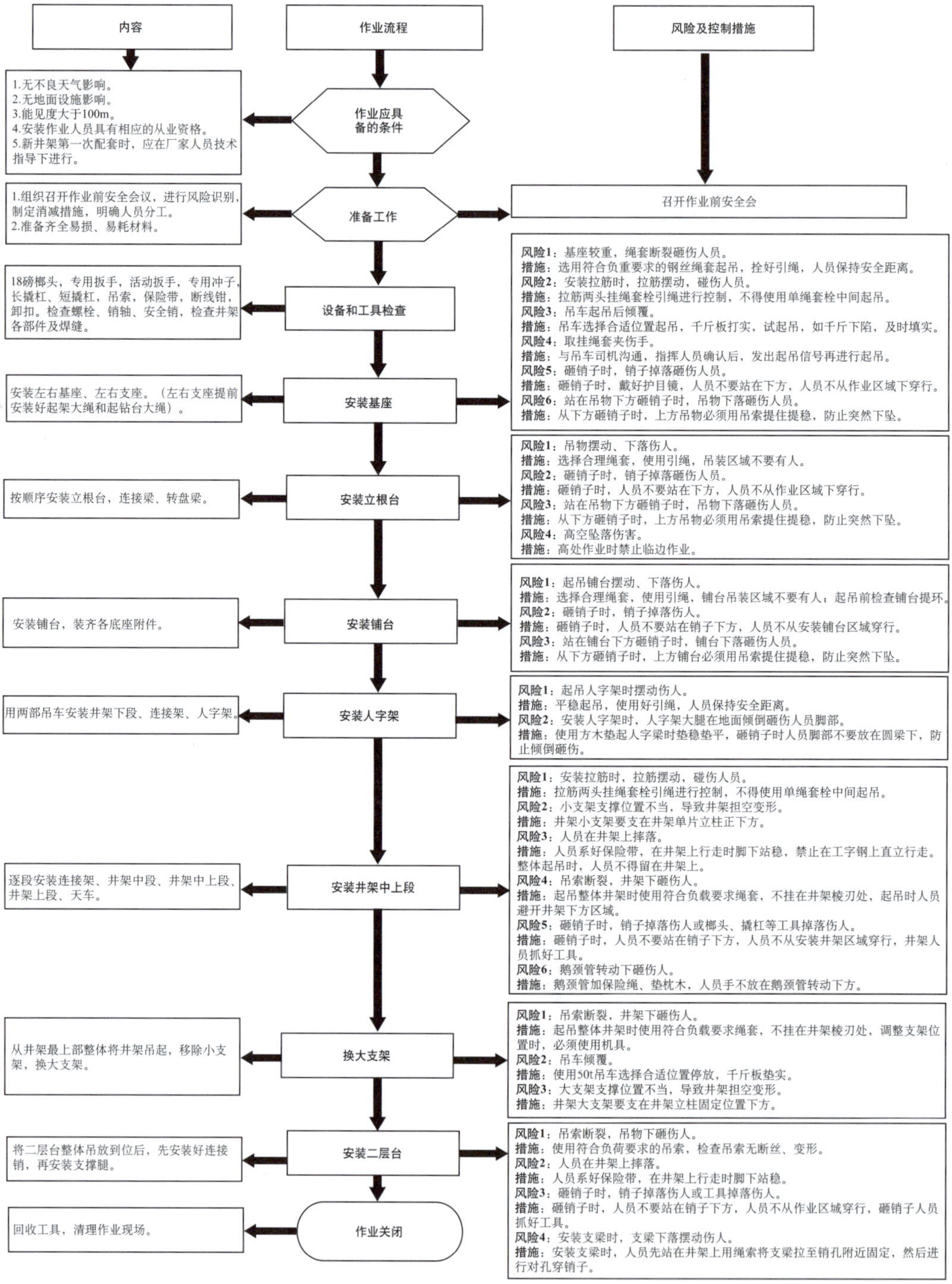

| 内容 | 作业流程 | 风险及控制措施 |
|---|---|---|
| 1.无不良天气影响。<br>2.无地面设施影响。<br>3.能见度大于100m。<br>4.安装作业人员具有相应的从业资格。<br>5.新井架第一次配套时,应在厂家人员技术指导下进行。 | 作业应具备的条件 | |
| 1.组织召开作业前安全会议,进行风险识别,制定消减措施,明确人员分工。<br>2.准备齐全易损、易耗材料。 | 准备工作 | 召开作业前安全会 |
| 18磅榔头、专用扳手、活动扳手、专用冲子、长撬杠、短撬杠、吊索、保险带、断线钳、卸扣。检查螺栓、销轴、安全销,检查井架各部件及焊缝。 | 设备和工具检查 | 风险1:基座较重,绳套断裂伤人员。<br>措施:选用符合负重要求的钢丝绳套起吊,拴好引绳,人员保持安全距离。<br>风险2:安装拉筋时,绳套摆动,碰伤人员。<br>措施:拉筋两头挂绳套栓引绳进行控制,不得使用单绳套栓中间起吊。<br>风险3:吊车起吊后倾覆。<br>措施:吊车选择合适位置起吊,千斤板打实,试起吊,如千斤下陷,及时填实。<br>风险4:取挂绳套夹伤手。<br>措施:与吊车司机沟通,指挥人员确认后,发出起吊信号再进行起吊。<br>风险5:砸销子时,销子掉落砸伤人员。<br>措施:砸销子时,戴好护目镜,人员不要站在下方,人员不从作业区域下穿行。<br>风险6:站在吊物下方砸销子时,吊物下落伤人员。<br>措施:从下方砸销子时,上方吊物必须用吊索提住提稳,防止突然下坠。 |
| 安装左右基座、左右支座。(左右支座提前安装好起吊大绳和起钻台大绳)。 | 安装基座 | |
| 按顺序安装立根台,连接梁、转盘梁。 | 安装立根台 | 风险1:吊物摆动、下落伤人。<br>措施:选择合理绳套,使用好引绳,吊装区域不要有人。<br>风险2:砸销子时,销子掉落砸伤人员。<br>措施:砸销子时,人员不要站在下方,人员不从作业区域下穿行。<br>风险3:站在吊物下方砸销子时,吊物下落伤人员。<br>措施:从下方砸销子时,上方吊物必须用吊索提住提稳,防止突然下坠。<br>风险4:高空坠落伤害。<br>措施:高处作业时禁止临边作业。 |
| 安装铺台,装齐各底座附件。 | 安装铺台 | 风险1:起吊铺台摆动、下落伤人。<br>措施:选择合理绳套,使用好引绳,铺台吊装区域不要有人,起吊前检查铺台提环。<br>风险2:砸销子时,销子掉落砸伤人员。<br>措施:砸销子时,人员不要站在销子下方,人员不从安装铺台区域穿行。<br>风险3:站在铺台下方砸销子时,铺台下落砸伤人员。<br>措施:从下方砸销子时,上方铺台必须用吊索提住提稳,防止突然下坠。 |
| 用两部吊车安装井架下段、连接架、人字架。 | 安装人字架 | 风险1:起吊人字架时摆动伤人。<br>措施:平稳起吊,使用好引绳,人员保持安全距离。<br>风险2:安装人字架时,人字架大腿在地面倾倒砸伤人员脚部。<br>措施:使用方木垫起人字梁时垫稳垫平,砸销子时人员脚不要放在圆梁下,防止倾倒砸伤。 |
| 逐段安装连接架、井架中段、井架中上段、井架上段、天车。 | 安装井架中上段 | 风险1:安装拉筋时,拉筋摆动,碰伤人员。<br>措施:拉筋两头挂绳套栓引绳进行控制,不得使用单绳套栓中间起吊。<br>风险2:小支架支撑位置不当,导致井架担空变形。<br>措施:井架小支架要支在井架单片立柱正下方。<br>风险3:人员从井架上摔落。<br>措施:人员系好保险绳,在井架上行走时脚下站稳,禁止在工字钢上直立行走。整体起吊时,人员不得留在井架上。<br>风险4:吊索断裂。<br>措施:起吊整体井架时使用符合负重要求绳套,不挂在井架棱刃处,起吊时人员避开井架下方区域。<br>风险5:砸销子时,销子掉落伤人员或榔头、撬杠等工具掉落伤人。<br>措施:砸销子时,人员不要站在销子下方,人员不从安装井架区域穿行,井架人员抓好工具。<br>风险6:鹅颈管转动下砸伤人。<br>措施:鹅颈管加保险绳、垫枕木,人员手不放在鹅颈管转动下方。 |
| 从井架最上部整体将井架吊起,移除小支架,换大支架。 | 换大支架 | 风险1:吊索断裂,井架下砸伤人。<br>措施:起吊整体井架时使用符合负载要求绳套,不挂在井架棱刃处,调整支架位置时,必须使用机具。<br>风险2:吊车倾覆。<br>措施:使用50t吊车选择合适位置停放,千斤板垫实。<br>风险3:大支架支撑位置不当,导致井架担空变形。<br>措施:井架大支架要支在井架立柱固定位置下方。 |
| 将二层台整体吊放到位后,先安装好连接销,再安装支撑腿。 | 安装二层台 | 风险1:吊索断裂,吊物下砸伤人。<br>措施:使用符合负荷要求的吊索,检查绳索无断丝、变形。<br>风险2:人员在井架上摔落。<br>措施:人员系好保险带,在井架上行走时脚下站稳。<br>风险3:砸销子时,销子掉落伤人或掉落砸伤人。<br>措施:砸销子时,人员不要站在销子下方,人员不从作业区域穿行,砸销子人员抓好工具。<br>风险4:安装支梁时,支梁下落摆动伤人。<br>措施:安装支梁时,人员先站在井架上用绳索将支梁拉至销孔附近固定,然后进行孔穿销子。 |
| 回收工具,清理作业现场。 | 作业关闭 | |

图 2.17 井架(JJ315/45-K3 DZ315/7.5-X13)安装HSE作业程序

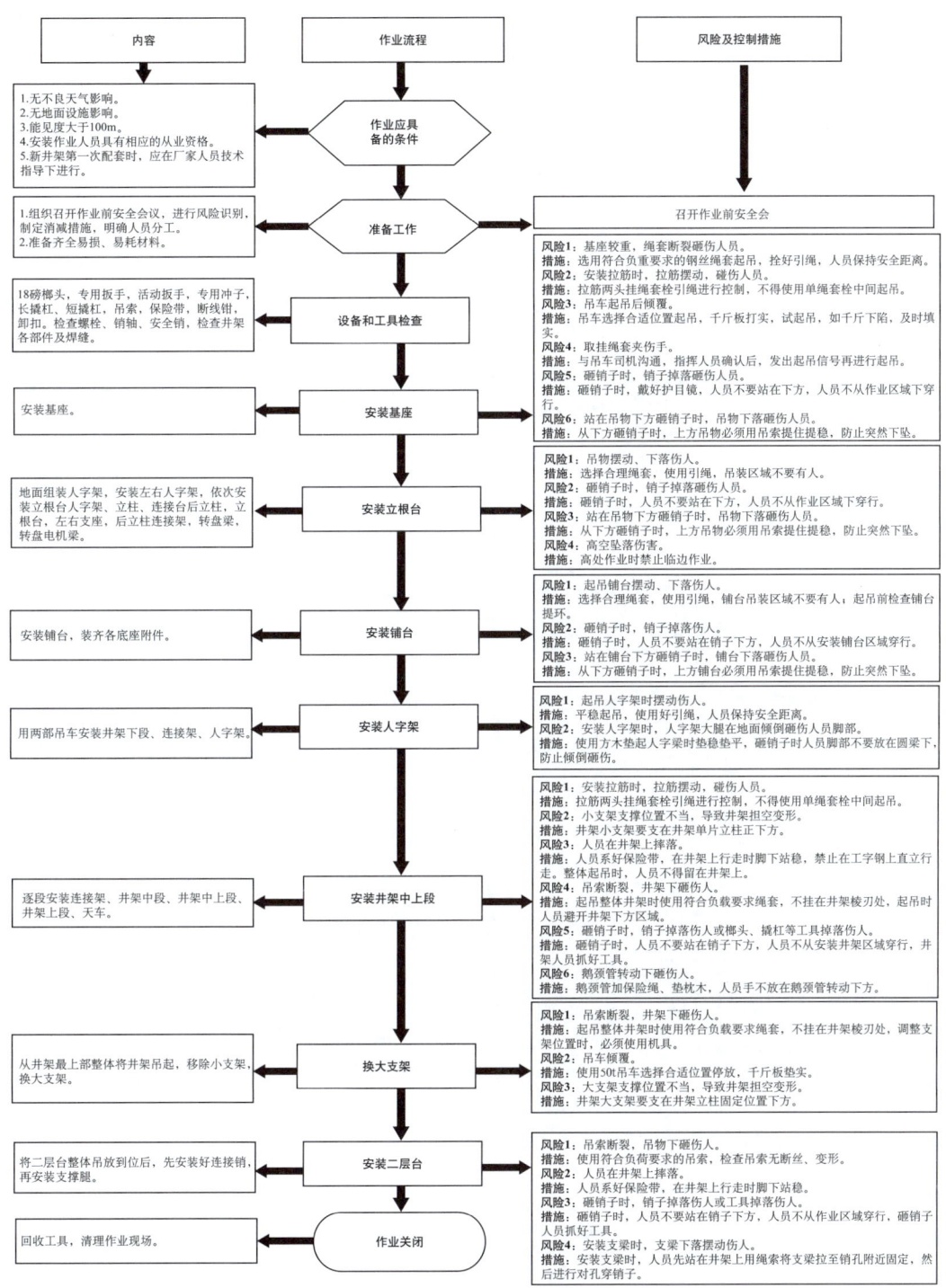

图 2.18 井架（JJ315/45-K6 DZ315/9-X13）安装 HSE 作业程序

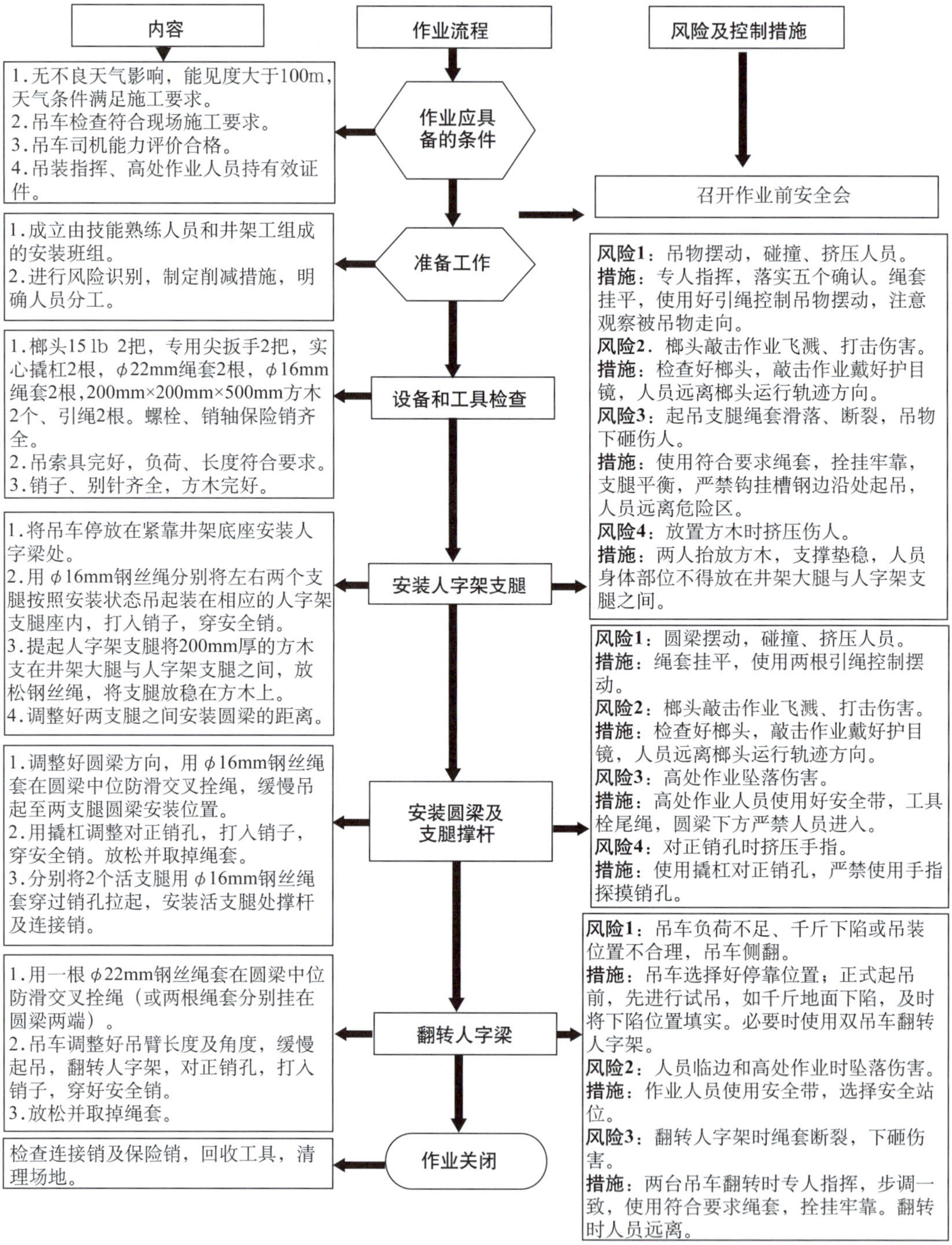

| 内容 | 作业流程 | 风险及控制措施 |
|---|---|---|
| 1. 无不良天气影响，能见度大于100m，天气条件满足施工要求。<br>2. 吊车检查符合现场施工要求。<br>3. 吊车司机能力评价合格。<br>4. 吊装指挥、高处作业人员持有效证件。 | 作业应具备的条件 | |
| | ↓ | 召开作业前安全会 |
| 1. 成立由技能熟练人员和井架工组成的安装班组。<br>2. 进行风险识别，制定削减措施，明确人员分工。 | 准备工作 | 风险1：吊物摆动、碰撞、挤压人员。<br>措施：专人指挥，落实五个确认。绳套挂平，使用好引绳控制吊物摆动，注意观察被吊物走向。<br>风险2：榔头敲击作业飞溅、打击伤害。<br>措施：检查好榔头，敲击作业戴好护目镜，人员远离榔头运行轨迹方向。<br>风险3：起吊支腿绳套滑落、断裂，吊物下砸伤人。<br>措施：使用符合要求绳套，拴挂牢靠，支腿平衡，严禁钩挂槽钢边沿处起吊，人员远离危险区。<br>风险4：放置方木时挤压伤人。<br>措施：两人抬放方木，支撑垫稳，人员身体部位不得放在井架大腿与人字架支腿之间。 |
| 1. 榔头15 lb 2把，专用尖扳手2把，实心撬杠2根，φ22mm绳套2根，φ16mm绳套2根，200mm×200mm×500mm方木2个，引绳2根。螺栓、销轴保险销齐全。<br>2. 吊索具完好，负荷、长度符合要求。<br>3. 销子、别针齐全，方木完好。 | 设备和工具检查 | |
| 1. 将吊车停放在紧靠井架底座安装人字梁处。<br>2. 用φ16mm钢丝绳分别将左右两个支腿按照安装状态吊起装在相应的人字架支腿座内，打入销子，穿安全销。<br>3. 提起人字架支腿将200mm厚的方木支在井架大腿与人字架支腿之间，放松钢丝绳，将支腿放稳在方木上。<br>4. 调整好两支腿之间安装圆梁的距离。 | 安装人字架支腿 | |
| 1. 调整好圆梁方向，用φ16mm钢丝绳套在圆梁中位防滑交叉拴绳，缓慢吊起至两支腿圆梁安装位置。<br>2. 用撬杠调整对正销孔，打入销子，穿安全销。放松并取绳套。<br>3. 分别将2个活支腿用φ16mm钢丝绳套穿过销孔拉起，安装活支腿处撑杆及连接销。 | 安装圆梁及支腿撑杆 | 风险1：圆梁摆动、碰撞、挤压人员。<br>措施：绳套挂平，使用两根引绳控制摆动。<br>风险2：榔头敲击作业飞溅、打击伤害。<br>措施：检查好榔头，敲击作业戴好护目镜，人员远离榔头运行轨迹方向。<br>风险3：高处作业坠落伤害。<br>措施：高处作业人员使用好安全带，工具拴尾绳，圆梁下方严禁人员进入。<br>风险4：对正销孔时挤压手指。<br>措施：使用撬杠对正销孔，严禁使用手指探摸销孔。 |
| 1. 用一根φ22mm钢丝绳套在圆梁中位防滑交叉拴绳（或两根绳套分别挂在圆梁两端）。<br>2. 吊车调整好吊臂长度及角度，缓慢起吊，翻转人字架，对正销孔，打入销子，穿好安全销。<br>3. 放松并取掉绳套。 | 翻转人字梁 | 风险1：吊车负荷不足、千斤下陷或吊装位置不合理，吊车侧翻。<br>措施：吊车选择好停靠位置；正式起吊前，先进行试吊，如千斤地面下陷，及时将下陷位置填实。必要时使用双吊车翻转人字架。<br>风险2：人员临边和高处作业时坠落伤害。<br>措施：作业人员使用安全带，选择安全站位。<br>风险3：翻转人字架时绳套断裂，下砸伤害。<br>措施：两台吊车翻转时专人指挥，步调一致，使用符合要求绳套，拴挂牢靠。翻转时人员远离。 |
| 检查连接销及保险销，回收工具，清理场地。 | 作业关闭 | |

图 2.19　安装井架人字架 HSE 作业程序（翻转型）

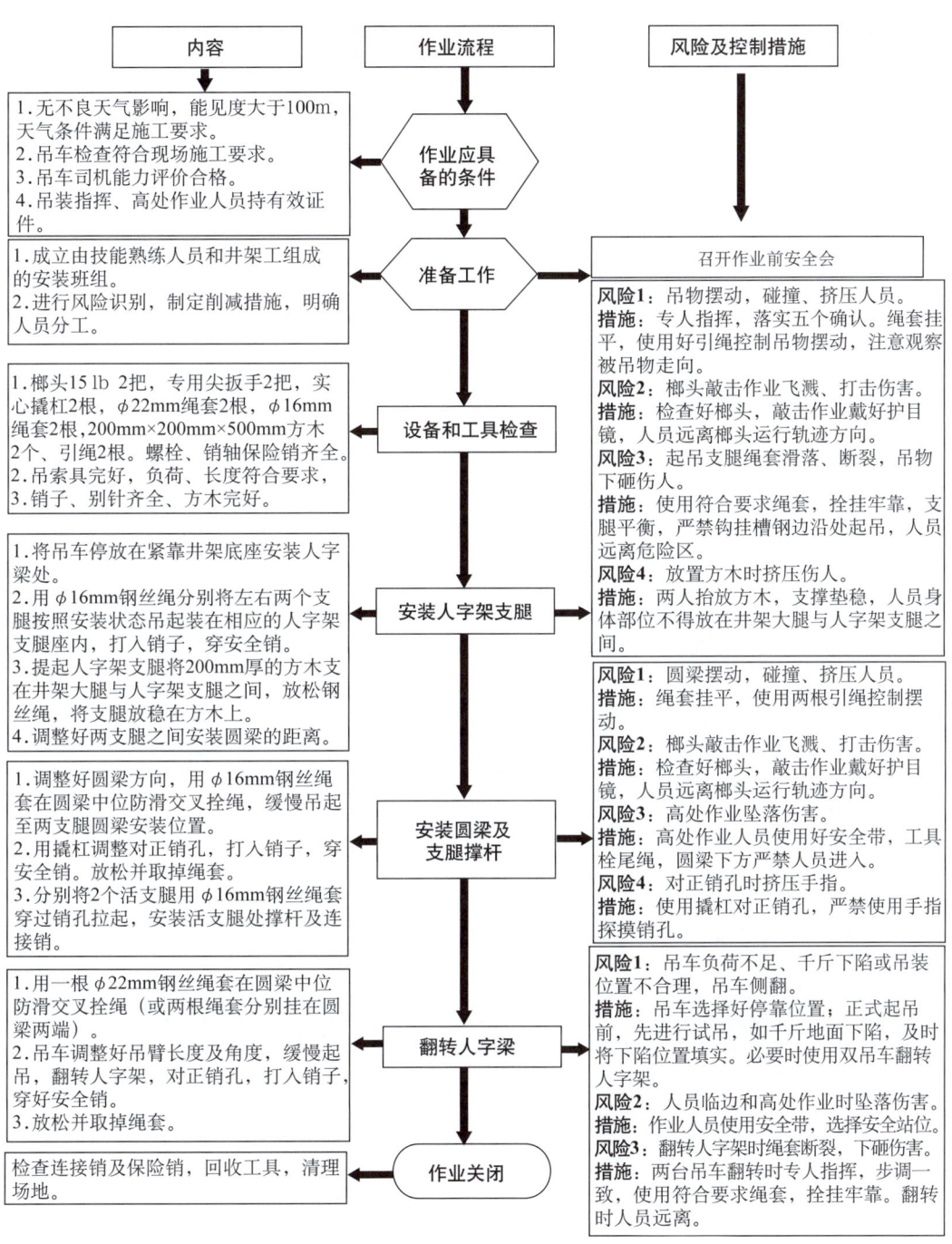

图 2.20 安装井架人字架 HSE 作业程序（翻转型）

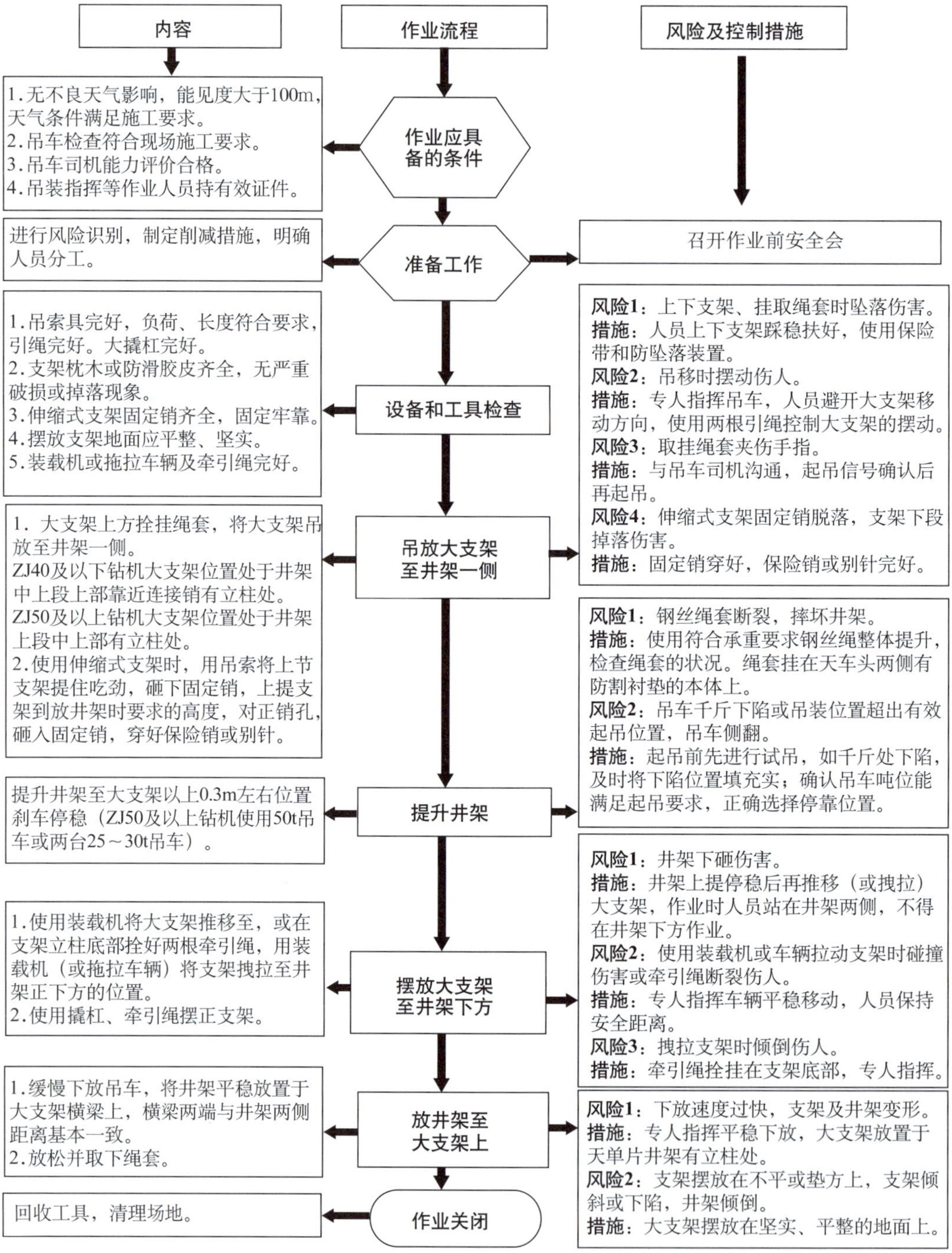

## 作业流程：摆放大支架（安装井架）

| 内容 | 作业流程 | 风险及控制措施 |
|---|---|---|
| 1.无不良天气影响，能见度大于100m，天气条件满足施工要求。<br>2.吊车检查符合现场施工要求。<br>3.吊车司机能力评价合格。<br>4.吊装指挥等作业人员持有效证件。 | 作业应具备的条件 | |
| 进行风险识别，制定削减措施，明确人员分工。 | 准备工作 | 召开作业前安全会 |
| 1.吊索具完好，负荷、长度符合要求，引绳完好。大撬杠完好。<br>2.支架枕木或防滑胶皮齐全，无严重破损或掉落现象。<br>3.伸缩式支架固定销齐全，固定牢靠。<br>4.摆放支架地面应平整、坚实。<br>5.装载机或拖拉车辆及牵引绳完好。 | 设备和工具检查 | 风险1：上下支架、挂取绳套时坠落伤害。<br>措施：人员上下支架踩稳扶好，使用保险带和防坠落装置。<br>风险2：吊移时摆动伤人。<br>措施：专人指挥吊车，人员避开大支架移动方向，使用两根引绳控制大支架的摆动。<br>风险3：取挂绳套夹伤手指。<br>措施：与吊车司机沟通，起吊信号确认后再起吊。<br>风险4：伸缩式支架固定销脱落，支架下段掉落伤害。<br>措施：固定销穿好，保险销或别针完好。 |
| 1.大支架上方拴挂绳套，将大支架吊放至井架一侧。<br>ZJ40及以下钻机大支架位置处于井架中上段上部靠近连接销有立柱处。<br>ZJ50及以上钻机大支架位置处于井架上段中上部有立柱处。<br>2.使用伸缩式支架时，用吊索将上节支架提住吃劲，砸下固定销，上提支架到放井架时要求的高度，对正销孔，砸入固定销，穿好保险销或别针。 | 吊放大支架至井架一侧 | 风险1：钢丝绳套断裂，摔坏井架。<br>措施：使用符合承重要求钢丝绳整体提升，检查绳套的状况。绳套挂在天车头两侧有防割衬垫的本体上。<br>风险2：吊车千斤下陷或吊装位置超出有效起吊位置，吊车侧翻。<br>措施：起吊前先进行试吊，如千斤处下陷，及时对下陷位置填充实，确认吊车吨位能满足起吊要求，正确选择停靠位置。 |
| 提升井架至大支架以上0.3m左右位置刹车停稳（ZJ50及以上钻机使用50t吊车或两台25～30t吊车）。 | 提升井架 | |
| 1.使用装载机将大支架推移至，或在支架立柱底部拴好两根牵引绳，用装载机（或拖拉车辆）将支架拽拉至井架正下方的位置。<br>2.使用撬杠、牵引绳摆正支架。 | 摆放大支架至井架下方 | 风险1：井架下砸伤害。<br>措施：井架上提停稳后再推移（或拽拉）大支架，作业时人员站在井架两侧，不得在井架下方作业。<br>风险2：使用装载机或车辆拉动支架时碰撞伤害或牵引绳断裂伤人。<br>措施：专人指挥车辆平稳移动，人员保持安全距离。<br>风险3：拽拉支架时倾倒伤人。<br>措施：牵引绳拴挂在支架底部，专人指挥。 |
| 1.缓慢下放吊车，将井架平稳放置于大支架横梁上，横梁两端与井架两侧距离基本一致。<br>2.放松并取下绳套。 | 放井架至大支架上 | 风险1：下放速度过快，支架及井架变形。<br>措施：专人指挥平稳下放，大支架放置于天单片井架有立柱处。<br>风险2：支架摆放在不平或垫方上，支架倾斜或下陷，井架倾倒。<br>措施：大支架摆放在坚实、平整的地面上。 |
| 回收工具，清理场地。 | 作业关闭 | |

图 2.21 摆放大支架 HSE 作业程序（安装井架）

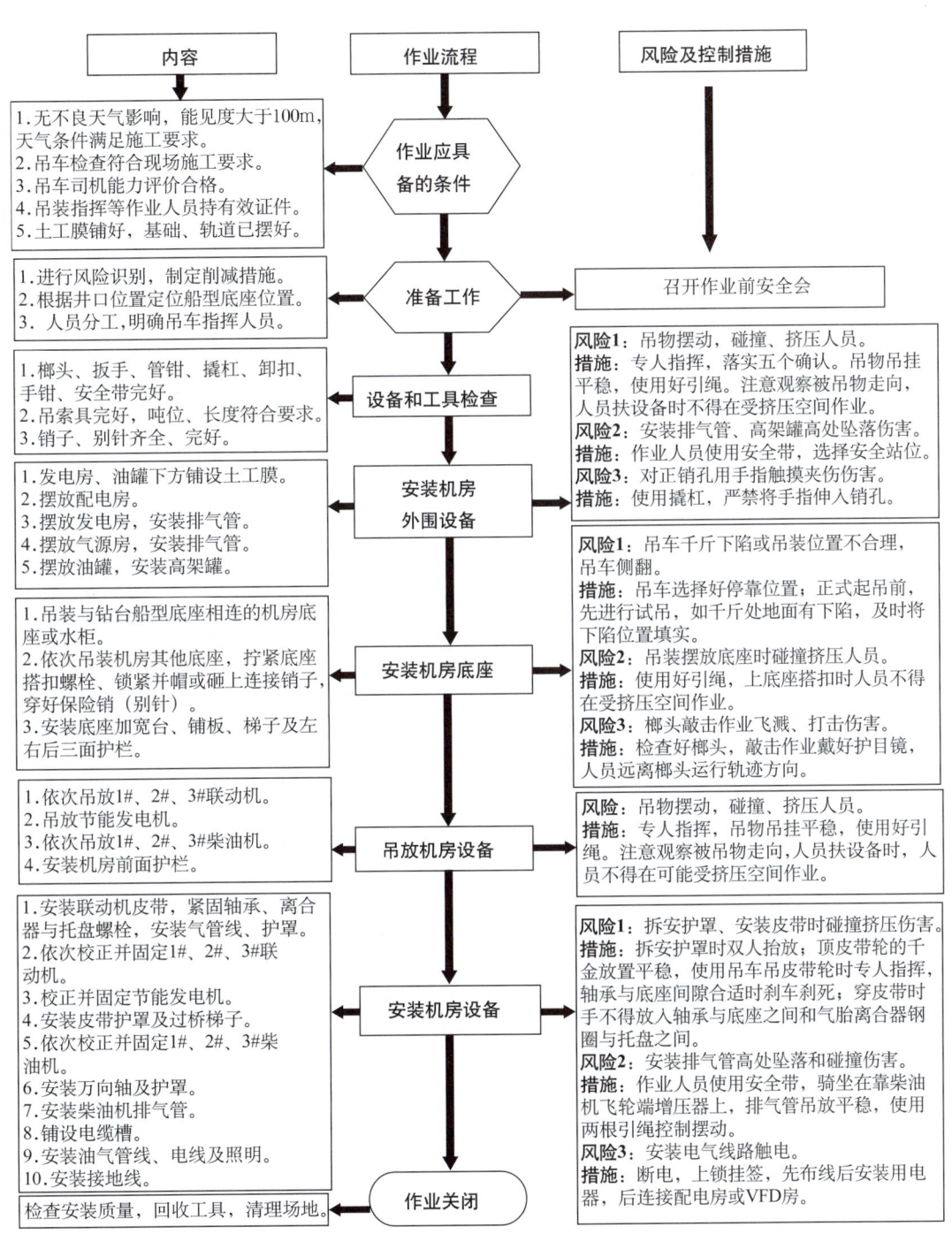

图 2.22 40V 钻机机房安装 HSE 作业程序

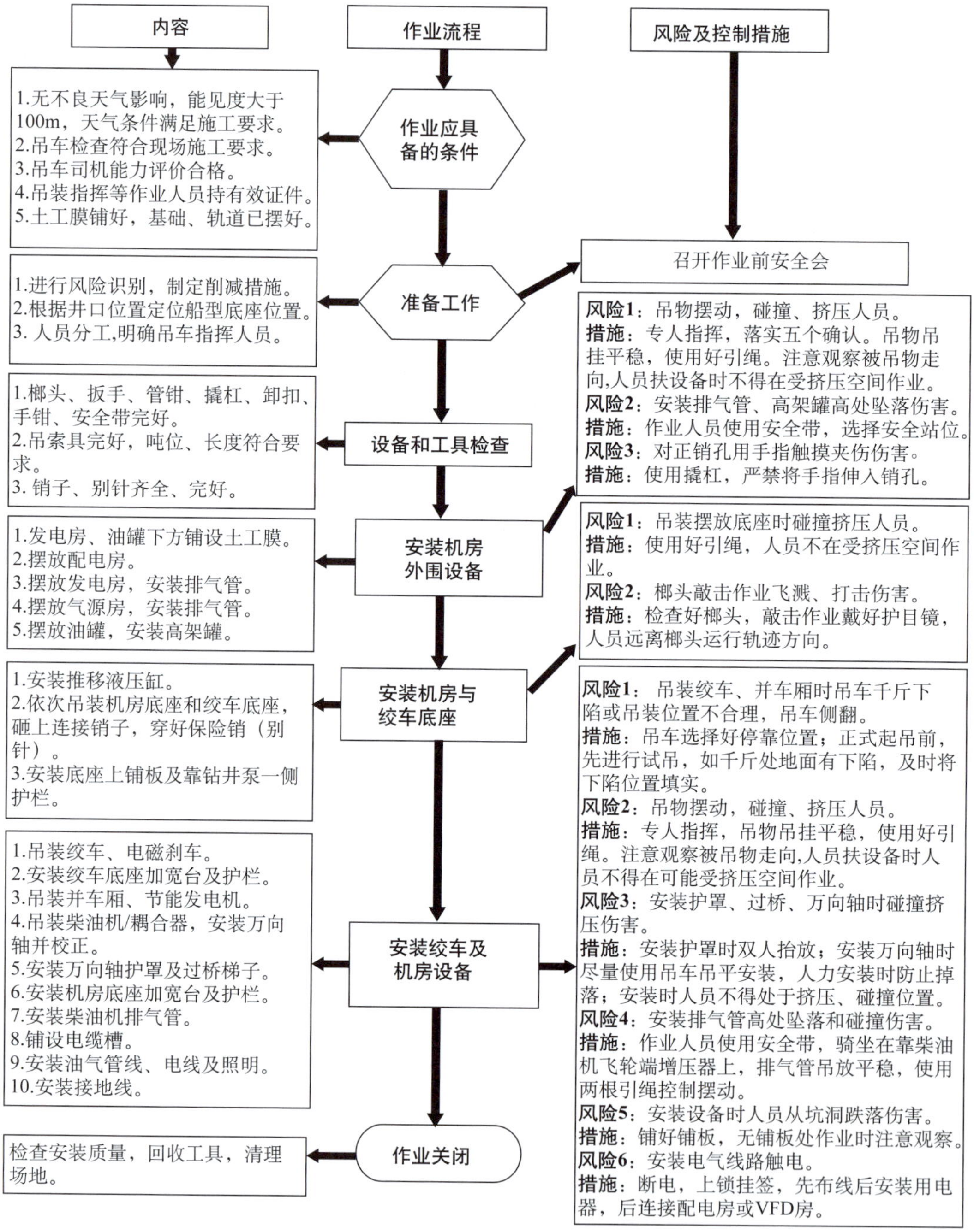

| 内容 | 作业流程 | 风险及控制措施 |
|---|---|---|
| 1.无不良天气影响，能见度大于100m，天气条件满足施工要求。<br>2.吊车检查符合现场施工要求。<br>3.吊车司机能力评价合格。<br>4.吊装指挥等作业人员持有效证件。<br>5.土工膜铺好，基础、轨道已摆好。 | 作业应具备的条件 | 召开作业前安全会 |
| 1.进行风险识别，制定削减措施。<br>2.根据井口位置定位船型底座位置。<br>3.人员分工，明确吊车指挥人员。 | 准备工作 | 风险1：吊物摆动，碰撞、挤压人员。<br>措施：专人指挥，落实五个确认。吊物吊挂平稳，使用好引绳。注意观察被吊物走向，人员扶设备时不得在受挤压空间作业。<br>风险2：安装排气管、高架罐高处坠落伤害。<br>措施：作业人员使用安全带，选择安全站位。<br>风险3：对正销孔用手指触摸夹伤伤害。<br>措施：使用撬杠，严禁将手指伸入销孔。 |
| 1.榔头、扳手、管钳、撬杠、卸扣、手钳、安全带完好。<br>2.吊索具完好，吨位、长度符合要求。<br>3.销子、别针齐全、完好。 | 设备和工具检查 | |
| 1.发电房、油罐下方铺设土工膜。<br>2.摆放配电房。<br>3.摆放发电房，安装排气管。<br>4.摆放气源房，安装排气管。<br>5.摆放油罐，安装高架罐。 | 安装机房外围设备 | 风险1：吊装摆放底座时碰撞挤压人员。<br>措施：使用好引绳，人员不在受挤压空间作业。<br>风险2：榔头敲击作业飞溅、打击伤害。<br>措施：检查好榔头，敲击作业戴好护目镜，人员远离榔头运行轨迹方向。 |
| 1.安装推移液压缸。<br>2.依次吊装机房底座和绞车底座，砸上连接销子，穿好保险销（别针）。<br>3.安装底座上铺板及靠钻井泵一侧护栏。 | 安装机房与绞车底座 | 风险1：吊装绞车、并车厢时吊车千斤下陷或吊装位置不合理，吊车侧翻。<br>措施：吊车选择好停靠位置；正式起吊前，先进行试吊，如千斤处地面有下陷，及时将下陷位置填实。<br>风险2：吊物摆动，碰撞、挤压人员。<br>措施：专人指挥，吊物吊挂平稳，使用好引绳。注意观察被吊物走向，人员扶设备时人员不得在可能受挤压空间作业。<br>风险3：安装护罩、过桥、万向轴时碰撞挤压伤害。<br>措施：安装护罩时双人抬放；安装万向轴时尽量使用吊车吊平安装，人力安装时防止掉落，安装时人员不得处于挤压、碰撞位置。<br>风险4：安装排气管高处坠落和碰撞伤害。<br>措施：作业人员使用安全带，骑坐在靠柴油机飞轮端增压器上，排气管吊放平稳，使用两根引绳控制摆动。<br>风险5：安装设备时人员从坑洞跌落伤害。<br>措施：铺好铺板，无铺板处作业时注意观察。<br>风险6：安装电气线路触电。<br>措施：断电，上锁挂签，先布线后安装用电器，后连接配电房或VFD房。 |
| 1.吊装绞车、电磁刹车。<br>2.安装绞车底座加宽台及护栏。<br>3.吊装并车厢、节能发电机。<br>4.吊装柴油机/耦合器，安装万向轴并校正。<br>5.安装万向轴护罩及过桥梯子。<br>6.安装机房底座加宽台及护栏。<br>7.安装柴油机排气管。<br>8.铺设电缆槽。<br>9.安装油气管线、电线及照明。<br>10.安装接地线。 | 安装绞车及机房设备 | |
| 检查安装质量，回收工具，清理场地。 | 作业关闭 | |

图 2.23  40LDB 钻机机房（带绞车）安装 HSE 作业程序

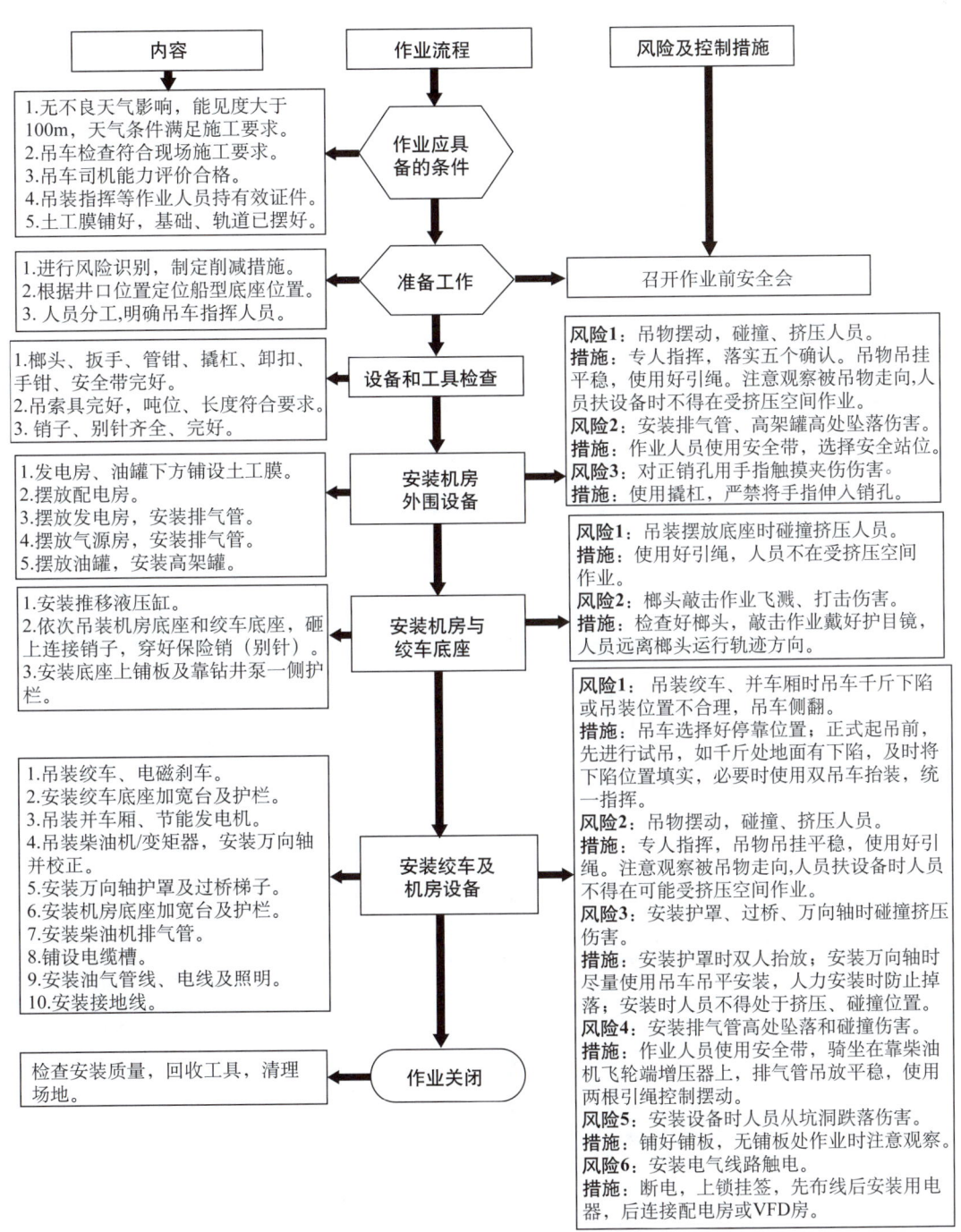

图 2.24 50LDB 钻机机房（带绞车）安装 HSE 作业程序

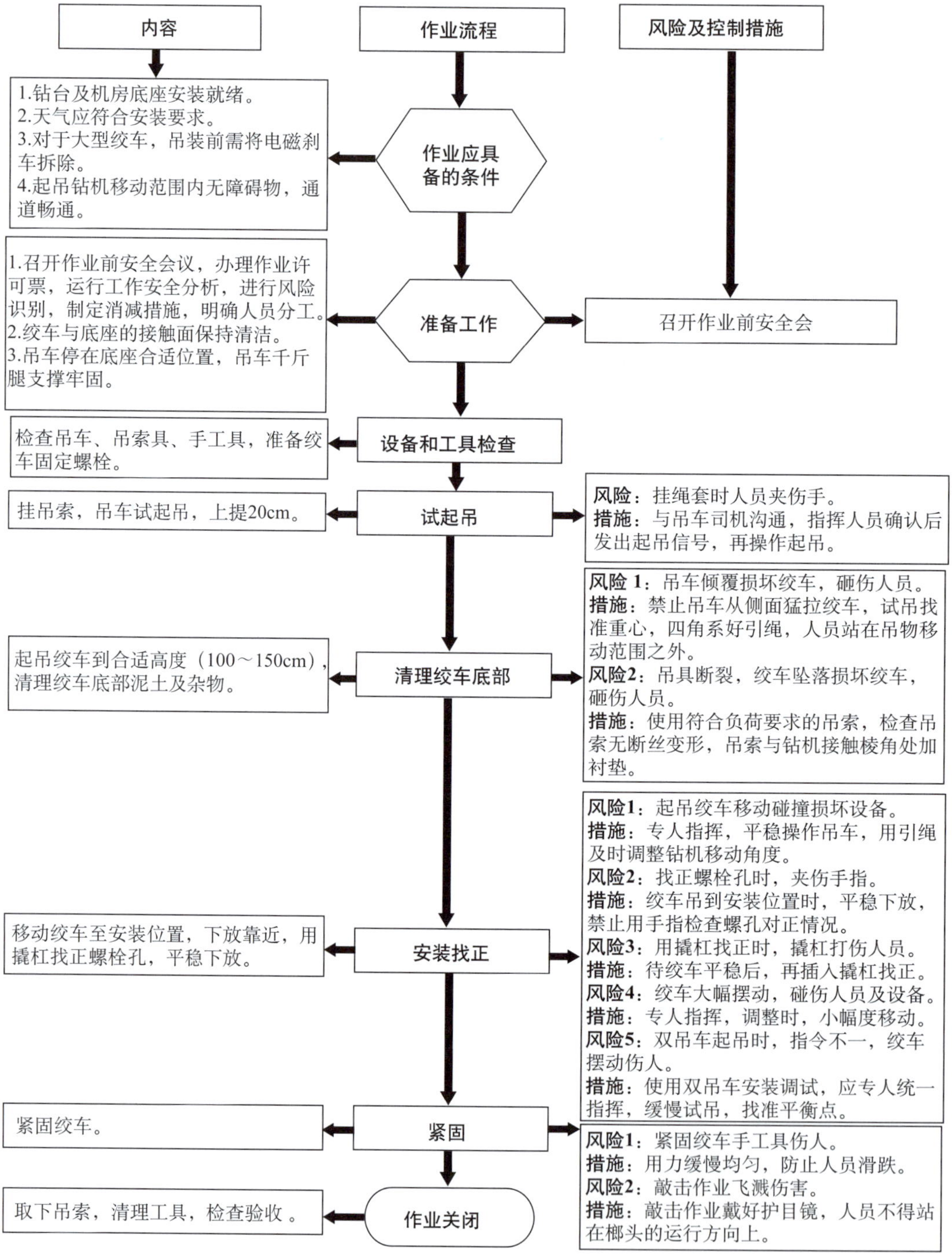

图 2.25 绞车安装 HSE 作业程序（低位）

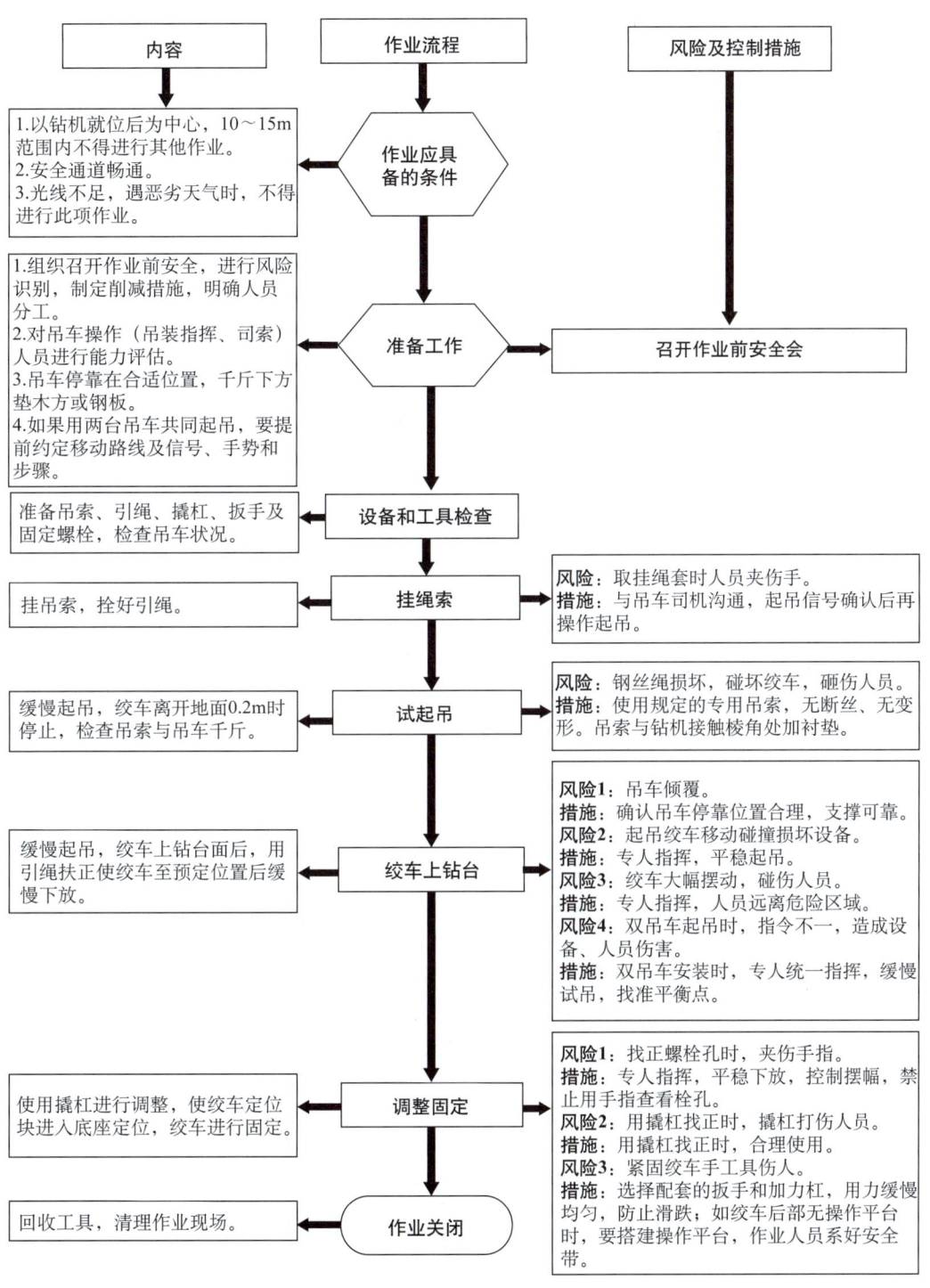

图 2.26 绞车安装 HSE 作业程序（高位）

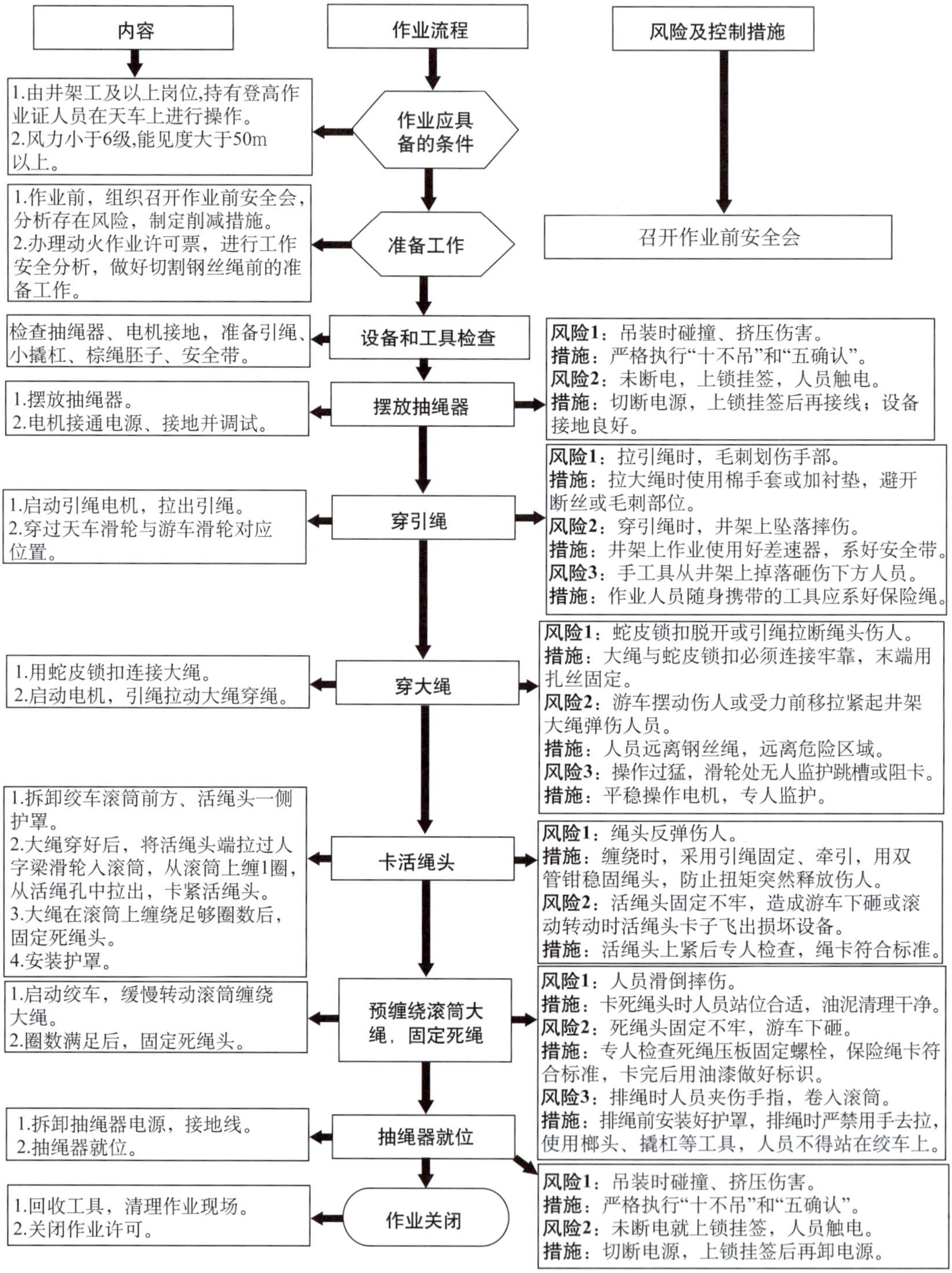

| 内容 | 作业流程 | 风险及控制措施 |
|---|---|---|
| 1.由井架工及以上岗位,持有登高作业证人员在天车上进行操作。<br>2.风力小于6级,能见度大于50m以上。 | 作业应具备的条件 | |
| 1.作业前,组织召开作业前安全会,分析存在风险,制定削减措施。<br>2.办理动火作业许可票,进行工作安全分析,做好切割钢丝绳前的准备工作。 | 准备工作 | 召开作业前安全会 |
| 检查抽绳器、电机接地,准备引绳、小撬杠、棕绳胚子、安全带。 | 设备和工具检查 | 风险1:吊装时碰撞、挤压伤害。<br>措施:严格执行"十不吊"和"五确认"。<br>风险2:未断电,上锁挂签,人员触电。<br>措施:切断电源,上锁挂签后再接线;设备接地良好。 |
| 1.摆放抽绳器。<br>2.电机接通电源、接地并调试。 | 摆放抽绳器 | |
| 1.启动引绳电机,拉出引绳。<br>2.穿过天车滑轮与游车滑轮对应位置。 | 穿引绳 | 风险1:拉引绳时,毛刺划伤手部。<br>措施:拉大绳时使用棉手套或加衬垫,避开断丝或毛刺部位。<br>风险2:穿引绳时,井架上坠落摔伤。<br>措施:井架上作业使用好差速器,系好安全带。<br>风险3:手工具从井架上掉落砸伤下方人员。<br>措施:作业人员随身携带的工具应系好保险绳。 |
| 1.用蛇皮锁扣连接大绳。<br>2.启动电机,引绳拉动大绳穿绳。 | 穿大绳 | 风险1:蛇皮锁扣脱开或引绳拉断绳头伤人。<br>措施:大绳与蛇皮锁扣必须连接牢靠,末端用扎丝固定。<br>风险2:游车摆动伤人或受力前移拉紧起井架大绳弹伤人员。<br>措施:人员远离钢丝绳,远离危险区域。<br>风险3:操作过猛,滑轮处无人监护跳槽或阻卡。<br>措施:平稳操作电机,专人监护。 |
| 1.拆卸绞车滚筒前方、活绳头一侧护罩。<br>2.大绳穿好后,将活绳头端拉过人字梁滑轮入滚筒,从滚筒上缠1圈,从活绳孔中拉出,卡紧活绳头。<br>3.大绳在滚筒上缠绕足够圈数后,固定死绳头。<br>4.安装护罩。 | 卡活绳头 | 风险1:绳头反弹伤人。<br>措施:缠绕时,采用引绳固定、牵引,用双管钳稳固绳头,防止扭矩突然释放伤人。<br>风险2:活绳头固定不牢,造成游车下砸或滚动转动时绳头卡子飞出损坏设备。<br>措施:活绳头上紧后专人检查,绳卡符合标准。 |
| 1.启动绞车,缓慢转动滚筒缠绕大绳。<br>2.圈数满足后,固定死绳头。 | 预缠绕滚筒大绳,固定死绳 | 风险1:人员滑倒摔伤。<br>措施:卡死绳头时人员站位合适,油泥清理干净。<br>风险2:死绳头固定不牢,游车下砸。<br>措施:专人检查死绳压板固定螺栓,保险绳卡符合标准,卡完后用油漆做好标识。<br>风险3:排绳时人员夹伤手指,卷入滚筒。<br>措施:排绳前安装好护罩,排绳时严禁用手去拉,使用榔头、撬杠等工具,人员不得站在绞车上。 |
| 1.拆卸抽绳器电源,接地线。<br>2.抽绳器就位。 | 抽绳器就位 | |
| 1.回收工具,清理作业现场。<br>2.关闭作业许可。 | 作业关闭 | 风险1:吊装时碰撞、挤压伤害。<br>措施:严格执行"十不吊"和"五确认"。<br>风险2:未断电就上锁挂签,人员触电。<br>措施:切断电源,上锁挂签后再卸电源。 |

图 2.27 穿大绳 HSE 作业程序

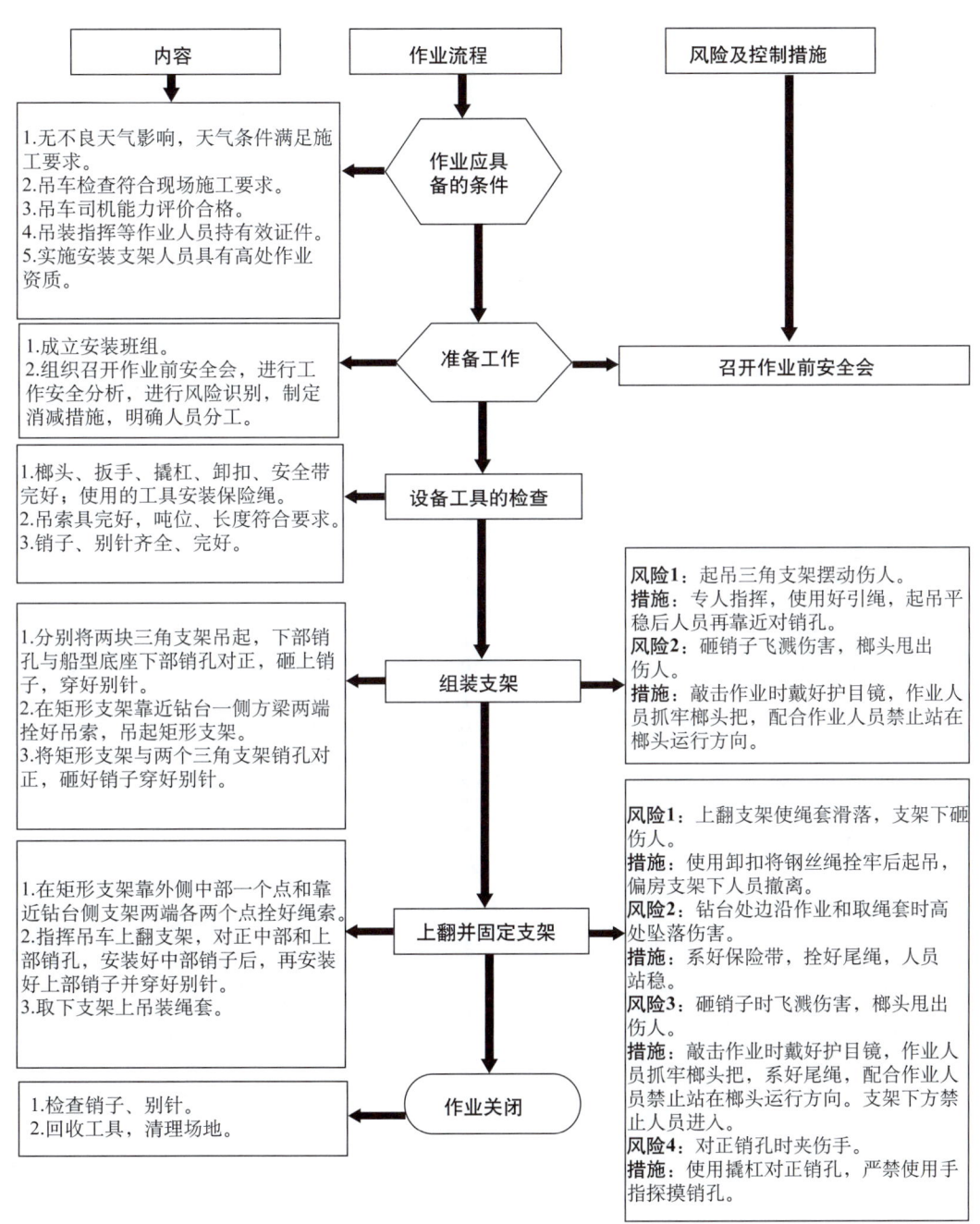

图 2.28 钻台偏房支架安装 HSE 作业程序（低位安装）

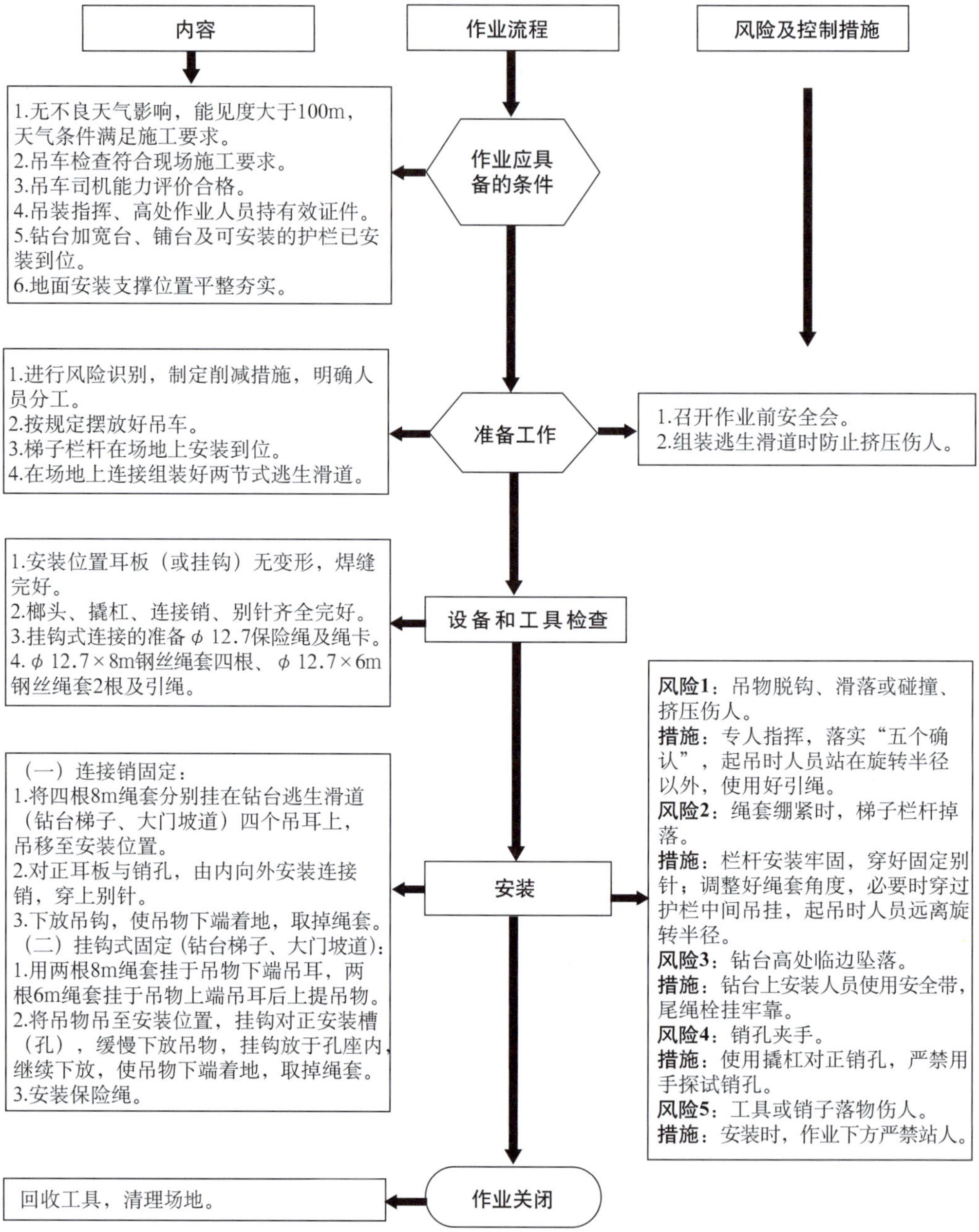

| 内容 | 作业流程 | 风险及控制措施 |
|---|---|---|
| 1.无不良天气影响，能见度大于100m，天气条件满足施工要求。<br>2.吊车检查符合现场施工要求。<br>3.吊车司机能力评价合格。<br>4.吊装指挥、高处作业人员持有效证件。<br>5.钻台加宽台、铺台及可安装的护栏已安装到位。<br>6.地面安装支撑位置平整夯实。 | 作业应具备的条件 | |
| 1.进行风险识别，制定削减措施，明确人员分工。<br>2.按规定摆放好吊车。<br>3.梯子栏杆在场地上安装到位。<br>4.在场地上连接组装好两节式逃生滑道。 | 准备工作 | 1.召开作业前安全会。<br>2.组装逃生滑道时防止挤压伤人。 |
| 1.安装位置耳板（或挂钩）无变形，焊缝完好。<br>2.榔头、撬杠、连接销、别针齐全完好。<br>3.挂钩式连接的准备φ12.7保险绳及绳卡。<br>4.φ12.7×8m钢丝绳套四根，φ12.7×6m钢丝绳套2根及引绳。 | 设备和工具检查 | |
| （一）连接销固定：<br>1.将四根8m绳套分别挂在钻台逃生滑道（钻台梯子、大门坡道）四个吊耳上，吊移至安装位置。<br>2.对正耳板与销孔，由内向外安装连接销，穿上别针。<br>3.下放吊钩，使吊物下端着地，取掉绳套。<br>（二）挂钩式固定（钻台梯子、大门坡道）：<br>1.用两根8m绳套挂于吊物下端吊耳，两根6m绳套挂于吊物上端吊耳后上提吊物。<br>2.将吊物吊至安装位置，挂钩对正安装槽（孔），缓慢下放吊物，挂钩放于孔座内，继续下放，使吊物下端着地，取掉绳套。<br>3.安装保险绳。 | 安装 | **风险1**：吊物脱钩、滑落或碰撞、挤压伤人。<br>**措施**：专人指挥，落实"五个确认"，起吊时人员站在旋转半径以外，使用好引绳。<br>**风险2**：绳套绷紧时，梯子栏杆掉落。<br>**措施**：栏杆安装牢固，穿好固定别针；调整好绳套角度，必要时穿过护栏中间吊挂，起吊时人员远离旋转半径。<br>**风险3**：钻台高处临边坠落。<br>**措施**：钻台上安装人员使用安全带，尾绳栓挂牢靠。<br>**风险4**：销孔夹手。<br>**措施**：使用撬杠对正销孔，严禁用手探试销孔。<br>**风险5**：工具或销子落物伤人。<br>**措施**：安装时，作业下方严禁站人。 |
| 回收工具，清理场地。 | 作业关闭 | |

图 2.29　钻台逃生滑道、梯子、大门坡道安装 HSE 作业程序

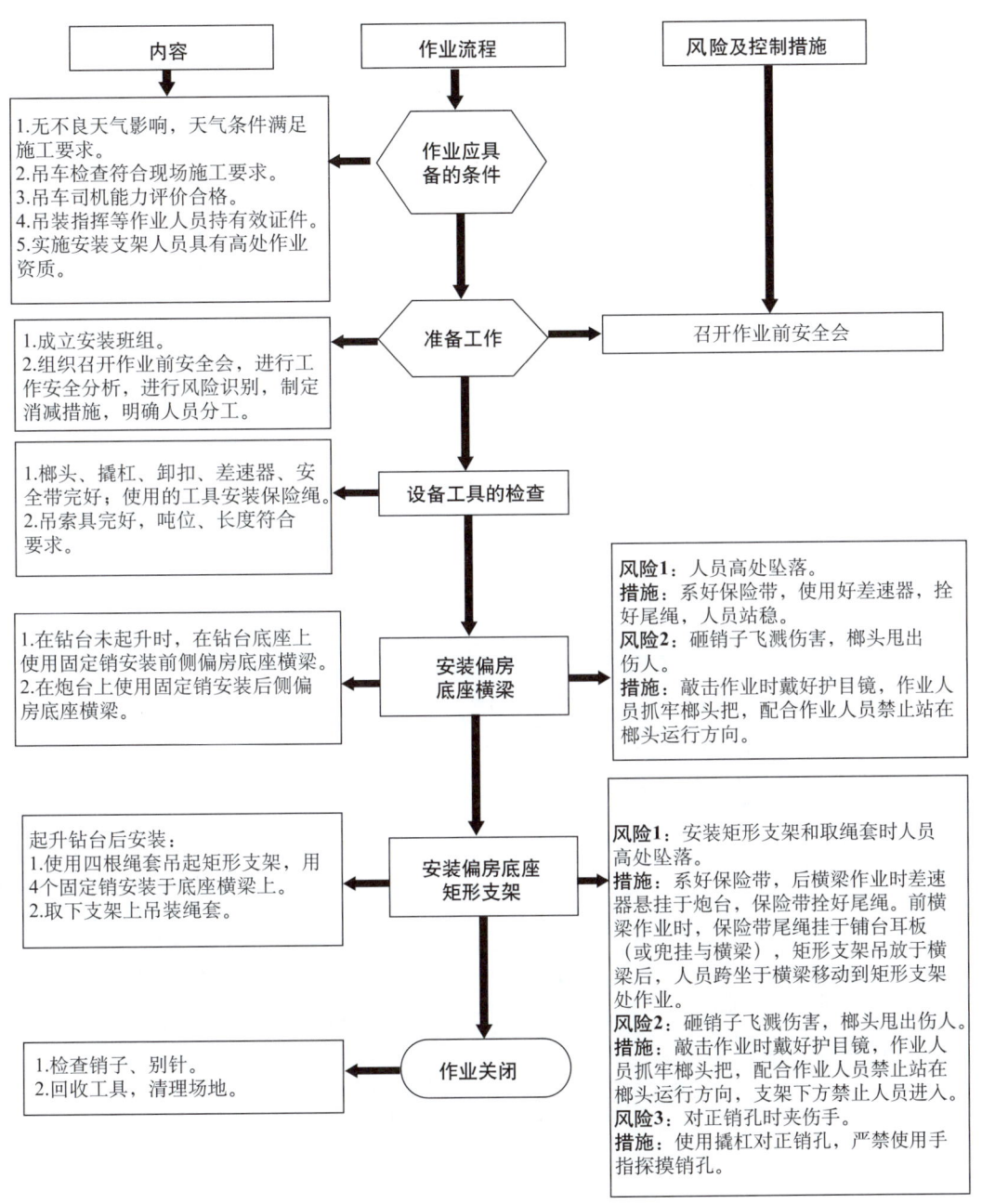

图 2.30 钻台偏房支架安装 HSE 作业程序（高位安装）

| 内容 | 作业流程 | 风险及控制措施 |
|---|---|---|
| 1. 无不良天气影响，能见度大于100m，天气条件满足施工要求。<br>2. 吊车检查符合现场施工要求。<br>3. 吊车司机能力评价合格。<br>4. 吊装指挥、高处作业人员持有效证件。<br>5. 钻台加宽台、铺台及可安装的护栏已安装到位。<br>6. 地面安装支撑位置平整夯实。 | 作业应具备的条件 | |
| 1. 进行风险识别，制定削减措施，明确人员分工。<br>2. 按规定摆放好吊车。<br>3. 梯子栏杆在场地上安装到位。<br>4. 在场地上连接组装好两节式逃生滑道。 | 准备工作 | 1. 召开作业前安全会。<br>2. 组装逃生滑道时防止挤压伤人。 |
| 1. 安装位置耳板（或挂钩）无变形，焊缝完好。<br>2. 榔头、撬杠、连接销、别针齐全完好。<br>3. 挂钩式连接的准备 $\phi$12.7 保险绳及绳卡。<br>4. $\phi$12.7×8m 钢丝绳套四根、$\phi$12.7×6m 钢丝绳套 2 根及引绳。 | 设备和工具检查 | |
| （一）连接销固定：<br>1. 将四根 8m 绳套分别挂在钻台逃生滑道（钻台梯子、大门坡道）的四个吊耳上，吊移至安装位置。<br>2. 对正耳板与销孔，由内向外安装连接销，穿上别针。<br>3. 下放吊钩，使吊物下端着地，取掉绳套。<br>（二）挂钩式固定（钻台梯子、大门坡道）：<br>1. 用两根 8m 绳套挂吊物下端吊耳，两根 6m 绳套挂吊物上端吊耳后上提吊物。<br>2. 将吊物吊至安装位置，挂钩对正安装槽（孔），缓慢下放吊物，挂钩放于孔座内，继续下放，使吊物下端着地，取掉绳套。<br>3. 安装保险绳。 | 安 装 | 风险1：吊物脱钩、滑落或碰撞、挤压伤人。<br>措施：专人指挥，落实"五个确认"，起吊时人员站在旋转半径以外，使用好引绳。<br>风险2：绳套绷紧时，梯子栏杆掉落。<br>措施：栏杆安装牢固，穿好固定别针，调整好绳套角度，必要时穿过护栏中间吊挂，起吊时人员远离旋转半径。<br>风险3：钻台高处临边坠落。<br>措施：钻台上安装人员使用安全带，尾绳拴挂牢靠。<br>风险4：销孔夹手。<br>措施：使用撬杠对正销孔，严禁用手探试销孔。<br>风险5：工具或销子落物伤人。<br>措施：安装时，作业下方严禁站人。 |
| 回收工具，清理场地。 | 作业关闭 | |

图 2.31 钻台逃生滑道、梯子、大门坡道安装 HSE 作业程序

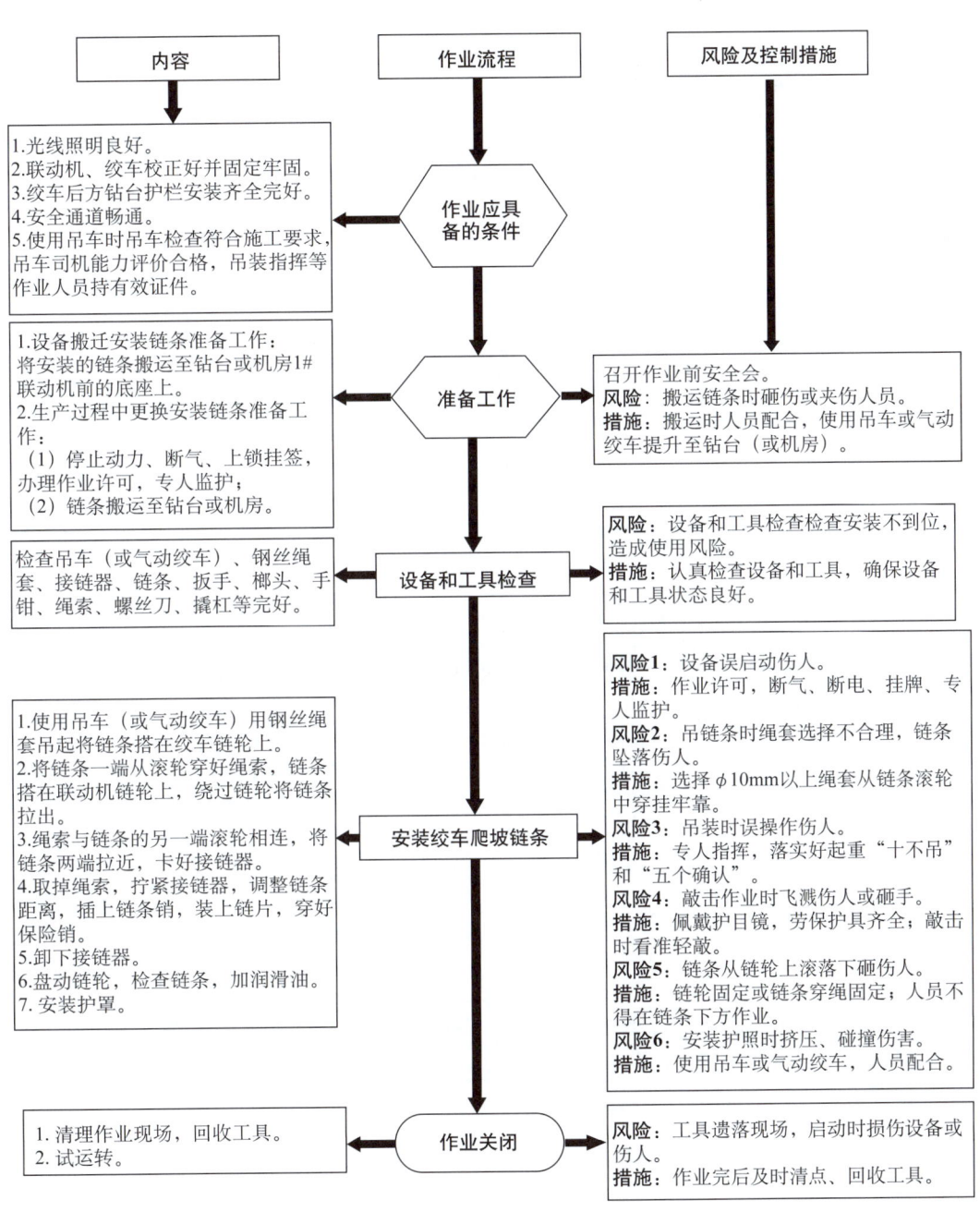

图 2.32 安装绞车爬坡链条 HSE 作业程序

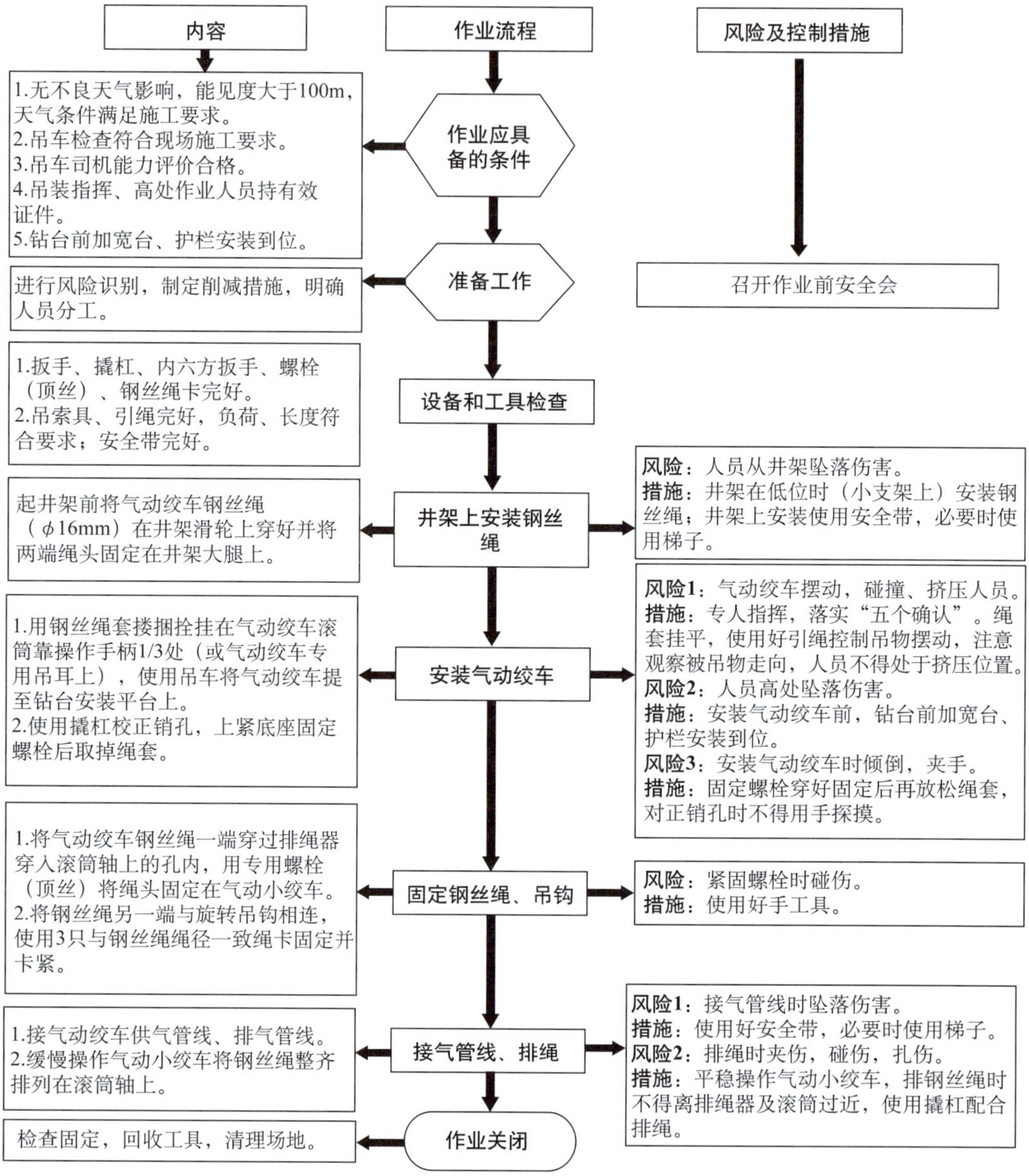

| 内容 | 作业流程 | 风险及控制措施 |
|---|---|---|
| 1.无不良天气影响，能见度大于100m，天气条件满足施工要求。<br>2.吊车检查符合现场施工要求。<br>3.吊车司机能力评价合格。<br>4.吊装指挥、高处作业人员持有效证件。<br>5.钻台前加宽台、护栏安装到位。 | 作业应具备的条件 | |
| 进行风险识别，制定削减措施，明确人员分工。 | 准备工作 | 召开作业前安全会 |
| 1.扳手、撬杠、内六方扳手、螺栓（顶丝）、钢丝绳卡完好。<br>2.吊索具、引绳完好，负荷、长度符合要求；安全带完好。 | 设备和工具检查 | |
| 起井架前将气动绞车钢丝绳（φ16mm）在井架滑轮上穿并将两端绳头固定在井架大腿上。 | 井架上安装钢丝绳 | 风险：人员从井架坠落伤害。<br>措施：井架在低位时（小支架上）安装钢丝绳；井架上安装使用安全带，必要时使用梯子。 |
| 1.用钢丝绳套搂捆拴挂在气动绞车滚筒靠操作手柄1/3处（或气动绞车专用吊耳上），使用吊车将气动绞车提至钻台安装平台上。<br>2.使用撬杠校正销孔，上紧底座固定螺栓后取掉绳套。 | 安装气动绞车 | 风险1：气动绞车摆动、碰撞、挤压人员。<br>措施：专人指挥，落实"五个确认"。绳套挂平，使用好引绳控制吊物摆动，注意观察被吊物走向，人员不得处于挤压位置。<br>风险2：人员高处坠落伤害。<br>措施：安装气动绞车前，钻台前加宽台、护栏安装到位。<br>风险3：安装气动绞车时倾倒、夹手。<br>措施：固定螺栓穿好固定后再放松绳套，对正销孔时不得用手探摸。 |
| 1.将气动绞车钢丝绳一端穿过排绳器穿入滚筒轴上的孔内，用专用螺栓（顶丝）将绳头固定在气动小绞车。<br>2.将钢丝绳另一端与旋转吊钩相连，使用3只与钢丝绳绳径一致绳卡固定并卡紧。 | 固定钢丝绳、吊钩 | 风险：紧固螺栓时碰伤。<br>措施：使用好手工具。 |
| 1.接气动绞车供气管线、排气管线。<br>2.缓慢操作气动小绞车将钢丝绳整齐排列在滚筒轴上。 | 接气管线、排绳 | 风险1：接气管线时坠落伤害。<br>措施：使用好安全带，必要时使用梯子。<br>风险2：排绳时夹伤、碰伤、扎伤。<br>措施：平稳操作气动小绞车，排钢丝绳时不得离排绳器及滚筒过近，使用撬杠配合排绳。 |
| 检查固定，回收工具，清理场地。 | 作业关闭 | |

图 2.33 安装气动绞车 HSE 作业程序

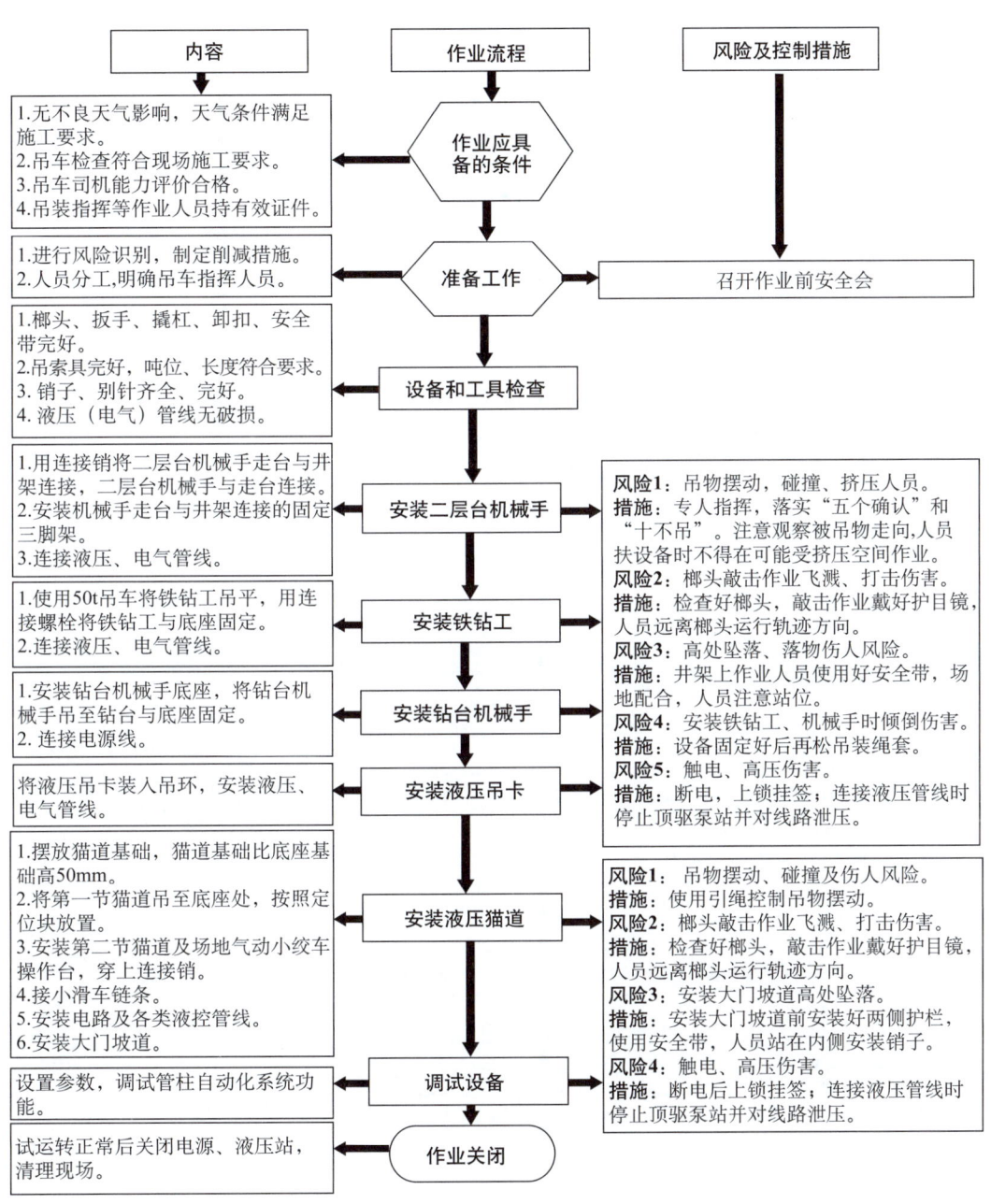

图 2.34 安装管柱自动化系统 HSE 作业程序

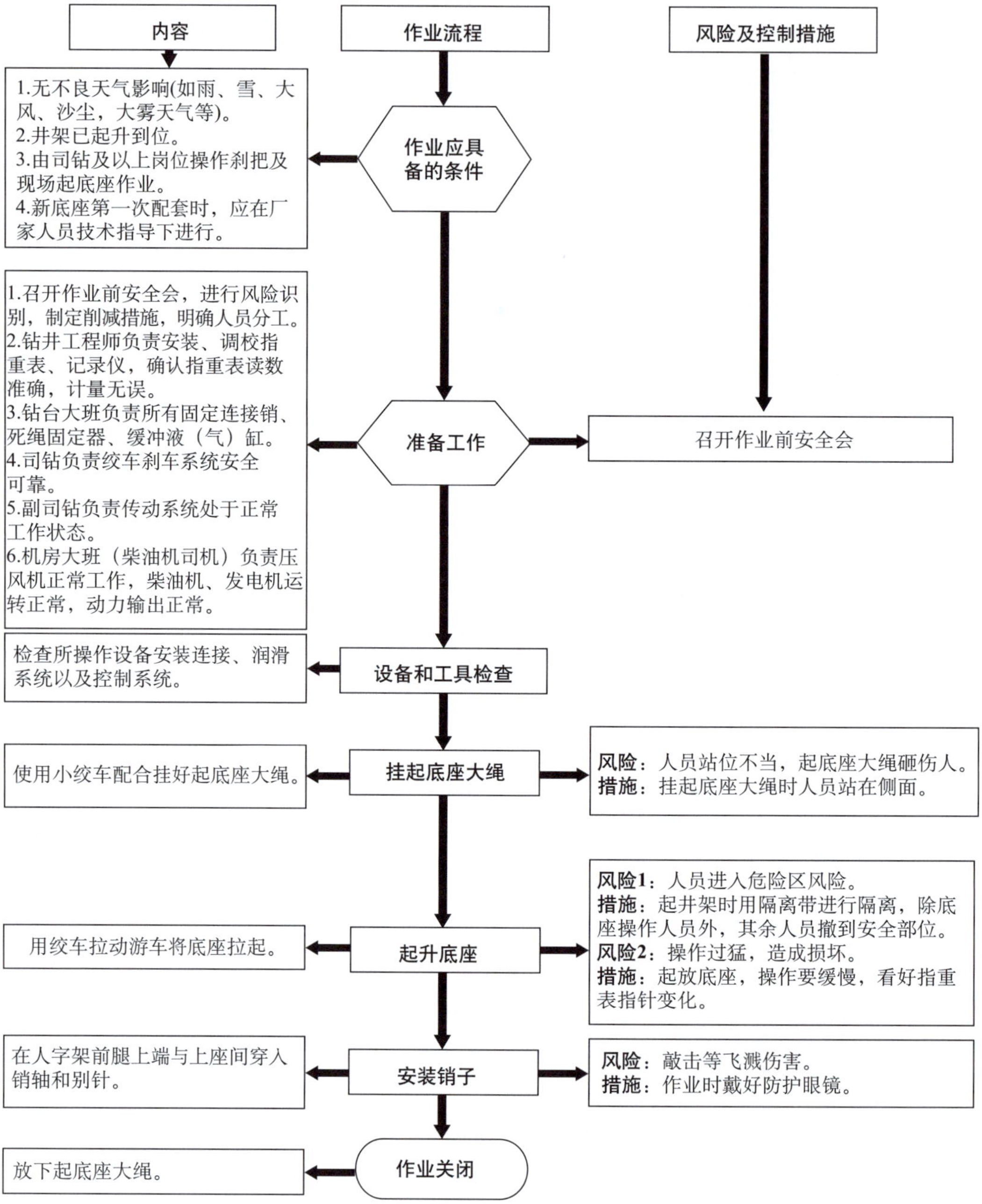

| 内容 | 作业流程 | 风险及控制措施 |
|---|---|---|
| 1.无不良天气影响(如雨、雪、大风、沙尘、大雾天气等)。<br>2.井架已起升到位。<br>3.由司钻及以上岗位操作刹把及现场起底座作业。<br>4.新底座第一次配套时，应在厂家人员技术指导下进行。 | 作业应具备的条件 | |
| 1.召开作业前安全会，进行风险识别，制定削减措施，明确人员分工。<br>2.钻井工程师负责安装、调校指重表、记录仪，确认指重表读数准确，计量无误。<br>3.钻台大班负责所有固定连接销、死绳固定器、缓冲液（气）缸。<br>4.司钻负责绞车刹车系统安全可靠。<br>5.副司钻负责传动系统处于正常工作状态。<br>6.机房大班（柴油机司机）负责压风机正常工作，柴油机、发电机运转正常，动力输出正常。 | 准备工作 | 召开作业前安全会 |
| 检查所操作设备安装连接、润滑系统以及控制系统。 | 设备和工具检查 | |
| 使用小绞车配合挂好起底座大绳。 | 挂起底座大绳 | **风险**：人员站位不当，起底座大绳砸伤人。<br>**措施**：挂起底座大绳时人员站在侧面。 |
| 用绞车拉动游车将底座拉起。 | 起升底座 | **风险1**：人员进入危险区风险。<br>**措施**：起井架时用隔离带进行隔离，除底座操作人员外，其余人员撤到安全部位。<br>**风险2**：操作过猛，造成损坏。<br>**措施**：起放底座，操作要缓慢，看好指重表指针变化。 |
| 在人字架前腿上端与上座间穿入销轴和别针。 | 安装销子 | **风险**：敲击等飞溅伤害。<br>**措施**：作业时戴好防护眼镜。 |
| 放下起底座大绳。 | 作业关闭 | |

图 2.35 起底座 HSE 作业程序

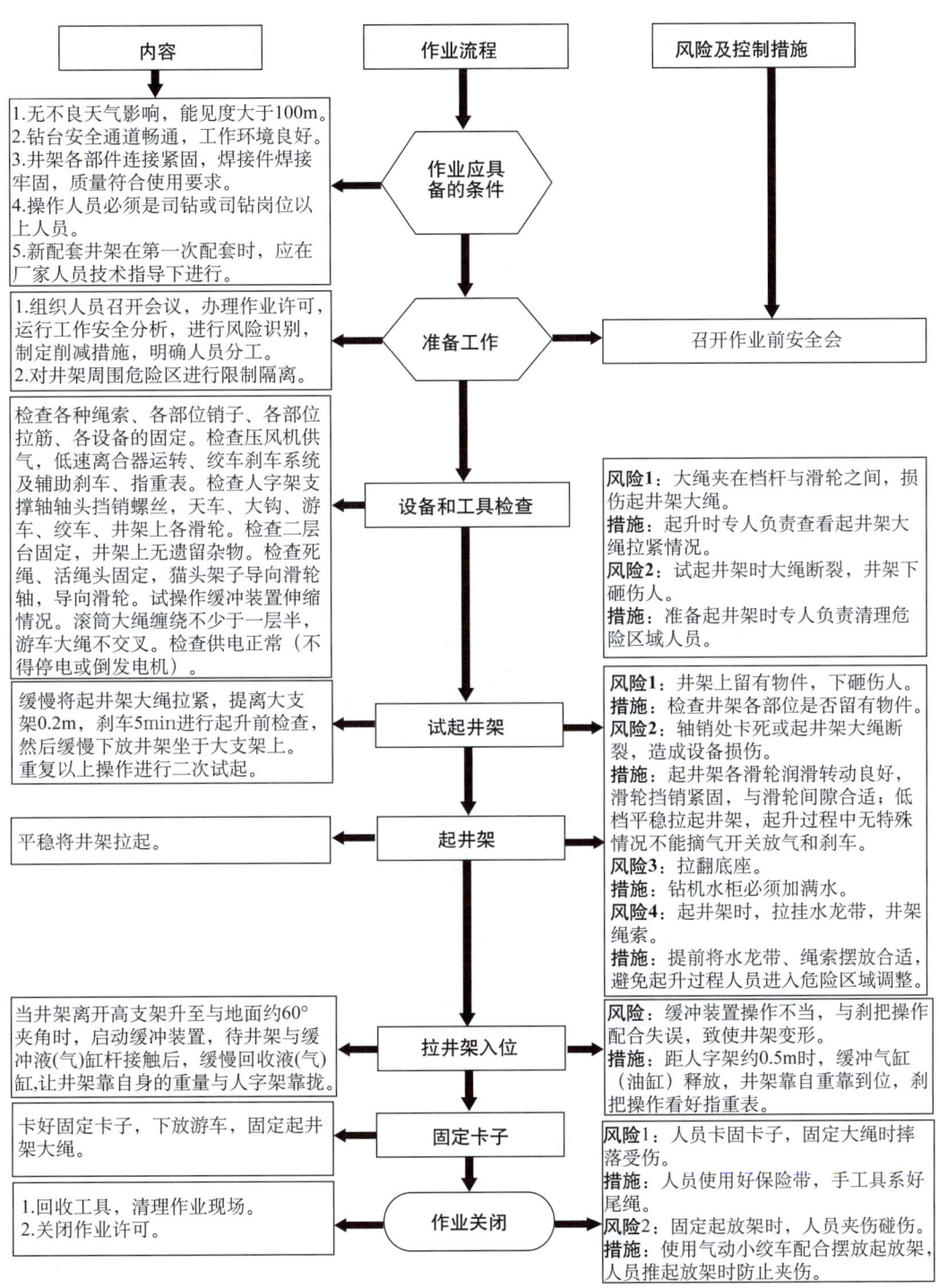

图 2.36 起井架 HSE 作业程序

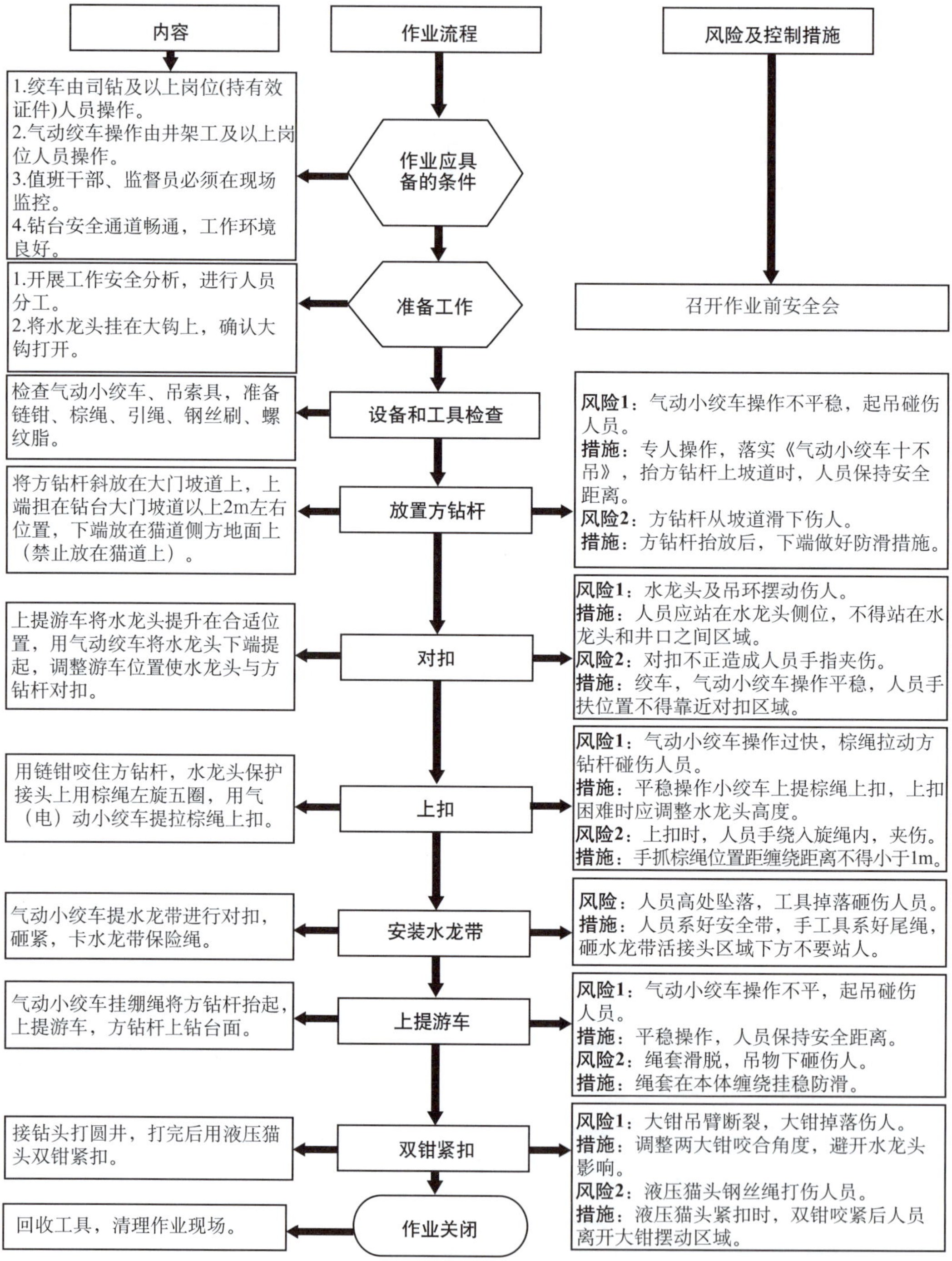

| 内容 | 作业流程 | 风险及控制措施 |
|---|---|---|
| 1.绞车由司钻及以上岗位(持有效证件)人员操作。<br>2.气动绞车操作由井架工及以上岗位人员操作。<br>3.值班干部、监督员必须在现场监控。<br>4.钻台安全通道畅通，工作环境良好。 | 作业应具备的条件 | |
| 1.开展工作安全分析，进行人员分工。<br>2.将水龙头挂在大钩上，确认大钩打开。 | 准备工作 | 召开作业前安全会 |
| 检查气动小绞车、吊索具，准备链钳、棕绳、引绳、钢丝刷、螺纹脂。 | 设备和工具检查 | 风险1：气动小绞车操作不平稳，起吊碰伤人员。<br>措施：专人操作，落实《气动小绞车十不吊》，抬方钻杆上坡道时，人员保持安全距离。 |
| 将方钻杆斜放在大门坡道上，上端担在钻台大门坡道以上2m左右位置，下端放在猫道侧方地面上（禁止放在猫道上）。 | 放置方钻杆 | 风险2：方钻杆从坡道滑下伤人。<br>措施：方钻杆抬放后，下端做好防滑措施。 |
| 上提游车将水龙头提升在合适位置，用气动绞车将水龙头下端提起，调整游车位置使水龙头与方钻杆对扣。 | 对扣 | 风险1：水龙头及吊环摆动伤人。<br>措施：人员应站在水龙头侧位，不得站在水龙头和井口之间区域。<br>风险2：对扣不正造成人员手指夹伤。<br>措施：绞车，气动小绞车操作平稳，人员手扶位置不得靠近对扣区域。 |
| 用链钳咬住方钻杆，水龙头保护接头上用棕绳左旋五圈，用气（电）动小绞车提拉棕绳上扣。 | 上扣 | 风险1：气动小绞车操作过快，棕绳拉动方钻杆碰伤人员。<br>措施：平稳操作小绞车上提棕绳上扣，上扣困难时应调整水龙头高度。<br>风险2：上扣时，人员手绕入旋绳内，夹伤。<br>措施：手抓棕绳位置距缠绕距离不得小于1m。 |
| 气动小绞车提水龙带进行对扣，砸紧，卡水龙带保险绳。 | 安装水龙带 | 风险：人员高处坠落，工具掉落砸伤人员。<br>措施：人员系好安全带，手工具系好尾绳，砸水龙带活接头区域下方不要站人。 |
| 气动小绞车挂绷绳将方钻杆抬起，上提游车，方钻杆上钻台面。 | 上提游车 | 风险1：气动小绞车操作不平，起吊碰伤人员。<br>措施：平稳操作，人员保持安全距离。<br>风险2：绳套滑脱，吊物下砸伤人。<br>措施：绳套在本体缠绕挂稳防滑。 |
| 接钻头打圆井，打完后用液压猫头双钳紧扣。 | 双钳紧扣 | 风险1：大钳吊臂断裂，大钳掉落伤人。<br>措施：调整两大钳咬合角度，避开水龙头影响。<br>风险2：液压猫头钢丝绳打伤人员。<br>措施：液压猫头紧扣时，双钳咬紧后人员离开大钳摆动区域。 |
| 回收工具，清理作业现场。 | 作业关闭 | |

图 2.37 接方钻杆 HSE 作业程序

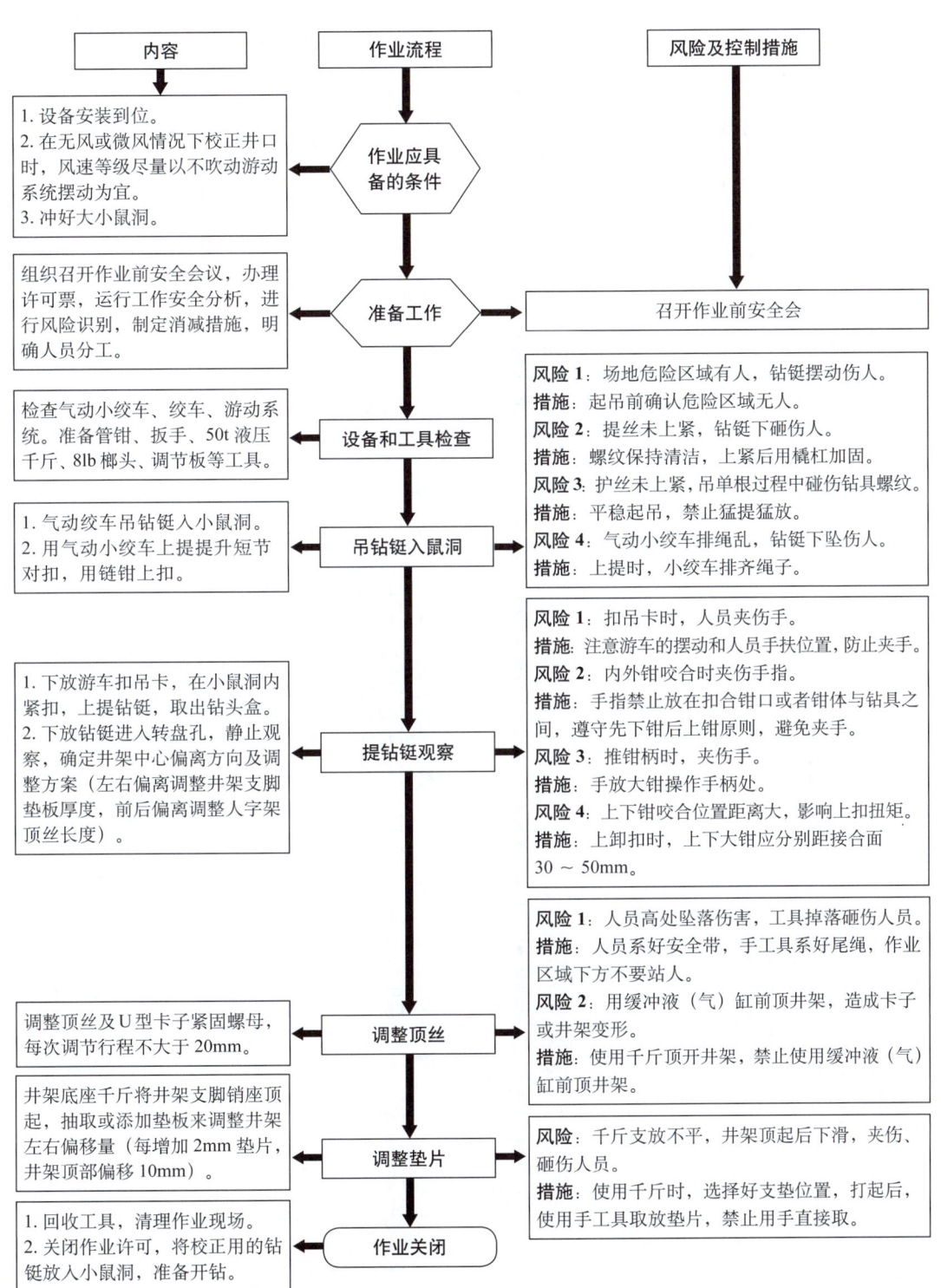

图 2.38 校正井口 HSE 作业程序

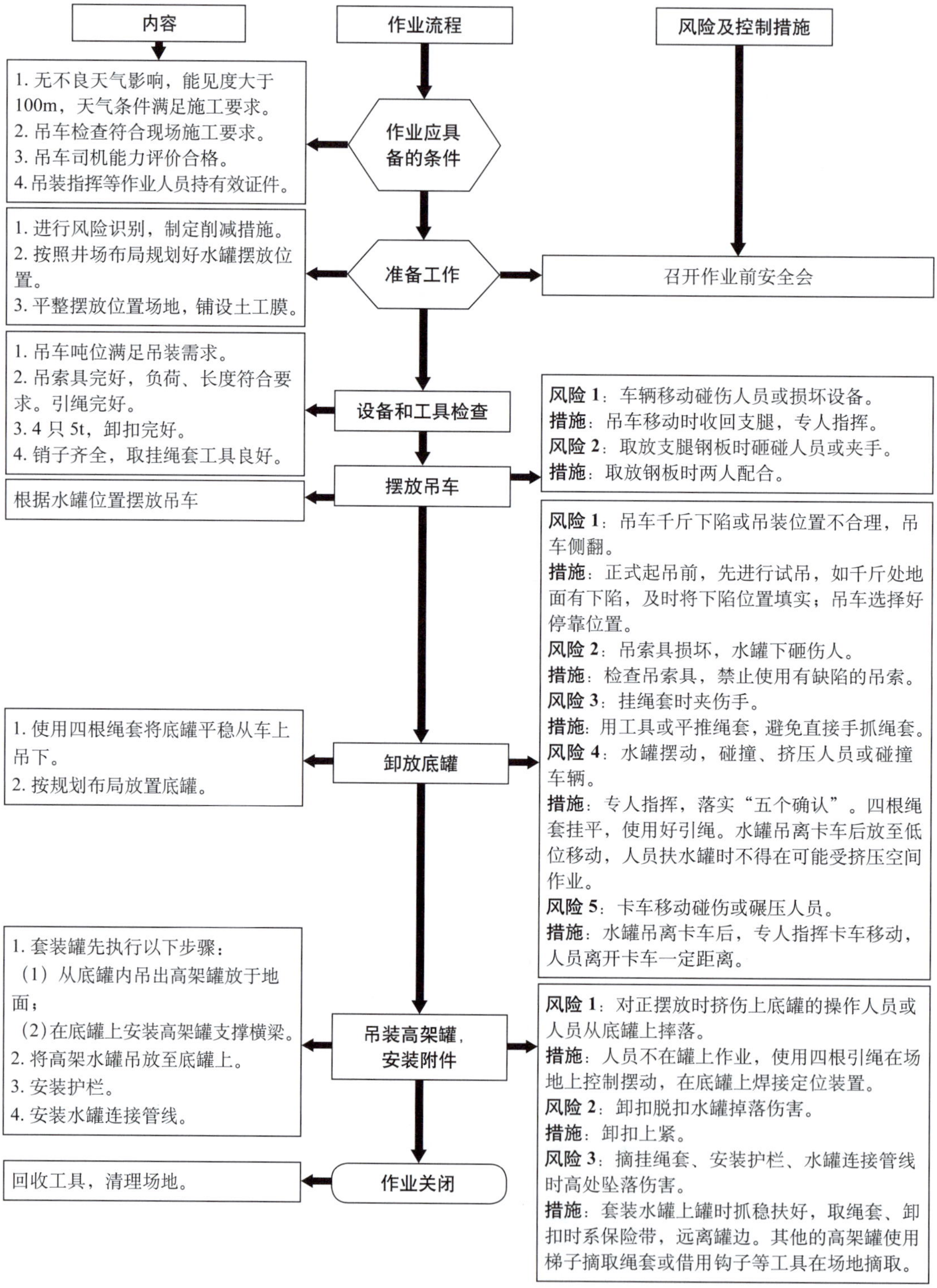

| 内容 | 作业流程 | 风险及控制措施 |
|---|---|---|
| 1. 无不良天气影响，能见度大于100m，天气条件满足施工要求。<br>2. 吊车检查符合现场施工要求。<br>3. 吊车司机能力评价合格。<br>4. 吊装指挥等作业人员持有效证件。 | 作业应具备的条件 | |
| 1. 进行风险识别，制定削减措施。<br>2. 按照井场布局规划好水罐摆放位置。<br>3. 平整摆放位置场地，铺设土工膜。 | 准备工作 | 召开作业前安全会 |
| 1. 吊车吨位满足吊装需求。<br>2. 吊索具完好，负荷、长度符合要求。引绳完好。<br>3. 4只5t，卸扣完好。<br>4. 销子齐全，取挂绳套工具良好。 | 设备和工具检查 | 风险1：车辆移动碰伤人员或损坏设备。<br>措施：吊车移动时收回支腿，专人指挥。<br>风险2：取放支腿钢板时砸碰人员或夹手。<br>措施：取放钢板时两人配合。 |
| 根据水罐位置摆放吊车 | 摆放吊车 | |
| 1. 使用四根绳套将底罐平稳从车上吊下。<br>2. 按规划布局放置底罐。 | 卸放底罐 | 风险1：吊车千斤下陷或吊装位置不合理，吊车侧翻。<br>措施：正式起吊前，先进行试吊，如千斤处地面有下陷，及时将下陷位置填实；吊车选择好停靠位置。<br>风险2：吊索具损坏，水罐下砸伤人。<br>措施：检查吊索具，禁止使用有缺陷的吊索。<br>风险3：挂绳套时夹伤手。<br>措施：用工具或平推绳套，避免直接手抓绳套。<br>风险4：水罐摆动、碰撞、挤压人员或碰撞车辆。<br>措施：专人指挥，落实"五个确认"。四根绳套挂平，使用好引绳。水罐吊离卡车后放至低位移动，人员扶水罐时不得在可能受挤压空间作业。<br>风险5：卡车移动碰伤或碾压人员。<br>措施：水罐吊离卡车后，专人指挥卡车移动，人员离开卡车一定距离。 |
| 1. 套装罐先执行以下步骤：<br>（1）从底罐内吊出高架罐放于地面；<br>（2）在底罐上安装高架罐支撑横梁。<br>2. 将高架水罐吊放至底罐上。<br>3. 安装护栏。<br>4. 安装水罐连接管线。 | 吊装高架罐，安装附件 | 风险1：对正摆放时挤伤上底罐的操作人员或人员从底罐上摔落。<br>措施：人员不在罐上作业，使用四根引绳在场地上控制摆动，在底罐上焊接定位装置。<br>风险2：卸扣脱扣水罐掉落伤害。<br>措施：卸扣上紧。<br>风险3：摘挂绳套、安装护栏、水罐连接管线时高处坠落伤害。<br>措施：套装水罐上罐时抓稳扶好，取绳套、卸扣时系保险带，远离罐边。其他的高架罐使用梯子摘取绳套或借用钩子等工具在场地摘取。 |
| 回收工具，清理场地。 | 作业关闭 | |

图 2.39 吊装生产水罐 HSE 作业程序

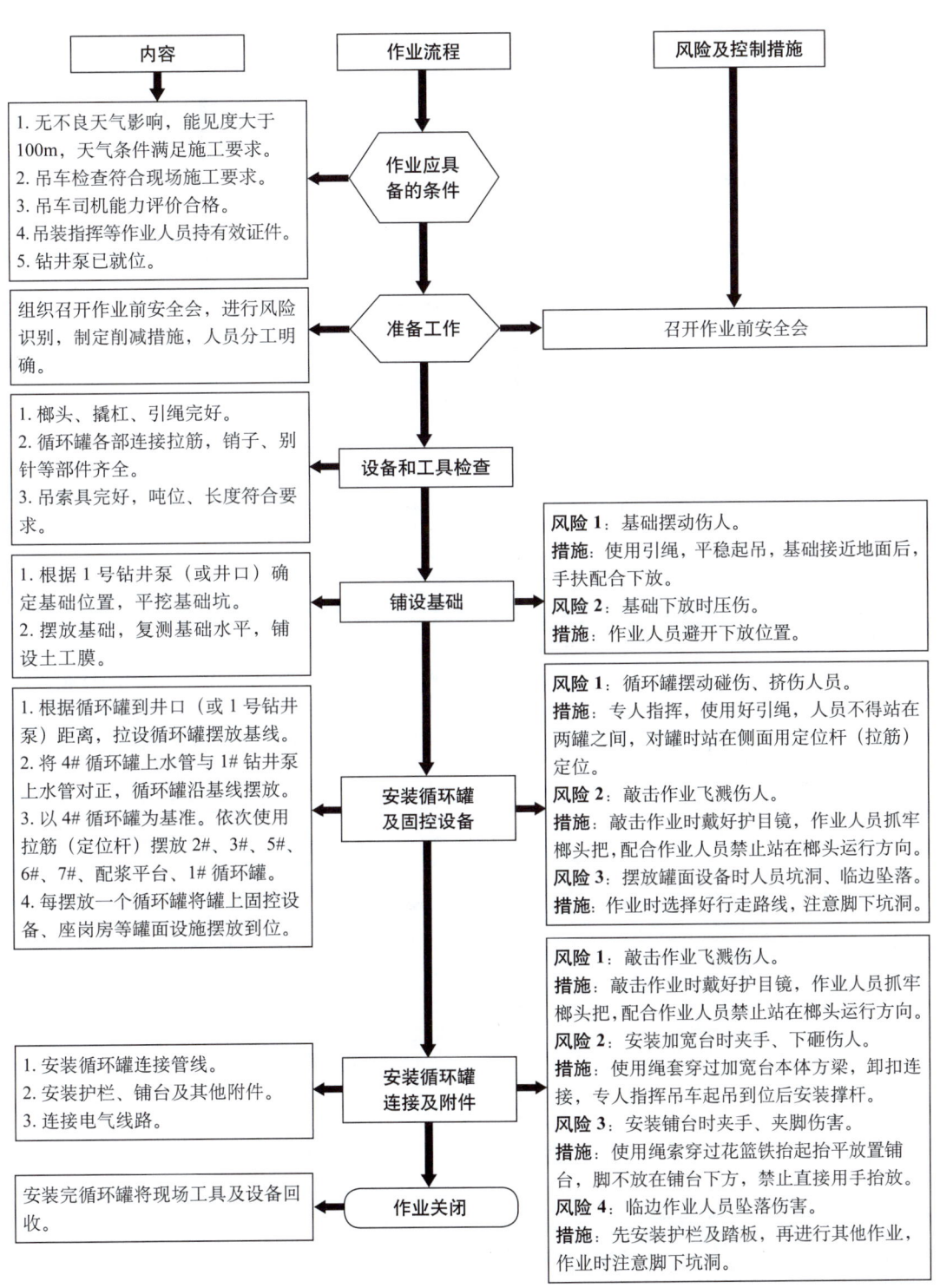

图 2.40 循环罐安装 HSE 作业程序（双排型）

# 铺设钻井液池土工膜 HSE 作业程序

| 内容 | 作业流程 | 风险及控制措施 |
|---|---|---|
| 1. 无不良天气影响（大风、大雨）。<br>2. 钻井液坑底及坑壁平整光滑无杂物，钻井液池边坡比符合要求（1:0.4）。 | 作业应具备的条件 | |
| 1. 丈量钻井液池尺寸，剪裁好土工膜。<br>2. 人员分工，进行风险识别，制定削减措施。 | 准备工作 | 召开作业前安全会 |
| 焊接机、铁锹、电缆线、插板、安全带、引绳、编织袋、救生绳完好。 | 设备和工具检查 | |
| 剪裁两小块土工膜进行试焊接，调试好焊接机。 | 试焊接 | **风险**：人员焊接时触电、烫伤。<br>**措施**：焊接前检查好焊接机及插板电线，确保完好，焊接时人员劳保护具穿戴齐全。 |
| 1. 将剪裁好的土工膜在地面铺平，将焊边清理干净并对齐。<br>2. 操作焊接机进行焊接。 | 地面焊接土工膜 | **风险1**：人员焊接时触电、烫伤。<br>**措施**：焊接前检查好焊接机及插板电线，确保完好，焊接时人员劳保护具穿戴齐全。<br>**风险2**：焊接时土工膜烧烂，使用时造成钻井液泄漏。<br>**措施**：焊接时将焊接机工作温度调节好，焊接前确保焊边清洁平整对齐，匀速焊接。 |
| 1. 将焊接好的土工膜拉到钻井液池一侧，人员站在其他三侧，对面一侧人员使用引绳，两侧人员托住土工膜，整体缓慢拉展盖住钻井液坑，缓慢下放到坑底。<br>2. 用引绳拴住盛土的编织袋从钻井液池四周缓慢下放以确保钻井液池坑底四周土工膜与坑底充分接触。<br>3. 将钻井液池四周土工膜用沙土压平，打好围堰。 | 铺设土工膜 | **风险1**：拉土工膜过程中人员坠落钻井液池。<br>**措施**：人员配合拉土工膜时观察好四周坑洞，临边作业人员距池边 1m 以上，使用好安全带、救生绳。<br>**风险2**：拉土工膜过程中人员绊倒。<br>**措施**：修整好钻井液池周围场地，清理杂物。<br>**风险3**：铺设土工膜过程中土工膜被杂物挂破，使用过程中造成钻井液泄漏。<br>**措施**：推钻井液池时将钻井液池内壁及坑底修整光滑平整。 |
| 安装隔离网等隔离设施。 | 安装隔离设施 | **风险1**：人员坠落钻井液池。<br>**措施**：作业时人员观察好四周，作业时距池边一定距离，防止不慎坠落钻井液池。<br>**风险2**：拉铁丝网时铁丝划伤人员。<br>**措施**：劳保护具齐全，相互配合好。<br>**风险3**：抬水泥桩人员配合不当砸伤人员。<br>**措施**：人员相互配合好。 |
| 1. 回收工具，清理作业现场。<br>2. 对钻井液池周边进行全面检查。 | 作业关闭 | |

图 2.41　铺设钻井液池土工膜 HSE 作业程序

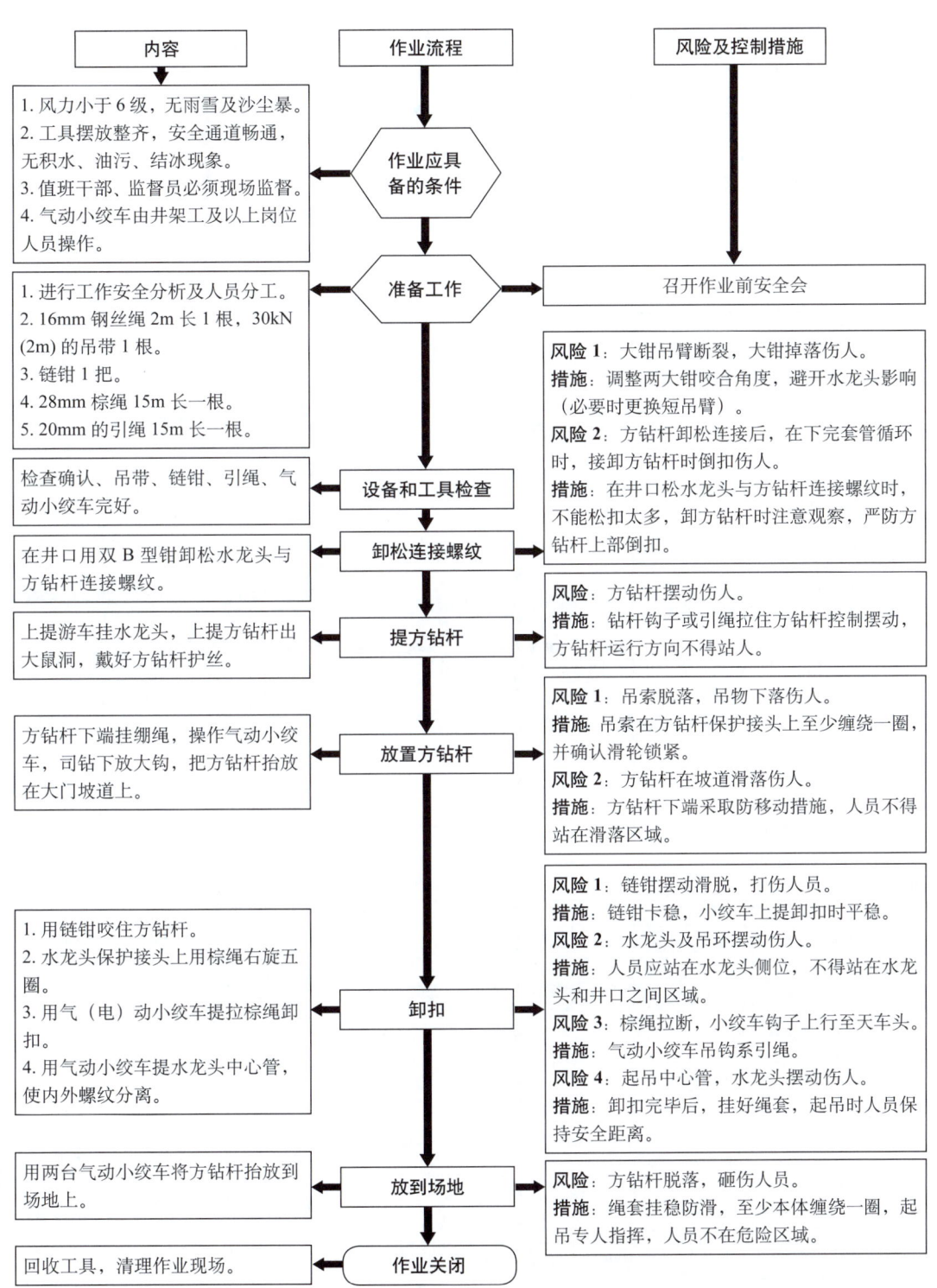

图 2.42 卸方钻杆 HSE 作业程序

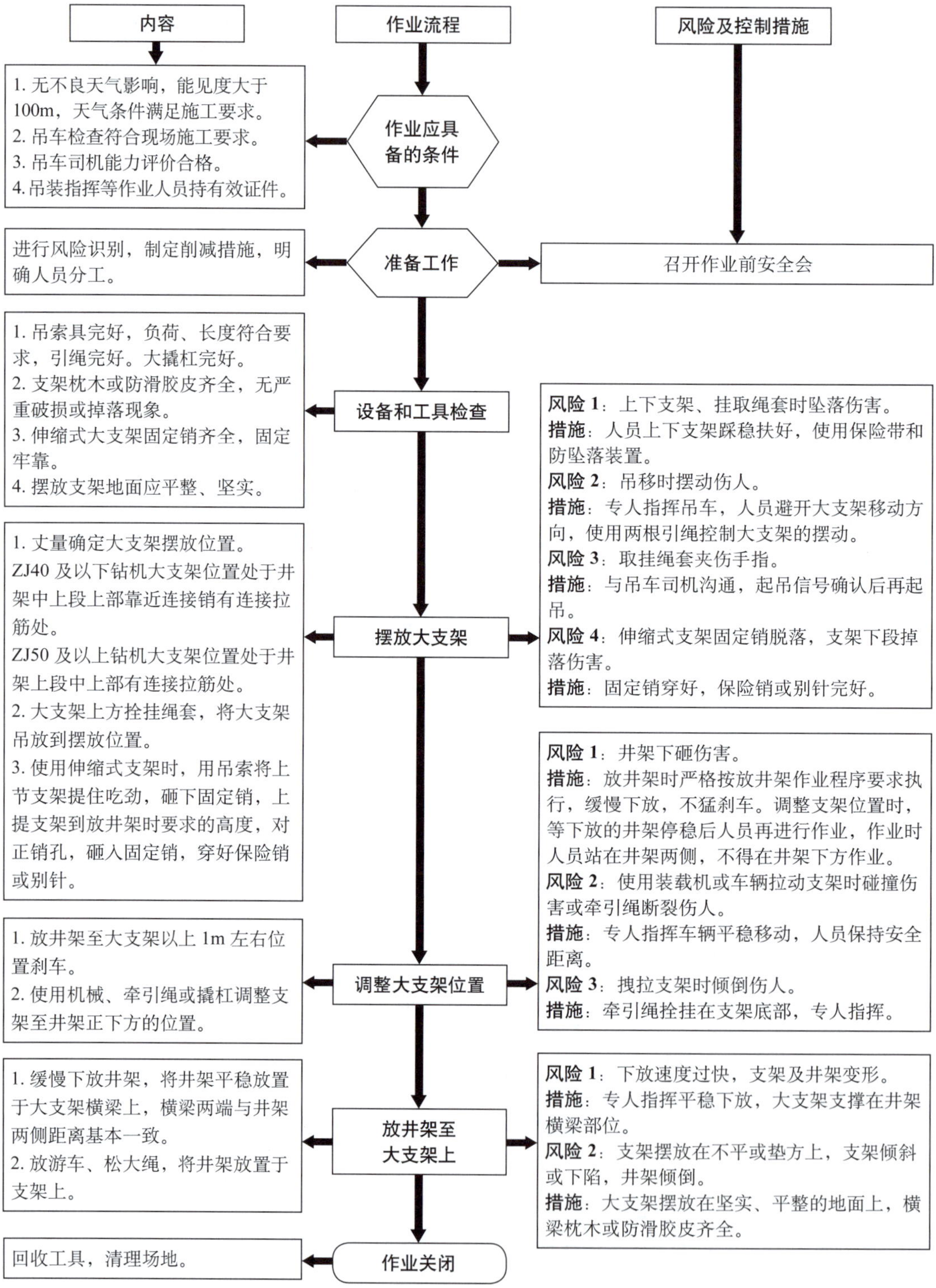

## 作业流程图

**内容**

- 1. 无不良天气影响，能见度大于100m，天气条件满足施工要求。
- 2. 吊车检查符合现场施工要求。
- 3. 吊车司机能力评价合格。
- 4. 吊装指挥等作业人员持有效证件。

→ **作业应具备的条件**

进行风险识别，制定削减措施，明确人员分工。

→ **准备工作** → 召开作业前安全会

**设备和工具检查内容：**
1. 吊索具完好，负荷、长度符合要求，引绳完好。大撬杠完好。
2. 支架枕木或防滑胶皮齐全，无严重破损或掉落现象。
3. 伸缩式大支架固定销齐全，固定牢靠。
4. 摆放支架地面应平整、坚实。

→ **设备和工具检查**

**风险1**：上下支架、挂取绳套时坠落伤害。
**措施**：人员上下支架踩稳扶好，使用保险带和防坠落装置。
**风险2**：吊移时摆动伤人。
**措施**：专人指挥吊车，人员避开大支架移动方向，使用两根引绳控制大支架的摆动。
**风险3**：取挂绳套夹伤手指。
**措施**：与吊车司机沟通，起吊信号确认后再起吊。
**风险4**：伸缩式支架固定销脱落，支架下段掉落伤害。
**措施**：固定销穿好，保险销或别针完好。

**摆放大支架内容：**
1. 丈量确定大支架摆放位置。ZJ40及以下钻机大支架位置处于井架中上段上部靠近连接销有连接拉筋处。ZJ50及以上钻机大支架位置处于井架上段中上部有连接拉筋处。
2. 大支架上方拴挂绳套，将大支架吊放到摆放位置。
3. 使用伸缩式支架时，用吊索将上节支架提住吃劲，砸下固定销，上提支架到放井架时要求的高度，对正销孔，砸入固定销，穿好保险销或别针。

→ **摆放大支架**

**风险1**：井架下砸伤害。
**措施**：放井架时严格按放井架作业程序要求执行，缓慢下放，不猛刹车。调整支架位置时，等下放的井架停稳后人员再进行作业，作业时人员站在井架两侧，不得在井架下方作业。
**风险2**：使用装载机或车辆拉动支架时碰撞伤害或牵引绳断裂伤人。
**措施**：专人指挥车辆平稳移动，人员保持安全距离。
**风险3**：拽拉支架时倾倒伤人。
**措施**：牵引绳拴挂在支架底部，专人指挥。

**调整大支架位置内容：**
1. 放井架至大支架以上1m左右位置刹车。
2. 使用机械、牵引绳或撬杠调整支架至井架正下方的位置。

→ **调整大支架位置**

**放井架至大支架上内容：**
1. 缓慢下放井架，将井架平稳放置于大支架横梁上，横梁两端与井架两侧距离基本一致。
2. 放游车、松大绳，将井架放置于支架上。

→ **放井架至大支架上**

**风险1**：下放速度过快，支架及井架变形。
**措施**：专人指挥平稳下放，大支架支撑在井架横梁部位。
**风险2**：支架摆放在不平或垫方上，支架倾斜或下陷，井架倾倒。
**措施**：大支架摆放在坚实、平整的地面上，横梁枕木或防滑胶皮齐全。

回收工具，清理场地。 → **作业关闭**

图 2.43 摆放大支架 HSE 作业程序（拆卸井架）

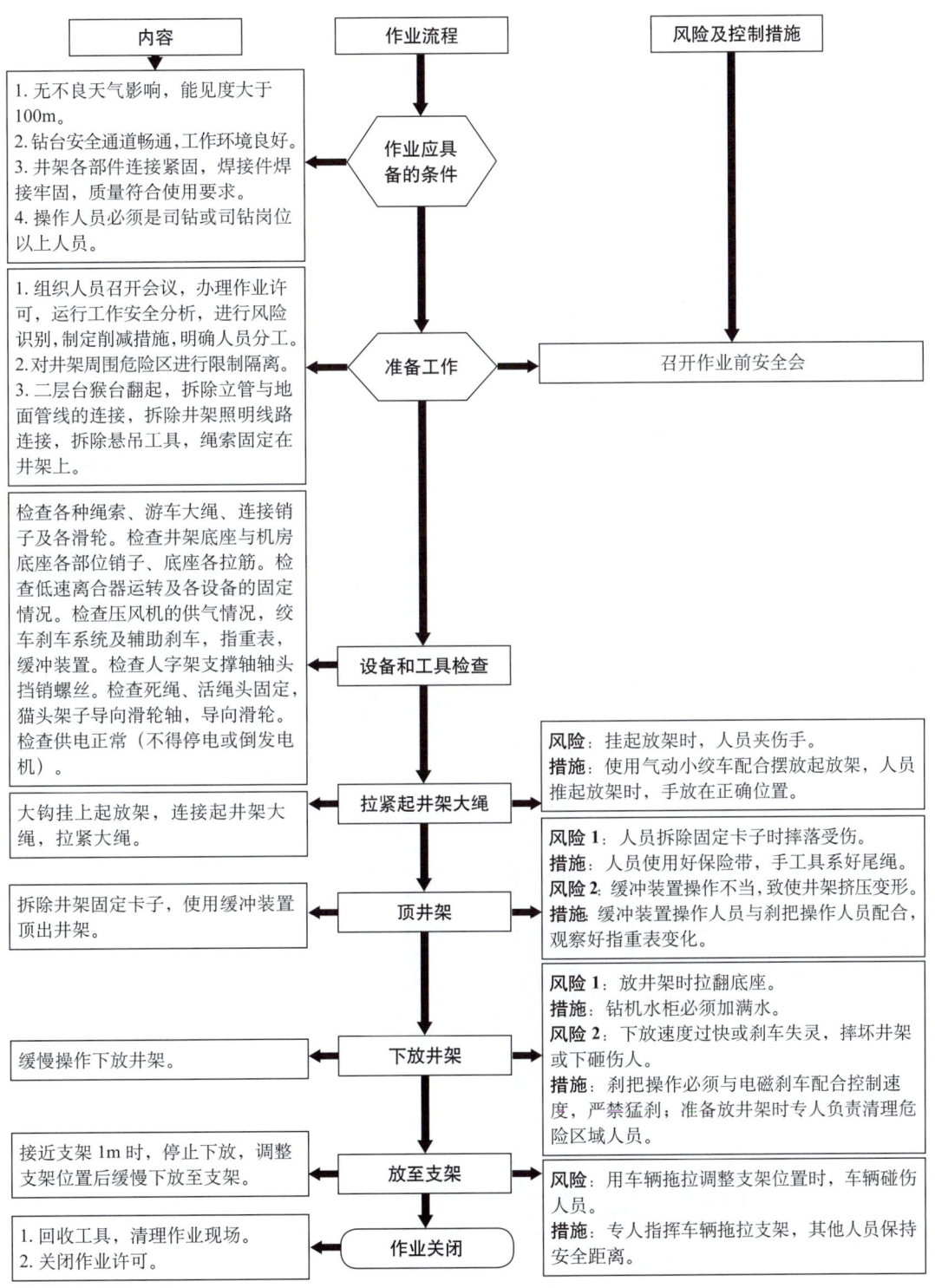

图 2.44 放井架 HSE 作业程序

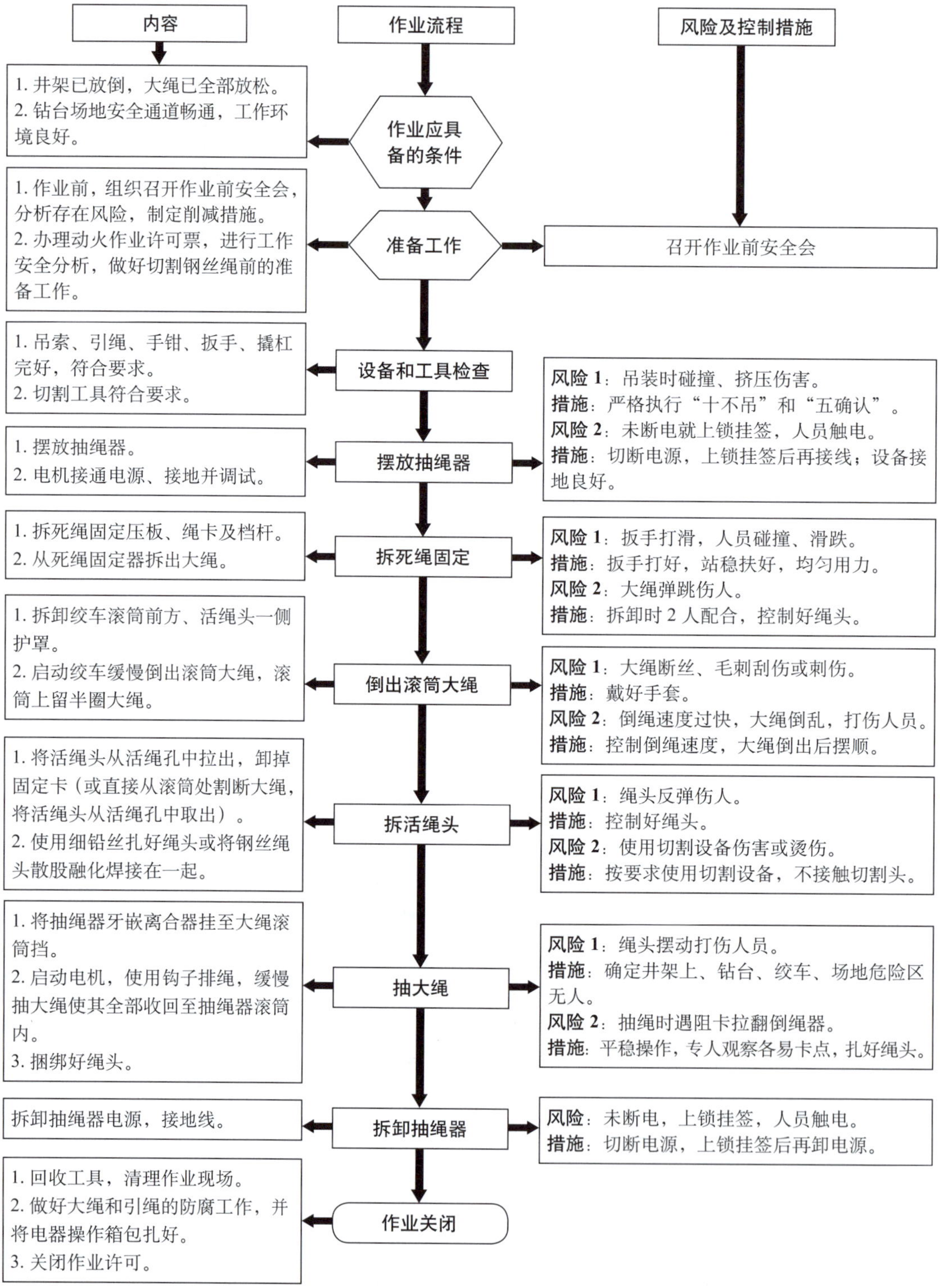

| 内容 | 作业流程 | 风险及控制措施 |
|---|---|---|
| 1. 井架已放倒，大绳已全部放松。<br>2. 钻台场地安全通道畅通，工作环境良好。 | 作业应具备的条件 | |
| 1. 作业前，组织召开作业前安全会，分析存在风险，制定削减措施。<br>2. 办理动火作业许可票，进行工作安全分析，做好切割钢丝绳前的准备工作。 | 准备工作 | 召开作业前安全会 |
| 1. 吊索、引绳、手钳、扳手、撬杠完好，符合要求。<br>2. 切割工具符合要求。 | 设备和工具检查 | 风险1：吊装时碰撞、挤压伤害。<br>措施：严格执行"十不吊"和"五确认"。<br>风险2：未断电就上锁挂签，人员触电。<br>措施：切断电源，上锁挂签后再接线；设备接地良好。 |
| 1. 摆放抽绳器。<br>2. 电机接通电源、接地并调试。 | 摆放抽绳器 | |
| 1. 拆死绳固定压板、绳卡及档杆。<br>2. 从死绳固定器拆出大绳。 | 拆死绳固定 | 风险1：扳手打滑，人员碰撞、滑跌。<br>措施：扳手打好，站稳扶好，均匀用力。<br>风险2：大绳弹跳伤人。<br>措施：拆卸时2人配合，控制好绳头。 |
| 1. 拆卸绞车滚筒前方、活绳头一侧护罩。<br>2. 启动绞车缓慢倒出滚筒大绳，滚筒上留半圈大绳。 | 倒出滚筒大绳 | 风险1：大绳断丝、毛刺刮伤或刺伤。<br>措施：戴好手套。<br>风险2：倒绳速度过快，大绳倒乱，打伤人员。<br>措施：控制倒绳速度，大绳倒出后摆顺。 |
| 1. 将活绳头从活绳孔中拉出，卸掉固定卡（或直接从滚筒处割断大绳，将活绳头从活绳孔中取出）。<br>2. 使用细铅丝扎好绳头或将钢丝绳头散股融化焊接在一起。 | 拆活绳头 | 风险1：绳头反弹伤人。<br>措施：控制好绳头。<br>风险2：使用切割设备伤害或烫伤。<br>措施：按要求使用切割设备，不接触切割头。 |
| 1. 将抽绳器牙嵌离合器挂至大绳滚筒挡。<br>2. 启动电机，使用钩子排绳，缓慢抽大绳使其全部收回至抽绳器滚筒内。<br>3. 捆绑好绳头。 | 抽大绳 | 风险1：绳头摆动打伤人员。<br>措施：确定井架上、钻台、绞车、场地危险区无人。<br>风险2：抽绳时遇阻卡拉翻倒绳器。<br>措施：平稳操作，专人观察各易卡点，扎好绳头。 |
| 拆卸抽绳器电源，接地线。 | 拆卸抽绳器 | 风险：未断电，上锁挂签，人员触电。<br>措施：切断电源，上锁挂签后再卸电源。 |
| 1. 回收工具，清理作业现场。<br>2. 做好大绳和引绳的防腐工作，并将电器操作箱包扎好。<br>3. 关闭作业许可。 | 作业关闭 | |

图 2.45 抽大绳 HSE 作业程序

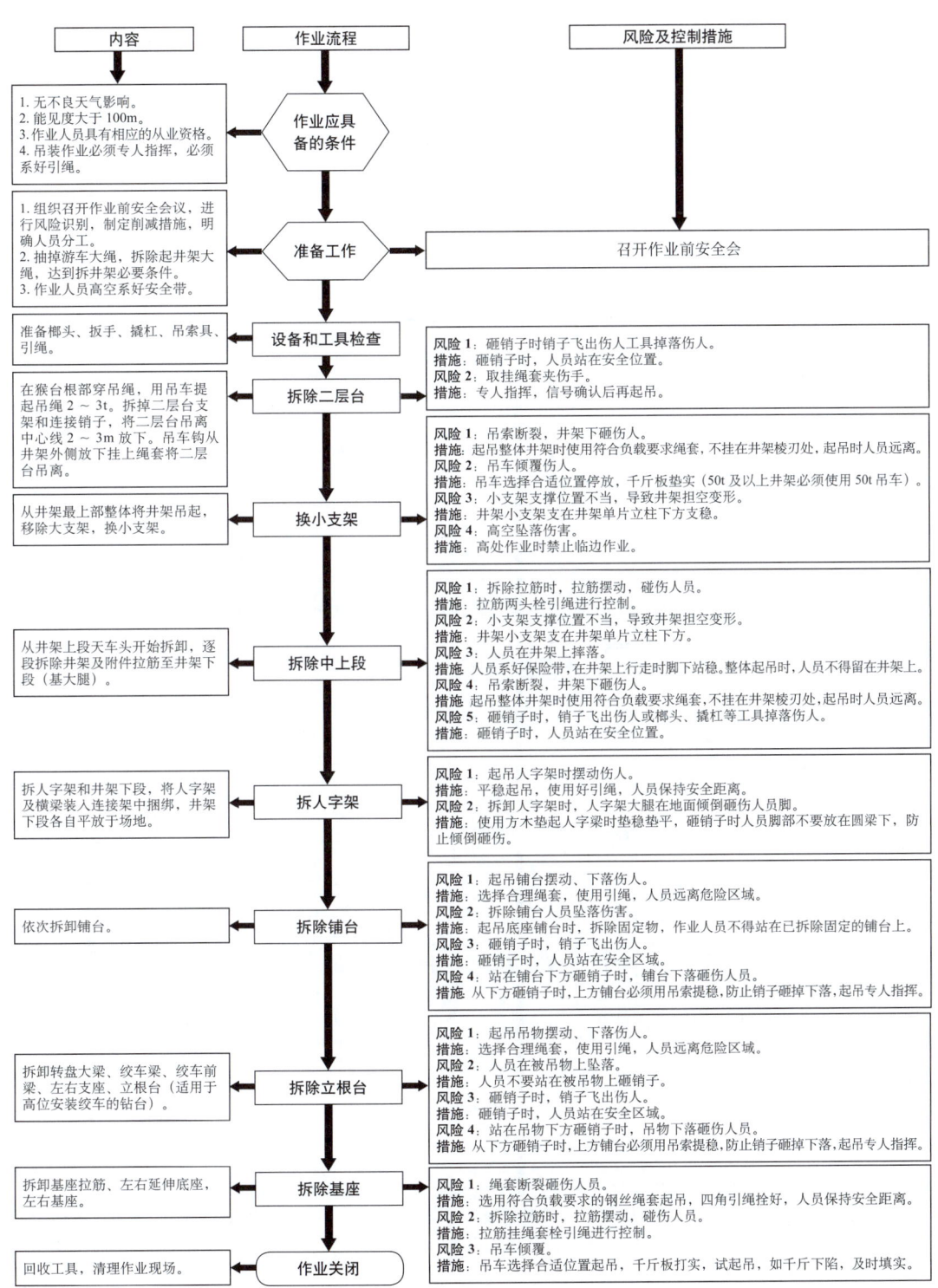

图 2.46 井架拆卸 HSE 作业程序

| 内容 | 作业流程 | 风险及控制措施 |
|---|---|---|
| 1. 无不良天气影响，能见度大于100m，天气条件满足施工要求。<br>2. 吊车检查符合现场施工要求。<br>3. 吊车司机能力评价合格。<br>4. 吊装指挥、高处作业人员持有效证件。 | 作业应具备的条件 | |
| 1. 成立由技能熟练人员和井架工组成的安装班组。<br>2. 进行风险识别，制定削减措施，明确人员分工。 | 准备工作 | 召开作业前安全会 |
| 1. 榔头15lb 2把，专用尖扳手2把，实心撬杠2根，φ22mm绳套2根，φ16mm绳套2根，200mm×200mm×500mm方木2个，引绳4根。<br>2. 吊索具完好，负荷、长度符合要求，引绳完好，撬杠、方木完好。 | 设备和工具检查 | 风险1：吊车负荷不足、千斤下陷或吊装位置不合理，吊车侧翻。<br>措施：吊车选择好停靠位置；正式起吊前，先进行试吊，如千斤地面下陷，及时将下陷位置填实。必要时使用双吊车翻转人字架。 |
| 1. 将吊车停放在紧靠井架底座安装人字梁处。<br>2. 用一根φ22mm钢丝绳套在圆梁中位防滑交叉拴绳（或两根绳套分别挂在圆梁两端），上提使钢丝绳成吃劲状态。<br>3. 砸掉后支腿销子，翻转人字架至井架大腿，在大腿与支腿之间垫上方木。 | 翻人字架放至井架大腿 | 风险2：人员挂绳套、临边作业时坠落伤害。<br>措施：作业人员使用安全带，选择安全站位。<br>风险3：翻转人字架时绳套断裂，下砸伤害。<br>措施：两台吊车翻转时专人指挥，步调一致，使用符合要求绳套，拴挂牢靠。翻转时人员远离。<br>风险4：放置方木时挤压伤人。<br>措施：两人抬放方木，支撑垫稳，人员身体部位不得放在井架大腿与人字架支腿之间。 |
| 分别将2个活支腿用φ16mm绳套穿过销孔拉起，拆掉活支腿处撑杆两端销子，平稳放下活支腿。 | 拆支腿撑杆放下活支腿 | 风险：拆卸支腿撑杆时挤压伤害。<br>措施：拆卸支腿撑杆时人员在支腿侧方作业。 |
| 用两根φ16mm钢丝绳套分别捆绑挂在圆梁两端，上提绳套吃劲，砸出圆梁销子，将圆梁吊至场地合适位置。 | 拆卸圆梁 | 风险1：圆梁摆动，碰撞、挤压人员。<br>措施：绳套挂平，使用两根引绳控制摆动。<br>风险2：榔头敲击作业飞溅、打击伤害。<br>措施：检查好榔头，敲击作业戴好护目镜，人员远离榔头运行轨迹方向。<br>风险3：高处作业人员坠落或落物伤害。<br>措施：高处作业人员使用好安全带，工具栓尾绳，圆梁下方严禁人员进入。 |
| 1. 用φ16mm钢丝绳将一个支腿平稳起吊吃劲，两端栓引绳，砸出销子。将大支腿从支腿座调出吊至场地合适位置。<br>2. 用同样方法拆卸另一只腿。 | 拆卸人字架支腿 | 风险1：支腿摆动，碰撞、挤压人员。<br>措施：绳套挂平，使用好引绳控制吊物摆动。<br>风险2：榔头敲击作业飞溅、打击伤害。<br>措施：检查好榔头，敲击作业戴好护目镜，人员远离榔头运行轨迹方向。<br>风险3：起吊绳套滑落、断裂，支腿下砸伤人。<br>措施：使用符合要求绳套，拴挂牢靠，支腿平衡，严禁钩挂槽钢边沿处起吊，人员远离危险区。 |
| 回收连接销、保险销及工具，清理场地。 | 作业关闭 | |

图2.47 拆卸井架人字架HSE作业程序（翻转型）

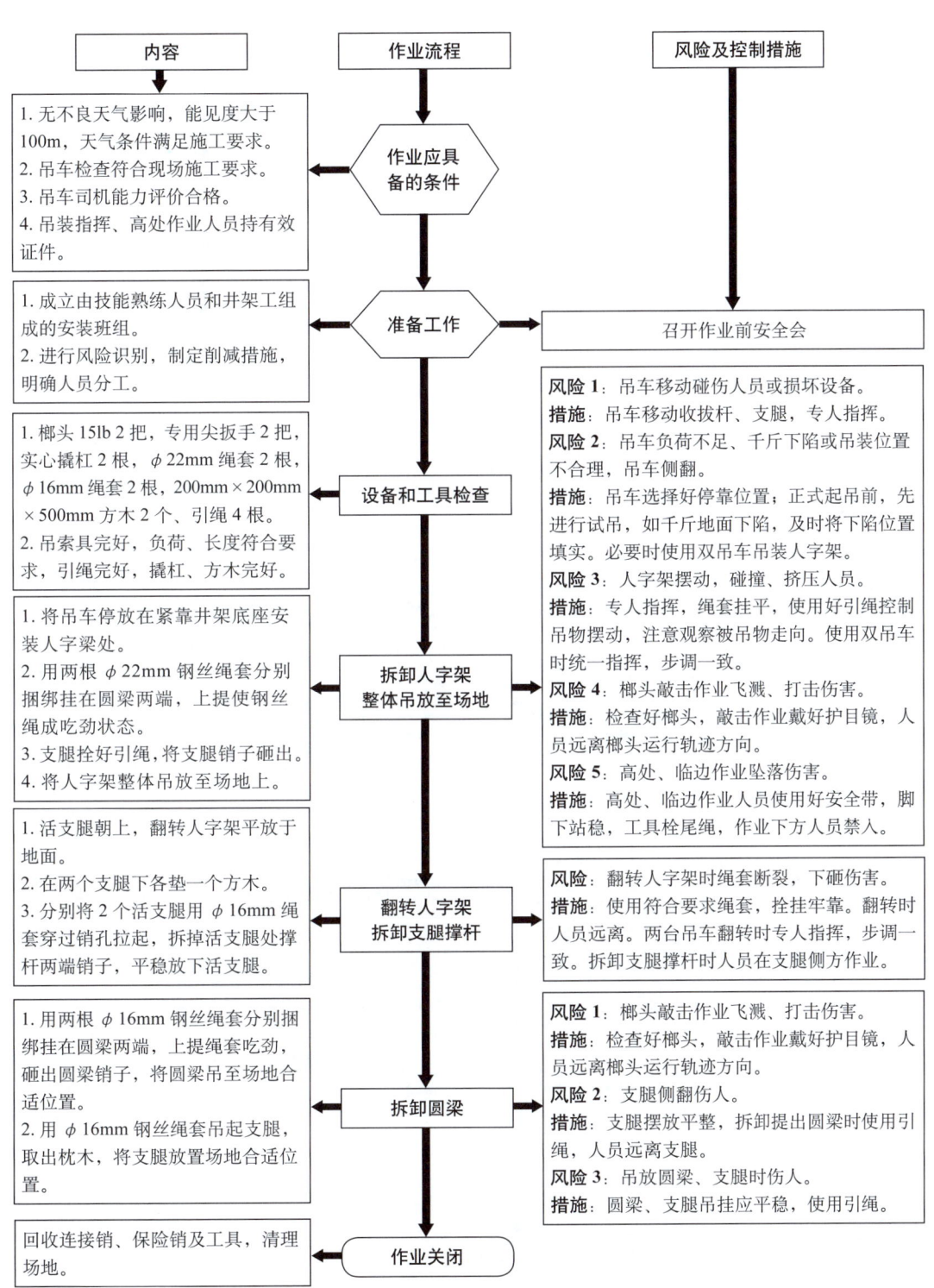

图 2.48 拆卸井架人字架 HSE 作业程序（整体吊卸）

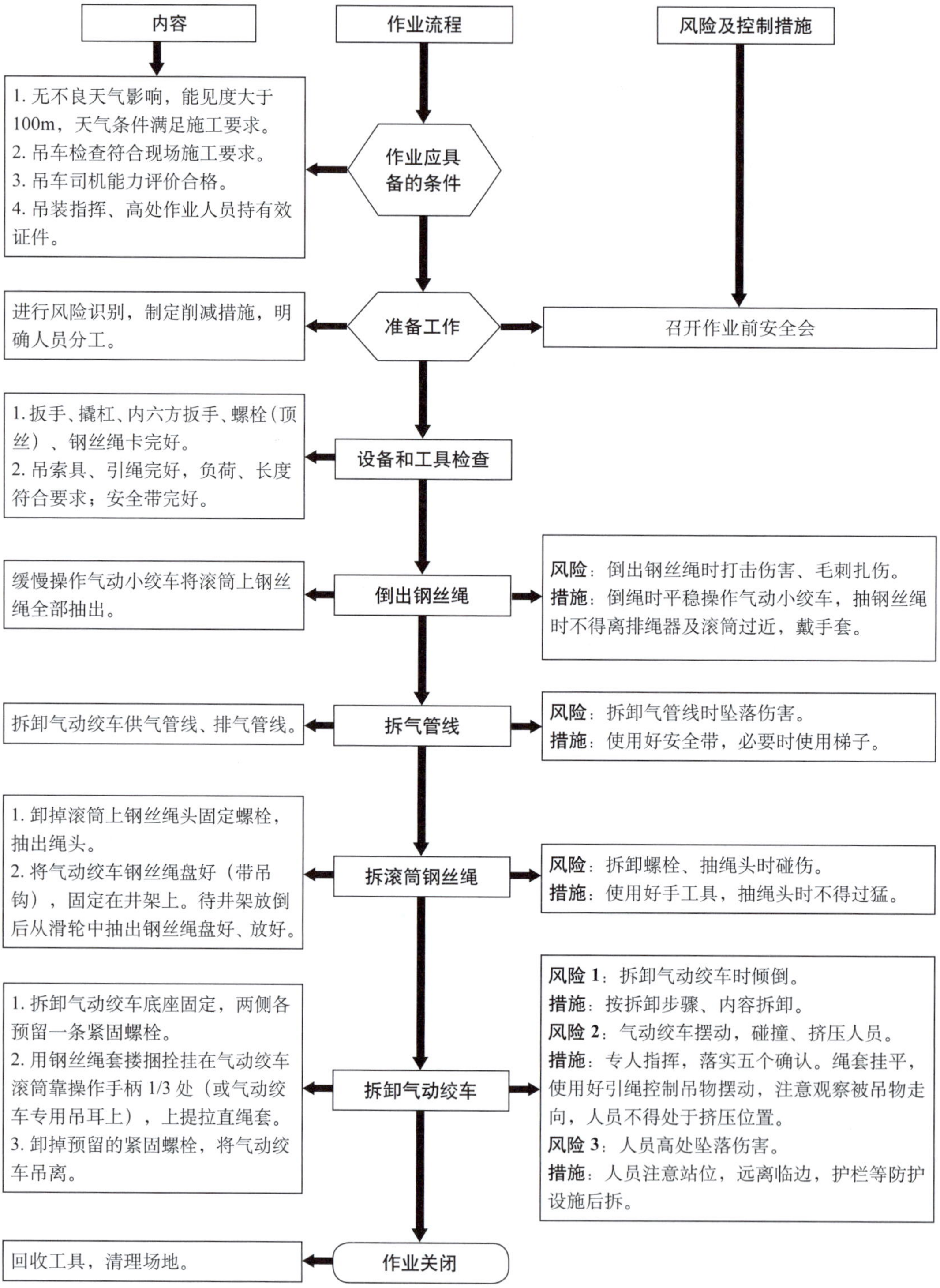

## 拆卸气动绞车 HSE 作业程序

| 内容 | 作业流程 | 风险及控制措施 |
|---|---|---|
| 1. 无不良天气影响，能见度大于100m，天气条件满足施工要求。<br>2. 吊车检查符合现场施工要求。<br>3. 吊车司机能力评价合格。<br>4. 吊装指挥、高处作业人员持有效证件。 | 作业应具备的条件 | |
| 进行风险识别，制定削减措施，明确人员分工。 | 准备工作 | 召开作业前安全会 |
| 1. 扳手、撬杠、内六方扳手、螺栓（顶丝）、钢丝绳卡完好。<br>2. 吊索具、引绳完好，负荷、长度符合要求；安全带完好。 | 设备和工具检查 | |
| 缓慢操作气动小绞车将滚筒上钢丝绳全部抽出。 | 倒出钢丝绳 | **风险**：倒出钢丝绳时打击伤害、毛刺扎伤。<br>**措施**：倒绳时平稳操作气动小绞车，抽钢丝绳时不得离排绳器及滚筒过近，戴手套。 |
| 拆卸气动绞车供气管线、排气管线。 | 拆气管线 | **风险**：拆卸气管线时坠落伤害。<br>**措施**：使用好安全带，必要时使用梯子。 |
| 1. 卸掉滚筒上钢丝绳头固定螺栓，抽出绳头。<br>2. 将气动绞车钢丝绳盘好（带吊钩），固定在井架上。待井架放倒后从滑轮中抽出钢丝绳盘好、放好。 | 拆滚筒钢丝绳 | **风险**：拆卸螺栓、抽绳头时碰伤。<br>**措施**：使用好手工具，抽绳头时不得过猛。 |
| 1. 拆卸气动绞车底座固定，两侧各预留一条紧固螺栓。<br>2. 用钢丝绳套搂捆拴挂在气动绞车滚筒靠操作手柄1/3处（或气动绞车专用吊耳上），上提拉直绳套。<br>3. 卸掉预留的紧固螺栓，将气动绞车吊离。 | 拆卸气动绞车 | **风险1**：拆卸气动绞车时倾倒。<br>**措施**：按拆卸步骤、内容拆卸。<br>**风险2**：气动绞车摆动、碰撞、挤压人员。<br>**措施**：专人指挥，落实五个确认。绳套挂平，使用好引绳控制吊物摆动，注意观察被吊物走向，人员不得处于挤压位置。<br>**风险3**：人员高处坠落伤害。<br>**措施**：人员注意站位，远离临边，护栏等防护设施后拆。 |
| 回收工具，清理场地。 | 作业关闭 | |

图 2.49 拆卸气动绞车 HSE 作业程序

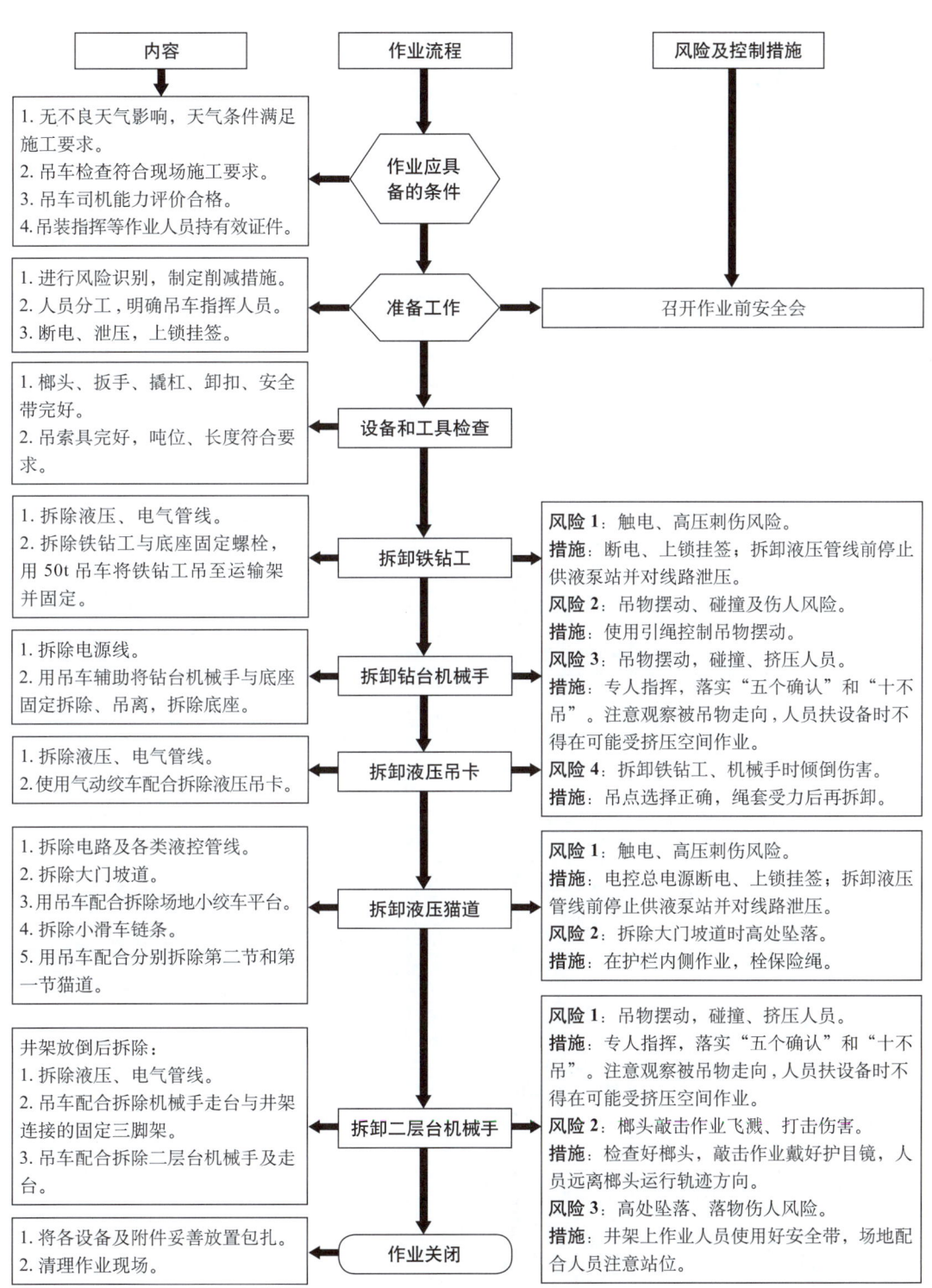

图 2.50 拆卸管柱自动化系统 HSE 作业程序

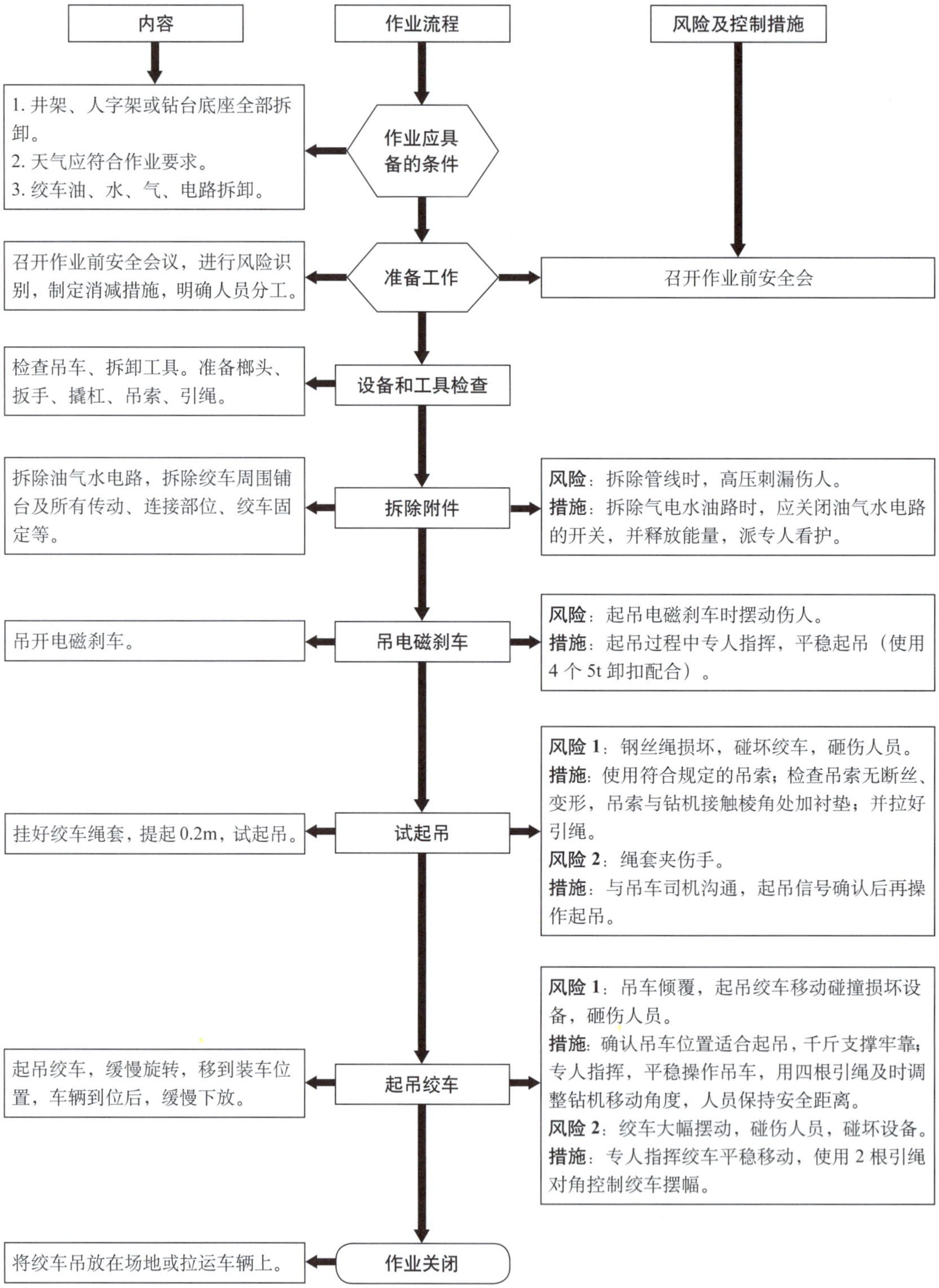

| 内容 | 作业流程 | 风险及控制措施 |
|---|---|---|
| 1. 井架、人字架或钻台底座全部拆卸。<br>2. 天气应符合作业要求。<br>3. 绞车油、水、气、电路拆卸。 | 作业应具备的条件 | |
| 召开作业前安全会议，进行风险识别，制定消减措施，明确人员分工。 | 准备工作 | 召开作业前安全会 |
| 检查吊车、拆卸工具。准备榔头、扳手、撬杠、吊索、引绳。 | 设备和工具检查 | |
| 拆除油气水电路，拆除绞车周围铺台及所有传动、连接部位、绞车固定等。 | 拆除附件 | **风险**：拆除管线时，高压刺漏伤人。<br>**措施**：拆除气电水油路时，应关闭油气水电路的开关，并释放能量，派专人看护。 |
| 吊开电磁刹车。 | 吊电磁刹车 | **风险**：起吊电磁刹车时摆动伤人。<br>**措施**：起吊过程中专人指挥，平稳起吊（使用4个5t卸扣配合）。 |
| 挂好绞车绳套，提起0.2m，试起吊。 | 试起吊 | **风险1**：钢丝绳损坏，碰坏绞车，砸伤人员。<br>**措施**：使用符合规定的吊索；检查吊索无断丝、变形，吊索与钻机接触棱角处加衬垫，并拉好引绳。<br>**风险2**：绳套夹伤手。<br>**措施**：与吊车司机沟通，起吊信号确认后再操作起吊。 |
| 起吊绞车，缓慢旋转，移到装车位置，车辆到位后，缓慢下放。 | 起吊绞车 | **风险1**：吊车倾覆，起吊绞车移动碰撞损坏设备，砸伤人员。<br>**措施**：确认吊车位置适合起吊，千斤支撑牢靠；专人指挥，平稳操作吊车，用四根引绳及时调整钻机移动角度，人员保持安全距离。<br>**风险2**：绞车大幅摆动，碰伤人员，碰坏设备。<br>**措施**：专人指挥绞车平稳移动，使用2根引绳对角控制绞车摆幅。 |
| 将绞车吊放在场地或拉运车辆上。 | 作业关闭 | |

图 2.51　绞车拆卸 HSE 作业程序

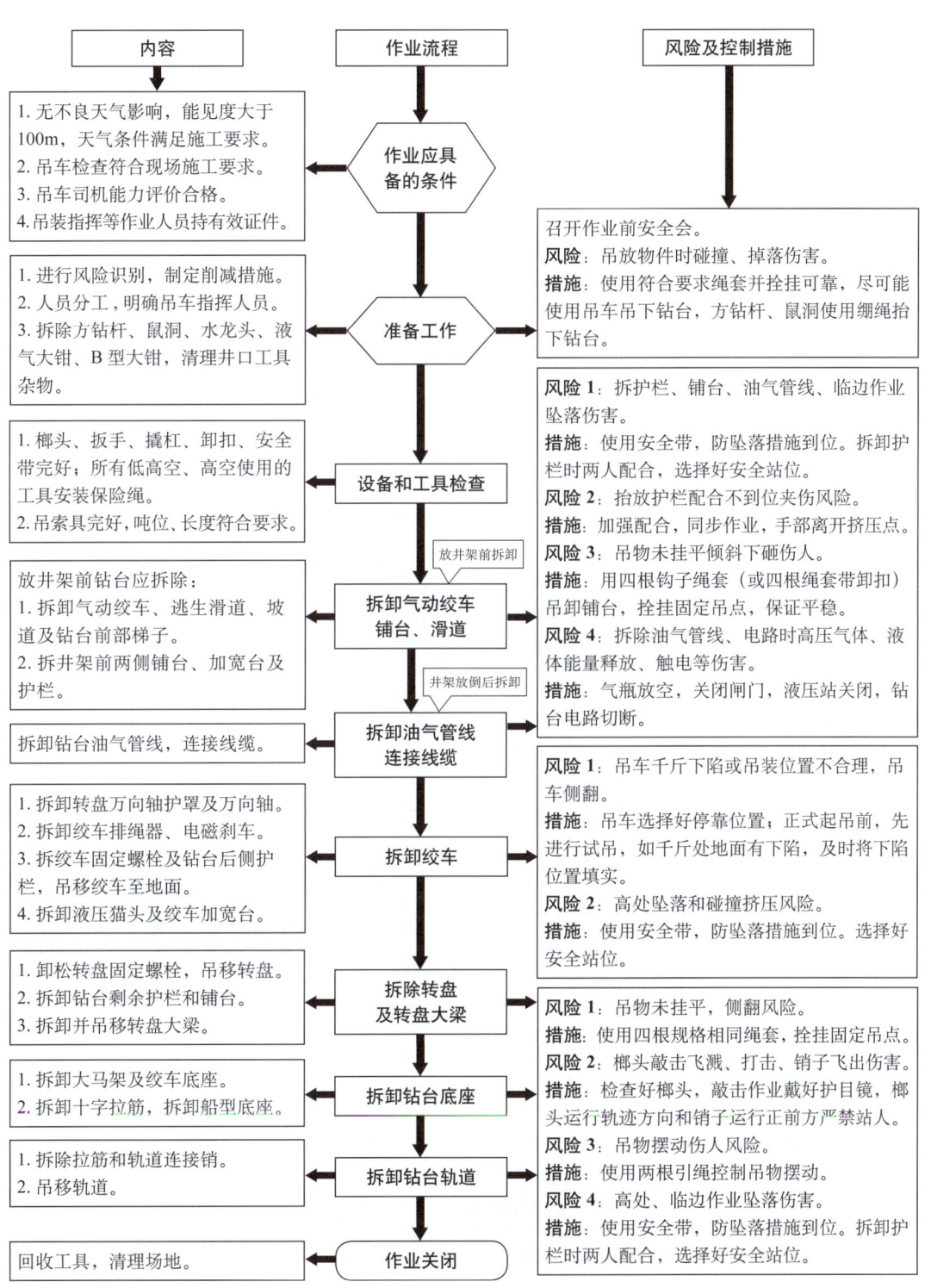

图 2.52 30B 钻机钻台拆卸 HSE 作业程序

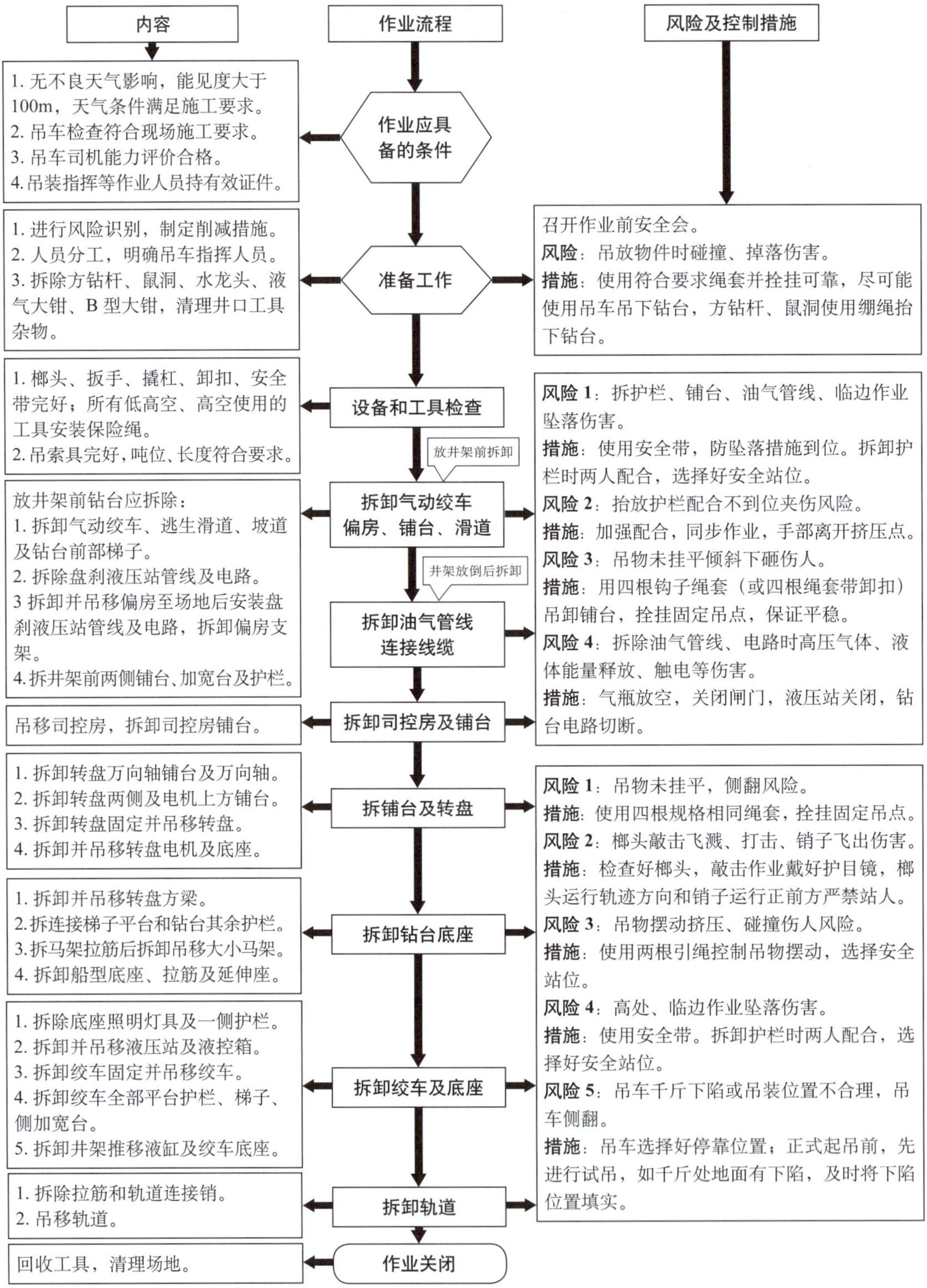

| 内容 | 作业流程 | 风险及控制措施 |
|---|---|---|
| 1.无不良天气影响，能见度大于100m，天气条件满足施工要求。<br>2.吊车检查符合现场施工要求。<br>3.吊车司机能力评价合格。<br>4.吊装指挥等作业人员持有效证件。 | 作业应具备的条件 | |
| 1.进行风险识别，制定削减措施。<br>2.人员分工，明确吊车指挥人员。<br>3.拆除方钻杆、鼠洞、水龙头、液气大钳，B型大钳，清理井口工具杂物。 | 准备工作 | 召开作业前安全会。<br>风险：吊放物件时碰撞、掉落伤害。<br>措施：使用符合要求绳套并拴挂可靠，尽可能使用吊车吊下钻台，方钻杆、鼠洞使用绷绳抬下钻台。 |
| 1.榔头、扳手、撬杠、卸扣、安全带完好；所有低高空、高空使用的工具安装保险绳。<br>2.吊索具完好，吨位、长度符合要求。 | 设备和工具检查 | 风险1：拆护栏、铺台、油气管线、临边作业坠落伤害。<br>措施：使用安全带，防坠落措施到位。拆卸护栏时两人配合，选择好安全站位。 |
| 放井架前钻台应拆除：<br>1.拆卸气动绞车、逃生滑道、坡道及钻台前部梯子。<br>2.拆除盘刹液压站管线及电路。<br>3.拆卸并吊移偏房至场地后安装盘刹液压站管线及电路，拆卸偏房支架。<br>4.拆井架前两侧铺台、加宽台及护栏。 | 拆卸气动绞车偏房、铺台、滑道<br>（放井架前拆卸）<br>（井架放倒后拆卸）<br>拆卸油气管线连接线缆 | 风险2：抬放护栏配合不到位夹伤风险。<br>措施：加强配合，同步作业，手部离开挤压点。<br>风险3：吊物未挂平倾斜下砸伤人。<br>措施：用四根钩子绳套（或四根绳套带卸扣）吊卸铺台，拴挂固定吊点，保证平稳。<br>风险4：拆除油气管线、电路时高压气体、液体能量释放、触电等伤害。<br>措施：气瓶放空，关闭闸门，液压站关闭，钻台电路切断。 |
| 吊移司控房，拆卸司控房铺台。 | 拆卸司控房及铺台 | |
| 1.拆卸转盘万向轴铺台及万向轴。<br>2.拆卸转盘两侧及电机上方铺台。<br>3.拆卸转盘固定并吊移转盘。<br>4.拆卸并吊移转盘电机及底座。 | 拆铺台及转盘 | 风险1：吊物未挂平，侧翻风险。<br>措施：使用四根规格相同绳套，拴挂固定吊点。<br>风险2：榔头敲击飞溅、打击、销子飞出伤害。<br>措施：检查好榔头，敲击作业戴好护目镜，榔头运行轨迹方向和销子运行正前方严禁站人。 |
| 1.拆卸并吊移转盘方梁。<br>2.拆连接梯子平台和钻台其余护栏。<br>3.拆马架拉筋后拆卸吊移大小马架。<br>4.拆卸船型底座、拉筋及延伸座。 | 拆卸钻台底座 | 风险3：吊物摆动挤压、碰撞伤人风险。<br>措施：使用两根引绳控制吊物摆动，选择安全站位。<br>风险4：高处、临边作业坠落伤害。<br>措施：使用安全带。拆卸护栏时两人配合，选择好安全站位。 |
| 1.拆除底座照明灯具及一侧护栏。<br>2.拆卸并吊移液压站及液控箱。<br>3.拆卸绞车固定并吊移绞车。<br>4.拆卸绞车全部平台护栏、梯子、侧加宽台。<br>5.拆卸井架推移液缸及绞车底座。 | 拆卸绞车及底座 | 风险5：吊车千斤下陷或吊装位置不合理，吊车侧翻。<br>措施：吊车选择好停靠位置；正式起吊前，先进行试吊，如千斤处地面有下陷，及时将下陷位置填实。 |
| 1.拆除拉筋和轨道连接销。<br>2.吊移轨道。 | 拆卸轨道 | |
| 回收工具，清理场地。 | 作业关闭 | |

图 2.53　30DB 钻机钻台拆卸 HSE 作业程序

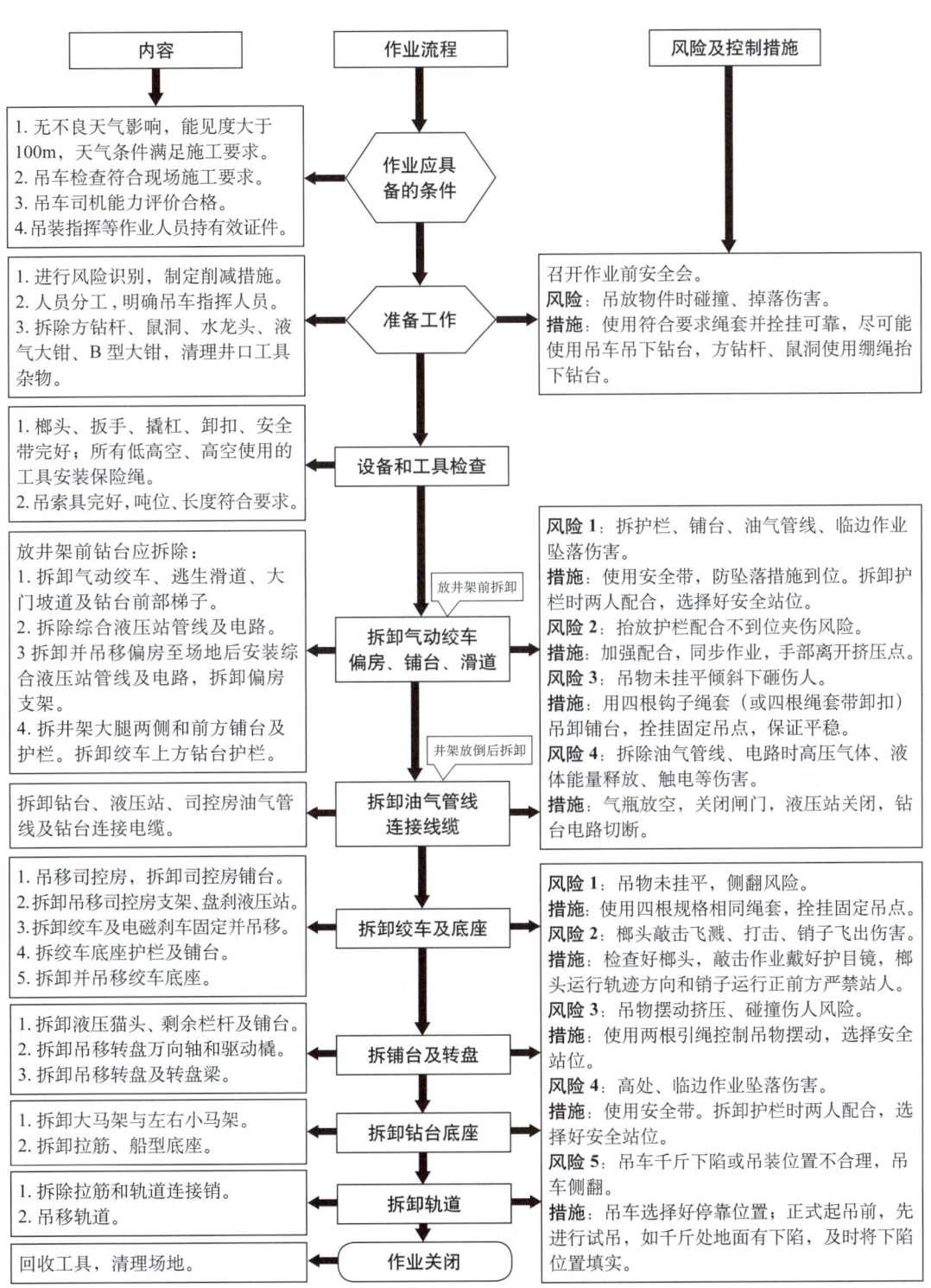

图 2.54 30LDB 钻机钻台拆卸 HSE 作业程序

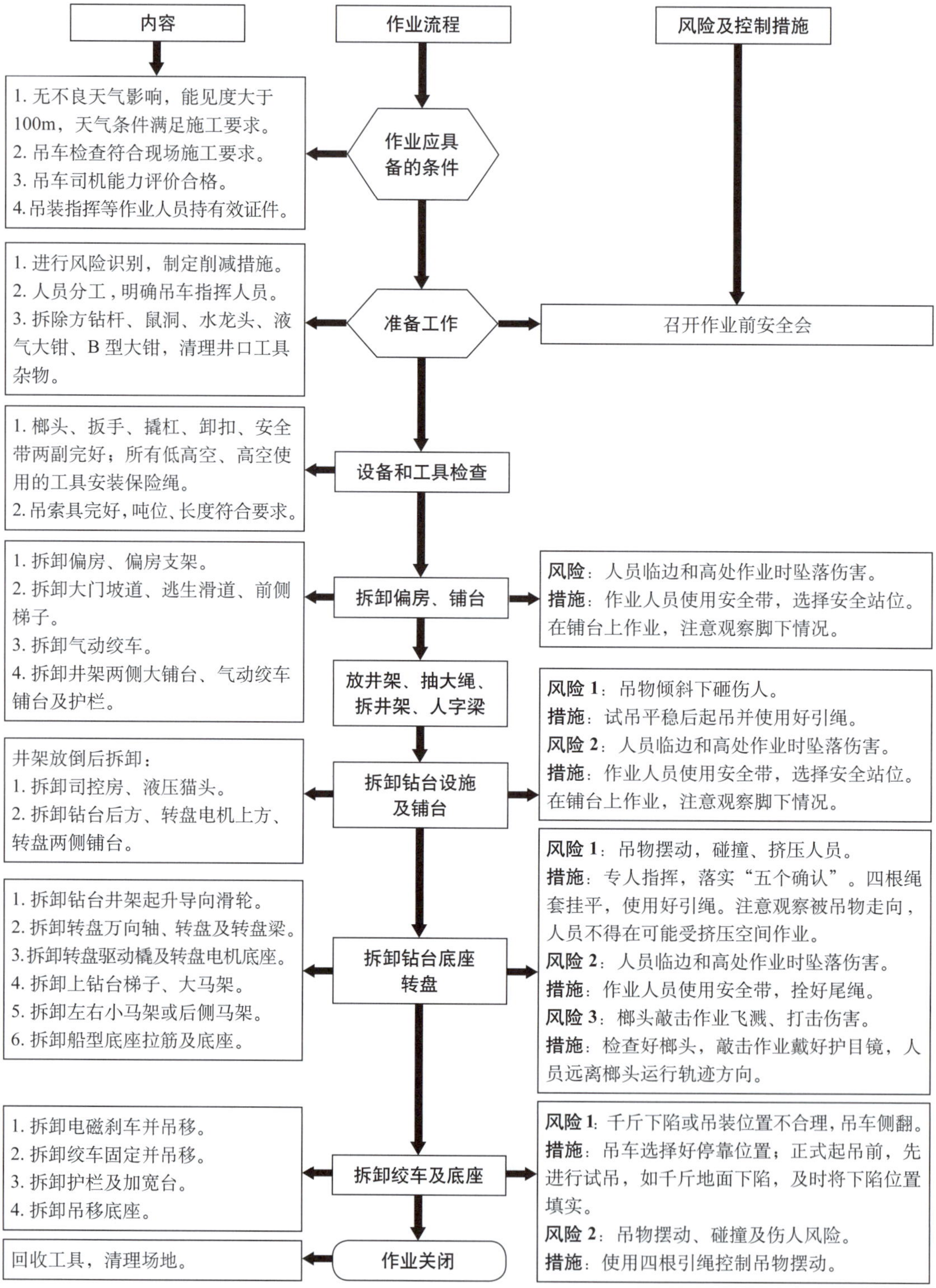

| 内容 | 作业流程 | 风险及控制措施 |
|---|---|---|
| 1. 无不良天气影响，能见度大于100m，天气条件满足施工要求。<br>2. 吊车检查符合现场施工要求。<br>3. 吊车司机能力评价合格。<br>4. 吊装指挥等作业人员持有效证件。 | 作业应具备的条件 | |
| 1. 进行风险识别，制定削减措施。<br>2. 人员分工，明确吊车指挥人员。<br>3. 拆除方钻杆、鼠洞、水龙头、液气大钳、B型大钳，清理井口工具杂物。 | 准备工作 | 召开作业前安全会 |
| 1. 榔头、扳手、撬杠、卸扣、安全带两副完好；所有低高空、高空使用的工具安装保险绳。<br>2. 吊索具完好，吨位、长度符合要求。 | 设备和工具检查 | |
| 1. 拆卸偏房、偏房支架。<br>2. 拆卸大门坡道、逃生滑道、前侧梯子。<br>3. 拆卸气动绞车。<br>4. 拆卸井架两侧大铺台、气动绞车铺台及护栏。 | 拆卸偏房、铺台 | 风险：人员临边和高处作业时坠落伤害。<br>措施：作业人员使用安全带，选择安全站位。在铺台上作业，注意观察脚下情况。 |
| | 放井架、抽大绳、拆井架、人字梁 | 风险1：吊物倾斜下砸伤人。<br>措施：试吊平稳后起吊并使用好引绳。<br>风险2：人员临边和高处作业时坠落伤害。<br>措施：作业人员使用安全带，选择安全站位。在铺台上作业，注意观察脚下情况。 |
| 井架放倒后拆卸：<br>1. 拆卸司控房、液压猫头。<br>2. 拆卸钻台后方、转盘电机上方、转盘两侧铺台。 | 拆卸钻台设施及铺台 | |
| 1. 拆卸钻台井架起升导向滑轮。<br>2. 拆卸转盘万向轴、转盘及转盘梁。<br>3. 拆卸转盘驱动橇及转盘电机底座。<br>4. 拆卸上钻台梯子、大马架。<br>5. 拆卸左右小马架或后侧马架。<br>6. 拆卸船型底座拉筋及底座。 | 拆卸钻台底座转盘 | 风险1：吊物摆动、碰撞、挤压人员。<br>措施：专人指挥，落实"五个确认"。四根绳套挂平，使用好引绳。注意观察被吊物走向，人员不得在可能受挤压空间作业。<br>风险2：人员临边和高处作业时坠落伤害。<br>措施：作业人员使用安全带，拴好尾绳。<br>风险3：榔头敲击作业飞溅、打击伤害。<br>措施：检查好榔头，敲击作业戴好护目镜，人员远离榔头运行轨迹方向。 |
| 1. 拆卸电磁刹车并吊移。<br>2. 拆卸绞车固定并吊移。<br>3. 拆卸护栏及加宽台。<br>4. 拆卸吊移底座。 | 拆卸绞车及底座 | 风险1：千斤下陷或吊装位置不合理，吊车侧翻。<br>措施：吊车选择好停靠位置；正式起吊前，先进行试吊，如千斤地面下陷，及时将下陷位置填实。<br>风险2：吊物摆动、碰撞及伤人风险。<br>措施：使用四根引绳控制吊物摆动。 |
| 回收工具，清理场地。 | 作业关闭 | |

图 2.55　40LDB 钻机钻台拆卸 HSE 作业程序

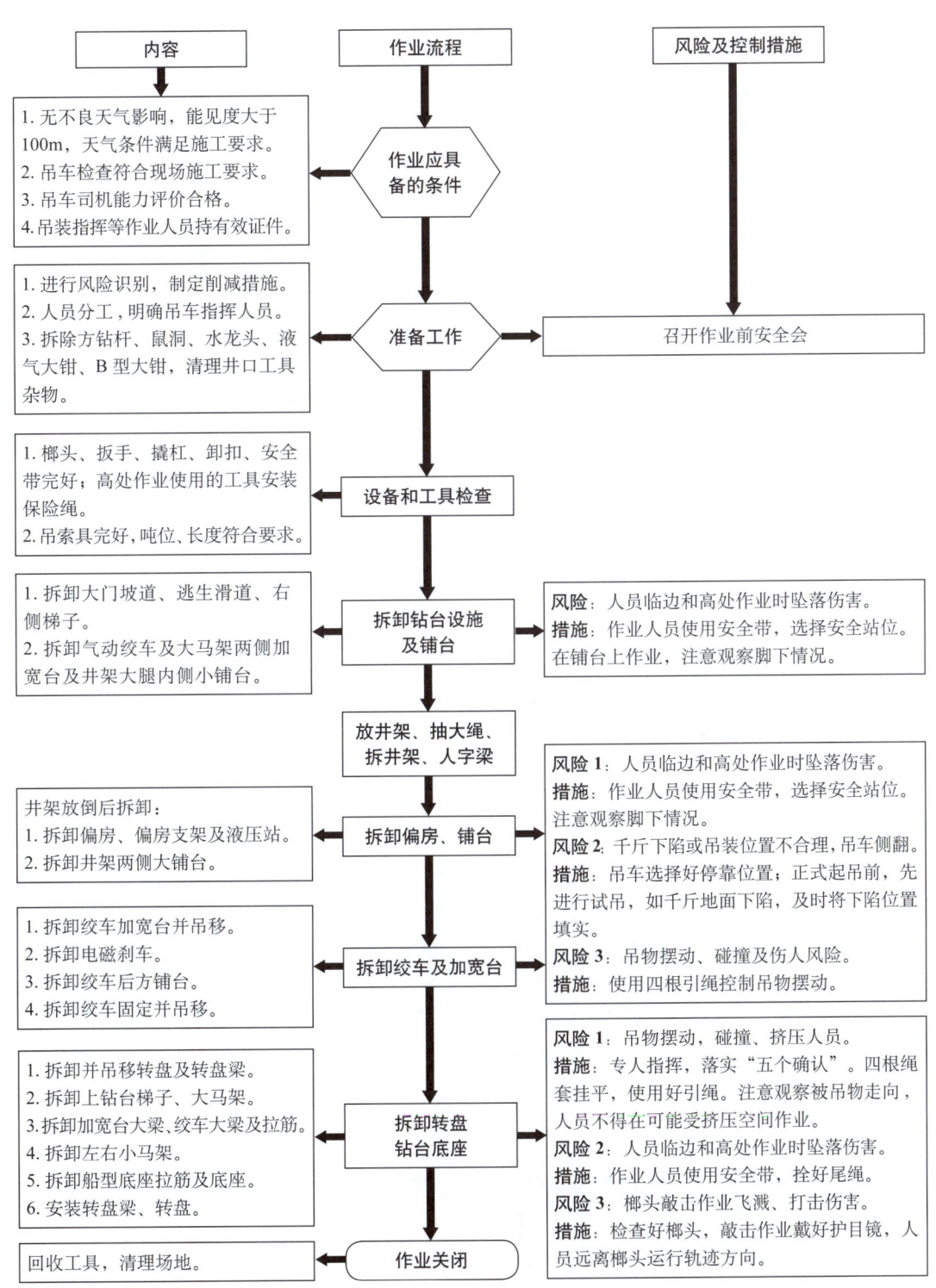

图 2.56 40V 钻机钻台拆卸 HSE 作业程序

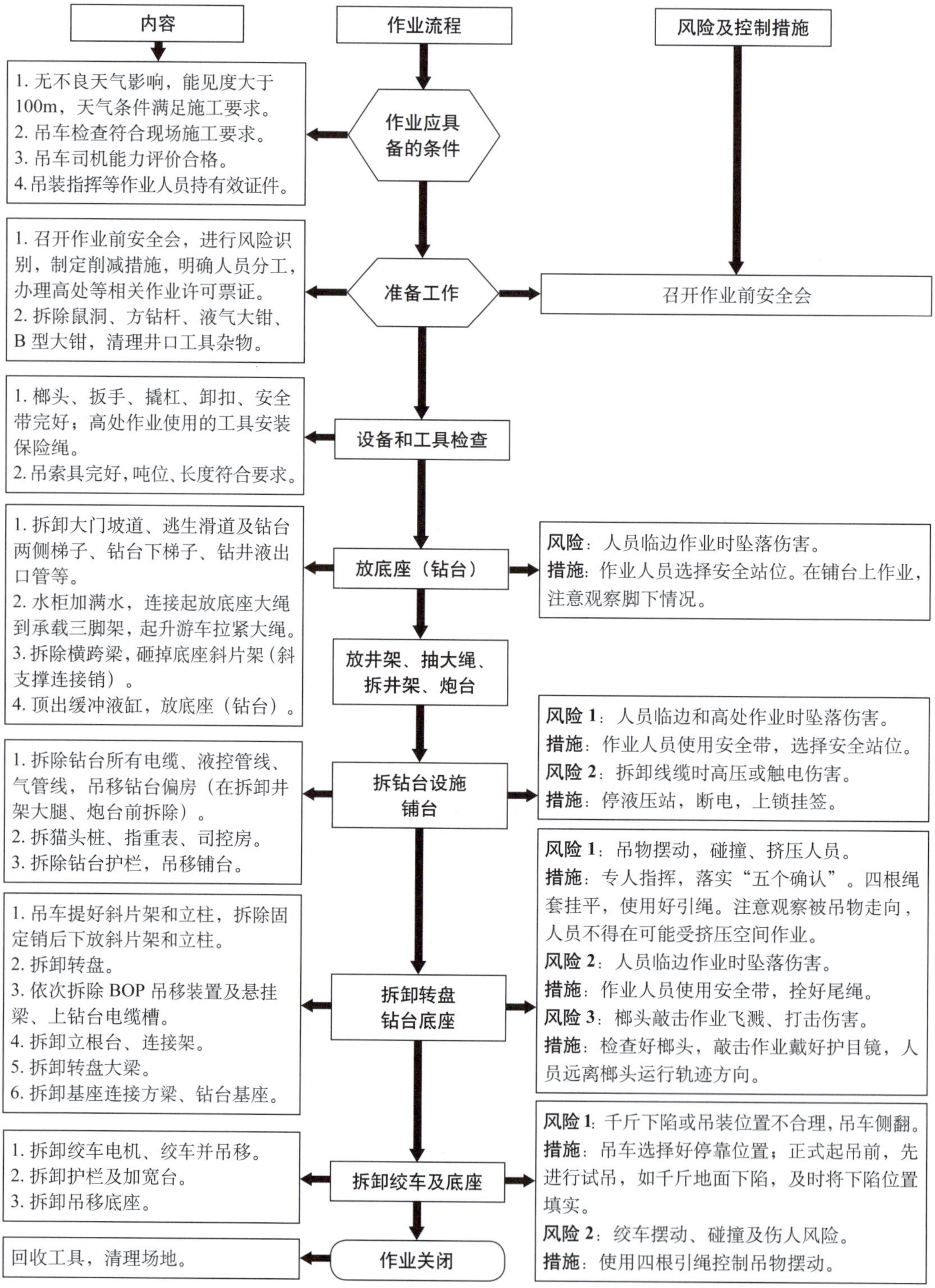

| 内容 | 作业流程 | 风险及控制措施 |
|---|---|---|
| 1. 无不良天气影响，能见度大于100m，天气条件满足施工要求。<br>2. 吊车检查符合现场施工要求。<br>3. 吊车司机能力评价合格。<br>4. 吊装指挥等作业人员持有效证件。 | 作业应具备的条件 | |
| 1. 召开作业前安全会，进行风险识别，制定削减措施，明确人员分工，办理高处等相关作业许可票证。<br>2. 拆除鼠洞、方钻杆、液气大钳、B型大钳，清理井口工具杂物。 | 准备工作 | 召开作业前安全会 |
| 1. 榔头、扳手、撬杠、卸扣、安全带完好；高处作业使用的工具安装保险绳。<br>2. 吊索具完好，吨位、长度符合要求。 | 设备和工具检查 | |
| 1. 拆卸大门坡道、逃生滑道及钻台两侧梯子、钻台下梯子、钻井液出口管等。<br>2. 水柜加满水，连接起放底座大绳到承载三脚架，起升游车拉紧大绳。<br>3. 拆除横跨梁，砸掉底座斜片架（斜支撑连接销）。<br>4. 顶出缓冲液缸，放底座（钻台）。 | 放底座（钻台） | 风险：人员临边作业时坠落伤害。<br>措施：作业人员选择安全站位。在铺台上作业，注意观察脚下情况。 |
| | 放井架、抽大绳、拆井架、炮台 | |
| 1. 拆除钻台所有电缆、液控管线、气管线，吊移钻台偏房（在拆卸井架大腿、炮台前拆除）。<br>2. 拆猫头桩、指重表、司控房。<br>3. 拆除钻台护栏，吊移铺台。 | 拆钻台设施铺台 | 风险1：人员临边和高处作业时坠落伤害。<br>措施：作业人员使用安全带，选择安全站位。<br>风险2：拆卸线缆时高压或触电伤害。<br>措施：停液压站，断电，上锁挂签。 |
| 1. 吊车提好斜片架和立柱，拆除固定销后下放斜片架和立柱。<br>2. 拆卸转盘。<br>3. 依次拆除BOP吊移装置及悬挂梁、上钻台电缆槽。<br>4. 拆卸立根台、连接架。<br>5. 拆卸转盘大梁。<br>6. 拆卸基座连接方梁、钻台基座。 | 拆卸转盘钻台底座 | 风险1：吊物摆动，碰撞、挤压人员。<br>措施：专人指挥，落实"五个确认"。四根绳套挂平，使用好引绳。注意观察被吊物走向，人员不得在可能受挤压空间作业。<br>风险2：人员临边作业时坠落伤害。<br>措施：作业人员使用安全带，拴好尾绳。<br>风险3：榔头敲击作业飞溅、打击伤害。<br>措施：检查好榔头，敲击作业戴好护目镜，人员远离榔头运行轨迹方向。 |
| 1. 拆卸绞车电机、绞车并吊移。<br>2. 拆卸护栏及加宽台。<br>3. 拆卸吊移底座。 | 拆卸绞车及底座 | 风险1：千斤下陷或吊装位置不合理，吊车侧翻。<br>措施：吊车选择好停靠位置；正式起吊前，先进行试吊，如千斤地面下陷，及时将下陷位置填实。<br>风险2：绞车摆动、碰撞及伤人风险。<br>措施：使用四根引绳控制吊物摆动。 |
| 回收工具，清理场地。 | 作业关闭 | |

图 2.57  50DB 钻机钻台拆卸 HSE 作业程序（低位绞车）

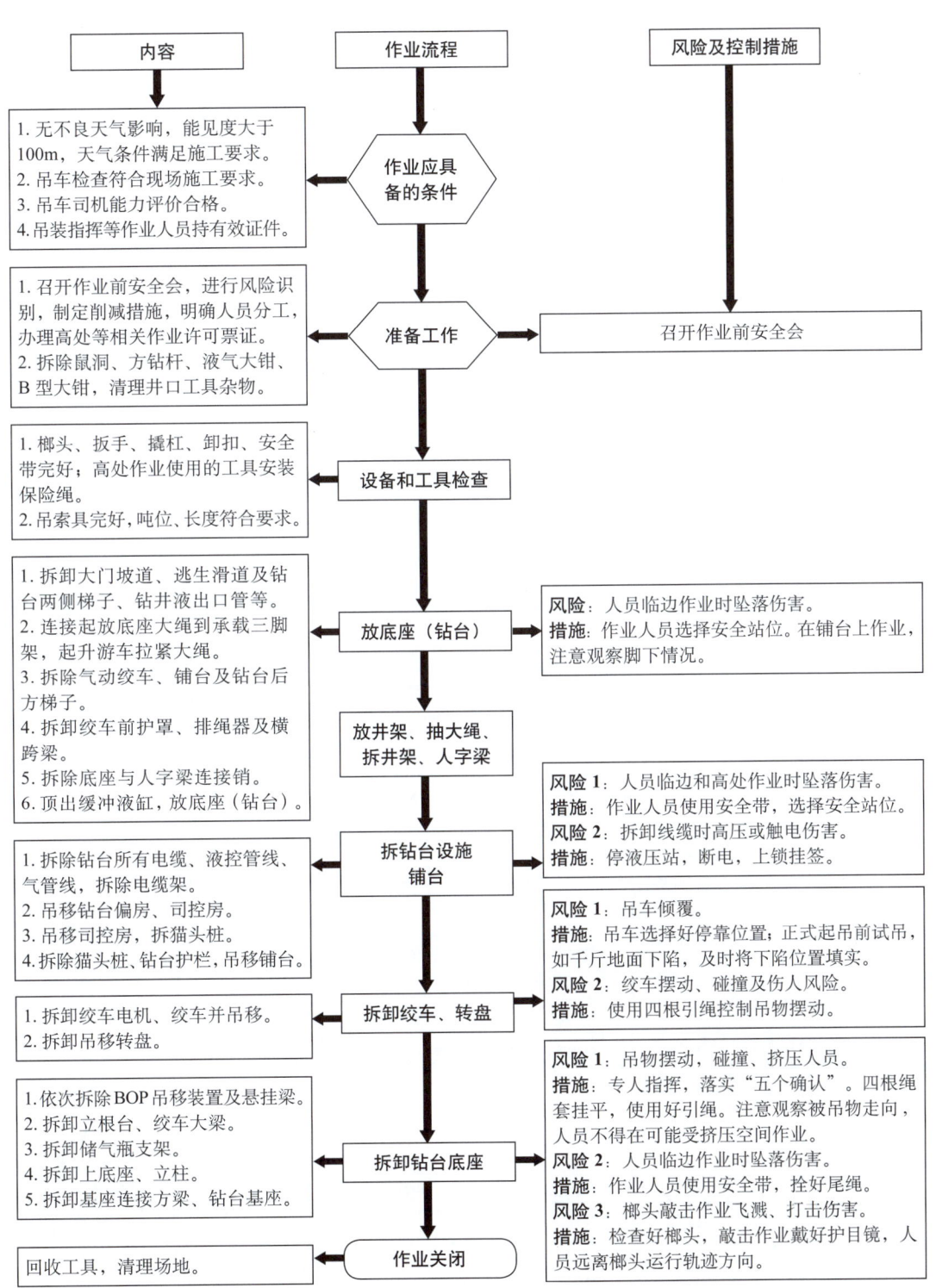

图 2.58 50DB 钻机钻台拆卸 HSE 作业程序（高位绞车）

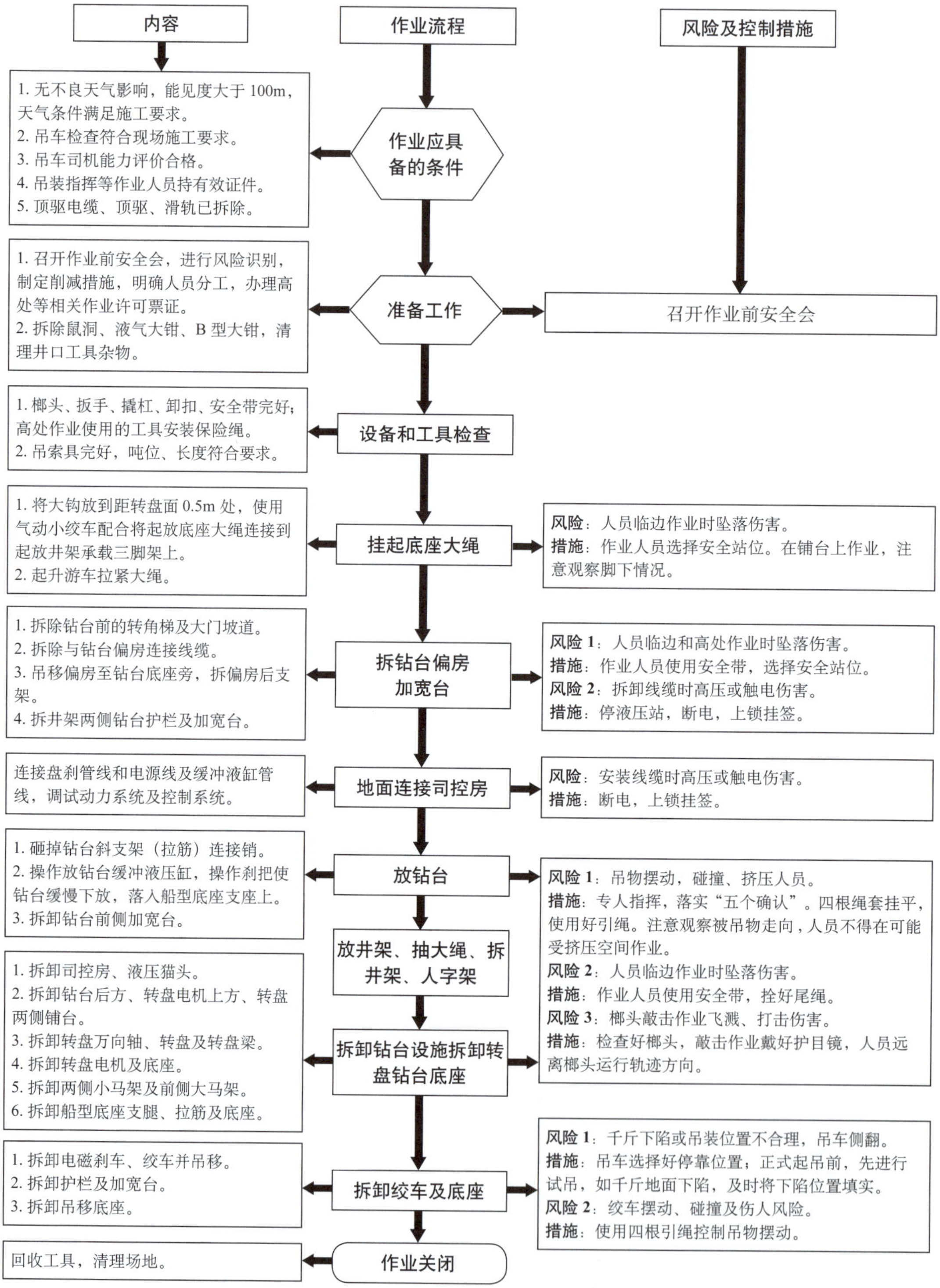

## 作业流程图

**内容：**

- 1. 无不良天气影响，能见度大于100m，天气条件满足施工要求。
- 2. 吊车检查符合现场施工要求。
- 3. 吊车司机能力评价合格。
- 4. 吊装指挥等作业人员持有效证件。
- 5. 顶驱电缆、顶驱、滑轨已拆除。

→ **作业应具备的条件**

---

- 1. 召开作业前安全会，进行风险识别，制定削减措施，明确人员分工，办理高处等相关作业许可票证。
- 2. 拆除鼠洞、液气大钳、B型大钳，清理井口工具杂物。

→ **准备工作** → 风险及控制措施：召开作业前安全会

---

- 1. 榔头、扳手、撬杠、卸扣、安全带完好；高处作业使用的工具安装保险绳。
- 2. 吊索具完好，吨位、长度符合要求。

→ **设备和工具检查**

---

- 1. 将大钩放到距转盘面0.5m处，使用气动小绞车配合将起放底座大绳连接到起放井架承载三脚架上。
- 2. 起升游车拉紧大绳。

→ **挂起底座大绳**

风险：人员临边作业时坠落伤害。
措施：作业人员选择安全站位。在铺台上作业，注意观察脚下情况。

---

- 1. 拆除钻台前的转角梯及大门坡道。
- 2. 拆除与钻台偏房连接线缆。
- 3. 吊移偏房至钻台底座旁，拆偏房后支架。
- 4. 拆井架两侧钻台护栏及加宽台。

→ **拆钻台偏房加宽台**

风险1：人员临边和高处作业时坠落伤害。
措施：作业人员使用安全带，选择安全站位。
风险2：拆卸线缆时高压或触电伤害。
措施：停液压站，断电，上锁挂签。

---

连接盘刹管线和电源线及缓冲液缸管线，调试动力系统及控制系统。

→ **地面连接司控房**

风险：安装线缆时高压或触电伤害。
措施：断电，上锁挂签。

---

- 1. 砸掉钻台斜支架（拉筋）连接销。
- 2. 操作放钻台缓冲液压缸，操作刹把使钻台缓慢下放，落入船型底座支座上。
- 3. 拆钻台前侧加宽台。

→ **放钻台**

---

- 1. 拆卸司控房、液压猫头。
- 2. 拆卸钻台后方、转盘电机上方、转盘两侧铺台。
- 3. 拆卸转盘万向轴、转盘及转盘梁。
- 4. 拆卸转盘电机及底座。
- 5. 拆卸两侧小马架及前侧大马架。
- 6. 拆卸船型底座支腿、拉筋及底座。

→ **放井架、抽大绳、拆井架、人字架**
→ **拆卸钻台设施拆卸转盘钻台底座**

风险1：吊物摆动、碰撞、挤压人员。
措施：专人指挥，落实"五个确认"。四根绳套挂平，使用好引绳。注意观察被吊物走向，人员不得在可能受挤压空间作业。
风险2：人员临边作业时坠落伤害。
措施：作业人员使用安全带，拴好尾绳。
风险3：榔头敲击作业飞溅、打击伤害。
措施：检查好榔头，敲击作业戴好护目镜，人员远离榔头运行轨迹方向。

---

- 1. 拆卸电磁刹车、绞车并吊移。
- 2. 拆卸护栏及加宽台。
- 3. 拆卸吊移底座。

→ **拆卸绞车及底座**

风险1：千斤下陷或吊装位置不合理，吊车侧翻。
措施：吊车选择好停靠位置；正式起吊前，先进行试吊，如千斤地面下陷，及时将下陷位置填实。
风险2：绞车摆动、碰撞及伤人风险。
措施：使用四根引绳控制吊物摆动。

---

回收工具，清理场地。

→ **作业关闭**

图 2.59　50LDB 钻机钻台拆卸 HSE 作业程序

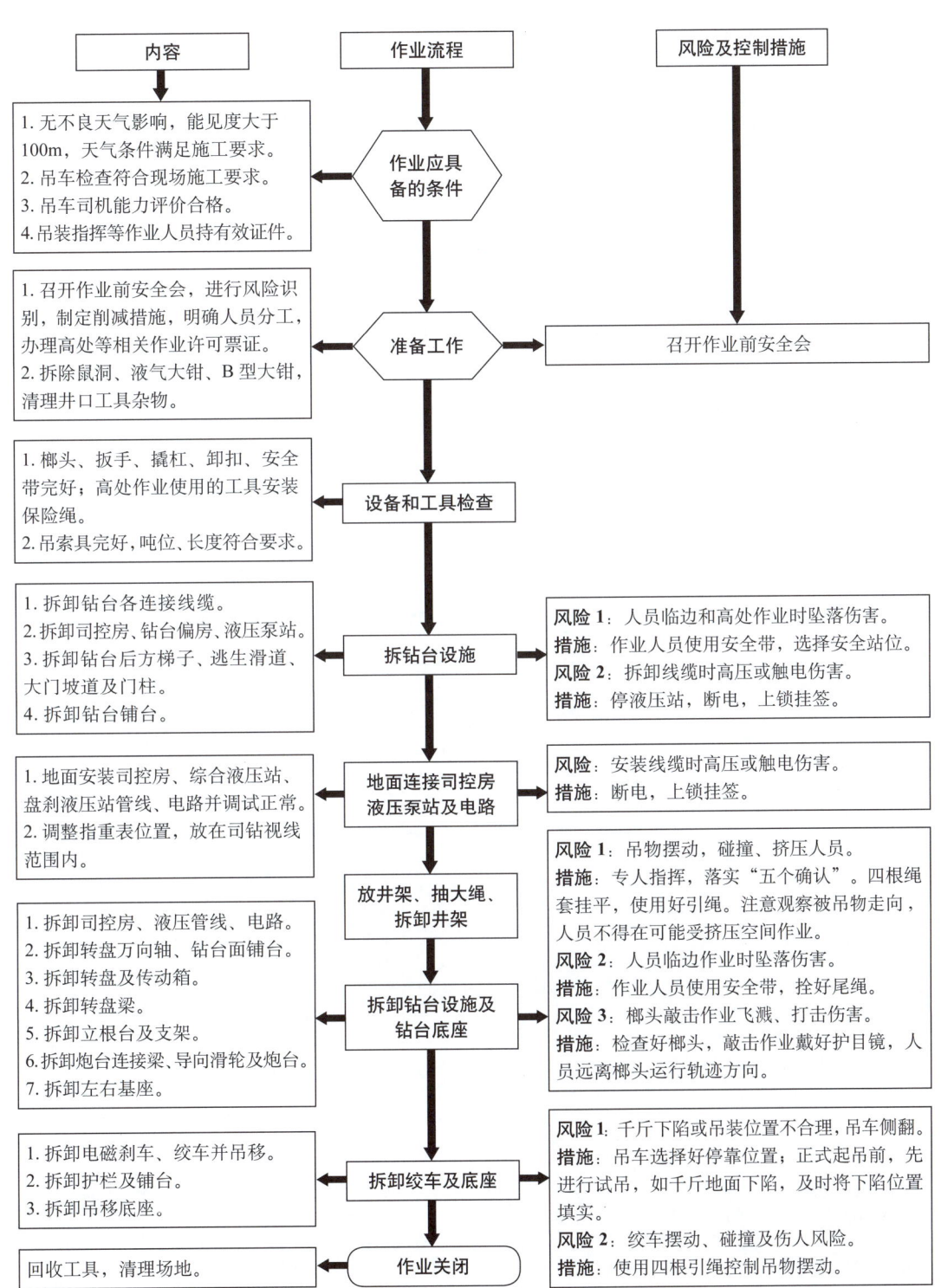

图 2.60　50L 钻机钻台拆卸 HSE 作业程序

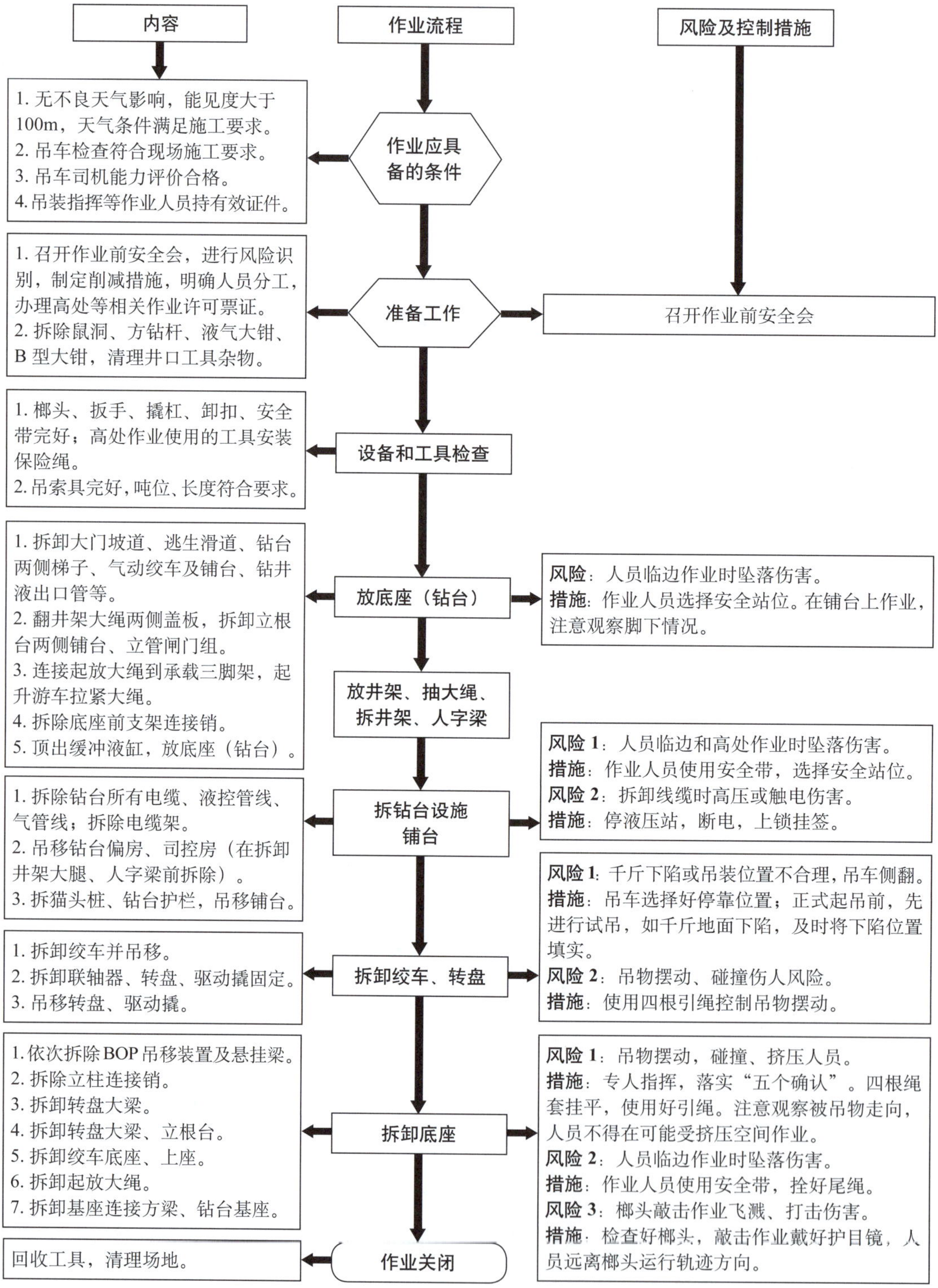

| 内容 | 作业流程 | 风险及控制措施 |
|---|---|---|
| 1. 无不良天气影响，能见度大于100m，天气条件满足施工要求。<br>2. 吊车检查符合现场施工要求。<br>3. 吊车司机能力评价合格。<br>4. 吊装指挥等作业人员持有效证件。 | 作业应具备的条件 | |
| 1. 召开作业前安全会，进行风险识别，制定削减措施，明确人员分工，办理高处等相关作业许可票证。<br>2. 拆除鼠洞、方钻杆、液气大钳、B型大钳，清理井口工具杂物。 | 准备工作 | 召开作业前安全会 |
| 1. 榔头、扳手、撬杠、卸扣、安全带完好；高处作业使用的工具安装保险绳。<br>2. 吊索具完好，吨位、长度符合要求。 | 设备和工具检查 | |
| 1. 拆卸大门坡道、逃生滑道、钻台两侧梯子、气动绞车及铺台、钻井液出口管等。<br>2. 翻井架大绳两侧盖板，拆卸立根台两侧铺台、立管闸门组。<br>3. 连接起放大绳到承载三脚架，起升游车拉紧大绳。<br>4. 拆除底座前支架连接销。<br>5. 顶出缓冲液缸，放底座（钻台）。 | 放底座（钻台） | 风险：人员临边作业时坠落伤害。<br>措施：作业人员选择安全站位。在铺台上作业，注意观察脚下情况。 |
| | 放井架、抽大绳、拆井架、人字梁 | 风险1：人员临边和高处作业时坠落伤害。<br>措施：作业人员使用安全带，选择安全站位。<br>风险2：拆卸线缆时高压或触电伤害。<br>措施：停液压站，断电，上锁挂签。 |
| 1. 拆除钻台所有电缆、液控管线、气管线；拆除电缆架。<br>2. 吊移钻台偏房、司控房（在拆卸井架大腿、人字梁前拆除）。<br>3. 拆猫头桩、钻台护栏，吊移铺台。 | 拆钻台设施铺台 | 风险1：千斤下陷或吊装位置不合理，吊车侧翻。<br>措施：吊车选择好停靠位置；正式起吊前，先进行试吊，如千斤地面下陷，及时将下陷位置填实。<br>风险2：吊物摆动、碰撞伤人风险。<br>措施：使用四根引绳控制吊物摆动。 |
| 1. 拆卸绞车并吊移。<br>2. 拆卸联轴器、转盘、驱动撬固定。<br>3. 吊移转盘、驱动撬。 | 拆卸绞车、转盘 | |
| 1. 依次拆除BOP吊移装置及悬挂梁。<br>2. 拆除立柱连接销。<br>3. 拆卸转盘大梁。<br>4. 拆卸转盘大梁、立根台。<br>5. 拆卸绞车底座、上座。<br>6. 拆卸起放大绳。<br>7. 拆卸基座连接方梁、钻台基座。 | 拆卸底座 | 风险1：吊物摆动、碰撞、挤压人员。<br>措施：专人指挥，落实"五个确认"。四根绳套挂平，使用好引绳。注意观察被吊物走向，人员不得在可能受挤压空间作业。<br>风险2：人员临边作业时坠落伤害。<br>措施：作业人员使用安全带，拴好尾绳。<br>风险3：榔头敲击作业飞溅、打击伤害。<br>措施：检查好榔头，敲击作业戴好护目镜，人员远离榔头运行轨迹方向。 |
| 回收工具，清理场地。 | 作业关闭 | |

图 2.61 70DB 钻机钻台拆卸 HSE 作业程序

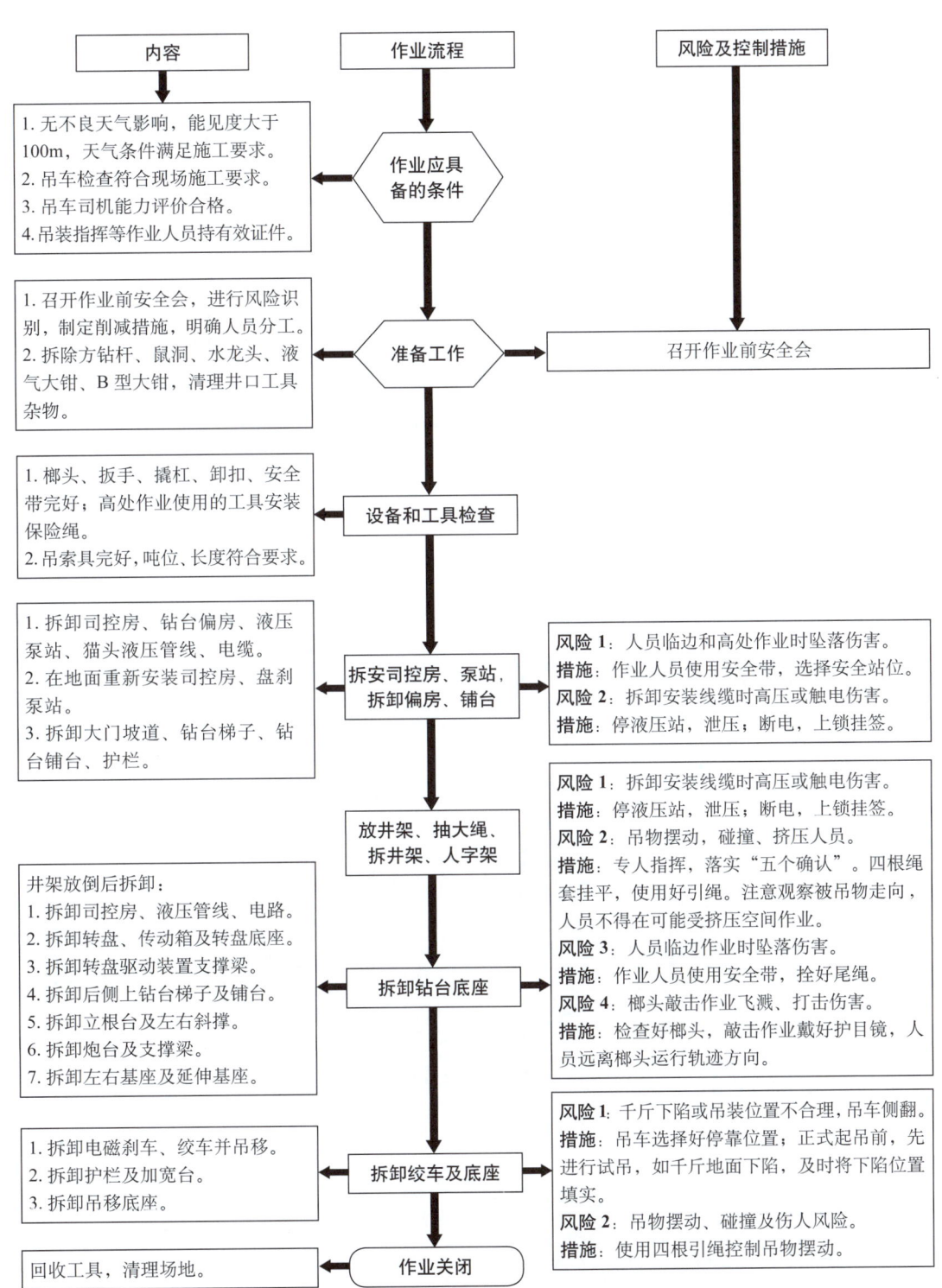

图 2.62 70LDB 钻机钻台拆卸 HSE 作业程序

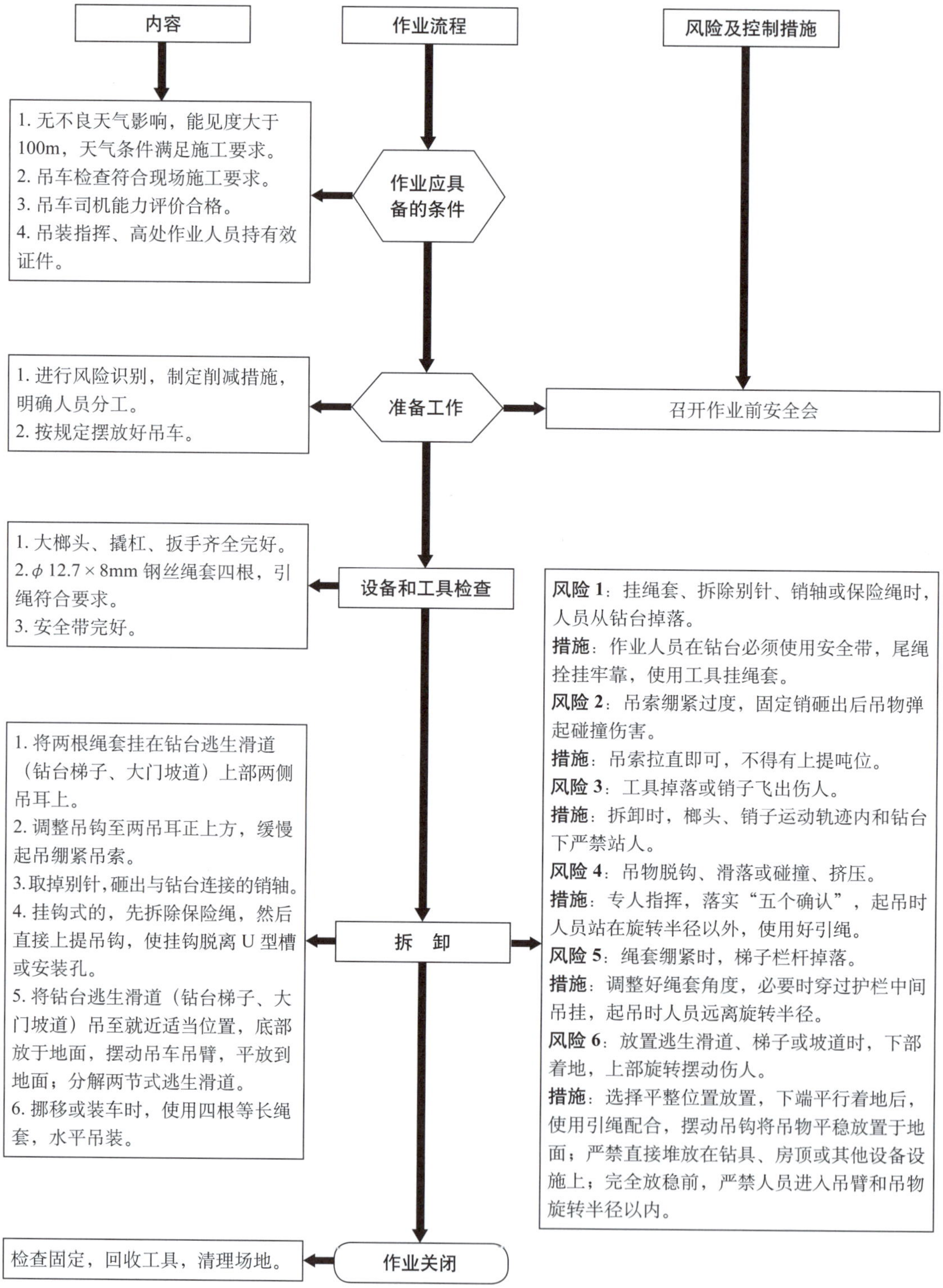

| 内容 | 作业流程 | 风险及控制措施 |
|---|---|---|
| 1. 无不良天气影响，能见度大于100m，天气条件满足施工要求。<br>2. 吊车检查符合现场施工要求。<br>3. 吊车司机能力评价合格。<br>4. 吊装指挥、高处作业人员持有效证件。 | 作业应具备的条件 | |
| 1. 进行风险识别，制定削减措施，明确人员分工。<br>2. 按规定摆放好吊车。 | 准备工作 | 召开作业前安全会 |
| 1. 大榔头、撬杠、扳手齐全完好。<br>2. φ12.7×8mm 钢丝绳套四根，引绳符合要求。<br>3. 安全带完好。 | 设备和工具检查 | |
| 1. 将两根绳套挂在钻台逃生滑道（钻台梯子、大门坡道）上部两侧吊耳上。<br>2. 调整吊钩至两吊耳正上方，缓慢起吊绷紧吊索。<br>3. 取掉别针，砸出与钻台连接的销轴。<br>4. 挂钩式的，先拆除保险绳，然后直接上提吊钩，使挂钩脱离U型槽或安装孔。<br>5. 将钻台逃生滑道（钻台梯子、大门坡道）吊至就近适当位置，底部放于地面，摆动吊车吊臂，平放到地面；分解两节式逃生滑道。<br>6. 挪移或装车时，使用四根等长绳套，水平吊装。 | 拆 卸 | 风险1：挂绳套、拆除别针、销轴或保险绳时，人员从钻台掉落。<br>措施：作业人员在钻台必须使用安全带，尾绳拴挂牢靠，使用工具挂绳套。<br>风险2：吊索绷紧过度，固定销砸出后吊物弹起碰撞伤害。<br>措施：吊索拉直即可，不得有上提吨位。<br>风险3：工具掉落或销子飞出伤人。<br>措施：拆卸时，榔头、销子运动轨迹内和钻台下严禁站人。<br>风险4：吊物脱钩、滑落或碰撞、挤压。<br>措施：专人指挥，落实"五个确认"，起吊时人员站在旋转半径以外，使用好引绳。<br>风险5：绳套绷紧时，梯子栏杆掉落。<br>措施：调整好绳套角度，必要时穿过护栏中间吊挂，起吊时人员远离旋转半径。<br>风险6：放置逃生滑道、梯子或坡道时，下部着地，上部旋转摆动伤人。<br>措施：选择平整位置放置，下端平行着地后，使用引绳配合，摆动吊钩将吊物平稳放置于地面；严禁直接堆放在钻具、房顶或其他设备设施上；完全放稳前，严禁人员进入吊臂和吊物旋转半径以内。 |
| 检查固定，回收工具，清理场地。 | 作业关闭 | |

图 2.63 钻台逃生滑道、梯子、大门坡道拆卸 HSE 作业程序

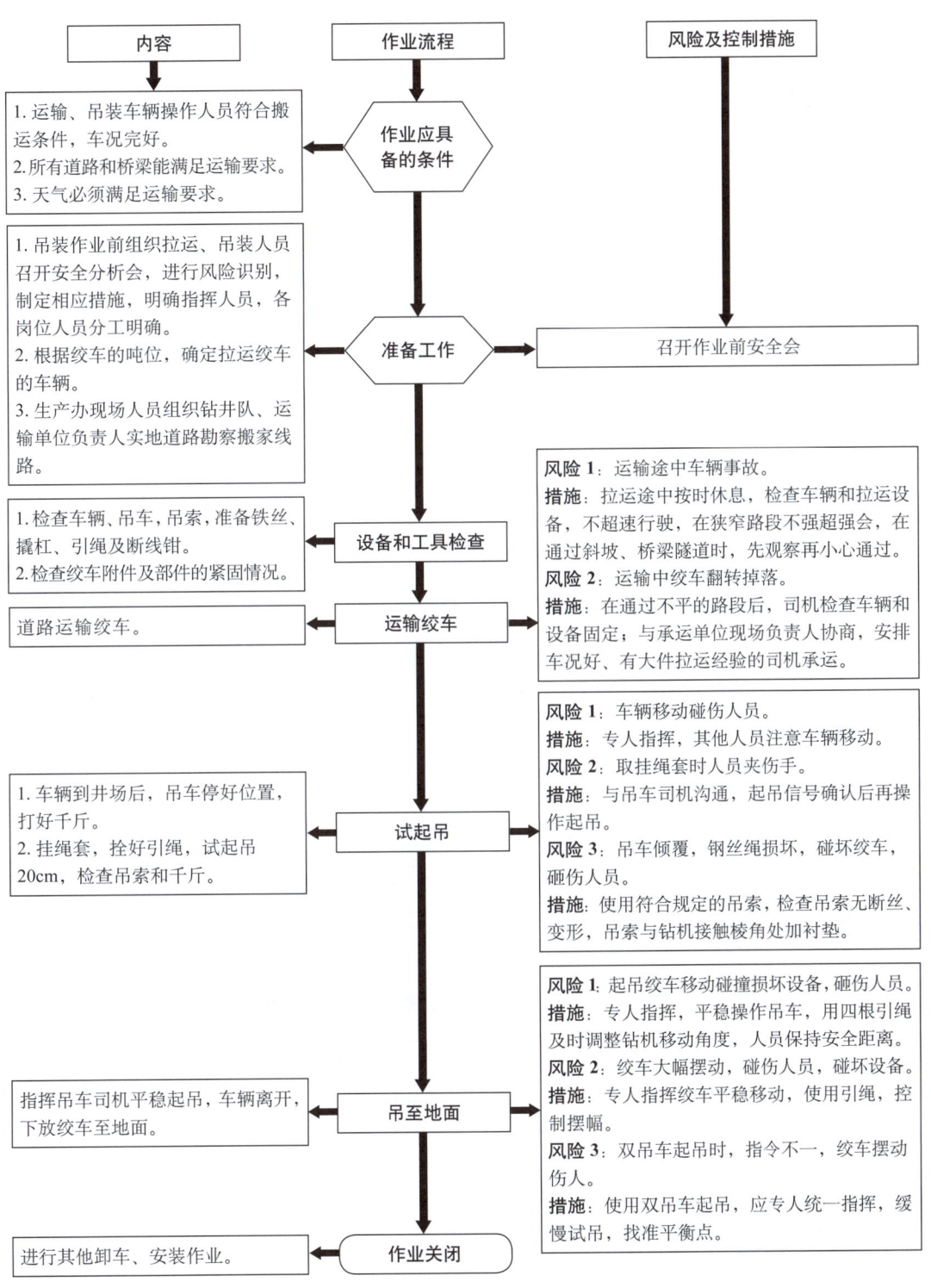

图 2.64 绞车搬迁 HSE 作业程序

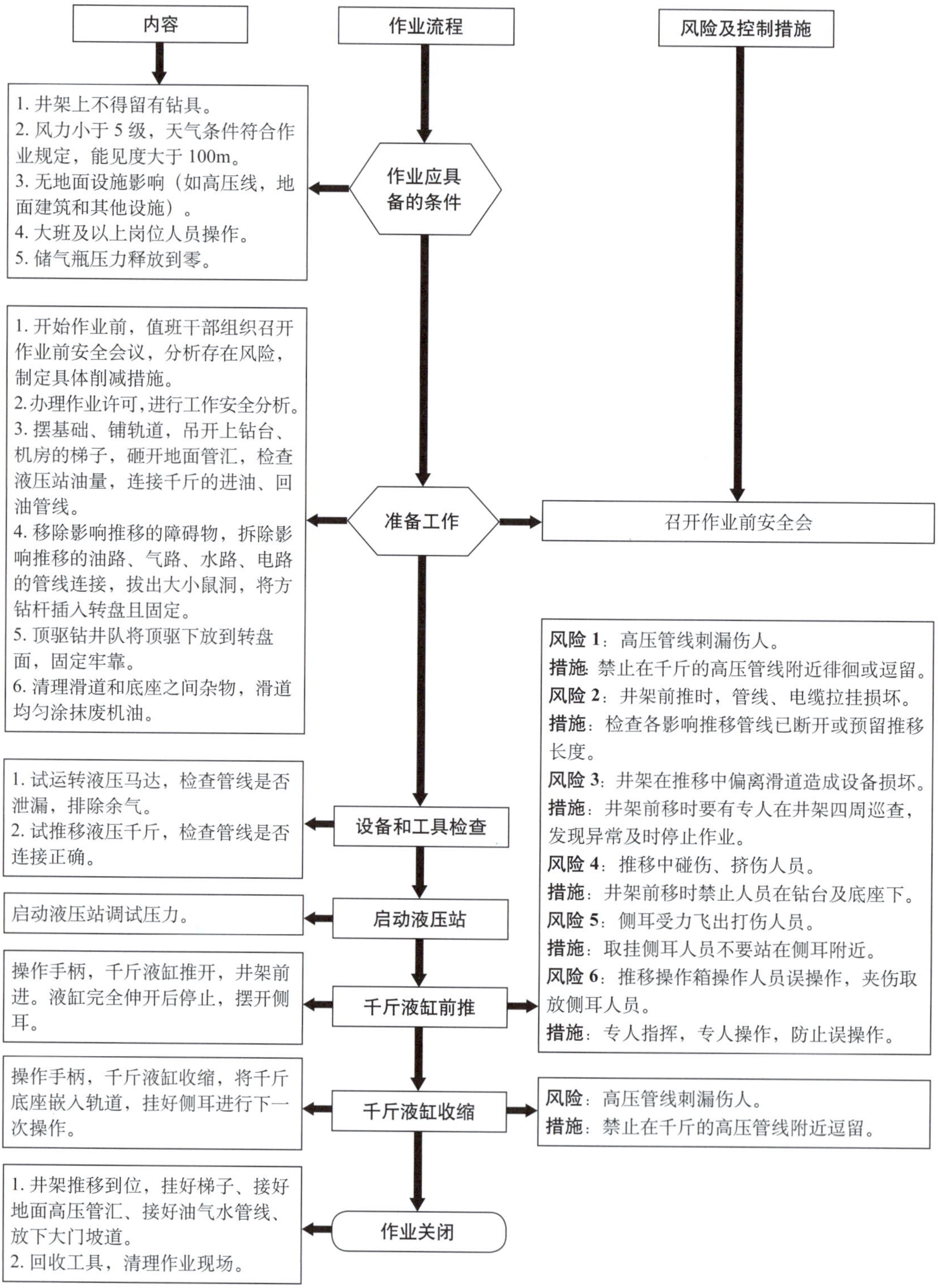

| 内容 | 作业流程 | 风险及控制措施 |
|---|---|---|
| 1. 井架上不得留有钻具。<br>2. 风力小于 5 级，天气条件符合作业规定，能见度大于 100m。<br>3. 无地面设施影响（如高压线，地面建筑和其他设施）。<br>4. 大班及以上岗位人员操作。<br>5. 储气瓶压力释放到零。 | 作业应具备的条件 | |
| 1. 开始作业前，值班干部组织召开作业前安全会议，分析存在风险，制定具体削减措施。<br>2. 办理作业许可，进行工作安全分析。<br>3. 摆基础、铺轨道、吊开上钻台、机房的梯子，砸开地面管汇，检查液压站油量，连接千斤的进油、回油管线。<br>4. 移除影响推移的障碍物，拆除影响推移的油路、气路、水路、电路的管线连接，拔出大小鼠洞，将方钻杆插入转盘且固定。<br>5. 顶驱钻井队将顶驱下放到转盘面，固定牢靠。<br>6. 清理滑道和底座之间杂物，滑道均匀涂抹废机油。 | 准备工作 | 召开作业前安全会 |
| 1. 试运转液压马达，检查管线是否泄漏，排除余气。<br>2. 试推移液压千斤，检查管线是否连接正确。 | 设备和工具检查 | 风险1：高压管线刺漏伤人。<br>措施：禁止在千斤的高压管线附近徘徊或逗留。<br>风险2：井架前推时，管线、电缆拉挂损坏。<br>措施：检查各影响推移管线已断开或预留推移长度。<br>风险3：井架在推移中偏离滑道造成设备损坏。<br>措施：井架前移时要有专人在井架四周巡查，发现异常及时停止作业。<br>风险4：推移中碰伤、挤伤人员。<br>措施：井架前移时禁止人员在钻台及底座下。<br>风险5：侧耳受力飞出打伤人员。<br>措施：取挂侧耳人员不要站在侧耳附近。<br>风险6：推移操作箱操作人员误操作，夹伤取放侧耳人员。<br>措施：专人指挥，专人操作，防止误操作。 |
| 启动液压站调试压力。 | 启动液压站 | |
| 操作手柄，千斤液缸推开，井架前进。液缸完全伸开后停止，摆开侧耳。 | 千斤液缸前推 | |
| 操作手柄，千斤液缸收缩，将千斤底座嵌入轨道，挂好侧耳进行下一次操作。 | 千斤液缸收缩 | 风险：高压管线刺漏伤人。<br>措施：禁止在千斤的高压管线附近逗留。 |
| 1. 井架推移到位，挂好梯子、接好地面高压管汇、接好油气水管线、放下大门坡道。<br>2. 回收工具，清理作业现场。 | 作业关闭 | |

图 2.65　井架推移 HSE 作业程序

# 3

## 井口准备作业程序

## 3.1 井口准备作业概述

井口准备工作是为后续钻井施工作业打基础,主要包括冲鼠洞、校正井口、打圆井、下导管作业。

## 3.2 井口准备作业程序

本部分主要描述冲鼠洞、校正井口、打导管装卸钻头、下导管等作业,包括:
(1) 冲鼠洞 HSE 作业程序;
(2) 校正井口 HSE 作业程序;
(3) 打导管装钻头 HSE 作业程序(钻头直径小于转盘通径);
(4) 打导管装钻头 HSE 作业程序(钻头直径大于转盘通径);
(5) 打导管卸钻头 HSE 作业程序(钻头直径小于转盘通径);
(6) 打导管卸钻头 HSE 作业程序(钻头直径大于转盘通径);
(7) 下导管 HSE 作业程序(焊接型);
(8) 下导管 HSE 作业程序(螺纹型)。
井口准备作业程序如图 3.1 至图 3.8 所示。

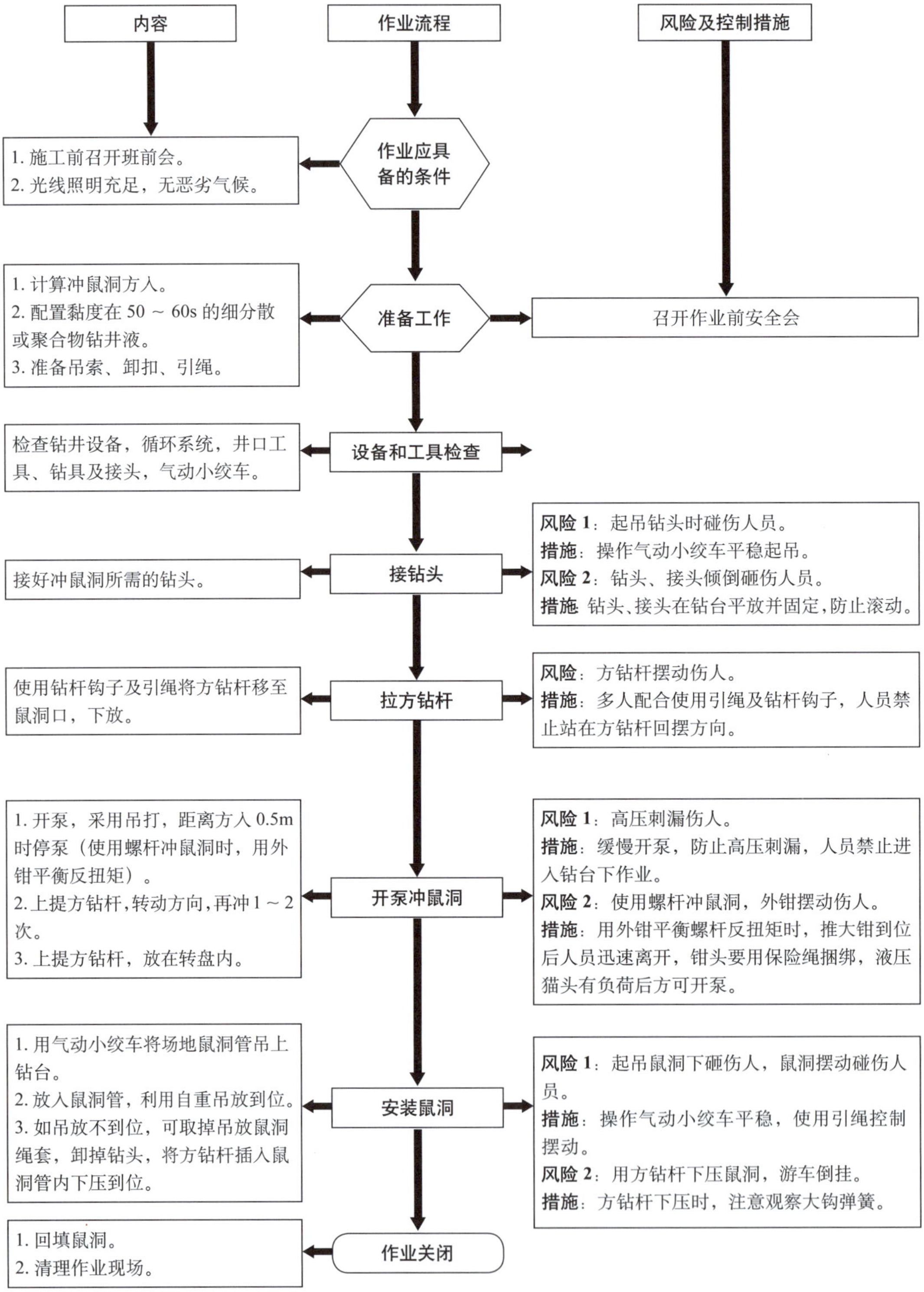

| 内容 | 作业流程 | 风险及控制措施 |
|---|---|---|
| 1. 施工前召开班前会。<br>2. 光线照明充足，无恶劣气候。 | 作业应具备的条件 | |
| 1. 计算冲鼠洞方入。<br>2. 配置黏度在 50~60s 的细分散或聚合物钻井液。<br>3. 准备吊索、卸扣、引绳。 | 准备工作 | 召开作业前安全会 |
| 检查钻井设备，循环系统，井口工具、钻具及接头，气动小绞车。 | 设备和工具检查 | |
| 接好冲鼠洞所需的钻头。 | 接钻头 | 风险1：起吊钻头时碰伤人员。<br>措施：操作气动小绞车平稳起吊。<br>风险2：钻头、接头倾倒砸伤人员。<br>措施：钻头、接头在钻台平放并固定，防止滚动。 |
| 使用钻杆钩子及引绳将方钻杆移至鼠洞口，下放。 | 拉方钻杆 | 风险：方钻杆摆动伤人。<br>措施：多人配合使用引绳及钻杆钩子，人员禁止站在方钻杆回摆方向。 |
| 1. 开泵，采用吊打，距离方入 0.5m 时停泵（使用螺杆冲鼠洞时，用外钳平衡反扭矩）。<br>2. 上提方钻杆，转动方向，再冲 1~2 次。<br>3. 上提方钻杆，放在转盘内。 | 开泵冲鼠洞 | 风险1：高压刺漏伤人。<br>措施：缓慢开泵，防止高压刺漏，人员禁止进入钻台下作业。<br>风险2：使用螺杆冲鼠洞，外钳摆动伤人。<br>措施：用外钳平衡螺杆反扭矩时，推大钳到位后人员迅速离开，钳头要用保险绳捆绑，液压猫头有负荷后方可开泵。 |
| 1. 用气动小绞车将场地鼠洞管吊上钻台。<br>2. 放入鼠洞管，利用自重吊放到位。<br>3. 如吊放不到位，可取掉吊放鼠洞绳套，卸掉钻头，将方钻杆插入鼠洞管内下压到位。 | 安装鼠洞 | 风险1：起吊鼠洞下砸伤人，鼠洞摆动碰伤人员。<br>措施：操作气动小绞车平稳，使用引绳控制摆动。<br>风险2：用方钻杆下压鼠洞，游车倒挂。<br>措施：方钻杆下压时，注意观察大钩弹簧。 |
| 1. 回填鼠洞。<br>2. 清理作业现场。 | 作业关闭 | |

图 3.1　冲鼠洞 HSE 作业程序

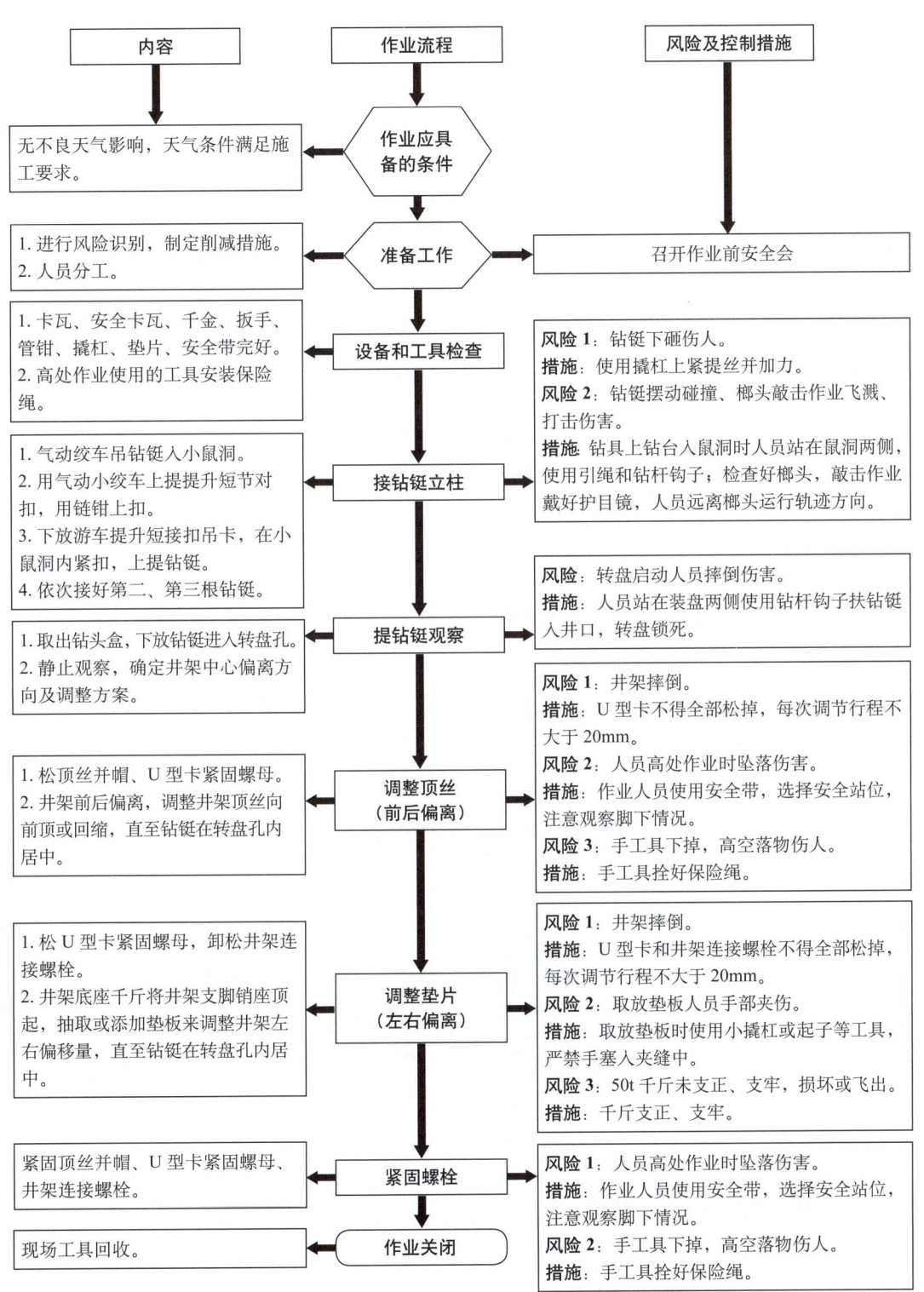

图 3.2 校正井口 HSE 作业程序

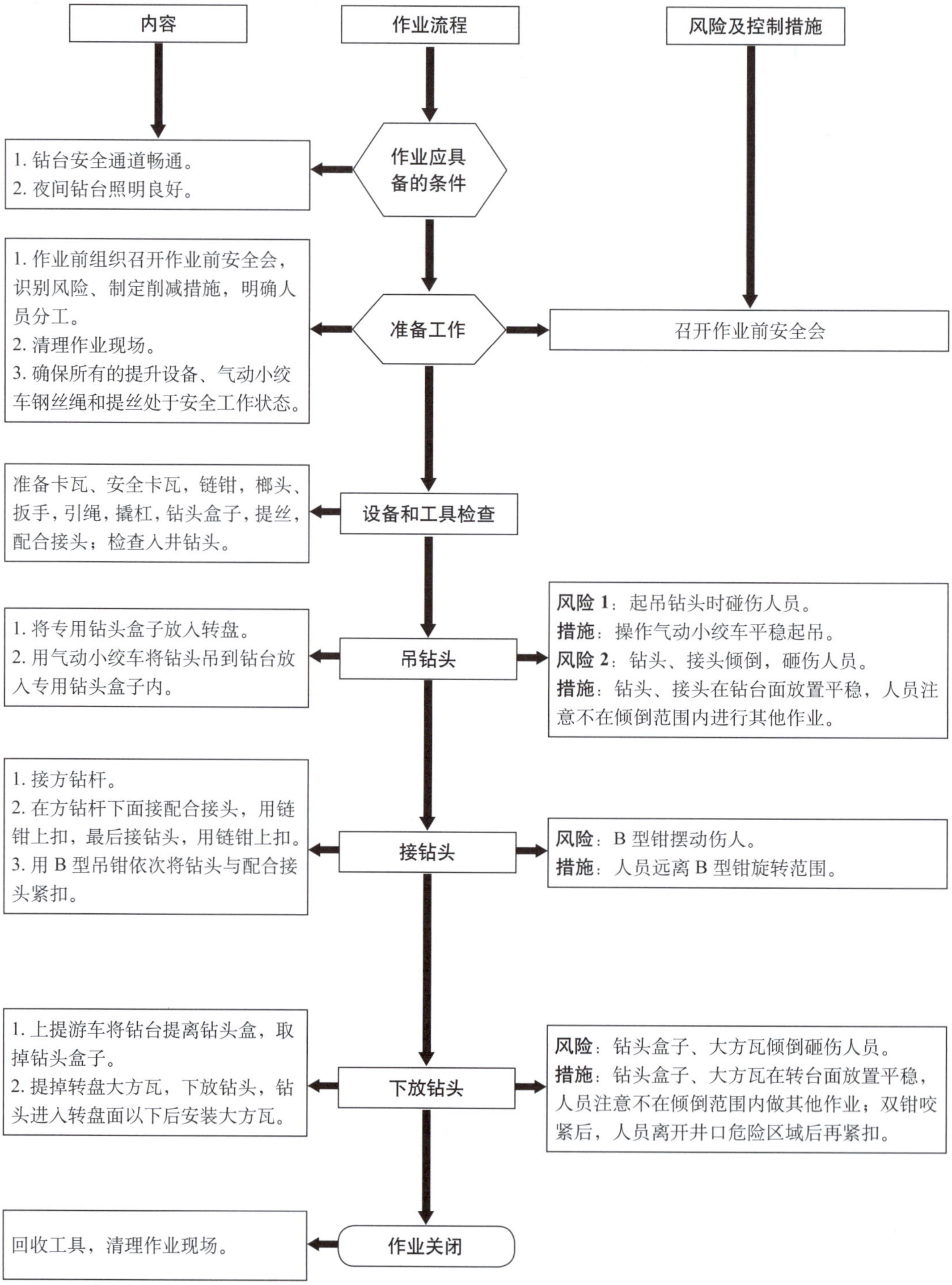

## 作业流程图

**内容** → **作业流程** → **风险及控制措施**

---

**作业应具备的条件**
- 1. 钻台安全通道畅通。
- 2. 夜间钻台照明良好。

---

**准备工作**
- 1. 作业前组织召开作业前安全会，识别风险、制定削减措施，明确人员分工。
- 2. 清理作业现场。
- 3. 确保所有的提升设备、气动小绞车钢丝绳和提丝处于安全工作状态。

风险及控制措施：召开作业前安全会

---

**设备和工具检查**
- 准备卡瓦、安全卡瓦，链钳，榔头、扳手，引绳、撬杠，钻头盒子，提丝，配合接头；检查入井钻头。

---

**吊钻头**
- 1. 将专用钻头盒子放入转盘。
- 2. 用气动小绞车将钻头吊到钻台放入专用钻头盒子内。

风险1：起吊钻头时碰伤人员。
措施：操作气动小绞车平稳起吊。
风险2：钻头、接头倾倒，砸伤人员。
措施：钻头、接头在钻台面放置平稳，人员注意不在倾倒范围内进行其他作业。

---

**接钻头**
- 1. 接方钻杆。
- 2. 在方钻杆下面接配合接头，用链钳上扣，最后接钻头，用链钳上扣。
- 3. 用B型吊钳依次将钻头与配合接头紧扣。

风险：B型钳摆动伤人。
措施：人员远离B型钳旋转范围。

---

**下放钻头**
- 1. 上提游车将钻台提离钻头盒，取掉钻头盒子。
- 2. 提掉转盘大方瓦，下放钻头，钻头进入转盘面以下后安装大方瓦。

风险：钻头盒子、大方瓦倾倒砸伤人员。
措施：钻头盒子、大方瓦在转台面放置平稳，人员注意不在倾倒范围内做其他作业；双钳咬紧后，人员离开井口危险区域后再紧扣。

---

**作业关闭**
- 回收工具，清理作业现场。

图3.3 打导管装钻头HSE作业程序（钻头直径小于转盘通径）

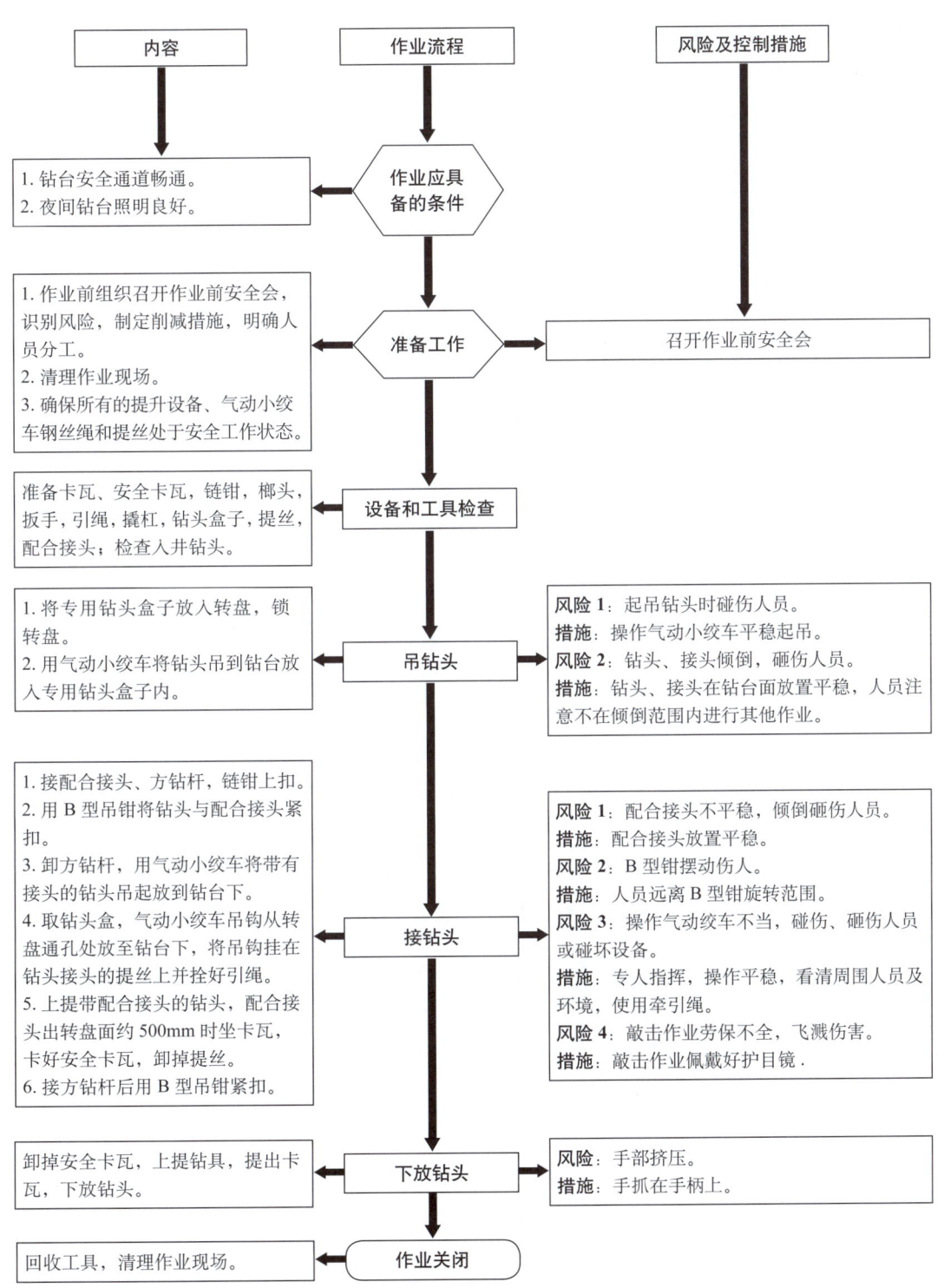

图 3.4 打导管装钻头 HSE 作业程序（钻头直径大于转盘通径）

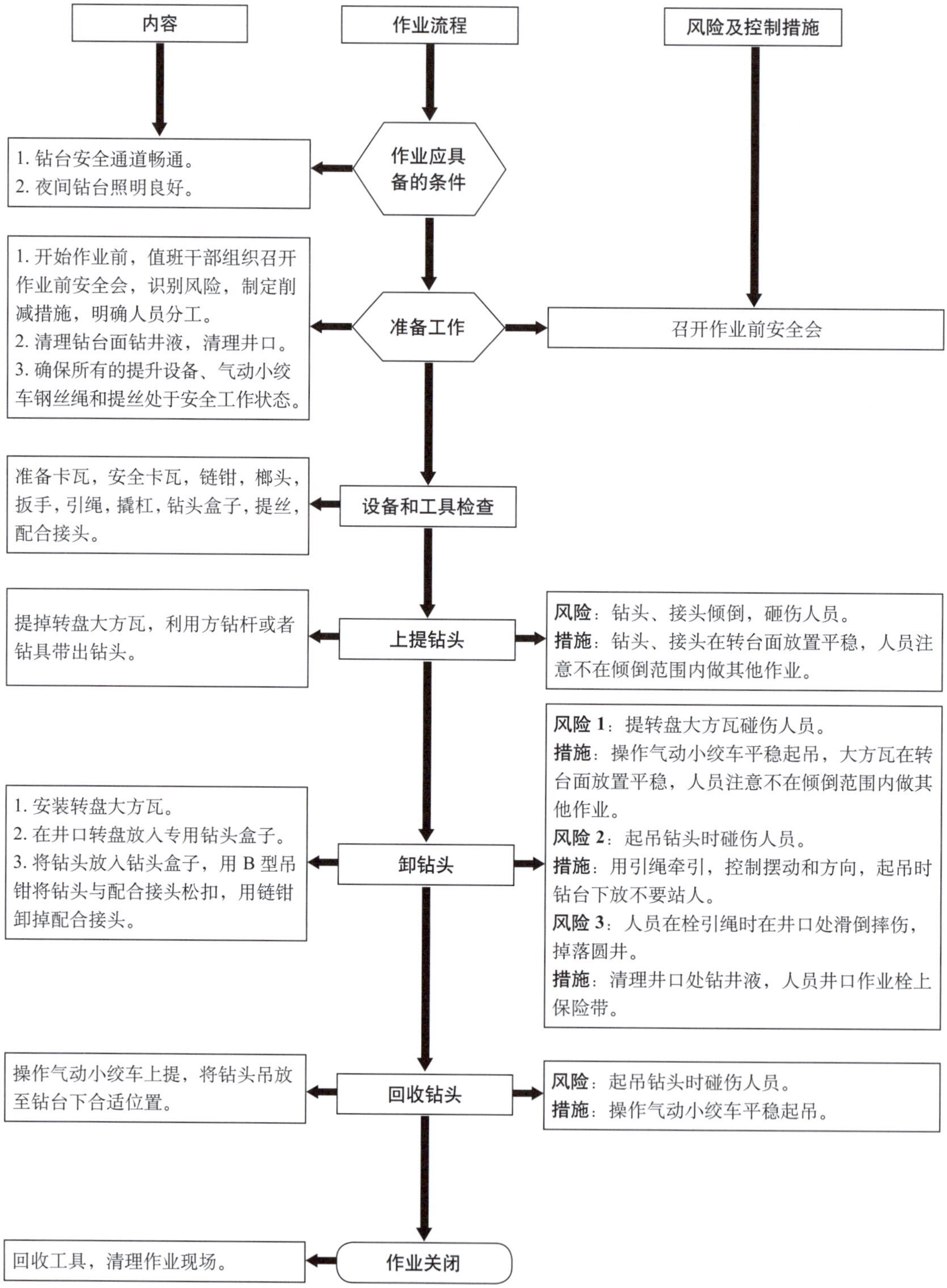

| 内容 | 作业流程 | 风险及控制措施 |
|---|---|---|
| 1. 钻台安全通道畅通。<br>2. 夜间钻台照明良好。 | 作业应具备的条件 | |
| 1. 开始作业前，值班干部组织召开作业前安全会，识别风险，制定削减措施，明确人员分工。<br>2. 清理钻台面钻井液，清理井口。<br>3. 确保所有的提升设备、气动小绞车钢丝绳和提丝处于安全工作状态。 | 准备工作 | 召开作业前安全会 |
| 准备卡瓦，安全卡瓦，链钳，榔头，扳手，引绳，撬杠，钻头盒子，提丝，配合接头。 | 设备和工具检查 | |
| 提掉转盘大方瓦，利用方钻杆或者钻具带出钻头。 | 上提钻头 | 风险：钻头、接头倾倒，砸伤人员。<br>措施：钻头、接头在转台面放置平稳，人员注意不在倾倒范围内做其他作业。 |
| 1. 安装转盘大方瓦。<br>2. 在井口转盘放入专用钻头盒子。<br>3. 将钻头放入钻头盒子，用B型吊钳将钻头与配合接头松扣，用链钳卸掉配合接头。 | 卸钻头 | 风险1：提转盘大方瓦碰伤人员。<br>措施：操作气动小绞车平稳起吊，大方瓦在转台面放置平稳，人员注意不在倾倒范围内做其他作业。<br>风险2：起吊钻头时碰伤人员。<br>措施：用引绳牵引，控制摆动和方向，起吊时钻台下放不要站人。<br>风险3：人员在栓引绳时在井口处滑倒摔伤，掉落圆井。<br>措施：清理井口处钻井液，人员井口作业栓上保险带。 |
| 操作气动小绞车上提，将钻头吊放至钻台下合适位置。 | 回收钻头 | 风险：起吊钻头时碰伤人员。<br>措施：操作气动小绞车平稳起吊。 |
| 回收工具，清理作业现场。 | 作业关闭 | |

图 3.5 打导管卸钻头 HSE 作业程序（钻头直径小于转盘通径）

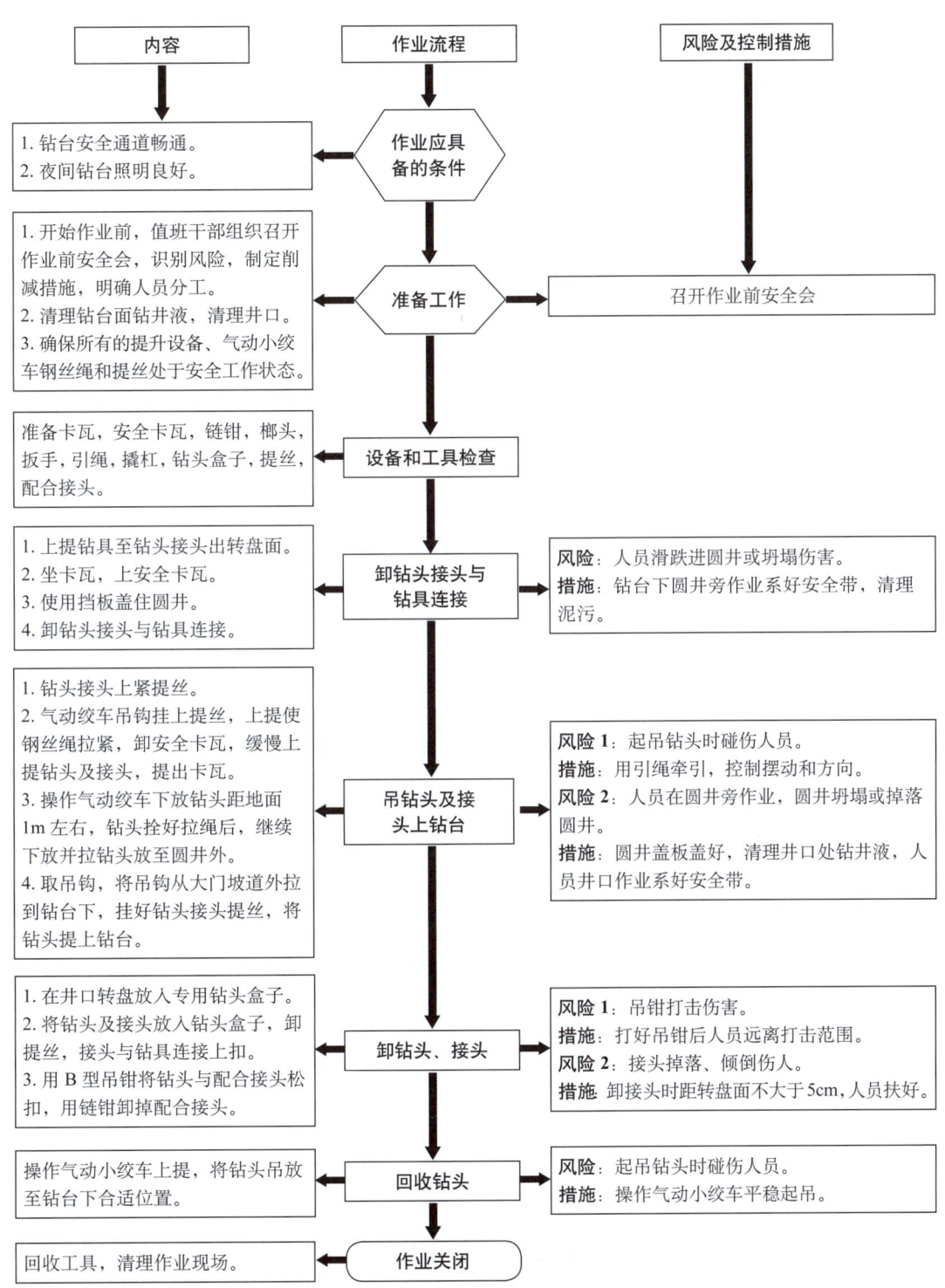

图 3.6 打导管卸钻头 HSE 作业程序（钻头直径大于转盘通径）

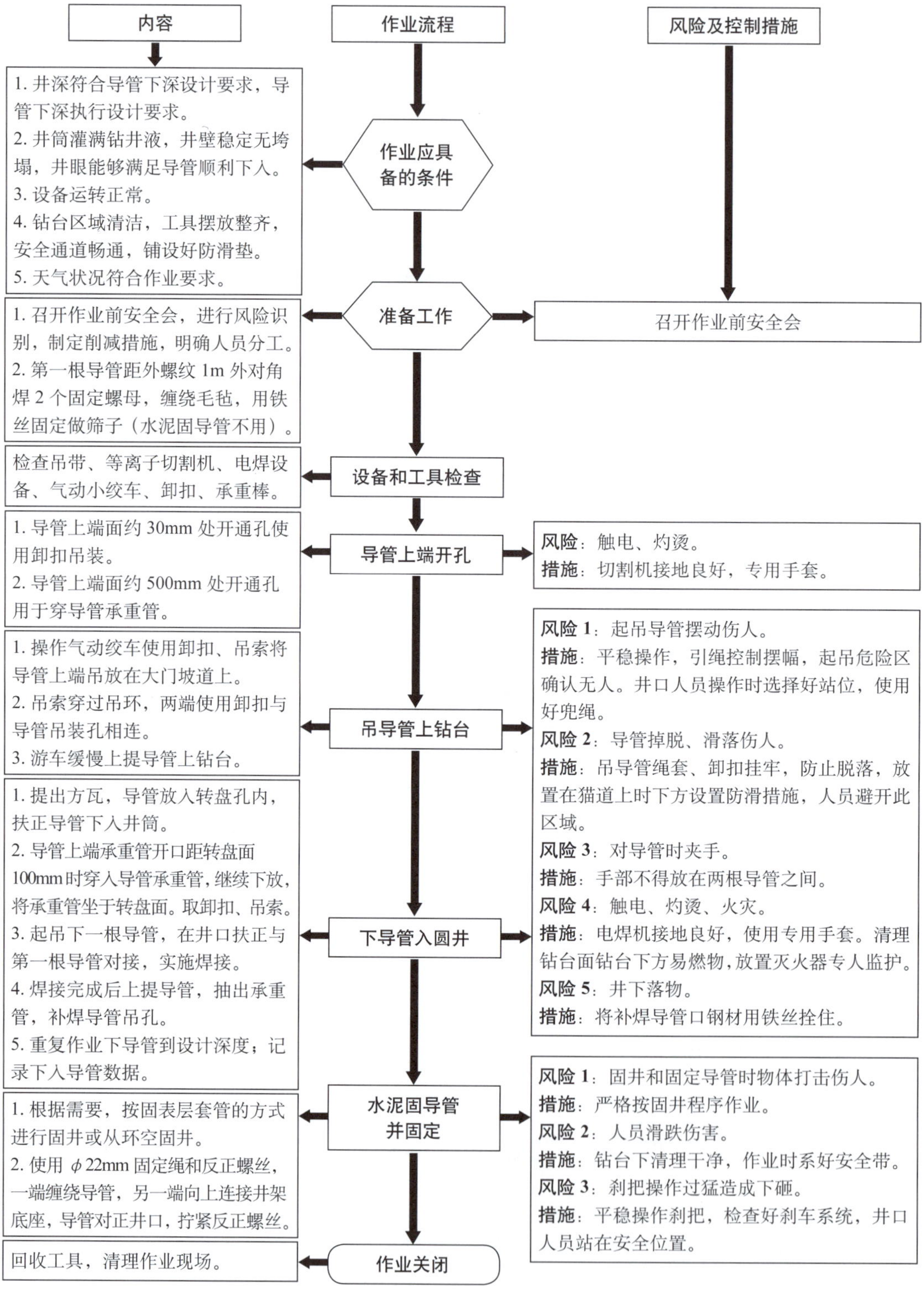

| 内容 | 作业流程 | 风险及控制措施 |
|---|---|---|
| 1. 井深符合导管下深设计要求，导管下深执行设计要求。<br>2. 井筒灌满钻井液，井壁稳定无垮塌，井眼能够满足导管顺利下入。<br>3. 设备运转正常。<br>4. 钻台区域清洁，工具摆放整齐，安全通道畅通，铺设好防滑垫。<br>5. 天气状况符合作业要求。 | 作业应具备的条件 | |
| 1. 召开作业前安全会，进行风险识别，制定削减措施，明确人员分工。<br>2. 第一根导管距外螺纹 1m 外对角焊 2 个固定螺母，缠绕毛毡，用铁丝固定做筛子（水泥固导管不用）。 | 准备工作 | 召开作业前安全会 |
| 检查吊带、等离子切割机、电焊设备、气动小绞车、卸扣、承重棒。 | 设备和工具检查 | |
| 1. 导管上端面约 30mm 处开通孔使用卸扣吊装。<br>2. 导管上端面约 500mm 处开通孔用于穿导管承重管。 | 导管上端开孔 | 风险：触电、灼烫。<br>措施：切割机接地良好，专用手套。 |
| 1. 操作气动绞车使用卸扣、吊索将导管上端吊放在大门坡道上。<br>2. 吊索穿过吊环，两端使用卸扣与导管吊装孔相连。<br>3. 游车缓慢上提导管上钻台。 | 吊导管上钻台 | 风险1：起吊导管摆动伤人。<br>措施：平稳操作，引绳控制摆幅，起吊危险区确认无人。井口人员操作时选择好站位，使用好兜绳。<br>风险2：导管掉脱、滑落伤人。<br>措施：吊导管绳套、卸扣挂牢，防止脱落，放置在猫道上时下方设置防滑措施，人员避开此区域。 |
| 1. 提出方瓦，导管放入转盘孔内，扶正导管下入井筒。<br>2. 导管上端承重管开口距转盘面 100mm 时穿入导管承重管，继续下放，将承重管坐于转盘面。取卸扣、吊索。<br>3. 起吊下一根导管，在井口扶正与第一根导管对接，实施焊接。<br>4. 焊接完成后上提导管，抽出承重管，补焊导管吊孔。<br>5. 重复作业下导管到设计深度；记录下入导管数据。 | 下导管入圆井 | 风险3：对导管时夹手。<br>措施：手部不得放在两根导管之间。<br>风险4：触电、灼烫、火灾。<br>措施：电焊机接地良好，使用专用手套。清理钻台面钻台下方易燃物，放置灭火器专人监护。<br>风险5：井下落物。<br>措施：将补焊导管口钢材用铁丝拴住。 |
| 1. 根据需要，按固表层套管的方式进行固井或从环空固井。<br>2. 使用 φ22mm 固定绳和反正螺丝，一端缠绕导管，另一端向上连接井架底座，导管对正井口，拧紧反正螺丝。 | 水泥固导管并固定 | 风险1：固井和固定导管时物体打击伤人。<br>措施：严格按固井程序作业。<br>风险2：人员滑跌伤害。<br>措施：钻台下清理干净，作业时系好安全带。<br>风险3：刹把操作过猛造成下砸。<br>措施：平稳操作刹把，检查好刹车系统，井口人员站在安全位置。 |
| 回收工具，清理作业现场。 | 作业关闭 | |

图 3.7　下导管 HSE 作业程序（焊接型）

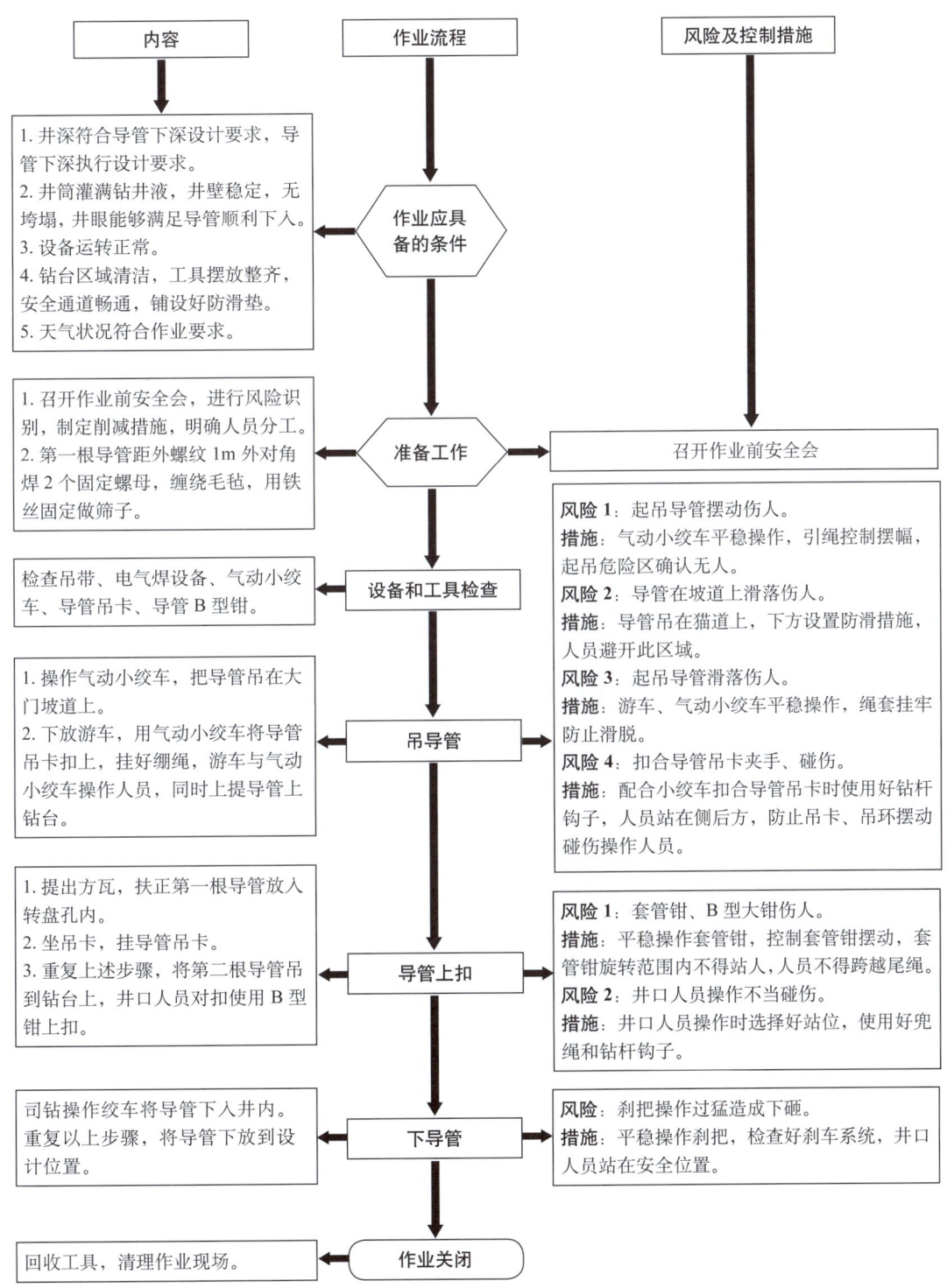

图 3.8 下导管 HSE 作业程序（螺纹型）

# 4

## 钻进施工作业程序

## 4.1 钻进施工作业概述

钻进施工是钻井工程的重要组成部分,包括一次开钻、二次开钻、三次开钻等。

钻井作业的主要工序有:钻头、各类配合接头及各种井下工具与钻具的连接作业,起下钻柱作业,正常钻进、取心和各类井下工程事故时的处理作业。在施工作业中存在许多人身、设备、井下不安全因素,在作业中按标准要求操作,才能安全、优质、快速地进行钻井施工作业。

## 4.2 钻进施工作业程序

本部分主要描述钻进施工作业中接钻头、吊单根、起下钻、取心等作业程序。包括:
(1) 装钻头 HSE 作业程序;
(2) 吊单根 HSE 作业程序;
(3) 接钻杆(单根) HSE 作业程序;
(4) 接钻铤(单根) HSE 作业程序;
(5) 下表层套管 HSE 作业程序;
(6) 气动小绞车接立柱 HSE 作业程序;
(7) 短程起下钻 HSE 作业程序;
(8) 起钻 HSE 作业程序;
(9) 管柱自动化系统起钻 HSE 作业程序;
(10) 管柱自动化系统下钻 HSE 作业程序;
(11) 川式取心筒单筒组装 HSE 作业程序;
(12) 川式取心筒双筒组装 HSE 作业程序;
(13) 川式取心筒取心 HSE 作业程序;
(14) 捅岩心 HSE 作业程序;
(15) 水平井完井电测通钻柱内径 HSE 作业程序。

钻进施工作业程序如图 4.1 至图 4.15 所示。

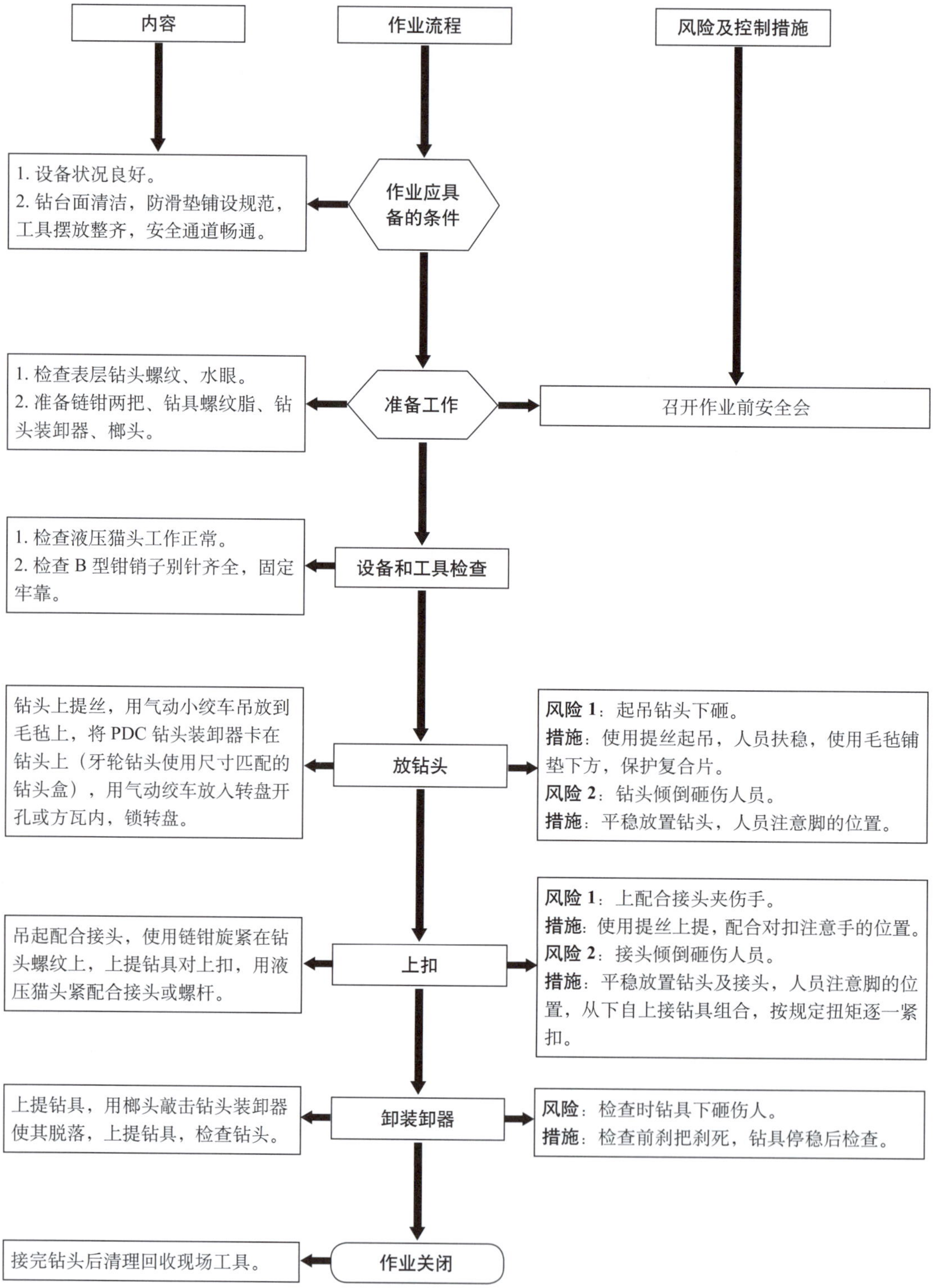

```
┌──────────┐      ┌──────────┐           ┌──────────────┐
│   内容   │      │ 作业流程 │           │风险及控制措施│
└────┬─────┘      └────┬─────┘           └──────┬───────┘
     │                 │                        │
     ▼                 ▼                        ▼
┌─────────────────┐  ╱作业应具╲
│1.设备状况良好。 │ ╱          ╲
│2.钻台面清洁,防滑├◄  备的条件
│垫铺设规范,工具 │ ╲          ╱
│摆放整齐,安全通 │  ╲_____╱
│道畅通。         │      │
└─────────────────┘      ▼
┌─────────────────┐  ╱          ╲          ┌──────────────┐
│1.检查表层钻头螺 │ ╱  准备工作  ╲         │              │
│纹、水眼。       ├◄              ├────────►│召开作业前安全会│
│2.准备链钳两把、 │ ╲            ╱         │              │
│钻具螺纹脂、钻头 │  ╲_____╱          └──────────────┘
│装卸器、榔头。   │       │
└─────────────────┘       ▼
┌─────────────────┐  ╱          ╲
│1.检查液压猫头工 │ ╱设备和工具  ╲
│作正常。         ├◄    检查     │
│2.检查B型钳销子别│ ╲            ╱
│针齐全,固定牢靠。│  ╲_____╱
└─────────────────┘       │
                          ▼
┌─────────────────┐                       ┌──────────────────────┐
│钻头上提丝,用气 │                       │风险1:起吊钻头下砸。 │
│动小绞车吊放到毛 │  ╱          ╲         │措施:使用提丝起吊,人│
│毡上,将PDC钻头装│ ╱            ╲        │员扶稳,使用毛毡铺垫下│
│卸器卡在钻头上(牙├◄   放钻头    ├───────►│方,保护复合片。      │
│轮钻头使用尺寸匹 │ ╲            ╱        │风险2:钻头倾倒砸伤人员│
│配的钻头盒),用气│  ╲_____╱         │措施:平稳放置钻头,人│
│动绞车放入转盘开 │       │               │员注意脚的位置。      │
│孔或方瓦内,锁转盘│      │               └──────────────────────┘
└─────────────────┘      ▼
┌─────────────────┐                       ┌──────────────────────┐
│                 │                       │风险1:上配合接头夹伤手│
│吊起配合接头,使 │  ╱          ╲         │措施:使用提丝上提,配│
│用链钳旋紧在钻头 │ ╱            ╲        │合对扣注意手的位置。  │
│螺纹上,上提钻具 ├◄    上扣     ├───────►│风险2:接头倾倒砸伤人员│
│对上扣,用液压猫 │ ╲            ╱        │措施:平稳放置钻头及接│
│头紧配合接头或螺杆│ ╲_____╱         │头,人员注意脚的位置,│
│                 │       │               │从下自上接钻具组合,按│
└─────────────────┘       │               │规定扭矩逐一紧扣。    │
                          ▼               └──────────────────────┘
┌─────────────────┐  ╱          ╲         ┌──────────────────────┐
│上提钻具,用榔头 │ ╱            ╲        │风险:检查时钻具下砸伤│
│敲击钻头装卸器使 ├◄  卸装卸器   ├───────►│人。                  │
│其脱落,上提钻具,│ ╲            ╱        │措施:检查前刹把刹死,│
│检查钻头。       │  ╲_____╱         │钻具停稳后检查。      │
└─────────────────┘       │               └──────────────────────┘
                          ▼
┌─────────────────┐  ╱          ╲
│接完钻头后清理回 ├◄  作业关闭   │
│收现场工具。     │ ╲            ╱
└─────────────────┘  ╲_____╱
```

图 4.1 装钻头 HSE 作业程序

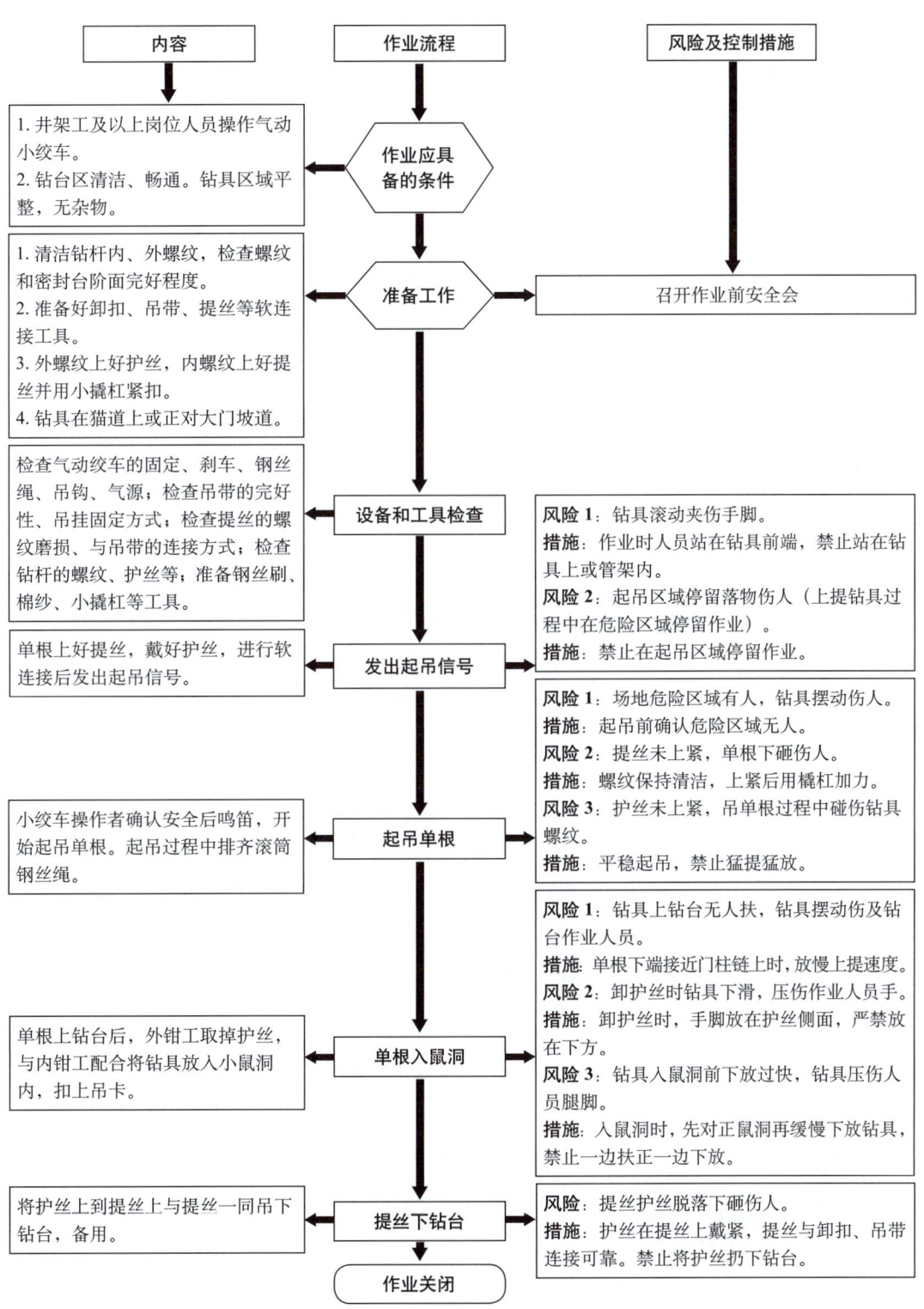

图 4.2 吊单根 HSE 作业程序

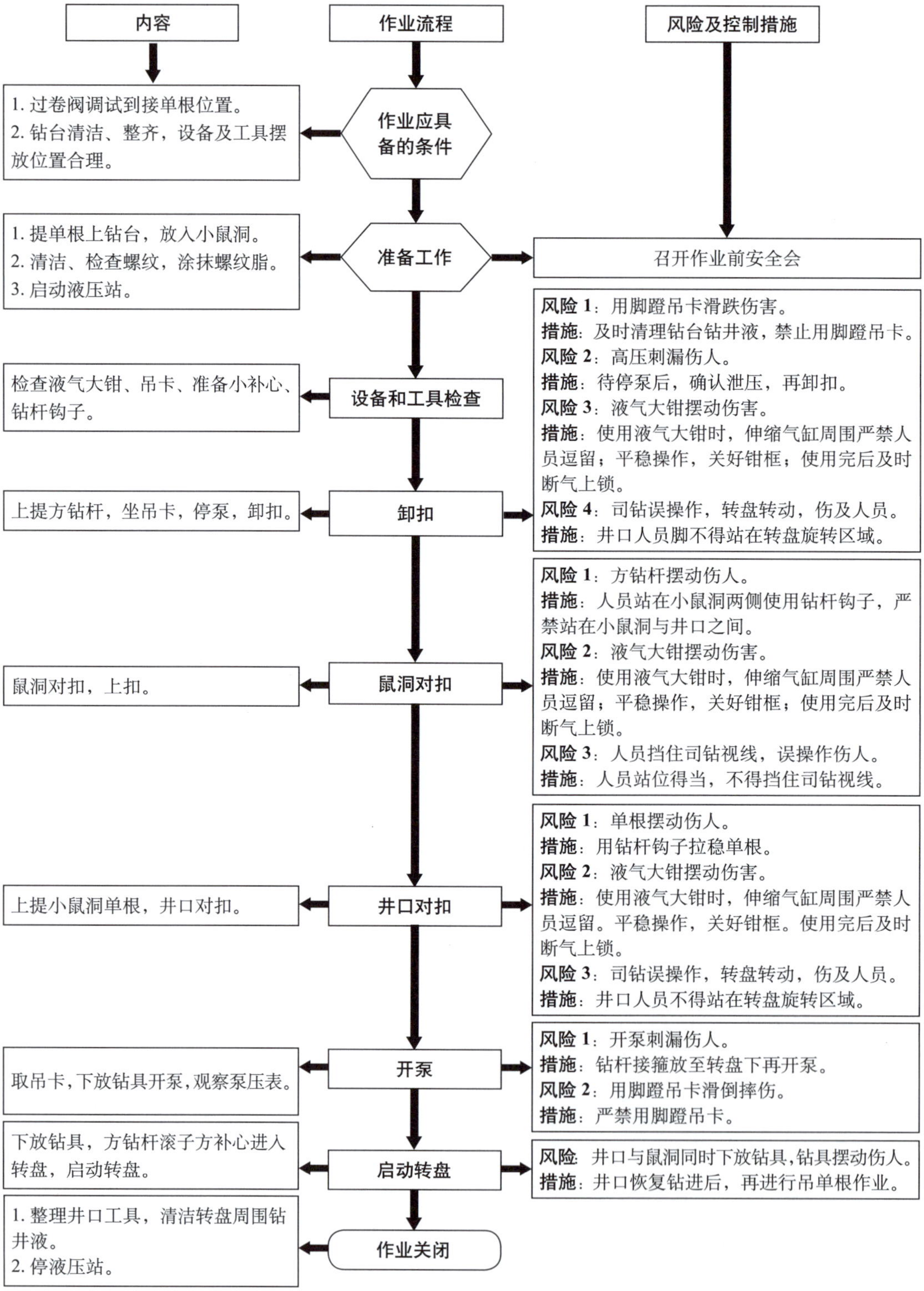

## 接钻杆（单根）HSE 作业程序

| 内容 | 作业流程 | 风险及控制措施 |
|---|---|---|
| 1. 过卷阀调试到接单根位置。<br>2. 钻台清洁、整齐，设备及工具摆放位置合理。 | 作业应具备的条件 | |
| 1. 提单根上钻台，放入小鼠洞。<br>2. 清洁、检查螺纹，涂抹螺纹脂。<br>3. 启动液压站。 | 准备工作 | 召开作业前安全会 |
| 检查液气大钳、吊卡、准备小补心、钻杆钩子。 | 设备和工具检查 | **风险1**：用脚蹬吊卡滑跌伤害。<br>**措施**：及时清理钻台钻井液，禁止用脚蹬吊卡。<br>**风险2**：高压刺漏伤人。<br>**措施**：待停泵后，确认泄压，再卸扣。<br>**风险3**：液气大钳摆动伤害。<br>**措施**：使用液气大钳时，伸缩气缸周围严禁人员逗留；平稳操作，关好钳框；使用完后及时断气上锁。<br>**风险4**：司钻误操作，转盘转动，伤及人员。<br>**措施**：井口人员脚不得站在转盘旋转区域。 |
| 上提方钻杆，坐吊卡，停泵，卸扣。 | 卸扣 | |
| 鼠洞对扣，上扣。 | 鼠洞对扣 | **风险1**：方钻杆摆动伤人。<br>**措施**：人员站在小鼠洞两侧使用钻杆钩子，严禁站在小鼠洞与井口之间。<br>**风险2**：液气大钳摆动伤害。<br>**措施**：使用液气大钳时，伸缩气缸周围严禁人员逗留；平稳操作，关好钳框；使用完后及时断气上锁。<br>**风险3**：人员挡住司钻视线，误操作伤人。<br>**措施**：人员站位得当，不得挡住司钻视线。 |
| 上提小鼠洞单根，井口对扣。 | 井口对扣 | **风险1**：单根摆动伤人。<br>**措施**：用钻杆钩子拉稳单根。<br>**风险2**：液气大钳摆动伤害。<br>**措施**：使用液气大钳时，伸缩气缸周围严禁人员逗留。平稳操作，关好钳框。使用完后及时断气上锁。<br>**风险3**：司钻误操作，转盘转动，伤及人员。<br>**措施**：井口人员不得站在转盘旋转区域。 |
| 取吊卡，下放钻具开泵，观察泵压表。 | 开泵 | **风险1**：开泵刺漏伤人。<br>**措施**：钻杆接箍放至转盘下再开泵。<br>**风险2**：用脚蹬吊卡滑倒摔伤。<br>**措施**：严禁用脚蹬吊卡。 |
| 下放钻具，方钻杆滚子方补心进入转盘，启动转盘。 | 启动转盘 | **风险**：井口与鼠洞同时下放钻具，钻具摆动伤人。<br>**措施**：井口恢复钻进后，再进行吊单根作业。 |
| 1. 整理井口工具，清洁转盘周围钻井液。<br>2. 停液压站。 | 作业关闭 | |

图 4.3　接钻杆（单根）HSE 作业程序

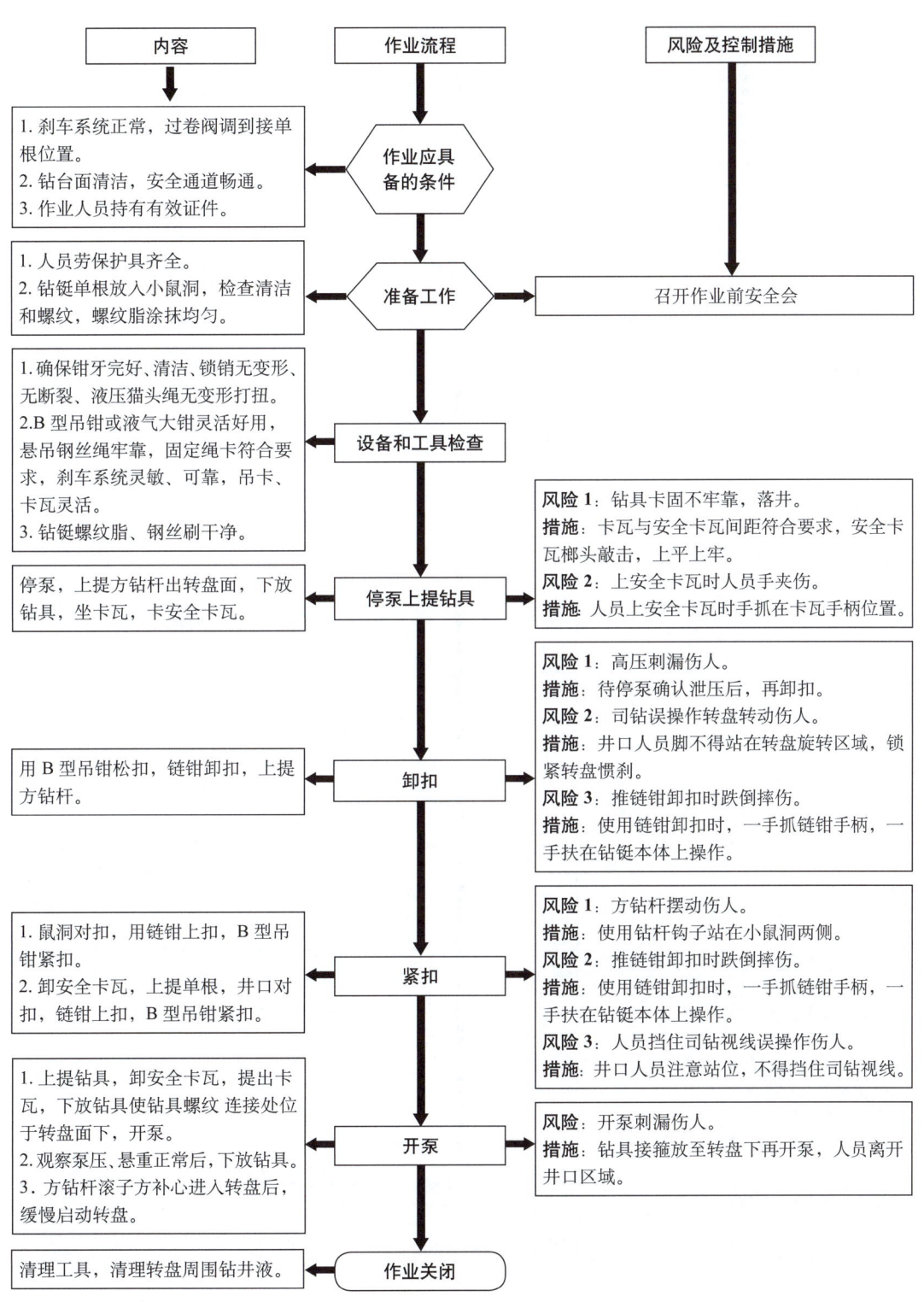

图 4.4 接钻铤（单根）HSE 作业程序

| 内容 | 作业流程 | 风险及控制措施 |
|---|---|---|
| 1. 井眼通畅，井下正常。<br>2. 钻台面安全通道畅通，工作环境良好。<br>3. 套管已清洗，长度量好，计算好下入深度。 | 作业应具备的条件 | |
| 1. 将液气大钳更换为套管钳，并校准，确保合适的上扣扭矩。<br>2. 更换下表层套管鼠洞，鼠洞内保持干净。<br>3. 吊钳换好与表套尺寸相符的钳头。<br>4. 井口准备、吊环安装好吊卡。<br>5. 表套直径大于井口直径时提掉一面方瓦。 | 准备工作 | 召开作业前安全会 |
| 1. 确保钳牙完好、清洁，锁销无变形、无断裂，液压猫头绳无变形打扭。<br>2. B 型吊钳和套管钳灵活好用，悬吊钢丝绳牢靠，固定绳卡符合要求，刹车系统灵敏、可靠，吊卡、卡瓦灵活，吊带无破损，卸扣完好。<br>3. 螺纹脂、钢丝刷干净。 | 设备和工具检查 | |
| 1. 使用气动绞车、吊带将第一根表套从场地吊上钻台，放入鼠洞。<br>2. 取下吊带，吊卡扣合鼠洞内表套，游车上提套管出鼠洞，卸护丝。<br>3. 表套入井，下放游车坐吊卡于转盘上，拔吊卡销，换吊卡，上提吊卡高于母接箍刹车。<br>4. 按序号吊套管入小鼠洞，取吊带，上提或下放吊卡扣合鼠洞表套，上提套管出鼠洞连接井口套管。<br>5. 表套母接箍扣合好吊钳，使用套管钳上扣到额定扭矩。松吊钳和套管钳，上提游车，开井口吊卡放置于一侧，下放游车套管串入井。<br>6. 表套放入鼠洞扣不上吊卡时操作：<br>（1）表套悬吊于小鼠洞，扣吊卡。<br>（2）下放套管座于吊卡，取掉吊钩，用另一根吊带拴牢在套管母节箍中下段，用气动绞车上提套管 10～15cm，使用工具取下第一根吊带；放松吊钩，取下吊带。<br>（3）上提游车，将短套管与井口套管串连接并紧扣，入井。<br>7. 重复作业到套管下完。 | 接套管串 | 风险1：套管坠落伤人。<br>措施：吊带拴在节箍下 20～30cm 处，气动小绞车平稳起吊，严格执行好十不吊。<br>风险2：套管上钻台摆动伤人。<br>措施：人员不站在套管和井口之见，不严背对大门坡道，使用好引绳和钻杆钩子。<br>风险3：卸护丝时套管下落伤人。<br>措施：卸护丝手放在侧面，严禁放在下面，人员站在侧面。<br>风险4：套管护丝从钻台掉落伤人。<br>措施：护丝使用绳索串好吊下钻台。<br>风险5：套管钳、B 形钳受力伤人。<br>措施：人员严禁站在受力方向，平稳操作套管钳。<br>风险6：吊卡活门被挂开的风险。<br>措施：严禁小绞车和游车同起同放。<br>风险7：套管较短取吊带夹伤手。<br>措施：使用安全卡瓦将表套卡牢，安全卡瓦位置距表套接箍距离 50cm 为宜。 |
| 1. 上提套管离开井底 100mm 左右，开泵单凡尔顶泵。<br>2. 顶通后大排量下放到井底循环。 | 到底开泵 | 风险1：憋泵高压刺漏伤人。<br>措施：开泵时多处挂合，平稳开泵。<br>风险2：套管上顶的风险。<br>措施：严格落实单阀顶泵，套管上行立即停泵。 |
| 校对现场剩余表套，清理工具。 | 作业关闭 | |

图 4.5　下表层套管 HSE 作业程序

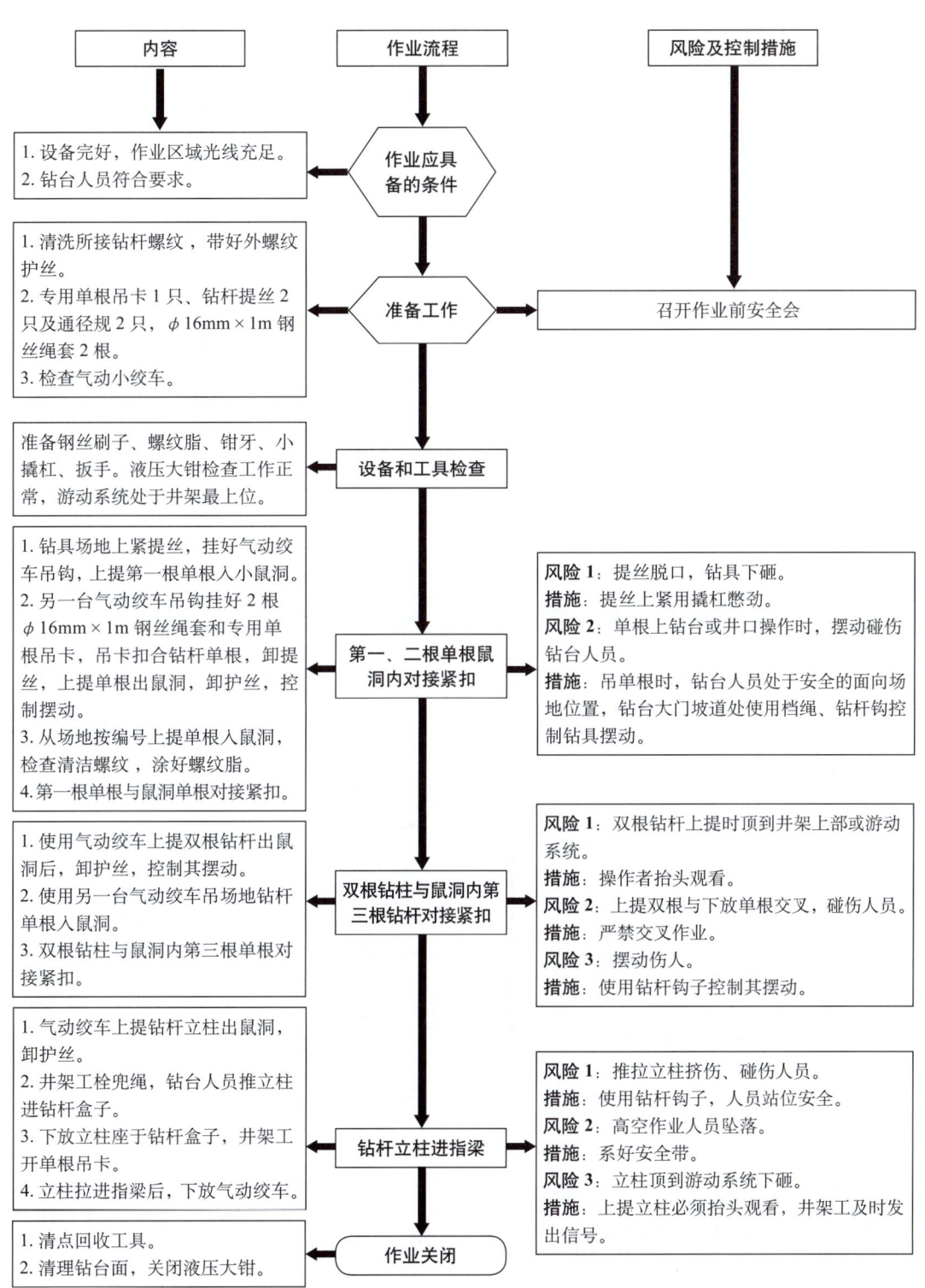

图 4.6 气动小绞车接立柱 HSE 作业程序

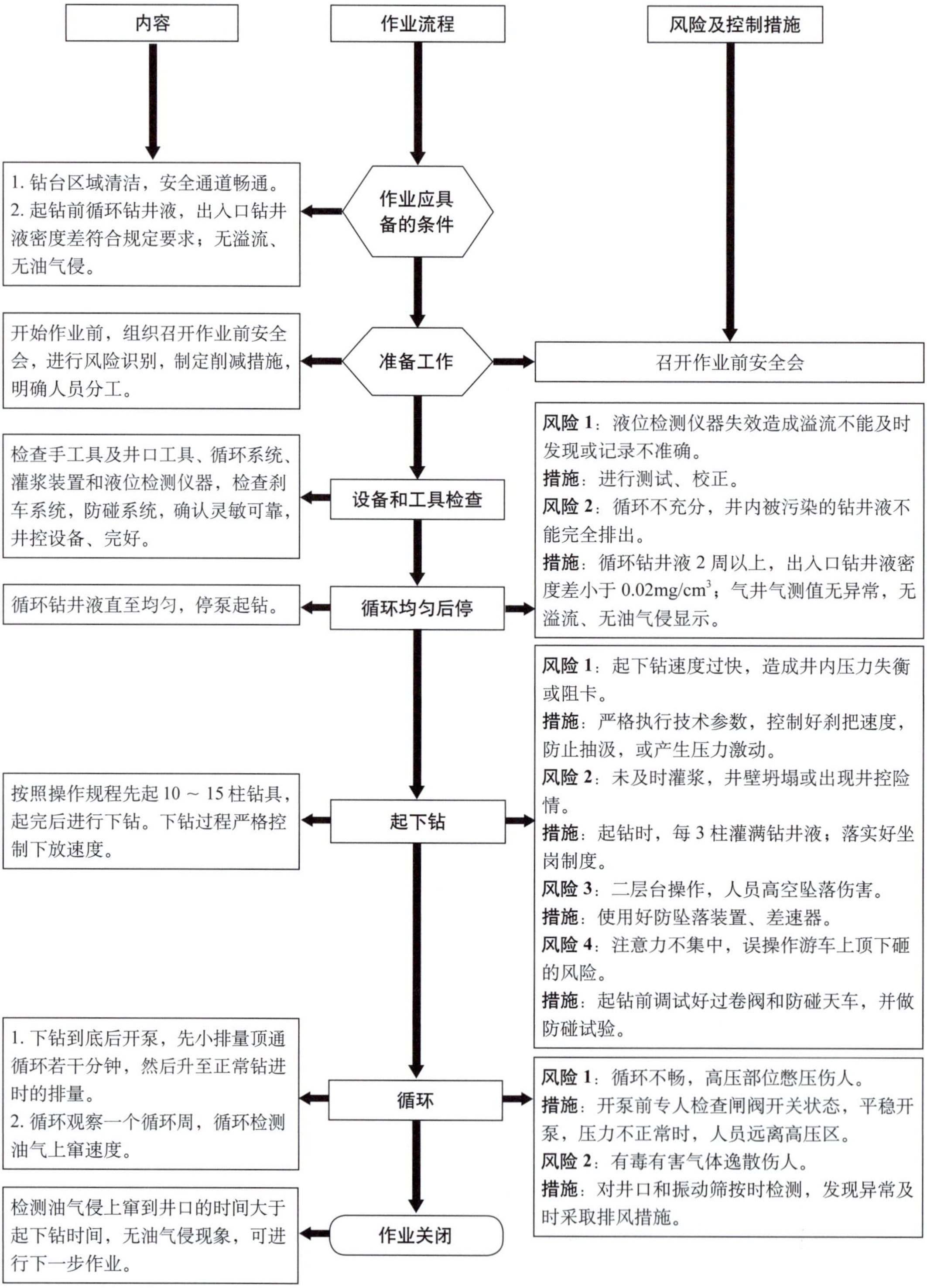

| 内容 | 作业流程 | 风险及控制措施 |
|---|---|---|
| 1. 钻台区域清洁，安全通道畅通。<br>2. 起钻前循环钻井液，出入口钻井液密度差符合规定要求；无溢流、无油气侵。 | 作业应具备的条件 | |
| 开始作业前，组织召开作业前安全会，进行风险识别，制定削减措施，明确人员分工。 | 准备工作 | 召开作业前安全会 |
| 检查手工具及井口工具、循环系统、灌浆装置和液位检测仪器，检查刹车系统，防碰系统，确认灵敏可靠，井控设备、完好。 | 设备和工具检查 | **风险1**：液位检测仪器失效造成溢流不能及时发现或记录不准确。<br>**措施**：进行测试、校正。<br>**风险2**：循环不充分，井内被污染的钻井液不能完全排出。<br>**措施**：循环钻井液2周以上，出入口钻井液密度差小于$0.02mg/cm^3$；气井气测值无异常，无溢流、无油气侵显示。 |
| 循环钻井液直至均匀，停泵起钻。 | 循环均匀后停 | |
| 按照操作规程先起10～15柱钻具，起完后进行下钻。下钻过程严格控制下放速度。 | 起下钻 | **风险1**：起下钻速度过快，造成井内压力失衡或阻卡。<br>**措施**：严格执行技术参数，控制好刹把速度，防止抽汲，或产生压力激动。<br>**风险2**：未及时灌浆，井壁坍塌或出现井控险情。<br>**措施**：起钻时，每3柱灌满钻井液；落实好坐岗制度。<br>**风险3**：二层台操作，人员高空坠落伤害。<br>**措施**：使用好防坠落装置、差速器。<br>**风险4**：注意力不集中，误操作游车上顶下砸的风险。<br>**措施**：起钻前调试好过卷阀和防碰天车，并做防碰试验。 |
| 1. 下钻到底后开泵，先小排量顶通循环若干分钟，然后升至正常钻进时的排量。<br>2. 循环观察一个循环周，循环检测油气上窜速度。 | 循环 | **风险1**：循环不畅，高压部位憋压伤人。<br>**措施**：开泵前专人检查闸阀开关状态，平稳开泵，压力不正常时，人员远离高压区。<br>**风险2**：有毒有害气体逸散伤人。<br>**措施**：对井口和振动筛按时检测，发现异常及时采取排风措施。 |
| 检测油气侵上窜到井口的时间大于起下钻时间，无油气侵现象，可进行下一步作业。 | 作业关闭 | |

图 4.7 短程起下钻 HSE 作业程序

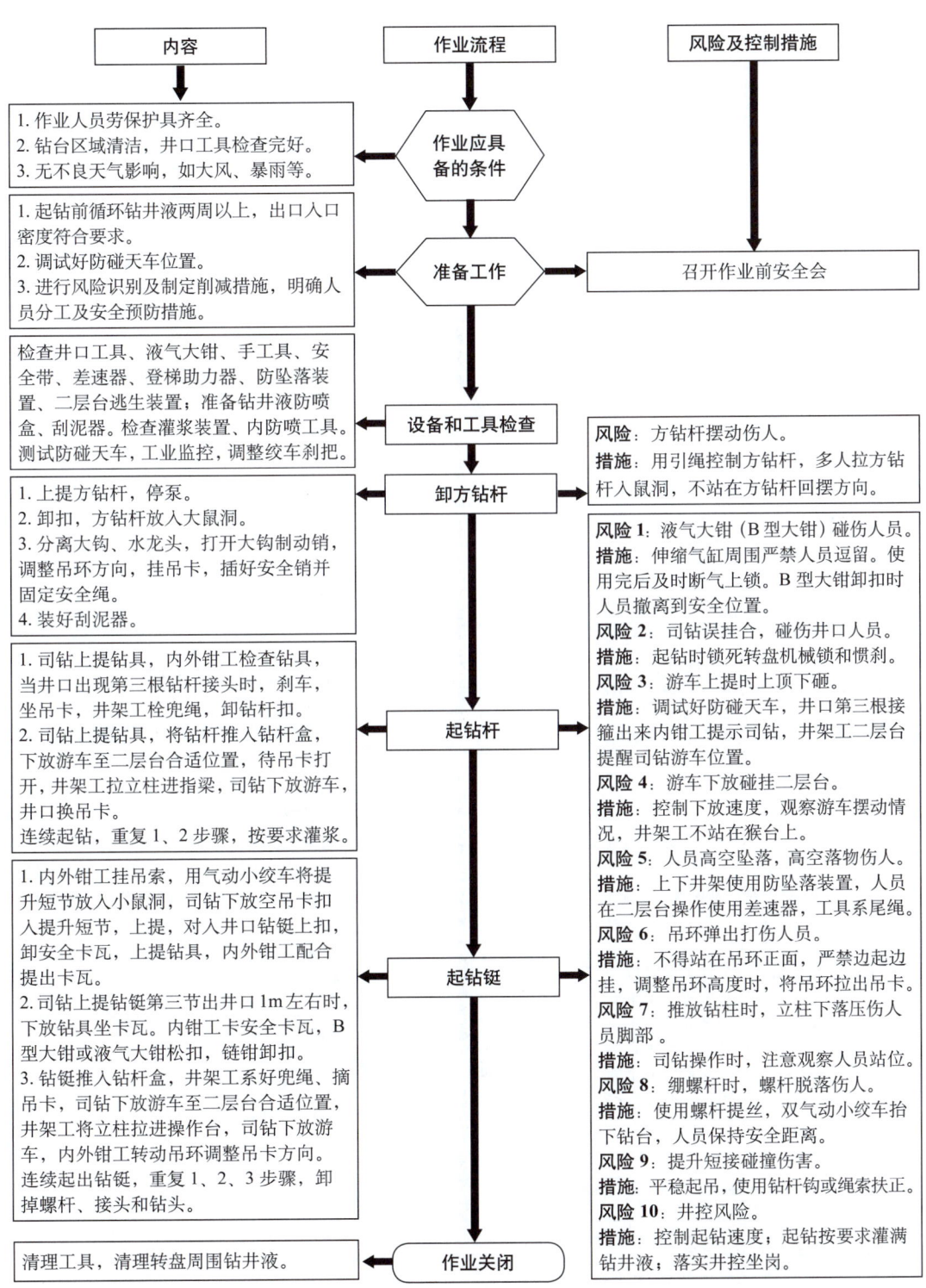

图 4.8 起钻 HSE 作业程序

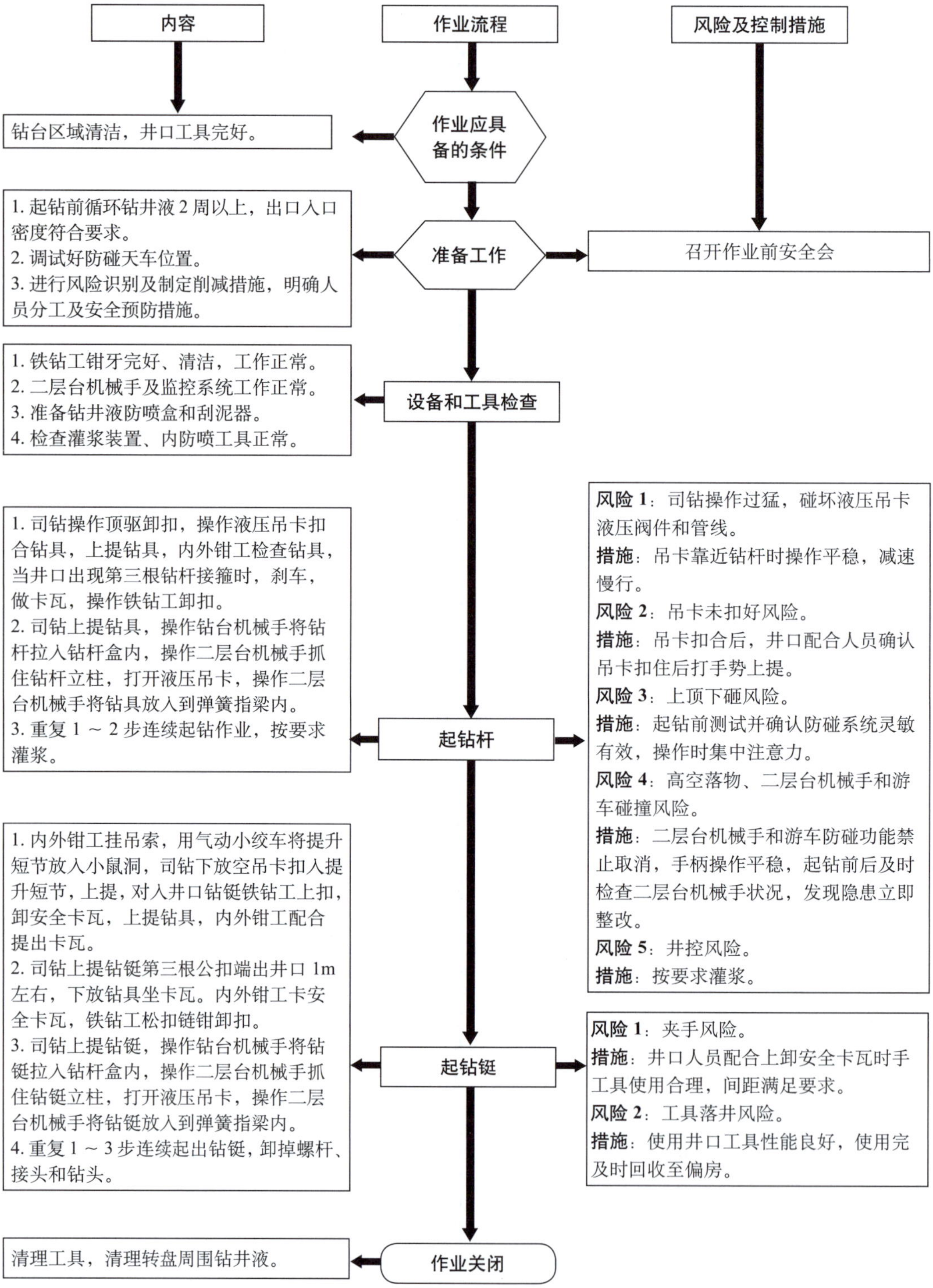

## 图 4.9 管柱自动化系统起钻 HSE 作业程序

| 内容 | 作业流程 | 风险及控制措施 |
|---|---|---|
| 钻台区域清洁，井口工具完好。 | 作业应具备的条件 | |
| 1. 起钻前循环钻井液2周以上，出口入口密度符合要求。<br>2. 调试好防碰天车位置。<br>3. 进行风险识别及制定削减措施，明确人员分工及安全预防措施。 | 准备工作 | 召开作业前安全会 |
| 1. 铁钻工钳牙完好、清洁，工作正常。<br>2. 二层台机械手及监控系统工作正常。<br>3. 准备钻井液防喷盒和刮泥器。<br>4. 检查灌浆装置、内防喷工具正常。 | 设备和工具检查 | |
| 1. 司钻操作顶驱卸扣，操作液压吊卡扣合钻具，上提钻具，内外钳工检查钻具，当井口出现第三根钻杆接箍时，刹车，做卡瓦，操作铁钻工卸扣。<br>2. 司钻上提钻具，操作钻台机械手将钻杆拉入钻杆盒内，操作二层台机械手抓住钻杆立柱，打开液压吊卡，操作二层台机械手将钻具放入到弹簧指梁内。<br>3. 重复1～2步连续起钻作业，按要求灌浆。 | 起钻杆 | 风险1：司钻操作过猛，碰坏液压吊卡液压阀件和管线。<br>措施：吊卡靠近钻杆时操作平稳，减速慢行。<br>风险2：吊卡未扣好风险。<br>措施：吊卡扣合后，井口配合人员确认吊卡扣住后打手势上提。<br>风险3：上顶下砸风险。<br>措施：起钻前测试并确认防碰系统灵敏有效，操作时集中注意力。<br>风险4：高空落物、二层台机械手和游车碰撞风险。<br>措施：二层台机械手和游车防碰功能禁止取消，手柄操作平稳，起钻前后及时检查二层台机械手状况，发现隐患立即整改。<br>风险5：井控风险。<br>措施：按要求灌浆。 |
| 1. 内外钳工挂吊索，用气动小绞车将提升短节放入小鼠洞，司钻下放空吊卡扣入提升短节，上提，对入井口钻铤铁钻工上扣，卸安全卡瓦，上提钻具，内外钳工配合提出卡瓦。<br>2. 司钻上提钻铤第三根公扣端出井口1m左右，下放钻具坐卡瓦。内外钳工卡安全卡瓦，铁钻工松扣链钳卸扣。<br>3. 司钻上提钻铤，操作钻台机械手将钻铤拉入钻杆盒内，操作二层台机械手抓住钻铤立柱，打开液压吊卡，操作二层台机械手将钻铤放入到弹簧指梁内。<br>4. 重复1～3步连续起出钻铤，卸掉螺杆、接头和钻头。 | 起钻铤 | 风险1：夹手风险。<br>措施：井口人员配合上卸安全卡瓦时手工具使用合理，间距满足要求。<br>风险2：工具落井风险。<br>措施：使用井口工具性能良好，使用完及时回收至偏房。 |
| 清理工具，清理转盘周围钻井液。 | 作业关闭 | |

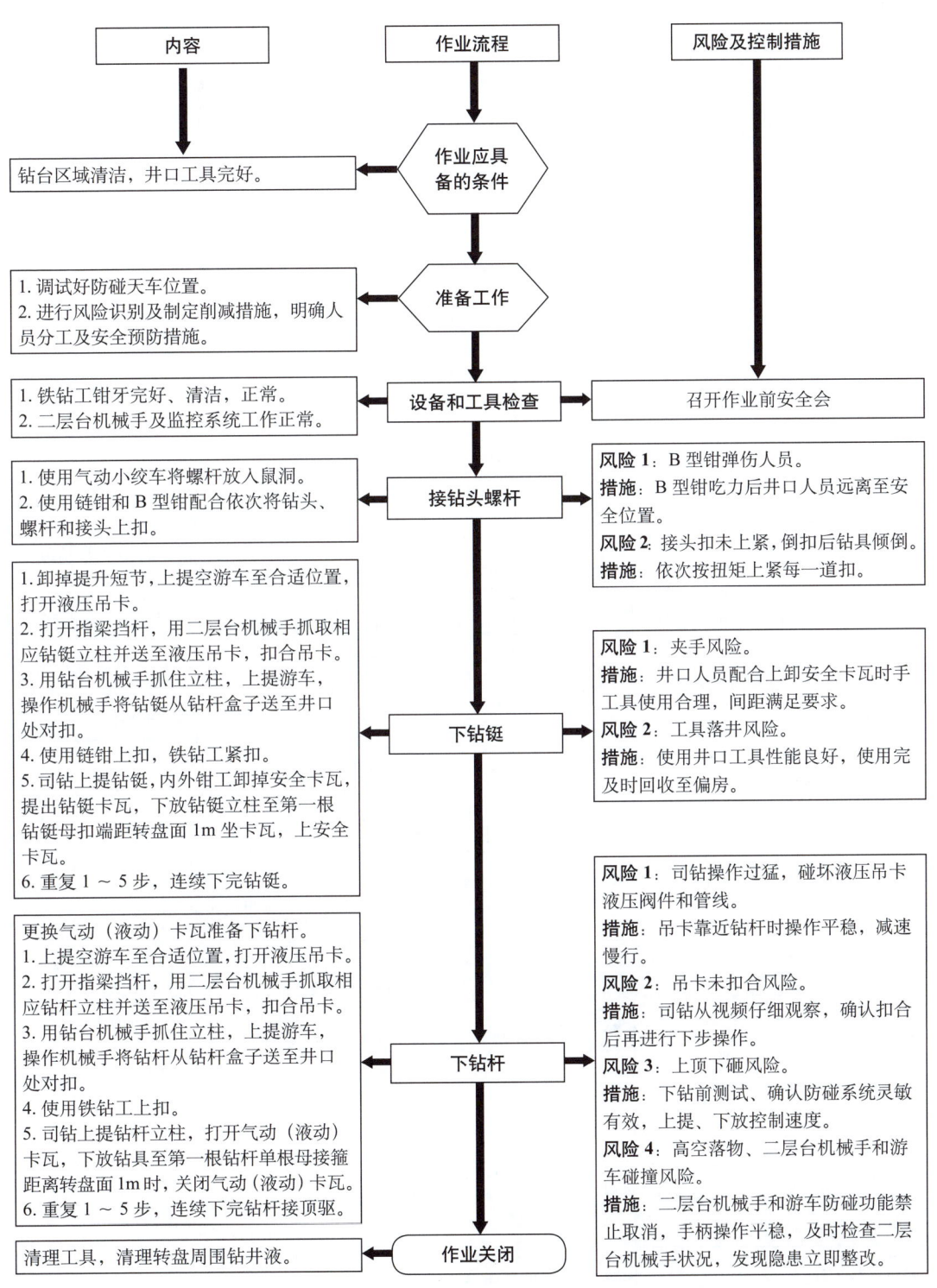

图 4.10 管柱自动化系统下钻 HSE 作业程序

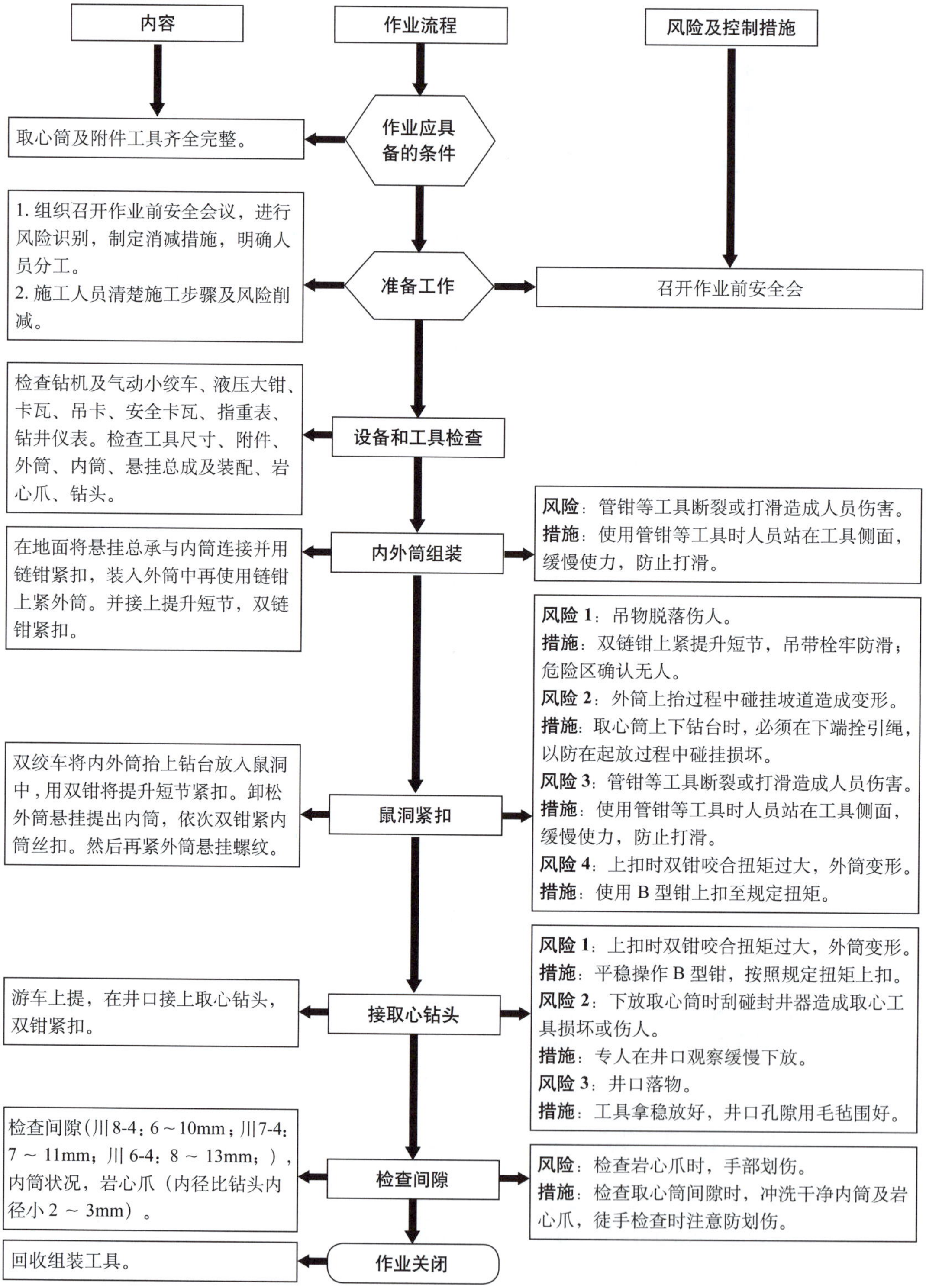

| 内容 | 作业流程 | 风险及控制措施 |
|---|---|---|
| 取心筒及附件工具齐全完整。 | 作业应具备的条件 | |
| 1. 组织召开作业前安全会议，进行风险识别，制定消减措施，明确人员分工。<br>2. 施工人员清楚施工步骤及风险削减。 | 准备工作 | 召开作业前安全会 |
| 检查钻机及气动小绞车、液压大钳、卡瓦、吊卡、安全卡瓦、指重表、钻井仪表。检查工具尺寸、附件、外筒、内筒、悬挂总成及装配、岩心爪、钻头。 | 设备和工具检查 | |
| 在地面将悬挂总承与内筒连接并用链钳紧扣，装入外筒中再使用链钳上紧外筒。并接上提升短节，双链钳紧扣。 | 内外筒组装 | **风险**：管钳等工具断裂或打滑造成人员伤害。<br>**措施**：使用管钳等工具时人员站在工具侧面，缓慢使力，防止打滑。 |
| 双绞车将内外筒抬上钻台放入鼠洞中，用双钳将提升短节紧扣。卸松外筒悬挂提出内筒，依次双钳紧内筒丝扣。然后再紧外筒悬挂螺纹。 | 鼠洞紧扣 | **风险1**：吊物脱落伤人。<br>**措施**：双链钳上紧提升短节，吊带栓牢防滑；危险区确认无人。<br>**风险2**：外筒上抬过程中碰挂坡道造成变形。<br>**措施**：取心筒上下钻台时，必须在下端拴引绳，以防在起放过程中碰挂损坏。<br>**风险3**：管钳等工具断裂或打滑造成人员伤害。<br>**措施**：使用管钳等工具时人员站在工具侧面，缓慢使力，防止打滑。<br>**风险4**：上扣时双钳咬合扭矩过大，外筒变形。<br>**措施**：使用B型钳上扣至规定扭矩。 |
| 游车上提，在井口接上取心钻头，双钳紧扣。 | 接取心钻头 | **风险1**：上扣时双钳咬合扭矩过大，外筒变形。<br>**措施**：平稳操作B型钳，按照规定扭矩上扣。<br>**风险2**：下放取心筒时刮碰封井器造成取心工具损坏或伤人。<br>**措施**：专人在井口观察缓慢下放。<br>**风险3**：井口落物。<br>**措施**：工具拿稳放好，井口孔隙用毛毡围好。 |
| 检查间隙（川8-4：6～10mm；川7-4：7～11mm；川6-4：8～13mm；），内筒状况，岩心爪（内径比钻头内径小2～3mm）。 | 检查间隙 | **风险**：检查岩心爪时，手部划伤。<br>**措施**：检查取心筒间隙时，冲洗干净内筒及岩心爪，徒手检查时注意防划伤。 |
| 回收组装工具。 | 作业关闭 | |

图 4.11　川式取心筒单筒组装 HSE 作业程序

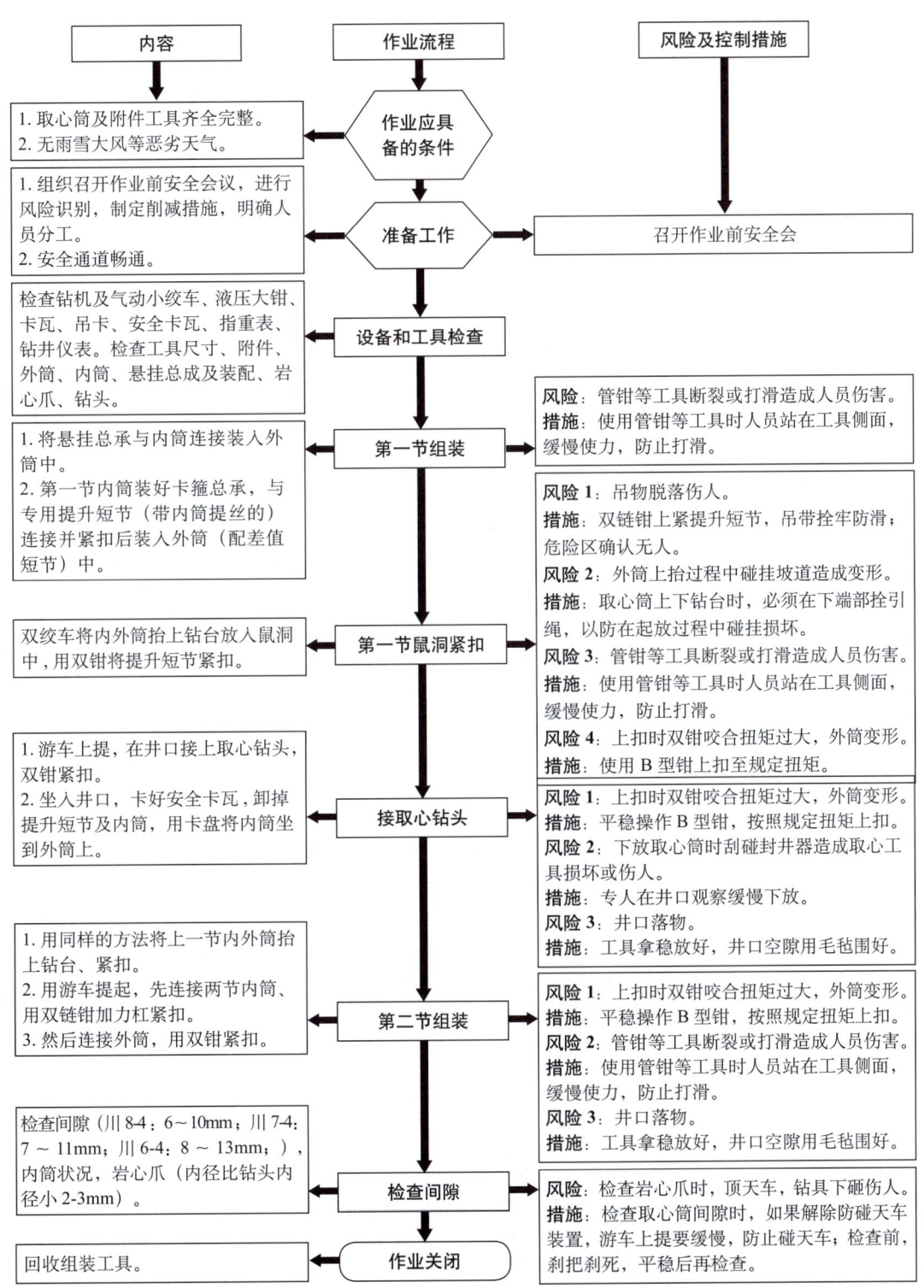

图 4.12 川式取心筒双筒组装 HSE 作业程序

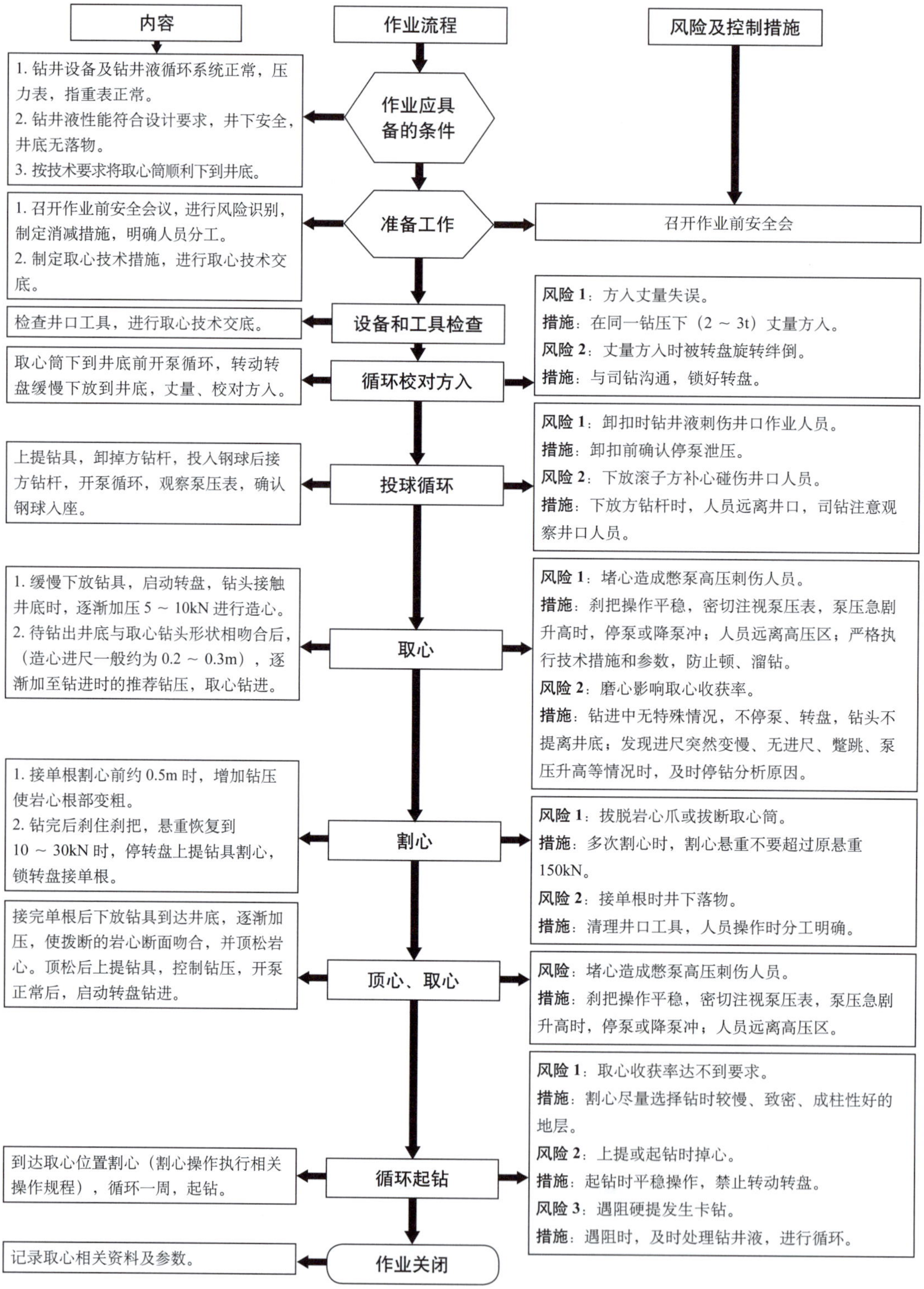

| 内容 | 作业流程 | 风险及控制措施 |
|---|---|---|
| 1. 钻井设备及钻井液循环系统正常，压力表、指重表正常。<br>2. 钻井液性能符合设计要求，井下安全，井底无落物。<br>3. 按技术要求将取心筒顺利下到井底。 | 作业应具备的条件 | |
| 1. 召开作业前安全会议，进行风险识别，制定消减措施，明确人员分工。<br>2. 制定取心技术措施，进行取心技术交底。 | 准备工作 | 召开作业前安全会 |
| 检查井口工具，进行取心技术交底。 | 设备和工具检查 | 风险1：方入丈量失误。<br>措施：在同一钻压下（2～3t）丈量方入。<br>风险2：丈量方入时被转盘旋绊倒。<br>措施：与司钻沟通，锁好转盘。 |
| 取心筒下到井底前开泵循环，转动转盘缓慢下放到井底，丈量、校对方入。 | 循环校对方入 | |
| 上提钻具，卸掉方钻杆，投入钢球后接方钻杆，开泵循环，观察泵压表，确认钢球入座。 | 投球循环 | 风险1：卸扣时钻井液刺伤井口作业人员。<br>措施：卸扣前确认停泵泄压。<br>风险2：下放滚子方补心碰伤井口人员。<br>措施：下放方钻杆时，人员远离井口，司钻注意观察井口人员。 |
| 1. 缓慢下放钻具，启动转盘，钻头接触井底时，逐渐加压5～10kN进行造心。<br>2. 待钻出井底与取心钻头形状相吻合后，（造心进尺一般约为0.2～0.3m），逐渐加至钻进时的推荐钻压，取心钻进。 | 取心 | 风险1：堵心造成憋泵高压刺伤人员。<br>措施：刹把操作平稳，密切注视泵压表，泵压急剧升高时，停泵或降泵冲；人员远离高压区；严格执行技术措施和参数，防止顿、溜钻。<br>风险2：磨心影响取心收获率。<br>措施：钻进中无特殊情况，不停泵、转盘，钻头不提离井底；发现进尺突然变慢、无进尺、蹩跳、泵压升高等情况时，及时停钻分析原因。 |
| 1. 接单根割心前约0.5m时，增加钻压使岩心根部变粗。<br>2. 钻完后刹住刹把，悬重恢复到10～30kN时，停转盘上提钻具割心，锁转盘接单根。 | 割心 | 风险1：拔脱岩心爪或拔断取心筒。<br>措施：多次割心时，割心悬重不要超过原悬重150kN。<br>风险2：接单根时井下落物。<br>措施：清理井口工具，人员操作时分工明确。 |
| 接完单根后下放钻具到达井底，逐渐加压，使拨断的岩心断面吻合，并顶松岩心。顶松后上提钻具，控制钻压，开泵正常后，启动转盘钻进。 | 顶心、取心 | 风险：堵心造成憋泵高压刺伤人员。<br>措施：刹把操作平稳，密切注视泵压表，泵压急剧升高时，停泵或降泵冲；人员远离高压区。 |
| 到达取心位置割心（割心操作执行相关操作规程），循环一周，起钻。 | 循环起钻 | 风险1：取心收获率达不到要求。<br>措施：割心尽量选择钻时较慢、致密、成柱性好的地层。<br>风险2：上提或起钻时掉心。<br>措施：起钻时平稳操作，禁止转动转盘。<br>风险3：遇阻硬提发生卡钻。<br>措施：遇阻时，及时处理钻井液，进行循环。 |
| 记录取心相关资料及参数。 | 作业关闭 | |

图 4.13　川式取心筒取心 HSE 作业程序

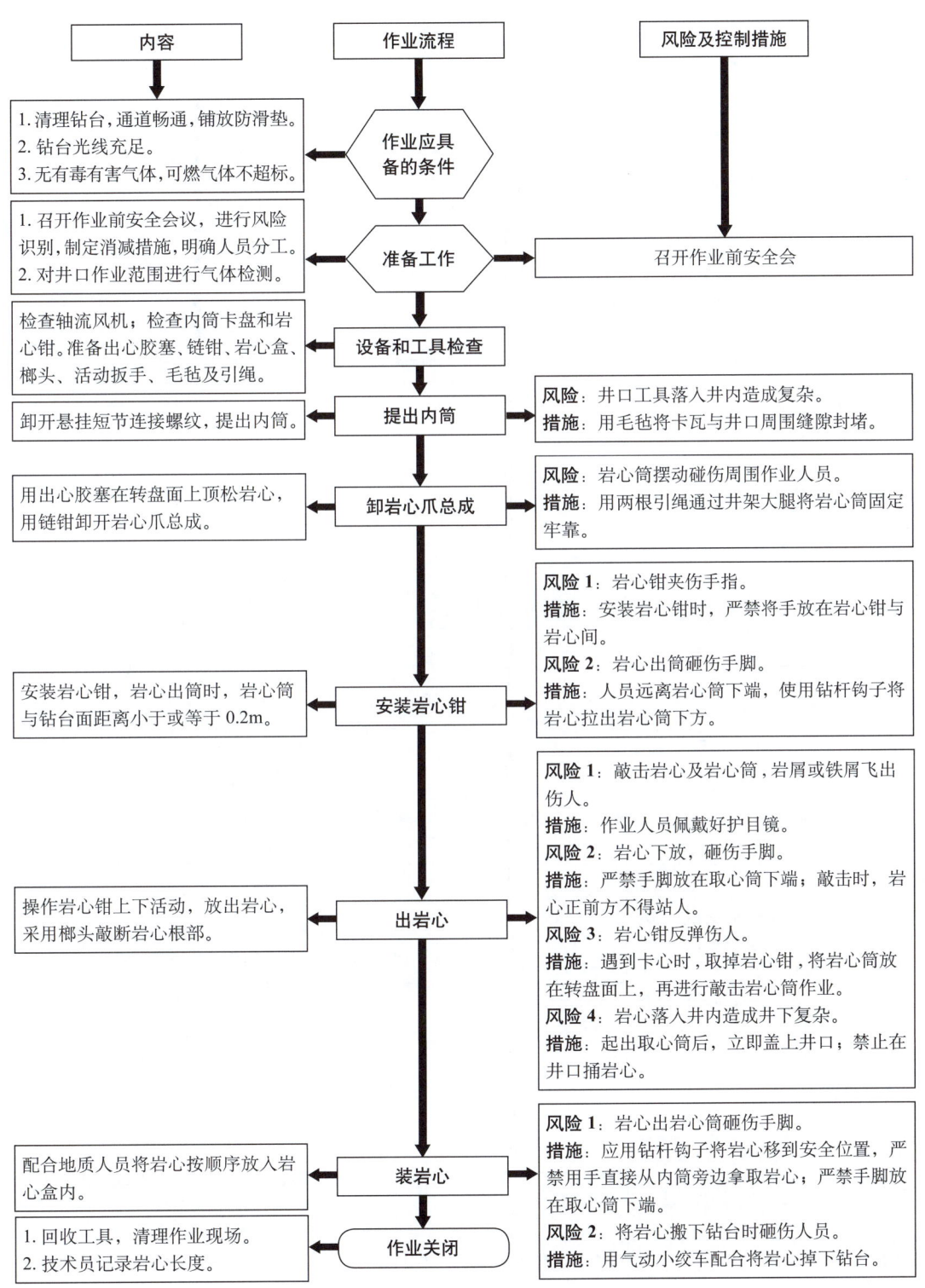

图 4.14 捅岩心 HSE 作业程序

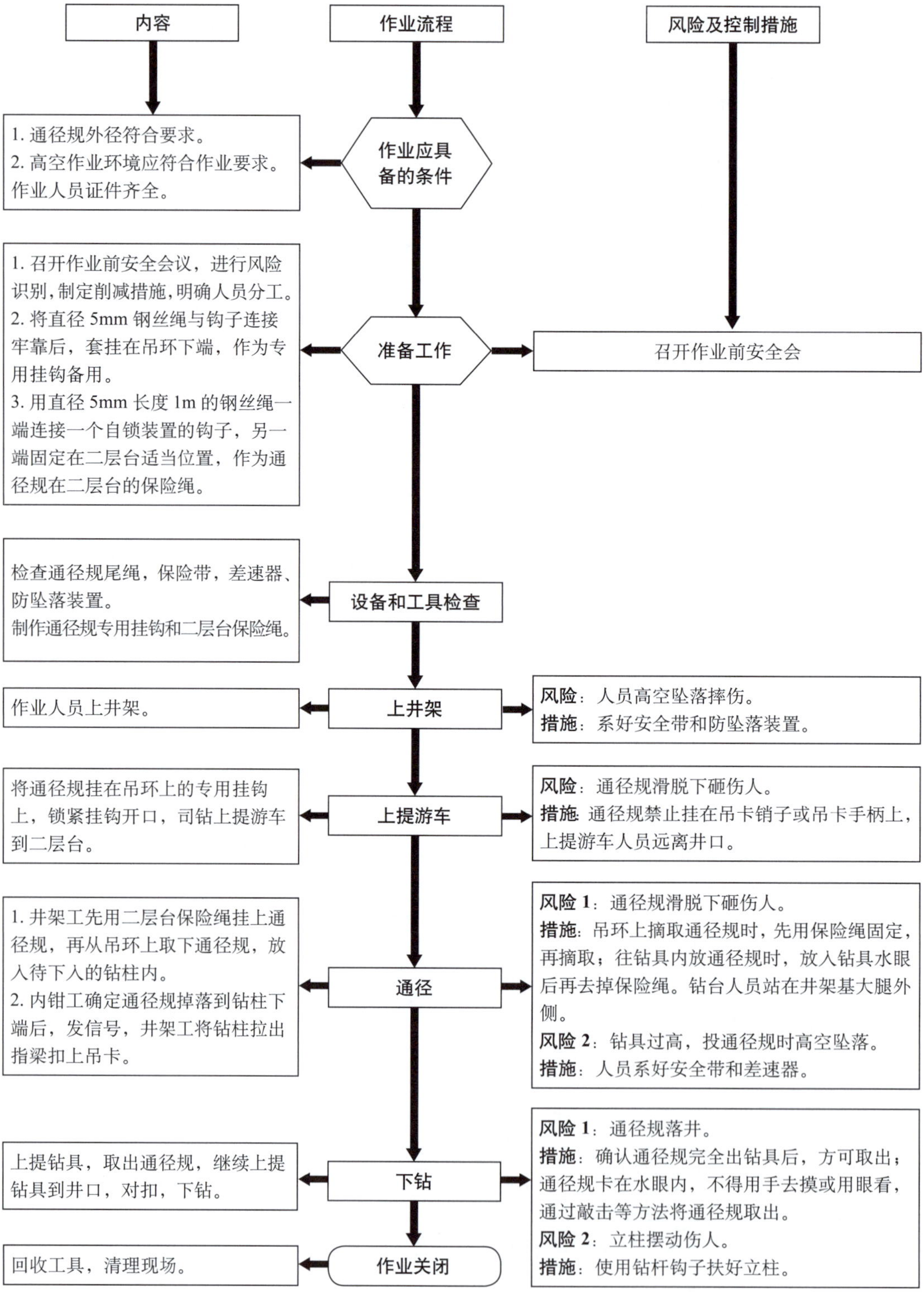

| 内容 | 作业流程 | 风险及控制措施 |
|---|---|---|
| 1. 通径规外径符合要求。<br>2. 高空作业环境应符合作业要求。作业人员证件齐全。 | 作业应具备的条件 | |
| 1. 召开作业前安全会议，进行风险识别，制定削减措施，明确人员分工。<br>2. 将直径5mm钢丝绳与钩子连接牢靠后，套挂在吊环下端，作为专用挂钩备用。<br>3. 用直径5mm长度1m的钢丝绳一端连接一个自锁装置的钩子，另一端固定在二层台适当位置，作为通径规在二层台的保险绳。 | 准备工作 | 召开作业前安全会 |
| 检查通径规尾绳，保险带，差速器、防坠落装置。<br>制作通径规专用挂钩和二层台保险绳。 | 设备和工具检查 | |
| 作业人员上井架。 | 上井架 | **风险**：人员高空坠落摔伤。<br>**措施**：系好安全带和防坠落装置。 |
| 将通径规挂在吊环上的专用挂钩上，锁紧挂钩开口，司钻上提游车到二层台。 | 上提游车 | **风险**：通径规滑脱下砸伤人。<br>**措施**：通径规禁止挂在吊卡销子或吊卡手柄上，上提游车人员远离井口。 |
| 1. 井架工先用二层台保险绳挂上通径规，再从吊环上取下通径规，放入待下入的钻柱内。<br>2. 内钳工确定通径规掉落到钻柱下端后，发信号，井架工将钻柱拉出指梁扣上吊卡。 | 通径 | **风险1**：通径规滑脱下砸伤人。<br>**措施**：吊环上摘取通径规时，先用保险绳固定，再摘取；往钻具内放通径规时，放入钻具水眼后再去掉保险绳。钻台人员站在井架基大腿外侧。<br>**风险2**：钻具过高，投通径规时高空坠落。<br>**措施**：人员系好安全带和差速器。 |
| 上提钻具，取出通径规，继续上提钻具到井口，对扣，下钻。 | 下钻 | **风险1**：通径规落井。<br>**措施**：确认通径规完全出钻具后，方可取出；通径规卡在水眼内，不得用手去摸或用眼看，通过敲击等方法将通径规取出。<br>**风险2**：立柱摆动伤人。<br>**措施**：使用钻杆钩子扶好立柱。 |
| 回收工具，清理现场。 | 作业关闭 | |

图 4.15 水平井完井电测通钻柱内径 HSE 作业程序

# 5 井控设备与操作作业程序

## 5.1　井控设备与操作作业概述

井控工作是石油与天然气勘探开发过程中的重要环节，是安全生产工作中的重中之重。井喷失控是油气田生产过程中的灾难性事故，井喷失控的直接原因除了地质、工程设计缺陷，井控技术措施不完善、未落实外，很大部分存在井控装置安装、使用及维护不符合要求，未及时关井，关井后复杂情况处置失误及作业过程中违章操作所造成的。

## 5.2　井控设备与操作作业程序

本部分从防喷器的安装、试压、低泵冲小排量试验、地层破裂压力试验、四种工况下的关井操作、压井作业、放喷点火及防喷器的拆卸对作业进行描述，以提高人员技能，保证安全生产。

井控设备与操作作业程序如图 5.1 至图 5.24 所示。

## 图 5.1 安装防喷器 HSE 作业程序（带套管头）

| 内容 | 作业流程 | 风险及控制措施 |
|---|---|---|
| 1. 固完表层套管后，候凝时间达到要求。<br>2. 井口无塌陷、表套接箍完好、高度合适。<br>3. 钻台下无杂物、无积水。<br>4. 割去导管余部、回填井口，满足作业需求。<br>5. 夜间有充足的照明。 | 作业应具备的条件 | |
| 1. 组织召开作业前安全会议，办理许可票，运行工作安全分析，进行风险识别，制定消减措施，明确人员分工。<br>2. 钻井技术员和大班司钻全过程参加。<br>3. 钢圈和钢圈槽清洁、涂油。<br>4. 大小鼠洞绷到场地，盖好鼠洞口，防喷器到位。 | 准备工作 | 召开作业前安全会 |
| 检查防喷器闸板腔无杂物、法兰面和钢圈槽完好、无碰伤、刺伤，检查所有管汇水眼畅通，闸板、考克灵活、螺纹活接头扣完好，压力表合格，螺栓、螺母、钢圈清洁、无损坏或腐蚀；双公短节扣、套管头及耐磨套完好；钻机悬吊系统及气动小绞车处于良好的工作状态；手工具齐全、完好；所需安全带、差速器完好。 | 设备和工具检查 | |
| 1. 两人配合装双公短节，用手引正后链钳上扣。<br>2. 气动绞车从井口吊平套管头，人员扶稳接扣，对正后人员转动套管头上扣至人工上不动为止。<br>3. 气动绞车提平变径法兰至套管头上方，对正螺栓孔并戴好螺帽。<br>4. 气动绞车提平上扣法兰与变径法兰螺栓上紧。<br>5. 游车带好钻杆下放对扣上扣法兰，对正后缓慢正转转盘上扣直至双公余扣不超过 3 扣即可。<br>6. 紧扣完成后，人员对称上紧防磨套顶丝，保证其固定且居中。 | 安装套管头 | **风险 1:** 井口坍塌造成伤害。<br>**措施：** 固完井后，及时回填井口，清理干净钻台下钻井液。<br>**风险 2:** 双公螺纹损坏风险。<br>**措施：** 吊套管头时平稳操作，人工上扣困难时退出重新对扣上扣，损坏丝扣及时更换双公。<br>**风险 3:** 使用上扣法兰上扣，未固定牢靠，飞出伤人。<br>**措施：** 上扣法兰螺栓固定，上下带紧螺帽。上扣时，专人指挥，人员远离井口。<br>**风险 4:** 夹手、物体挤压人员风险。<br>**措施：** 方并配合人员站位合理，手禁止放置在台阶面处。 |
| 1. 用游车和气动小绞车配合将四通抬到变径法兰上方。<br>2. 清洁四通变径法兰平面和钢圈槽。<br>3. 缓慢下放至变径法兰 20cm 时用螺栓引扣，对正坐到变径法兰上。<br>4. 对角依次插入螺栓，上紧螺栓。<br>5. 按照上面步骤再依次安装闸板防喷器和环形防喷器。 | 安装防喷器 | **风险 1:** 绳套未挂牢，防喷器脱落砸伤人员或砸坏底法兰、双公。<br>**措施：** 使用封井器专用绳套，并上好防脱卡子，人员远离井口。<br>**风险 2:** 游车与气动绞车配合不当造成伤害。<br>**措施：** 游车和小绞车操作时配合得当，定人操作，专人指挥。<br>**风险 3:** 对法兰孔时压伤手。<br>**措施：** 钻台上下各安排一人配合指挥。下放时手不得放在底法兰与四通法兰之间，检查销孔时，不得将手指伸入销孔。<br>**风险 4:** 敲击时，扳手脱绳索固定，禁止直接用手扶扳手，作业人员戴好护目镜。<br>**风险 5:** 并口落物。<br>**措施：** 吊法兰、四通、防喷器时盖好井口。 |
| 人员在场地事先把防淋伞装在防溢管上（适用分体式防淋伞）。 | 安装防淋伞 | **风险：** 装防淋伞时，砸伤、夹伤作业人员。<br>**措施：** 吊车吊防淋伞时，专人指挥，并拴好引绳，做好牵引，对螺栓时手禁止放在狭缝处。 |
| 在靠近法兰的部位拴好 10m 长引绳，配合气动小绞车将防溢管吊装在封井器上。 | 安装防溢管 | **风险 1:** 对法兰孔时压伤手。<br>**措施：** 上提时，禁止人员用手直接扶防溢管，对法兰时手不得放在法兰之间，检查销孔时，不得将手指伸入销孔。<br>**风险 2:** 引绳脱落，防溢管摆动伤人。<br>**措施：** 引绳拴牢，防溢管运动方向不得站人。<br>**风险 3:** 人员高空坠落或落物掉落伤害。<br>**措施：** 人员在封井器上作业时系好保险带。 |
| 安装内防碰软管，安装节流、压井管汇。 | 安装节流压井 | **风险 1:** 摆放内防喷管时，夹伤碰伤手部及管线钢丝扎伤手部。<br>**措施：** 摆放时，人员借助绳索摆放，禁止用手直接搬移。<br>**风险 2:** 安装钢圈时，夹伤手。<br>**措施：** 涂抹黄油至钢圈上，将钢圈黏在钢圈槽内，再对法兰。如钢圈脱落，应将法兰放下，重新安装钢圈后，再进行作业，不可将手伸入法兰间扶正钢圈。<br>**风险 3:** 查看销孔时，夹伤手指。<br>**措施：** 检查销孔时，不得将手指伸入销孔，防止夹伤。<br>**风险 4:** 敲击作业，砸伤人员，飞溅伤及眼部。<br>**措施：** 敲击作业时，榔头运行方向不得站人，戴好护目镜，敲击扳手使用引绳拴牢，牵引。 |
| 安装放喷管线及钻井液回收管线。 | 安装放喷管线 | **风险 1:** 摆放管线时，夹伤碰伤手部。<br>**措施：** 摆放时，人员借助绳索摆放，禁止用手直接搬移。<br>**风险 2:** 安装钢圈时，夹伤手。<br>**措施：** 涂抹黄油至钢圈上，将钢圈黏在钢圈槽内，再对法兰。如钢圈脱落，应将法兰放下，重新安装钢圈后，再进行作业，不可将手伸入法兰间扶正钢圈。<br>**风险 3:** 查看销孔时，夹伤手指。<br>**措施：** 检查销孔时，不得将手指伸入销孔，防止夹伤。<br>**风险 4:** 敲击作业，砸伤人员，飞溅伤及眼部。<br>**措施：** 敲击作业时，榔头运行方向不得站人。戴好护目镜，敲击扳手使用引绳拴牢，牵引。<br>**风险 5:** 弯管未固定，倒落砸伤人员。<br>**措施：** 安装弯管，需将螺栓带齐上紧，否则人员不得离开。 |
| 回收工具，清理作业现场铺好井口防渗布。 | 作业关闭 | |

图 5.1 安装防喷器 HSE 作业程序（带套管头）

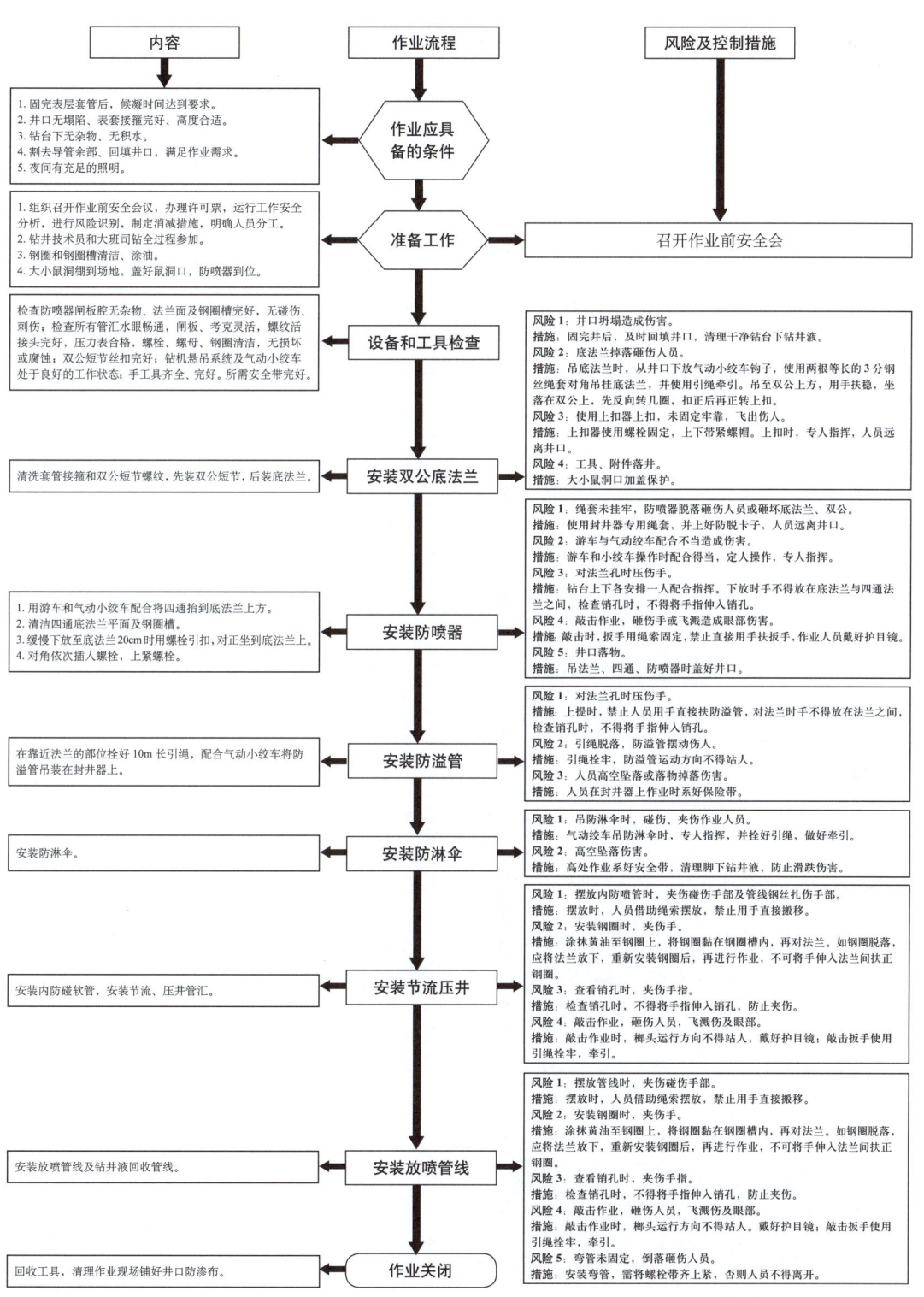

图 5.2 安装防喷器 HSE 作业程序（无套管头）

# 钻井液液气分离器安装 HSE 作业程序

| 内容 | 作业流程 | 风险及控制措施 |
|---|---|---|
| 1. 天气条件满足施工要求，吊车检查符合现场施工要求，吊车司机能力评价合格。<br>2. 吊装指挥、高处作业人员持有效证件。<br>3. J8号或J10号闸阀之后靠近循环系统处（距离节流管汇 2.5m 左右），分离器安装位置的基础平整坚固。 | 作业应具备的条件 | |
| 1. 进行风险识别，制定削减措施，明确人员分工。<br>2. 按规定摆放好吊车。 | 准备工作 | 召开作业前安全会 |
| 1. 分离器主体及安全阀、压力表等，安全附件应在有效期内。<br>2. 分离器主体、管线及附件无裂纹、损伤、堵塞等缺陷。<br>3. 压板厚度大于或等于 8 mm，宽度大于或等于 50 mm，4 根 φ 大于或等于 16mm 的钢丝绳绷绳完好。扳手、撬杠、绳卡、正反螺栓等齐全、完好。<br>4. 卸扣、绳套完好，吨位、长度符合要求。 | 设备和工具检查 | |
| 1. 垂直吊起分离器放置在安装位置。安全阀出口方向与主放喷管线一致，压力表表盘方向与井架正面一致。<br>2. 用钢丝绳和花篮螺栓三角或四角固定，上端用卸扣固定在液气分离器顶部吊装位置，下端固定在地面的地脚螺栓或绷绳上，并加弹簧垫或锁紧螺帽。 | 安装分离器罐体 | 风险1：吊装时碰撞、倾倒、挤压伤害。<br>措施：专人指挥，落实五个确认，使用好引绳。安装管线时试吊平稳后起吊，安装对正管线时手不放在管线端头位置。<br>吊装分离器罐体时使用 10t 卸扣将吊装绳套固定在罐体吊点上平稳起吊放置于安装位置。<br>风险2：安装时分离器罐体倾倒。<br>措施：罐体地面、基座平整牢固，罐体摆放到位及时固定。<br>风险3：分离器上取绳套、安装绷绳时人员高处坠落。<br>措施：吊装罐体前在罐上部梯子处安装差速器，将差速器引绳拴挂在梯子下部，分离器取绳套、安装绷绳时穿戴好安全带，使用差速器，挂好尾绳。 |
| 1. 进液管线两端采用法兰连接、钢圈密封分别与节流管汇 J8#（或 J10#）闸阀和罐体连接。<br>2. 使用基墩支撑固定管线，使用高压软管连接时安装保险绳或安全链。 | 安装进液管线 | 风险：吊装时碰撞、倾倒、挤压伤害。<br>措施：试吊平稳后起吊，使用好引绳，安装对正管线时手不放在管线端头位置。 |
| 1. 采用法兰连接安装地面排液管，使用偏心三通和直管从地面接至振动筛前的分配箱内（进入分配箱使用 90°弯头或 "U"形弯头）。排液管高度保证分离器罐体内的液面高度在 1.3 ～ 1.6 m 之间。<br>2. 安装偏心三通偏心一端螺阀、排污管线。<br>3. 使用地脚螺栓、压板固定排液管。<br>4. 在分配箱上固定 "U" 形单法兰弯头。<br>5. 内置式 U 型管分离器，排液管线接至分配箱时应水平或向下接出。 | 安装排液管线 | 风险1：吊装时碰撞、倾倒、挤压伤害。<br>措施：试吊平稳后起吊，使用好引绳，安装对正管线时手不放在管线端头位置。<br>风险2：榔头敲击伤害。<br>措施：工具完好，敲击时戴好护目镜，人员不站在榔头运行方向。<br>风险3：分配箱作业人员高处坠落、碰撞挤压。<br>措施：人员系好安全带，管线吊装到位后再作业。 |
| 1. 安装排气管线、三通及闸门、测压法兰、截止阀及压力表。排气管接出距井口 50m 以外，出口端距除放喷管线以外的各种设施距离大于或等于 20m。<br>2. 使用基墩固定螺栓、压板固定排气管（直管段不大于 15 m，拐弯处应做水泥基墩固定）。<br>3. 垂直安装防回火装置及点火装置并固定。 | 安装排气管线 | 风险1：吊装时碰撞、倾倒、挤压伤害。<br>措施：试吊平稳后起吊，安装对正管线时手不放在管线端头位置。<br>风险2：点火装置倾倒伤害。<br>措施：使用基墩坑长×宽×深（0.5 m×0.5 m×0.8 m），直径大于或等于 20 mm，长度大于或等于 500mm 地脚螺栓或 3 根直径 12 mm 钢丝绳固定后再取掉吊装绳索。 |
| 回收工具，清理场地。 | 作业关闭 | |

图 5.3  钻井液液气分离器安装 HSE 作业程序

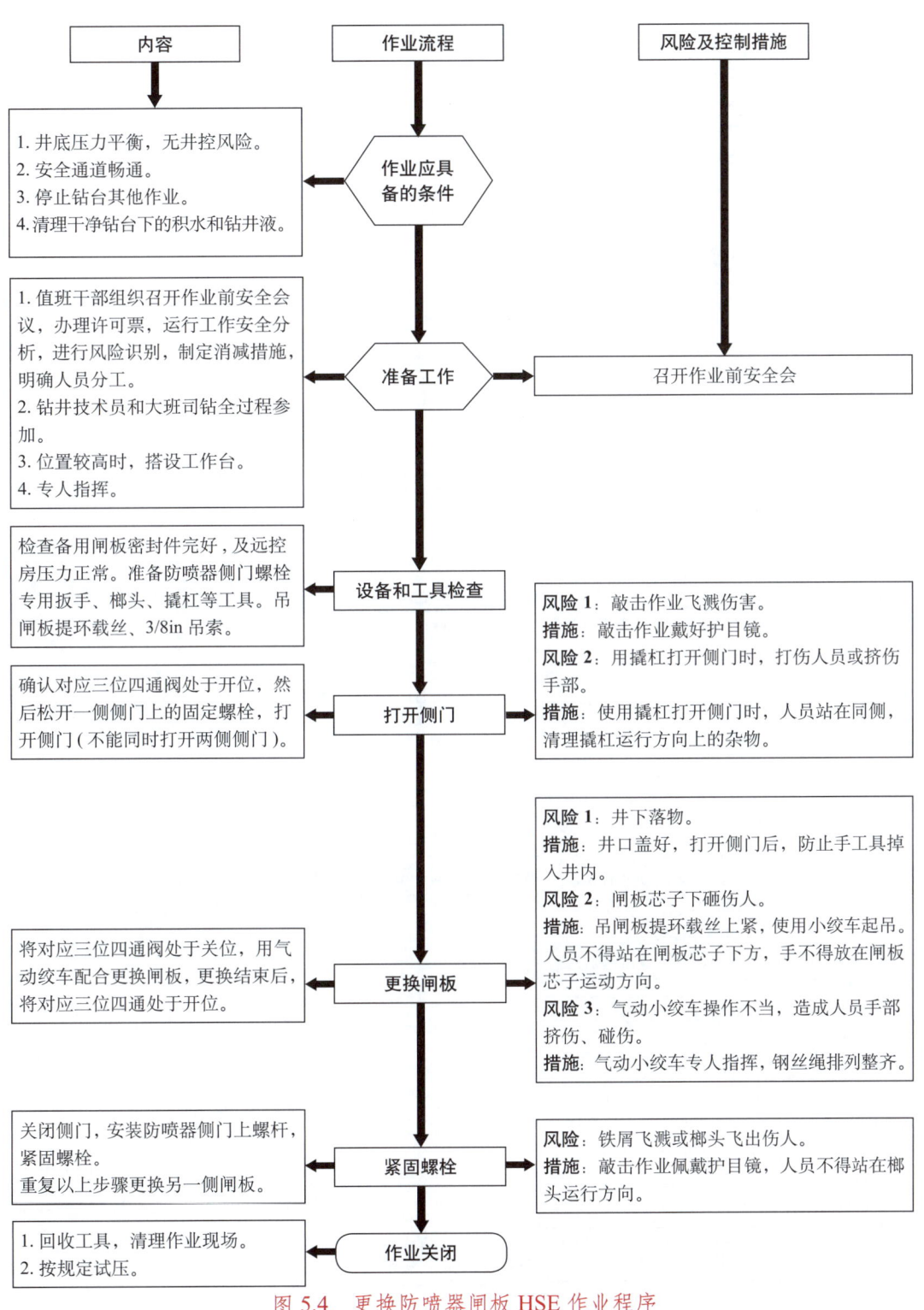

图 5.4 更换防喷器闸板 HSE 作业程序

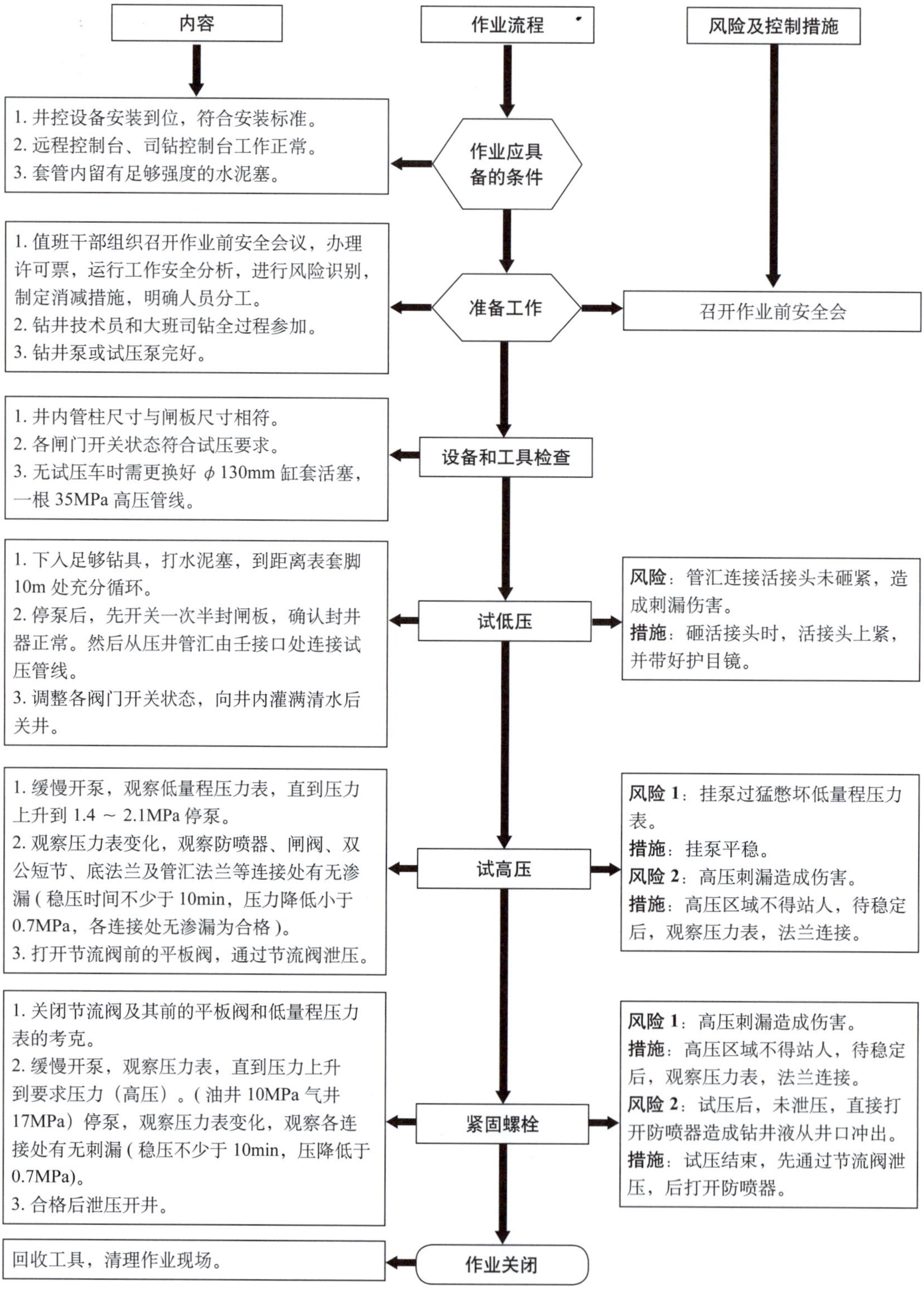

| 内容 | 作业流程 | 风险及控制措施 |
|---|---|---|
| 1. 井控设备安装到位，符合安装标准。<br>2. 远程控制台、司钻控制台工作正常。<br>3. 套管内留有足够强度的水泥塞。 | 作业应具备的条件 | |
| 1. 值班干部组织召开作业前安全会议，办理许可票，运行工作安全分析，进行风险识别，制定消减措施，明确人员分工。<br>2. 钻井技术员和大班司钻全过程参加。<br>3. 钻井泵或试压泵完好。 | 准备工作 | 召开作业前安全会 |
| 1. 井内管柱尺寸与闸板尺寸相符。<br>2. 各闸门开关状态符合试压要求。<br>3. 无试压车时需更换好 φ130mm 缸套活塞，一根 35MPa 高压管线。 | 设备和工具检查 | |
| 1. 下入足够钻具，打水泥塞，到距离表套脚 10m 处充分循环。<br>2. 停泵后，先开关一次半封闸板，确认封井器正常。然后从压井管汇由壬接口处连接试压管线。<br>3. 调整各阀门开关状态，向井内灌满清水后关井。 | 试低压 | 风险：管汇连接活接头未砸紧，造成刺漏伤害。<br>措施：砸活接头时，活接头上紧，并带好护目镜。 |
| 1. 缓慢开泵，观察低量程压力表，直到压力上升到 1.4～2.1MPa 停泵。<br>2. 观察压力表变化，观察防喷器、闸阀、双公短节、底法兰及管汇法兰等连接处有无渗漏（稳压时间不少于 10min，压力降低小于 0.7MPa，各连接处无渗漏为合格）。<br>3. 打开节流阀前的平板阀，通过节流阀泄压。 | 试高压 | 风险1：挂泵过猛憋坏低量程压力表。<br>措施：挂泵平稳。<br>风险2：高压刺漏造成伤害。<br>措施：高压区域不得站人，待稳定后，观察压力表，法兰连接。 |
| 1. 关闭节流阀及其前的平板阀和低量程压力表的考克。<br>2. 缓慢开泵，观察压力表，直到压力上升到要求压力（高压）。（油井 10MPa 气井 17MPa）停泵，观察压力表变化，观察各连接处有无刺漏（稳压不少于 10min，压降低于 0.7MPa）。<br>3. 合格后泄压开井。 | 紧固螺栓 | 风险1：高压刺漏造成伤害。<br>措施：高压区域不得站人，待稳定后，观察压力表，法兰连接。<br>风险2：试压后，未泄压，直接打开防喷器造成钻井液从井口冲出。<br>措施：试压结束，先通过节流阀泄压，后打开防喷器。 |
| 回收工具，清理作业现场。 | 作业关闭 | |

图 5.5 井控设备试压（半封闸板）HSE 作业程序

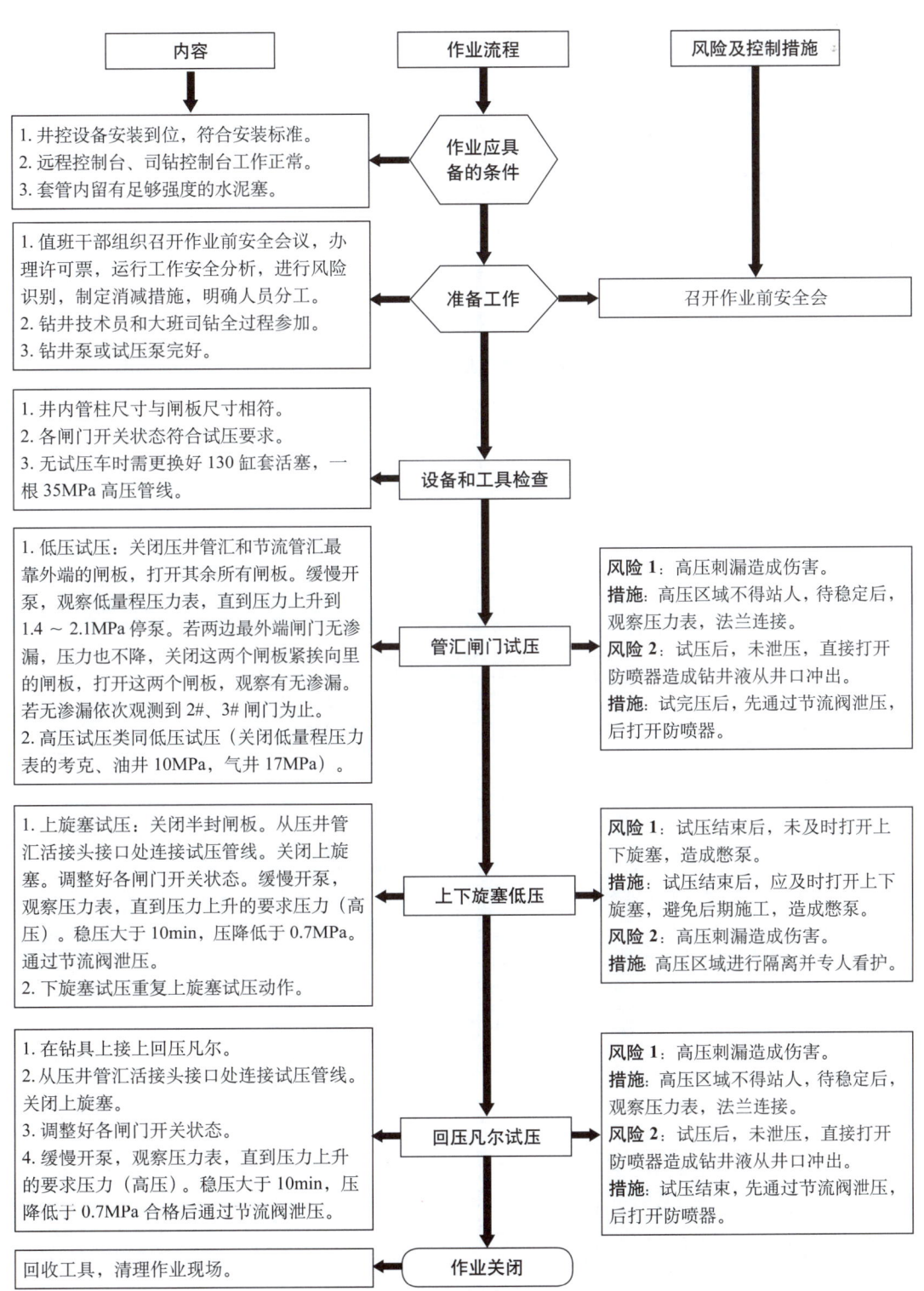

图 5.6 井控设备试压（其他工具）HSE 作业程序

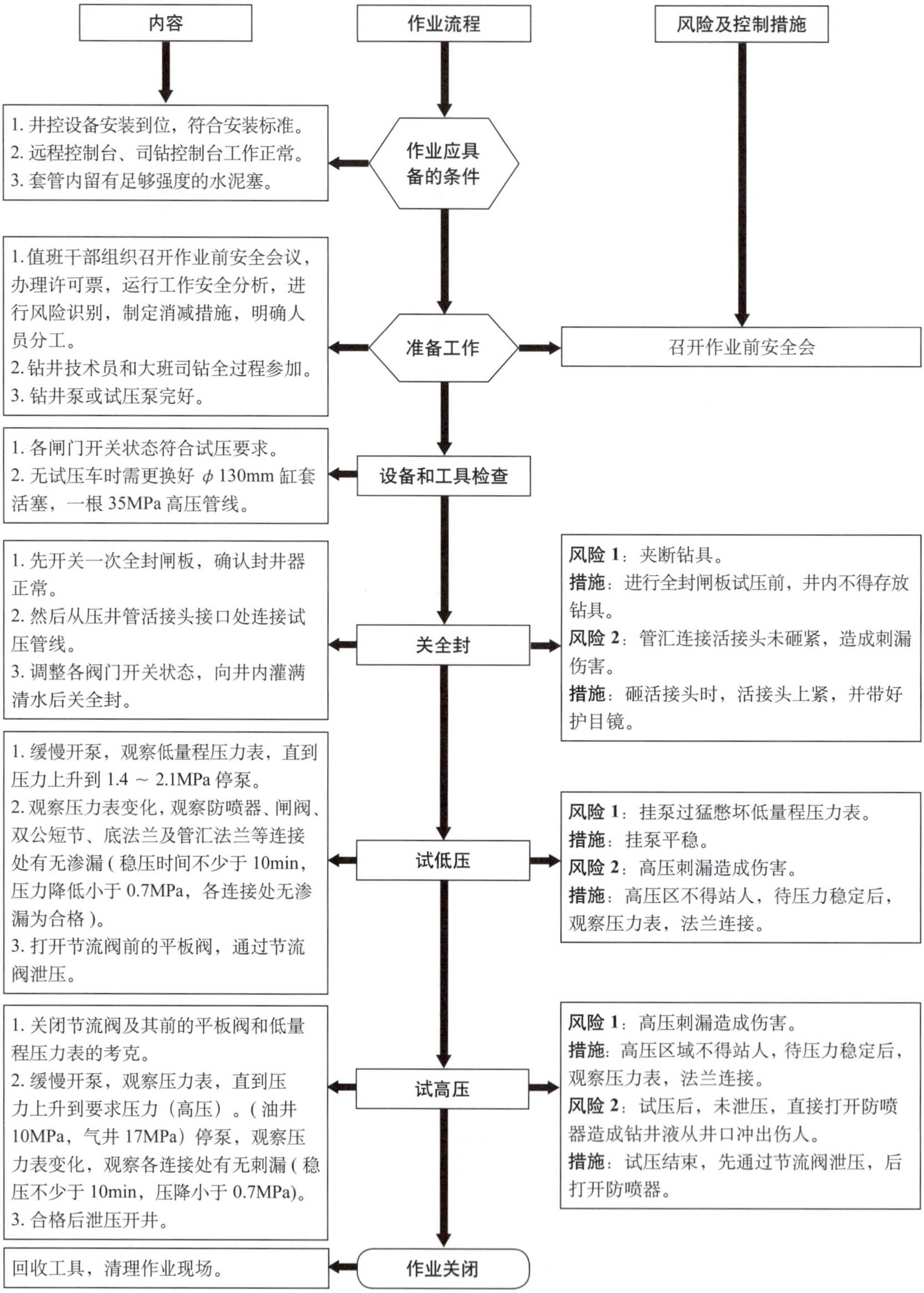

| 内容 | 作业流程 | 风险及控制措施 |
|---|---|---|
| 1. 井控设备安装到位，符合安装标准。<br>2. 远程控制台、司钻控制台工作正常。<br>3. 套管内留有足够强度的水泥塞。 | 作业应具备的条件 | |
| 1. 值班干部组织召开作业前安全会议，办理许可票，运行工作安全分析，进行风险识别，制定消减措施，明确人员分工。<br>2. 钻井技术员和大班司钻全过程参加。<br>3. 钻井泵或试压泵完好。 | 准备工作 | 召开作业前安全会 |
| 1. 各闸门开关状态符合试压要求。<br>2. 无试压车时需更换好 φ130mm 缸套活塞，一根 35MPa 高压管线。 | 设备和工具检查 | |
| 1. 先开关一次全封闸板，确认封井器正常。<br>2. 然后从压井管活接头接口处连接试压管线。<br>3. 调整各阀门开关状态，向井内灌满清水后关全封。 | 关全封 | **风险1**：夹断钻具。<br>**措施**：进行全封闸板试压前，井内不得存放钻具。<br>**风险2**：管汇连接活接头未砸紧，造成刺漏伤害。<br>**措施**：砸活接头时，活接头上紧，并带好护目镜。 |
| 1. 缓慢开泵，观察低量程压力表，直到压力上升到 1.4～2.1MPa 停泵。<br>2. 观察压力表变化，观察防喷器、闸阀、双公短节、底法兰及管汇法兰等连接处有无渗漏（稳压时间不少于 10min，压力降低小于 0.7MPa，各连接处无渗漏为合格）。<br>3. 打开节流阀前的平板阀，通过节流阀泄压。 | 试低压 | **风险1**：挂泵过猛憋坏低量程压力表。<br>**措施**：挂泵平稳。<br>**风险2**：高压刺漏造成伤害。<br>**措施**：高压区不得站人，待压力稳定后，观察压力表，法兰连接。 |
| 1. 关闭节流阀及其前的平板阀和低量程压力表的考克。<br>2. 缓慢开泵，观察压力表，直到压力上升到要求压力（高压）。（油井 10MPa，气井 17MPa）停泵，观察压力表变化，观察各连接处有无刺漏（稳压不少于 10min，压降小于 0.7MPa）。<br>3. 合格后泄压开井。 | 试高压 | **风险1**：高压刺漏造成伤害。<br>**措施**：高压区域不得站人，待压力稳定后，观察压力表，法兰连接。<br>**风险2**：试压后，未泄压，直接打开防喷器造成钻井液从井口冲出伤人。<br>**措施**：试压结束，先通过节流阀泄压，后打开防喷器。 |
| 回收工具，清理作业现场。 | 作业关闭 | |

图 5.7  井控设备试压（全封闸板）HSE 作业程序

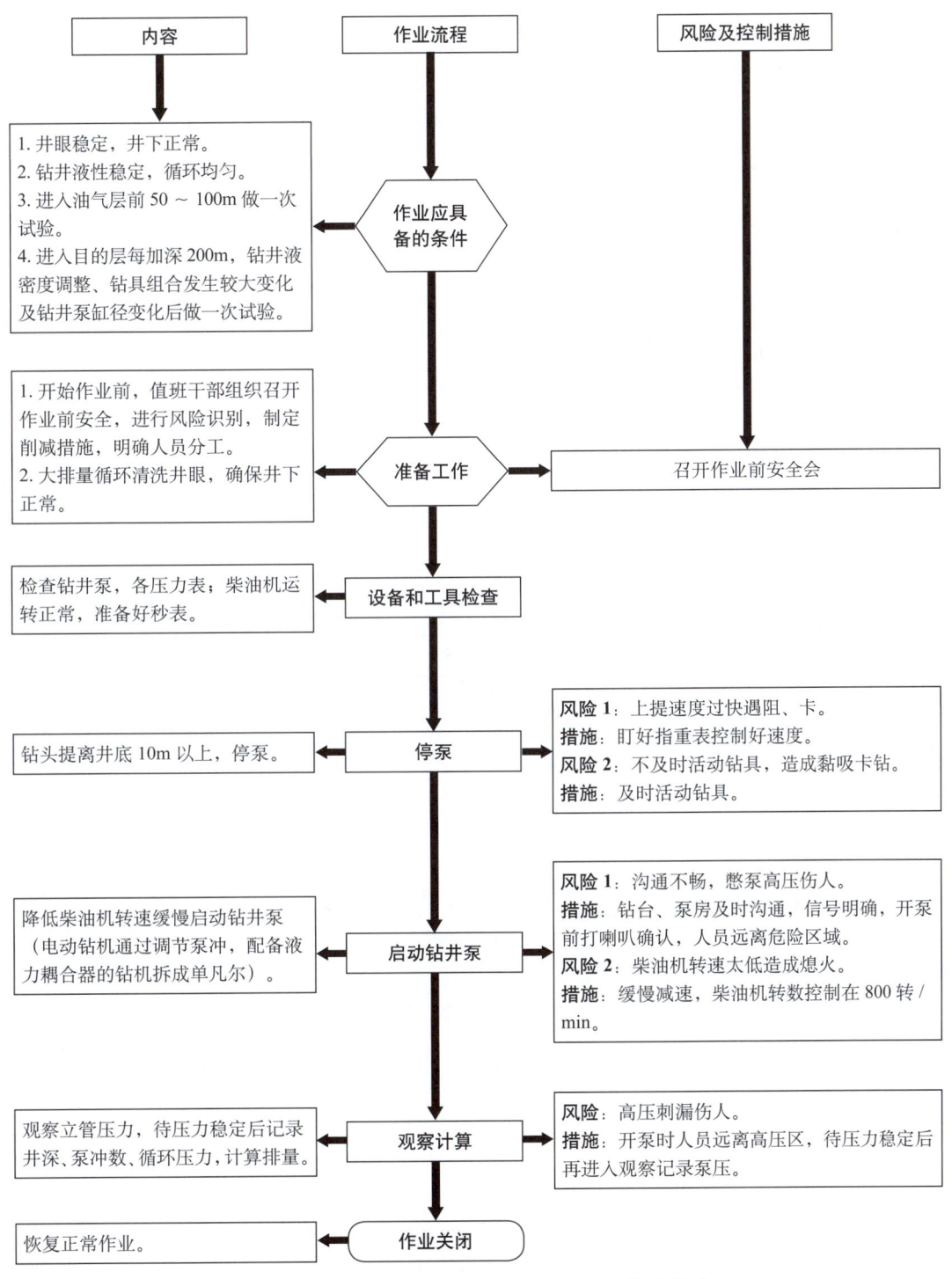

图 5.8 低泵冲小排量循环试验 HSE 作业程序

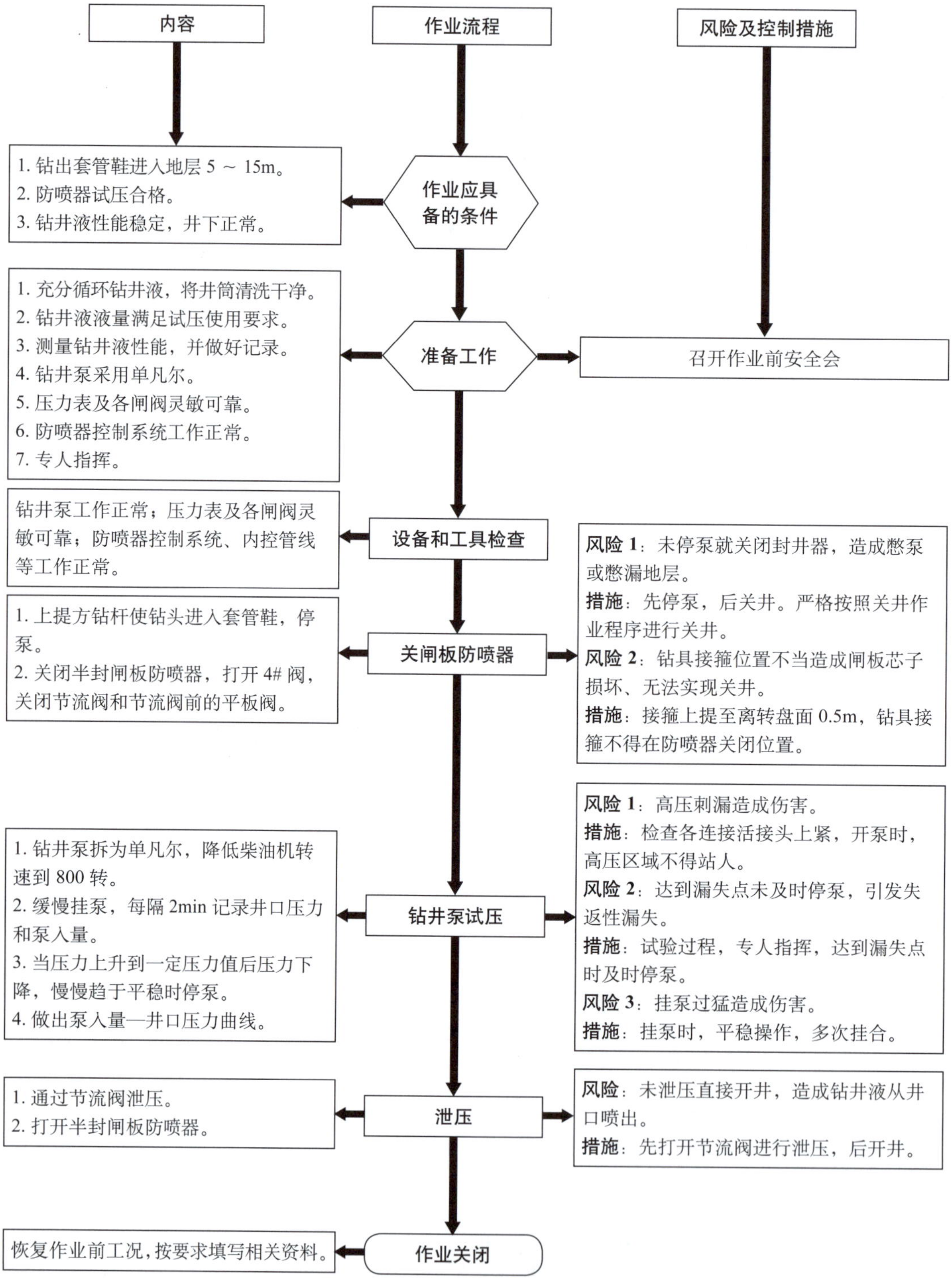

| 内容 | 作业流程 | 风险及控制措施 |
|---|---|---|
| 1. 钻出套管鞋进入地层 5～15m。<br>2. 防喷器试压合格。<br>3. 钻井液性能稳定，井下正常。 | 作业应具备的条件 | |
| 1. 充分循环钻井液，将井筒清洗干净。<br>2. 钻井液液量满足试压使用要求。<br>3. 测量钻井液性能，并做好记录。<br>4. 钻井泵采用单凡尔。<br>5. 压力表及各闸阀灵敏可靠。<br>6. 防喷器控制系统工作正常。<br>7. 专人指挥。 | 准备工作 | 召开作业前安全会 |
| 钻井泵工作正常；压力表及各闸阀灵敏可靠；防喷器控制系统、内控管线等工作正常。 | 设备和工具检查 | |
| 1. 上提方钻杆使钻头进入套管鞋，停泵。<br>2. 关闭半封闸板防喷器，打开 4# 阀，关闭节流阀和节流阀前的平板阀。 | 关闸板防喷器 | 风险1：未停泵就关闭封井器，造成憋泵或憋漏地层。<br>措施：先停泵，后关井。严格按照关井作业程序进行关井。<br>风险2：钻具接箍位置不当造成闸板芯子损坏、无法实现关井。<br>措施：接箍上提至离转盘面 0.5m，钻具接箍不得在防喷器关闭位置。 |
| 1. 钻井泵拆为单凡尔，降低柴油机转速到 800 转。<br>2. 缓慢挂泵，每隔 2min 记录井口压力和泵入量。<br>3. 当压力上升到一定压力值后压力下降，慢慢趋于平稳时停泵。<br>4. 做出泵入量—井口压力曲线。 | 钻井泵试压 | 风险1：高压刺漏造成伤害。<br>措施：检查各连接活接头上紧，开泵时，高压区域不得站人。<br>风险2：达到漏失点未及时停泵，引发失返性漏失。<br>措施：试验过程，专人指挥，达到漏失点时及时停泵。<br>风险3：挂泵过猛造成伤害。<br>措施：挂泵时，平稳操作，多次挂合。 |
| 1. 通过节流阀泄压。<br>2. 打开半封闸板防喷器。 | 泄压 | 风险：未泄压直接开井，造成钻井液从井口喷出。<br>措施：先打开节流阀进行泄压，后开井。 |
| 恢复作业前工况，按要求填写相关资料。 | 作业关闭 | |

图 5.9 地层破裂压力试验 HSE 作业程序（钻井泵）

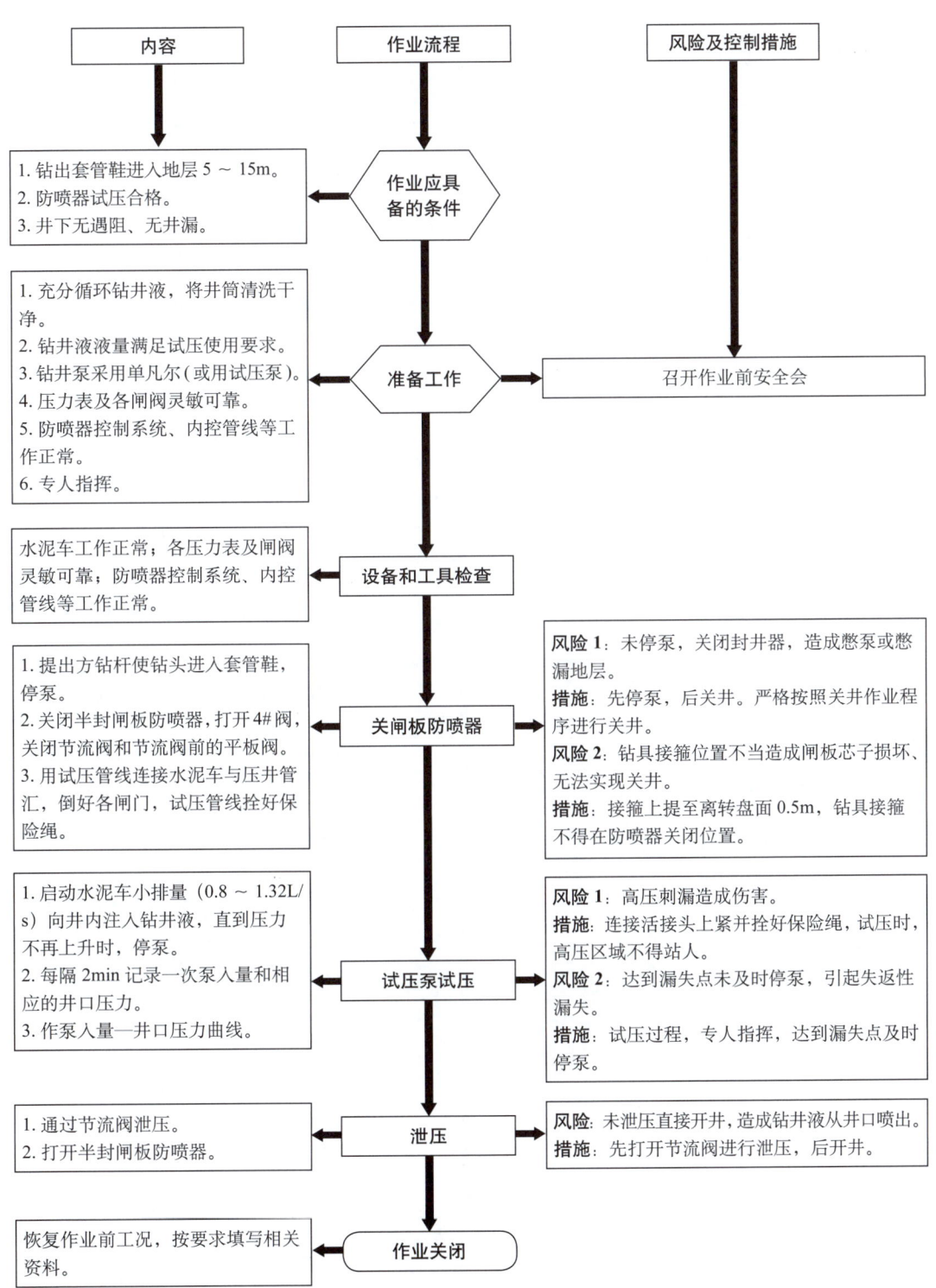

图 5.10 地层破裂压力试验 HSE 作业程序（水泥车）

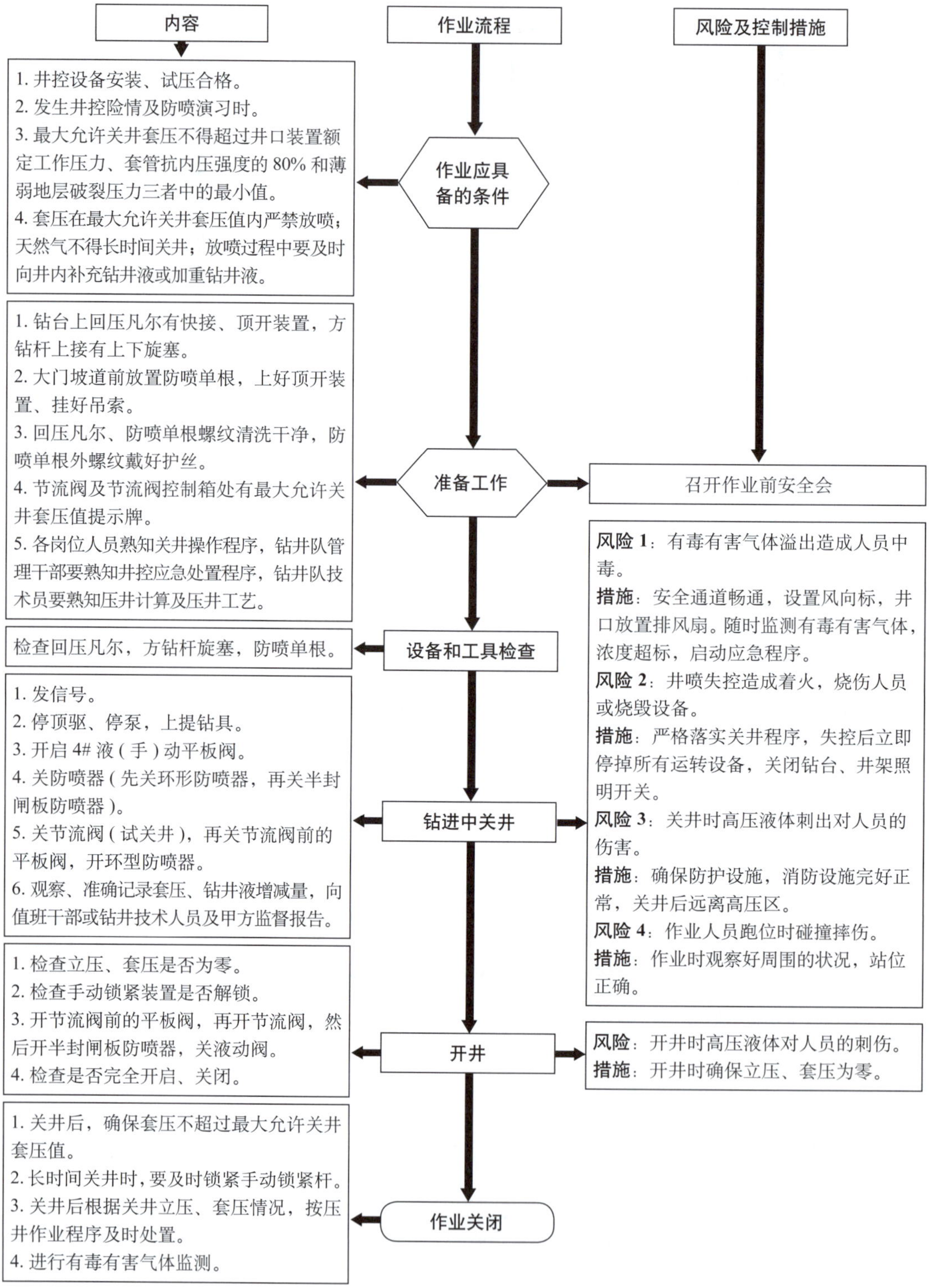

| 内容 | 作业流程 | 风险及控制措施 |
|---|---|---|
| 1. 井控设备安装、试压合格。<br>2. 发生井控险情及防喷演习时。<br>3. 最大允许关井套压不得超过井口装置额定工作压力、套管抗内压强度的80%和薄弱地层破裂压力三者中的最小值。<br>4. 套压在最大允许关井套压值内严禁放喷；天然气不得长时间关井；放喷过程中要及时向井内补充钻井液或加重钻井液。 | 作业应具备的条件 | |
| 1. 钻台上回压凡尔有快接、顶开装置，方钻杆上接有上下旋塞。<br>2. 大门坡道前放置防喷单根，上好顶开装置，挂好吊索。<br>3. 回压凡尔、防喷单根螺纹清洗干净，防喷单根外螺纹戴好护丝。<br>4. 节流阀及节流阀控制箱处有最大允许关井套压值提示牌。<br>5. 各岗位人员熟知关井操作程序，钻井队管理干部要熟知井控应急处置程序，钻井队技术员要熟知压井计算及压井工艺。 | 准备工作 | 召开作业前安全会 |
| 检查回压凡尔，方钻杆旋塞，防喷单根。 | 设备和工具检查 | 风险1：有毒有害气体溢出造成人员中毒。<br>措施：安全通道畅通，设置风向标，井口放置排风扇。随时监测有毒有害气体，浓度超标，启动应急程序。<br>风险2：井喷失控造成着火，烧伤人员或烧毁设备。<br>措施：严格落实关井程序，失控后立即停掉所有运转设备，关闭钻台、井架照明开关。<br>风险3：关井时高压液体刺出对人员的伤害。<br>措施：确保防护设施，消防设施完好正常，关井后远离高压区。<br>风险4：作业人员跑位时碰撞摔伤。<br>措施：作业时观察好周围的状况，站位正确。 |
| 1. 发信号。<br>2. 停顶驱、停泵，上提钻具。<br>3. 开启4#液(手)动平板阀。<br>4. 关防喷器(先关环形防喷器，再关半封闸板防喷器)。<br>5. 关节流阀(试关井)，再关节流阀前的平板阀，开环型防喷器。<br>6. 观察、准确记录套压、钻井液增减量，向值班干部或钻井技术人员及甲方监督报告。 | 钻进中关井 | |
| 1. 检查立压、套压是否为零。<br>2. 检查手动锁紧装置是否解锁。<br>3. 开节流阀前的平板阀，再开节流阀，然后开半封闸板防喷器，关液动阀。<br>4. 检查是否完全开启、关闭。 | 开井 | 风险：开井时高压液体对人员的刺伤。<br>措施：开井时确保立压、套压为零。 |
| 1. 关井后，确保套压不超过最大允许关井套压值。<br>2. 长时间关井时，要及时锁紧手动锁紧杆。<br>3. 关井后根据关井立压、套压情况，按压井作业程序及时处置。<br>4. 进行有毒有害气体监测。 | 作业关闭 | |

图5.11 钻进关井（顶驱钻机）HSE作业程序

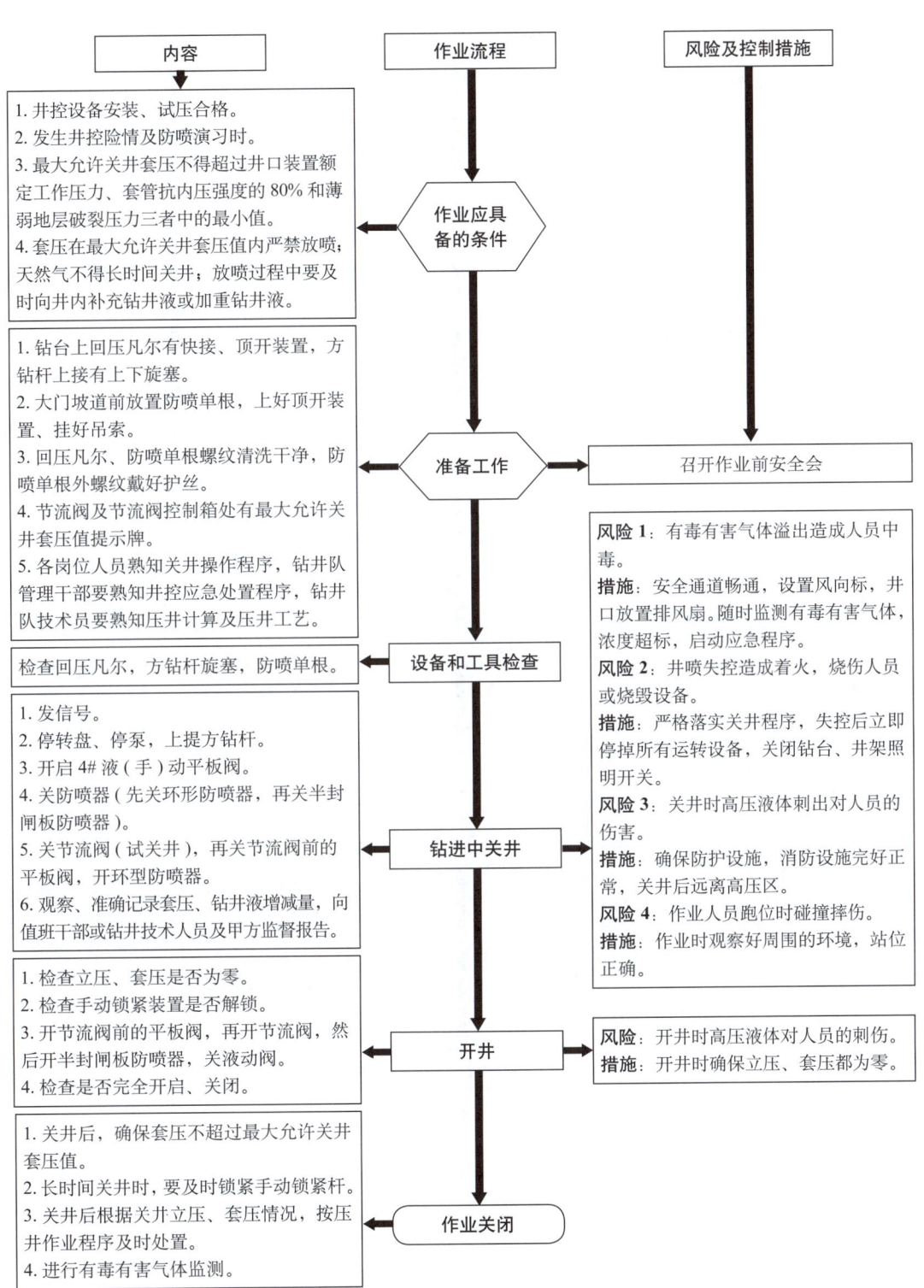

图 5.12 钻进关井（非顶驱钻机）HSE 作业程序

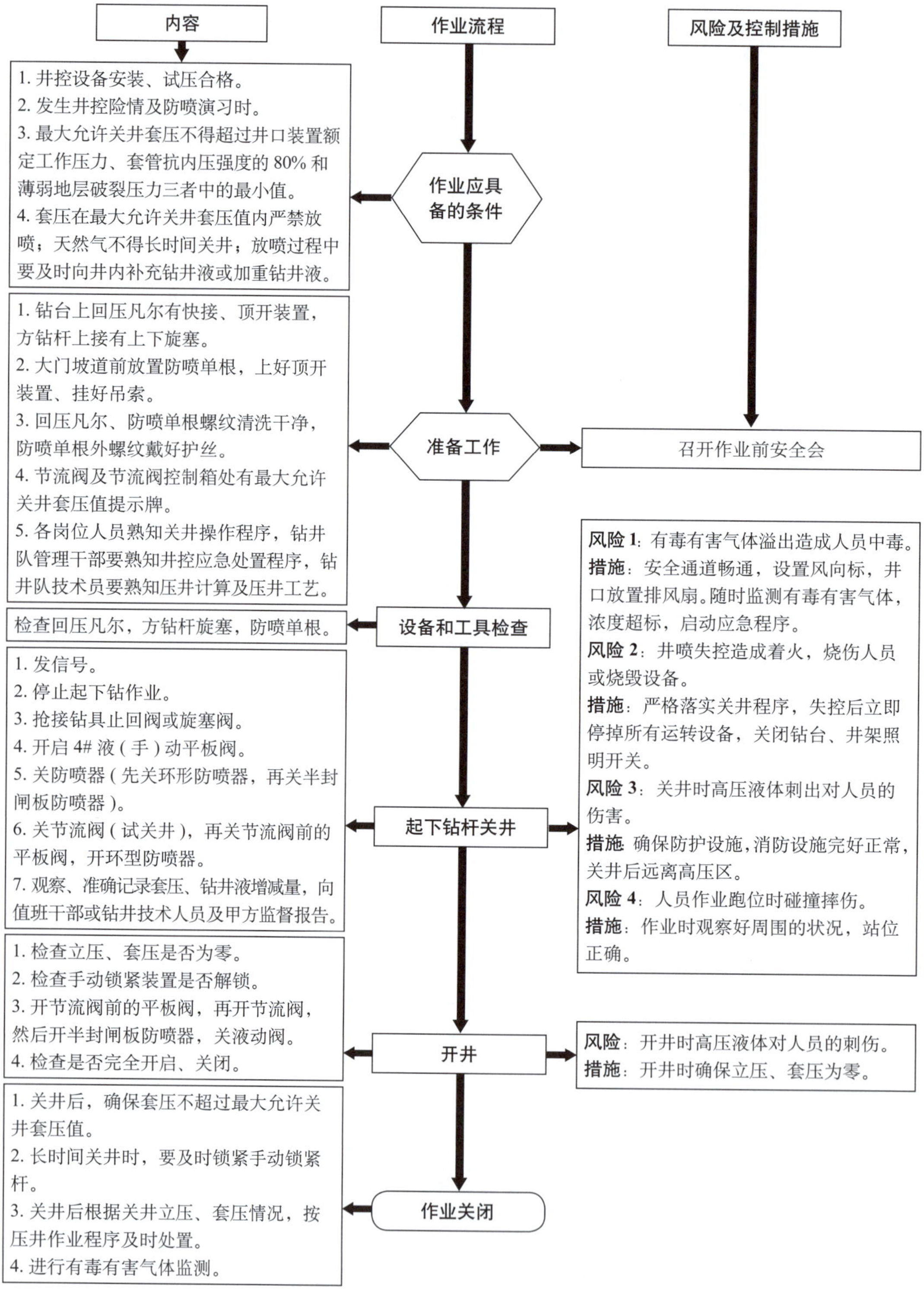

| 内容 | 作业流程 | 风险及控制措施 |
|---|---|---|
| 1. 井控设备安装、试压合格。<br>2. 发生井控险情及防喷演习时。<br>3. 最大允许关井套压不得超过井口装置额定工作压力、套管抗内压强度的80%和薄弱地层破裂压力三者中的最小值。<br>4. 套压在最大允许关井套压值内严禁放喷；天然气不得长时间关井；放喷过程中要及时向井内补充钻井液或加重钻井液。 | 作业应具备的条件 | |
| 1. 钻台上回压凡尔有快接、顶开装置，方钻杆上接有上下旋塞。<br>2. 大门坡道前放置防喷单根，上好顶开装置、挂好吊索。<br>3. 回压凡尔、防喷单根螺纹清洗干净，防喷单根外螺纹戴好护丝。<br>4. 节流阀及节流阀控制箱处有最大允许关井套压值提示牌。<br>5. 各岗位人员熟知关井操作程序，钻井队管理干部要熟知井控应急处置程序，钻井队技术员要熟知压井计算及压井工艺。 | 准备工作 | 召开作业前安全会 |
| 检查回压凡尔，方钻杆旋塞，防喷单根。 | 设备和工具检查 | **风险1**：有毒有害气体溢出造成人员中毒。<br>**措施**：安全通道畅通，设置风向标，井口放置排风扇。随时监测有毒有害气体，浓度超标，启动应急程序。 |
| 1. 发信号。<br>2. 停止起下钻作业。<br>3. 抢接钻具止回阀或旋塞阀。<br>4. 开启4#液（手）动平板阀。<br>5. 关防喷器（先关环形防喷器，再关半封闸板防喷器）。<br>6. 关节流阀（试关井），再关节流阀前的平板阀，开环型防喷器。<br>7. 观察、准确记录套压、钻井液增减量，向值班干部或钻井技术人员及甲方监督报告。 | 起下钻杆关井 | **风险2**：井喷失控造成着火，烧伤人员或烧毁设备。<br>**措施**：严格落实关井程序，失控后立即停掉所有运转设备，关闭钻台、井架照明开关。<br>**风险3**：关井时高压液体刺出对人员的伤害。<br>**措施**：确保防护设施，消防设施完好正常，关井后远离高压区。<br>**风险4**：人员作业跑位时碰撞摔伤。<br>**措施**：作业时观察好周围的状况，站位正确。 |
| 1. 检查立压、套压是否为零。<br>2. 检查手动锁紧装置是否解锁。<br>3. 开节流阀前的平板阀，再开节流阀，然后开半封闸板防喷器，关液动阀。<br>4. 检查是否完全开启、关闭。 | 开井 | **风险**：开井时高压液体对人员的刺伤。<br>**措施**：开井时确保立压、套压为零。 |
| 1. 关井后，确保套压不超过最大允许关井套压值。<br>2. 长时间关井时，要及时锁紧手动锁紧杆。<br>3. 关井后根据关井立压、套压情况，按压井作业程序及时处置。<br>4. 进行有毒有害气体监测。 | 作业关闭 | |

图 5.13 起下钻杆关井（顶驱钻机）HSE 作业程序

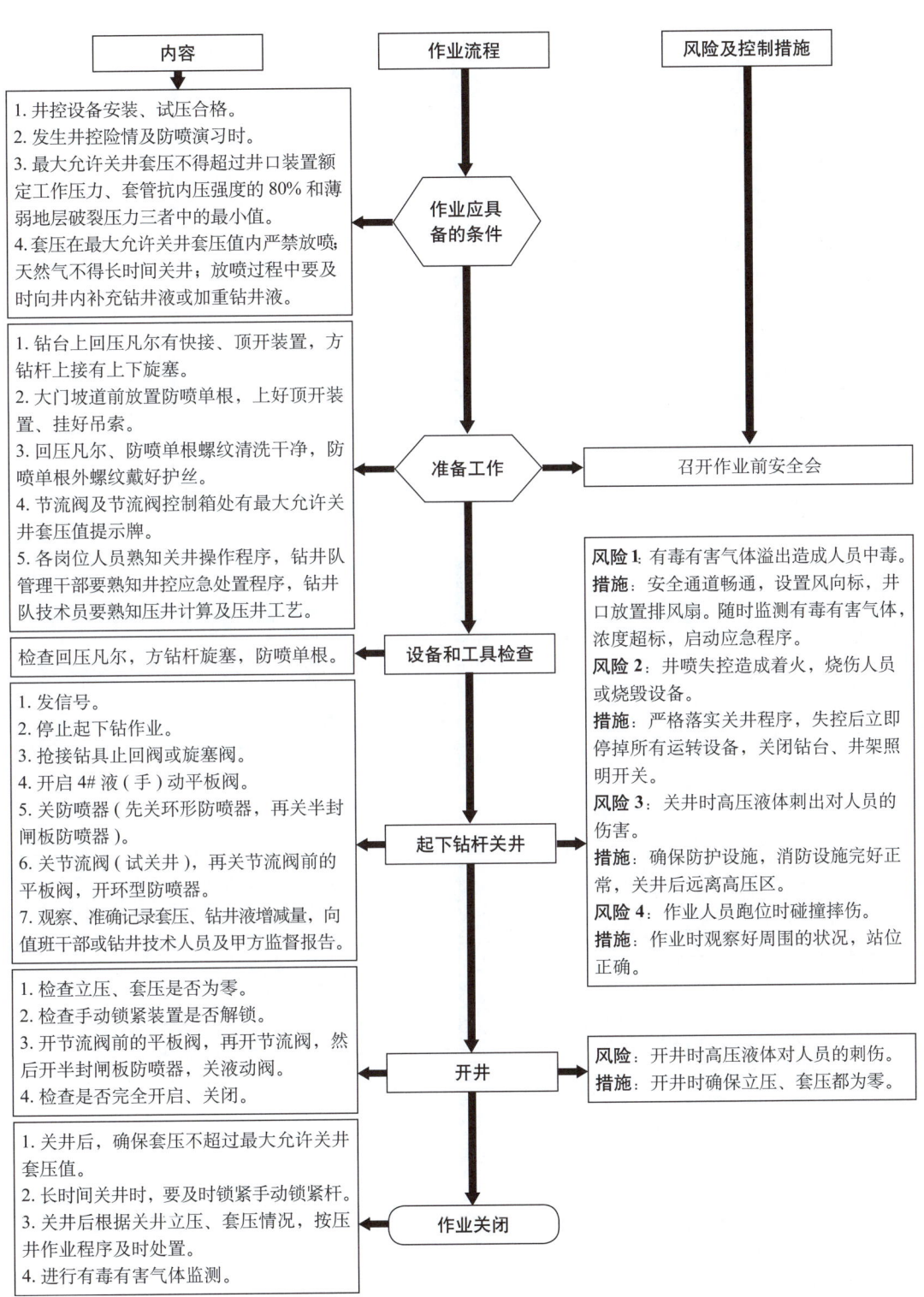

图 5.14 起下钻杆关井（非顶驱钻机）HSE 作业程序

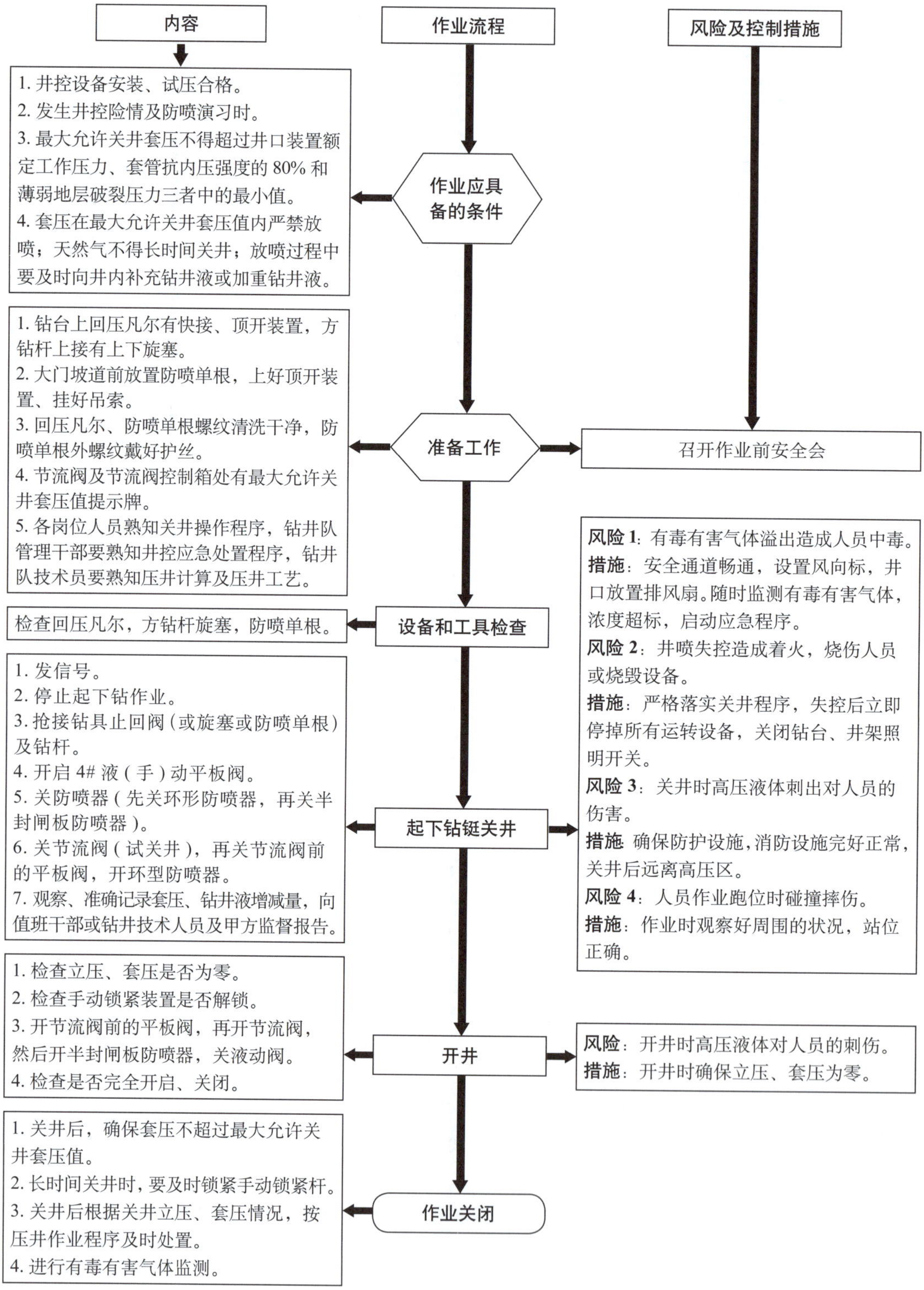

## 内容

**作业应具备的条件：**
1. 井控设备安装、试压合格。
2. 发生井控险情及防喷演习时。
3. 最大允许关井套压不得超过井口装置额定工作压力、套管抗内压强度的80%和薄弱地层破裂压力三者中的最小值。
4. 套压在最大允许关井套压值内严禁放喷；天然气不得长时间关井；放喷过程中要及时向井内补充钻井液或加重钻井液。

**准备工作：**
1. 钻台上回压凡尔有快接、顶开装置，方钻杆上接有上下旋塞。
2. 大门坡道前放置防喷单根，上好顶开装置、挂好吊索。
3. 回压凡尔、防喷单根螺纹清洗干净，防喷单根外螺纹戴好护丝。
4. 节流阀及节流阀控制箱处有最大允许关井套压值提示牌。
5. 各岗位人员熟知关井操作程序，钻井队管理干部要熟知井控应急处程序，钻井队技术员要熟知压井计算及压井工艺。

**设备和工具检查：** 检查回压凡尔，方钻杆旋塞，防喷单根。

**起下钻铤关井：**
1. 发信号。
2. 停止起下钻作业。
3. 抢接钻具止回阀（或旋塞或防喷单根）及钻杆。
4. 开启4#液(手)动平板阀。
5. 关防喷器（先关环形防喷器，再关半封闸板防喷器）。
6. 关节流阀（试关井），再关节流阀前的平板阀，开环型防喷器。
7. 观察、准确记录套压、钻井液增减量，向值班干部或钻井技术人员及甲方监督报告。

**开井：**
1. 检查立压、套压是否为零。
2. 检查手动锁紧装置是否解锁。
3. 开节流阀前的平板阀，再开节流阀，然后开半封闸板防喷器，关液动阀。
4. 检查是否完全开启、关闭。

**作业关闭：**
1. 关井后，确保套压不超过最大允许关井套压值。
2. 长时间关井时，要及时锁紧手动锁紧杆。
3. 关井后根据关井立压、套压情况，按压井作业程序及时处置。
4. 进行有毒有害气体监测。

## 作业流程

作业应具备的条件 → 准备工作 → 设备和工具检查 → 起下钻铤关井 → 开井 → 作业关闭

## 风险及控制措施

召开作业前安全会

**风险1：** 有毒有害气体溢出造成人员中毒。
**措施：** 安全通道畅通，设置风向标，井口放置排风扇。随时监测有毒有害气体，浓度超标，启动应急程序。

**风险2：** 井喷失控造成着火，烧伤人员或烧毁设备。
**措施：** 严格落实关井程序，失控后立即停掉所有运转设备，关闭钻台、井架照明开关。

**风险3：** 关井时高压液体刺出对人员的伤害。
**措施：** 确保防护设施，消防设施完好正常，关井后远离高压区。

**风险4：** 人员作业跑位时碰撞摔伤。
**措施：** 作业时观察好周围的状况，站位正确。

**风险：** 开井时高压液体对人员的刺伤。
**措施：** 开井时确保立压、套压为零。

图 5.15　起下钻铤关井（顶驱钻机）HSE 作业程序

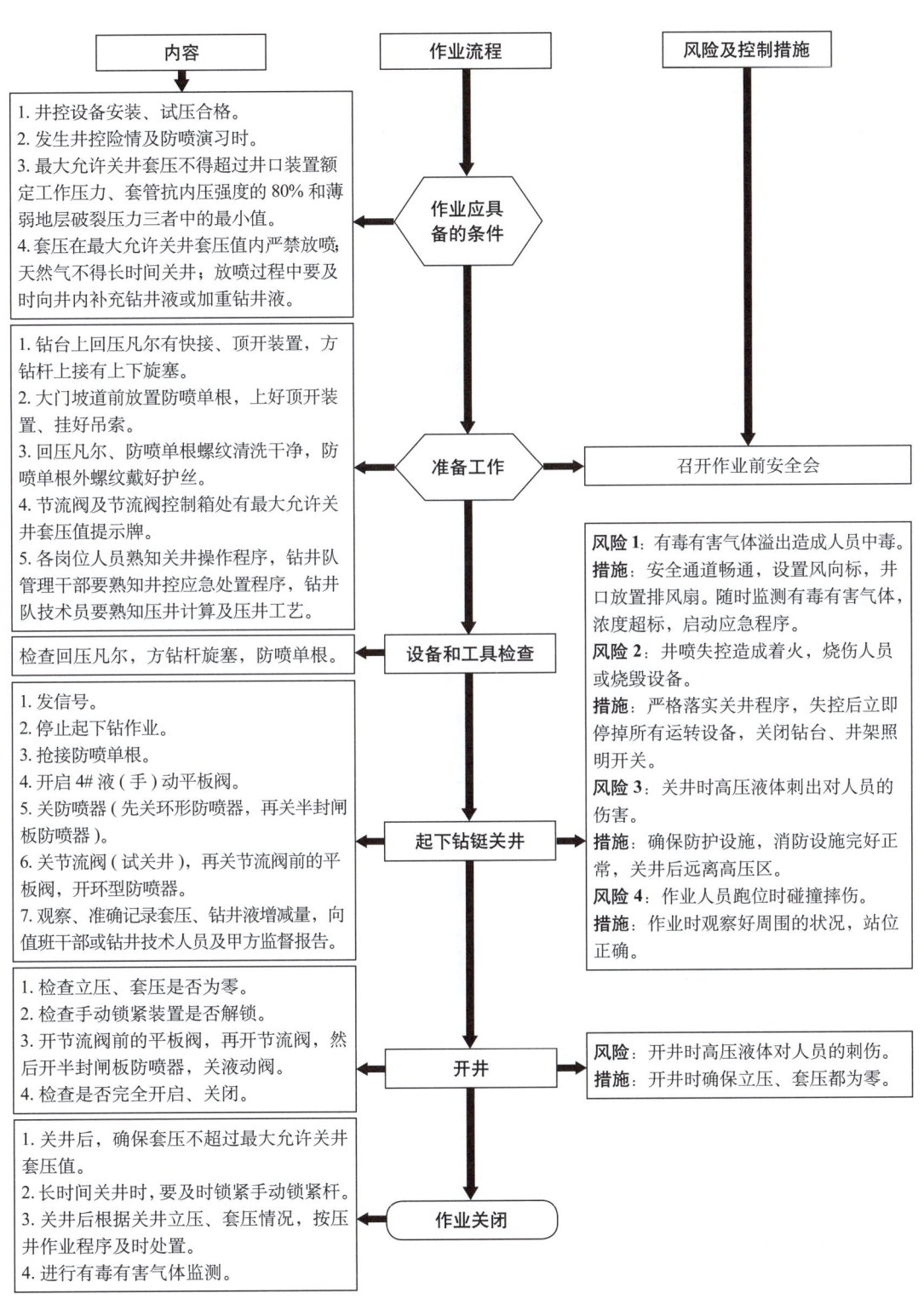

图 5.16 起下钻铤关井(非顶驱钻机)HSE 作业程序

## 图 5.17 空井关井（顶驱钻机）HSE 作业程序

| 内容 | 作业流程 | 风险及控制措施 |
|---|---|---|
| 1. 井控设备安装、试压合格。<br>2. 发生井控险情及防喷演习时。<br>3. 最大允许关井套压不得超过井口装置额定工作压力、套管抗内压强度的 80% 和薄弱地层破裂压力三者中的最小值。<br>4. 套压在最大允许关井套压值内严禁放喷；天然气不得长时间关井；放喷过程中要及时向井内补充钻井液或加重钻井液。 | 作业应具备的条件 | |
| 1. 钻台上回压凡尔有快接、顶开装置，方钻杆上接有上下旋塞。<br>2. 大门坡道前放置防喷单根，上好顶开装置，挂好吊索。<br>3. 回压凡尔、防喷单根螺纹清洗干净，防喷单根外螺纹戴好护丝。<br>4. 节流阀及节流阀控制箱处有最大允许关井套压值提示牌。<br>5. 各岗位人员熟知关井操作程序，钻井队管理干部要熟知井控应急处置程序，钻井队技术员要熟知压井计算及压井工艺。 | 准备工作 | 召开作业前安全会 |
| 检查回压凡尔，方钻杆旋塞，防喷单根。 | 设备和工具检查 | 风险 1：有毒有害气体溢出造成人员中毒。<br>措施：安全通道畅通，设置风向标，井口放置排风扇。随时监测有毒有害气体，浓度超标，启动应急程序。<br>风险 2：井喷失控造成着火、烧伤人员或烧毁设备。<br>措施：严格落实关井程序，失控后立即停掉所有运转设备，关闭钻台、井架照明开关。<br>风险 3：关井时高压液体刺出对人员的伤害。<br>措施：确保防护设施，消防设施完好正常，关井后远离高压区。<br>风险 4：人员作业跑位时碰撞摔伤。<br>措施：作业时观察好周围的状况，站位正确。 |
| 1. 发信号。<br>2. 开启 4# 液（手）动平板阀。<br>3. 关防喷器（全封闸板防喷器）。<br>4. 关节流阀（试关井），再关节流阀前的平板阀，开环型防喷器。<br>5. 观察、准确记录套压、钻井液增减量，向值班干部或钻井技术人员及甲方监督报告。 | 空井关井 | |
| 1. 检查立压、套压是否为零。<br>2. 检查手动锁紧装置是否解锁。<br>3. 开节流阀前的平板阀，再开节流阀，然后开半封闸板防喷器，关液动阀。<br>4. 检查是否完全开启、关闭。 | 开井 | 风险：开井时高压液体对人员的刺伤。<br>措施：开井时确保立压、套压为零。 |
| 1. 关井后，确保套压不超过最大允许关井套压值。<br>2. 长时间关井时，要及时锁紧手动锁紧杆。<br>3. 关井后根据关井立压、套压情况，按压井作业程序及时处置。<br>4. 进行有毒有害气体监测。 | 作业关闭 | |

图 5.17 空井关井（顶驱钻机）HSE 作业程序

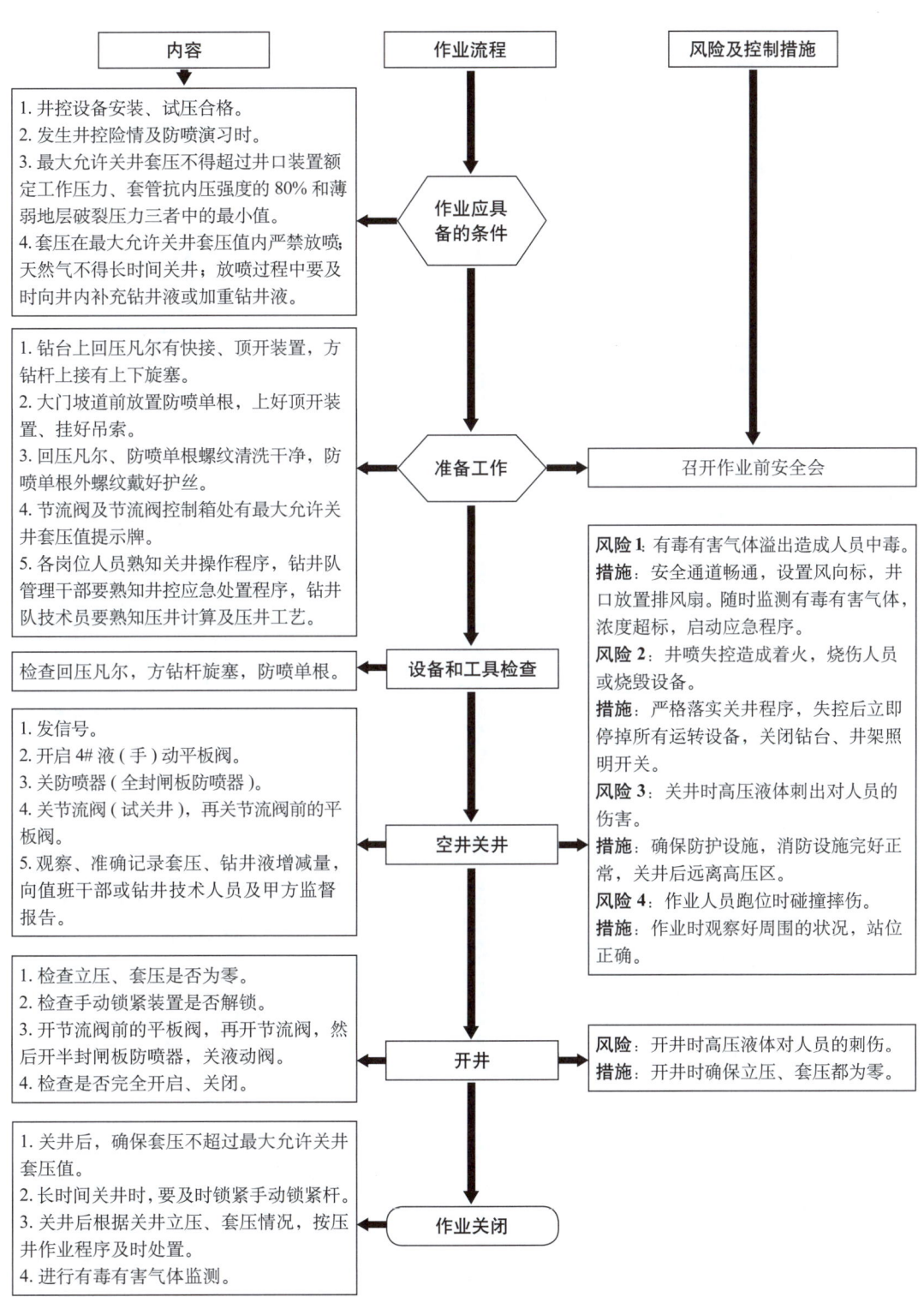

图 5.18 空井关井（非顶驱钻机）HSE 作业程序

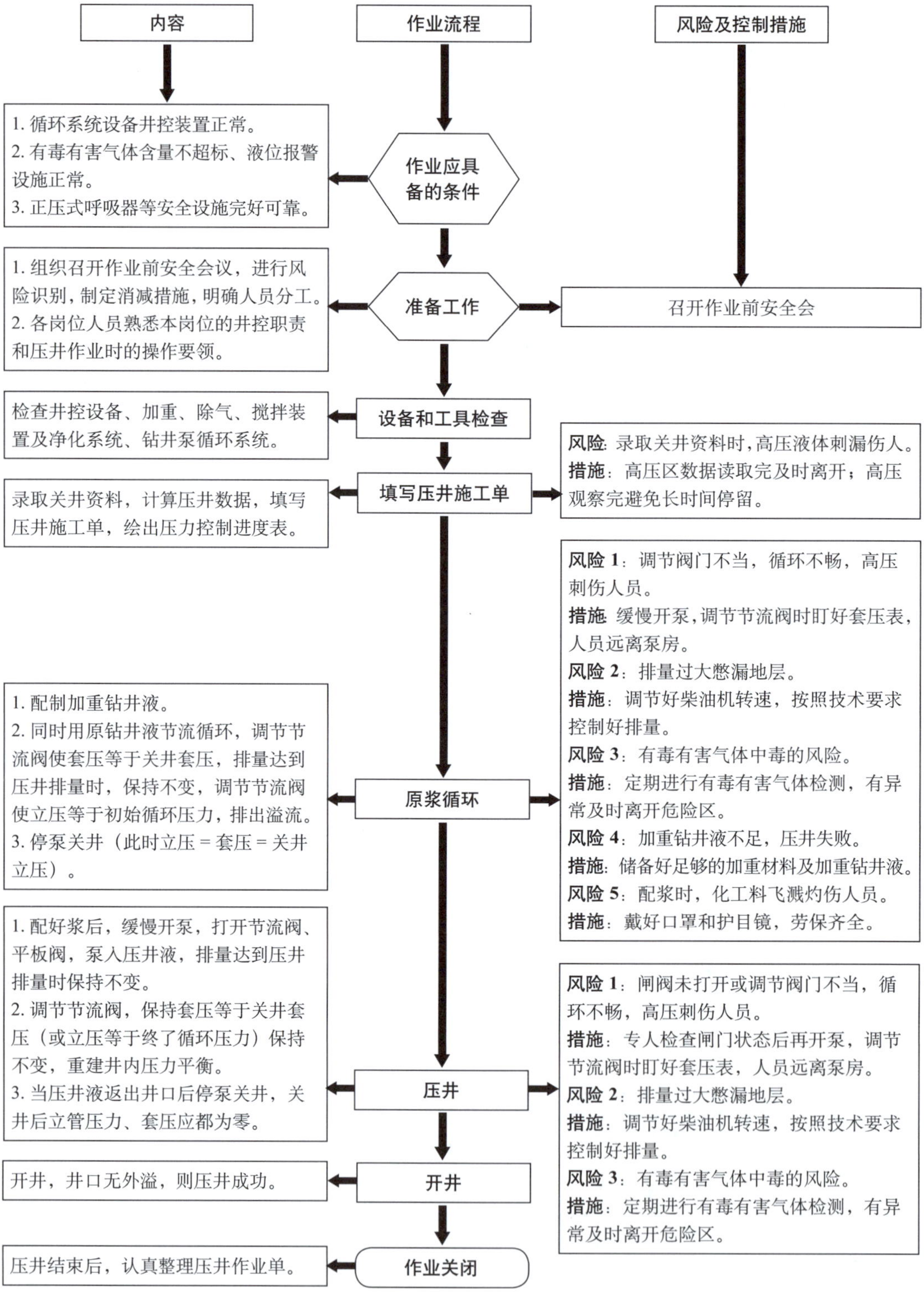

| 内容 | 作业流程 | 风险及控制措施 |
|---|---|---|
| 1. 循环系统设备井控装置正常。<br>2. 有毒有害气体含量不超标、液位报警设施正常。<br>3. 正压式呼吸器等安全设施完好可靠。 | 作业应具备的条件 | |
| 1. 组织召开作业前安全会议，进行风险识别，制定消减措施，明确人员分工。<br>2. 各岗位人员熟悉本岗位的井控职责和压井作业时的操作要领。 | 准备工作 | 召开作业前安全会 |
| 检查井控设备、加重、除气、搅拌装置及净化系统、钻井泵循环系统。 | 设备和工具检查 | |
| 录取关井资料，计算压井数据，填写压井施工单，绘出压力控制进度表。 | 填写压井施工单 | 风险：录取关井资料时，高压液体刺漏伤人。<br>措施：高压区数据读取完及时离开；高压观察完避免长时间停留。 |
| 1. 配制加重钻井液。<br>2. 同时用原钻井液节流循环，调节节流阀使套压等于关井套压，排量达到压井排量时，保持不变，调节节流阀使立压等于初始循环压力，排出溢流。<br>3. 停泵关井（此时立压 = 套压 = 关井立压）。 | 原浆循环 | 风险1：调节阀门不当，循环不畅，高压刺伤人员。<br>措施：缓慢开泵，调节节流阀时盯好套压表，人员远离泵房。<br>风险2：排量过大憋漏地层。<br>措施：调节好柴油机转速，按照技术要求控制好排量。<br>风险3：有毒有害气体中毒的风险。<br>措施：定期进行有毒有害气体检测，有异常及时离开危险区。<br>风险4：加重钻井液不足，压井失败。<br>措施：储备好足够的加重材料及加重钻井液。<br>风险5：配浆时，化工料飞溅灼伤人员。<br>措施：戴好口罩和护目镜，劳保齐全。 |
| 1. 配好浆后，缓慢开泵，打开节流阀、平板阀，泵入压井液，排量达到压井排量时保持不变。<br>2. 调节节流阀，保持套压等于关井套压（或立压等于终了循环压力）保持不变，重建井内压力平衡。<br>3. 当压井液返出井口后停泵关井，关井后立管压力、套压应都为零。 | 压井 | 风险1：闸阀未打开或调节阀门不当，循环不畅，高压刺伤人员。<br>措施：专人检查闸门状态后再开泵，调节节流阀时盯好套压表，人员远离泵房。<br>风险2：排量过大憋漏地层。<br>措施：调节好柴油机转速，按照技术要求控制好排量。<br>风险3：有毒有害气体中毒的风险。<br>措施：定期进行有毒有害气体检测，有异常及时离开危险区。 |
| 开井，井口无外溢，则压井成功。 | 开井 | |
| 压井结束后，认真整理压井作业单。 | 作业关闭 | |

图 5.19 压井 HSE 作业程序（司钻法）

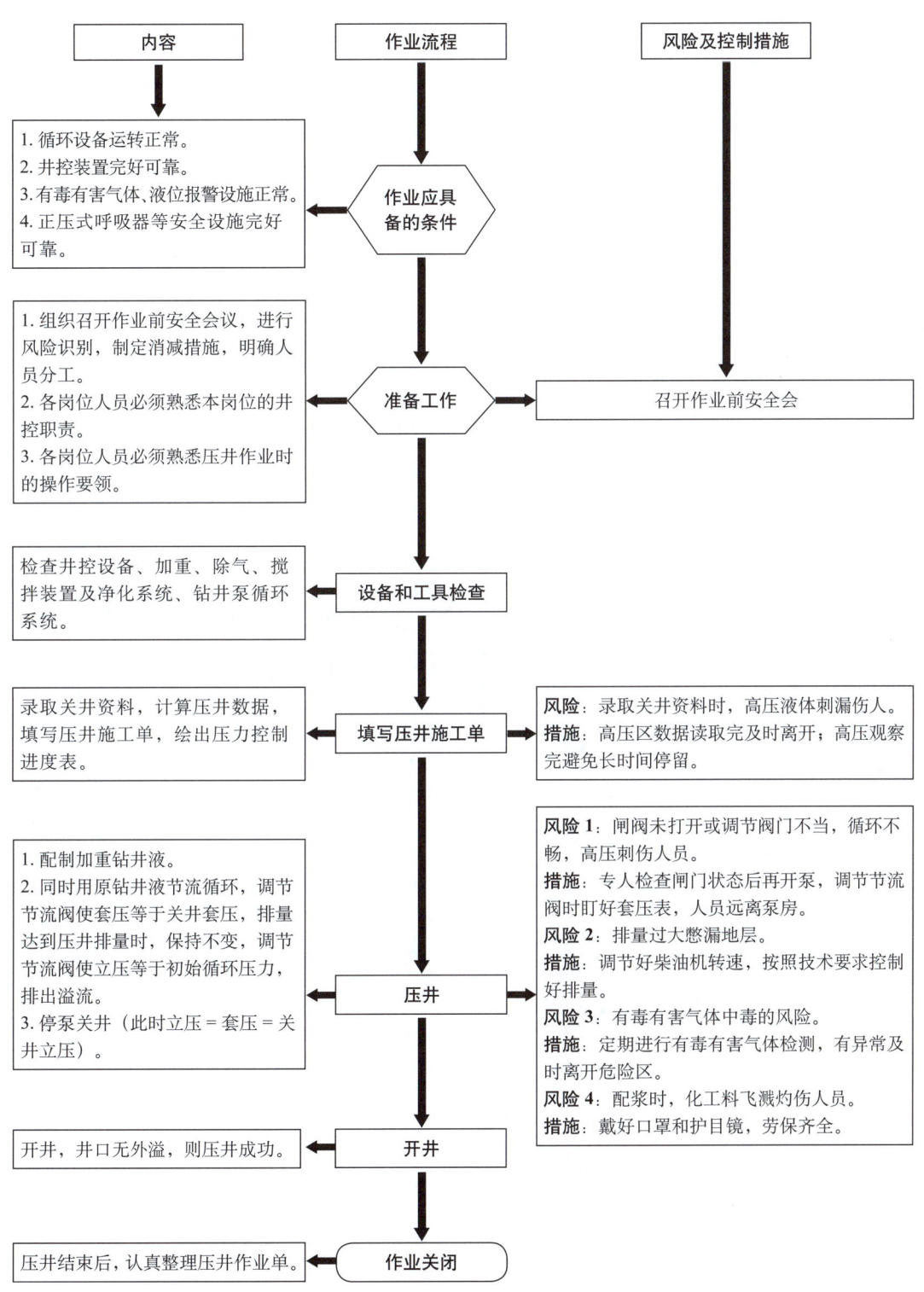

图 5.20 压井 HSE 作业程序（工程师法）

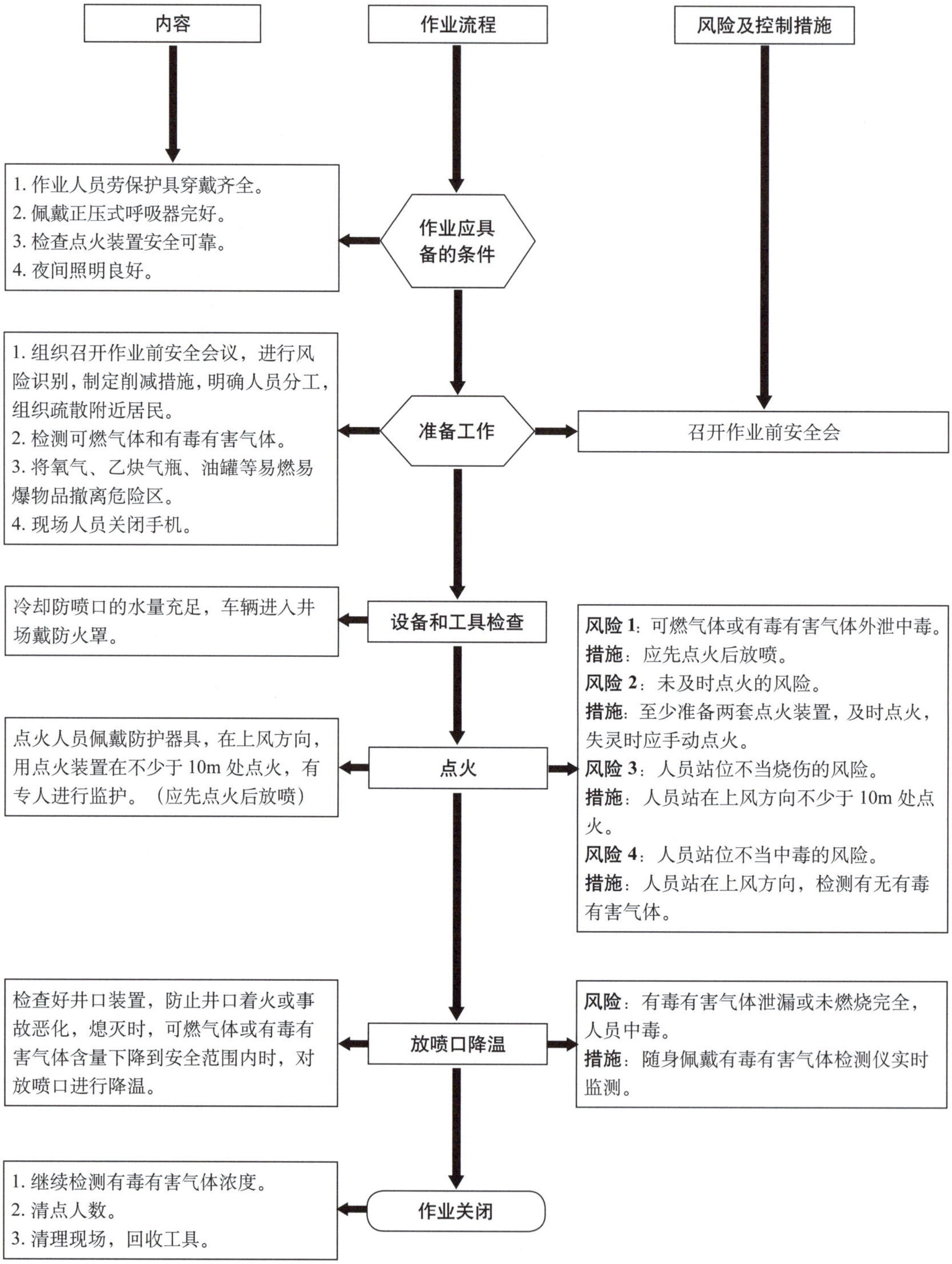

## 作业流程

**内容：**

1. 作业人员劳保护具穿戴齐全。
2. 佩戴正压式呼吸器完好。
3. 检查点火装置安全可靠。
4. 夜间照明良好。

↓ 作业应具备的条件

1. 组织召开作业前安全会议，进行风险识别，制定削减措施，明确人员分工，组织疏散附近居民。
2. 检测可燃气体和有毒有害气体。
3. 将氧气、乙炔气瓶、油罐等易燃易爆物品撤离危险区。
4. 现场人员关闭手机。

↓ 准备工作 → 召开作业前安全会

冷却防喷口的水量充足，车辆进入井场戴防火罩。

↓ 设备和工具检查

**风险1**：可燃气体或有毒有害气体外泄中毒。
**措施**：应先点火后放喷。
**风险2**：未及时点火的风险。
**措施**：至少准备两套点火装置，及时点火，失灵时应手动点火。

点火人员佩戴防护器具，在上风方向，用点火装置在不少于10m处点火，有专人进行监护。（应先点火后放喷）

↓ 点火

**风险3**：人员站位不当烧伤的风险。
**措施**：人员站在上风方向不少于10m处点火。
**风险4**：人员站位不当中毒的风险。
**措施**：人员站在上风方向，检测有无有毒有害气体。

检查好井口装置，防止井口着火或事故恶化，熄灭时，可燃气体或有毒有害气体含量下降到安全范围内时，对放喷口进行降温。

↓ 放喷口降温

**风险**：有毒有害气体泄漏或未燃烧完全，人员中毒。
**措施**：随身佩戴有毒有害气体检测仪实时监测。

1. 继续检测有毒有害气体浓度。
2. 清点人数。
3. 清理现场，回收工具。

↓ 作业关闭

图 5.21 放喷点火 HSE 作业程序

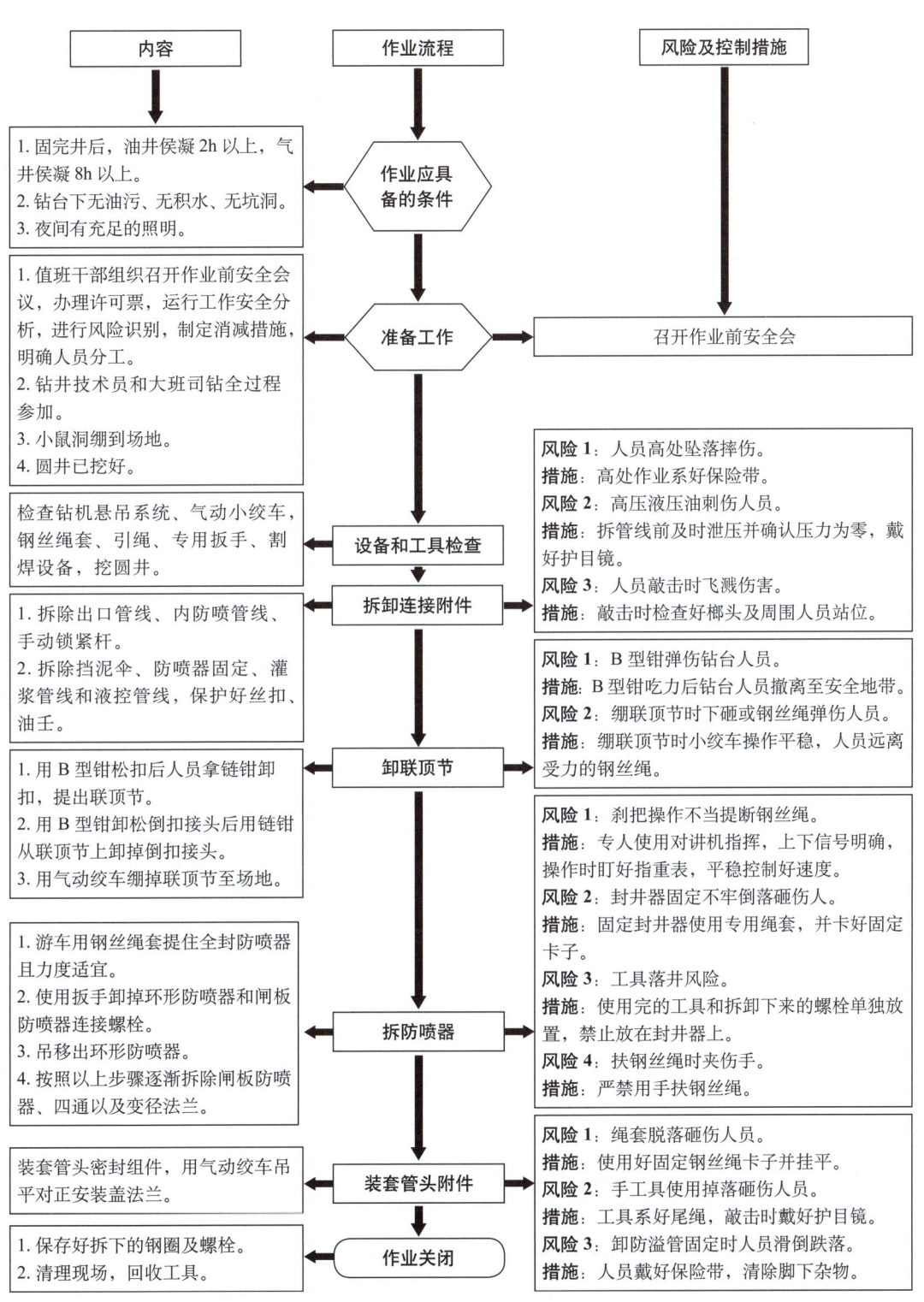

图 5.22 拆防喷器 HSE 作业程序（带套管头）

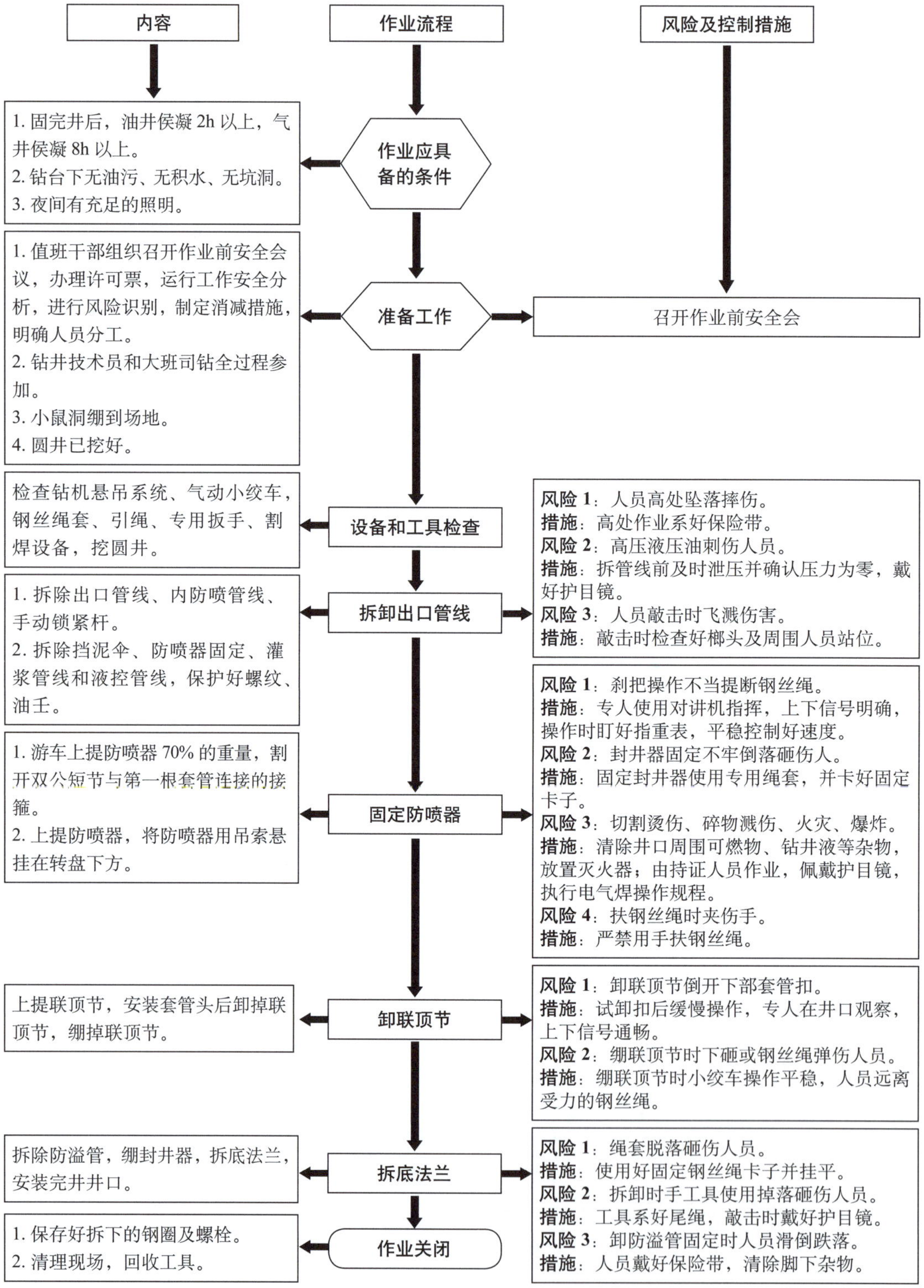

| 内容 | 作业流程 | 风险及控制措施 |
|---|---|---|
| 1. 固完井后，油井侯凝 2h 以上，气井侯凝 8h 以上。<br>2. 钻台下无油污、无积水、无坑洞。<br>3. 夜间有充足的照明。 | 作业应具备的条件 | |
| 1. 值班干部组织召开作业前安全会议，办理许可票，运行工作安全分析，进行风险识别，制定消减措施，明确人员分工。<br>2. 钻井技术员和大班司钻全过程参加。<br>3. 小鼠洞绷到场地。<br>4. 圆井已挖好。 | 准备工作 | 召开作业前安全会 |
| 检查钻机悬吊系统、气动小绞车，钢丝绳套、引绳、专用扳手、割焊设备，挖圆井。 | 设备和工具检查 | 风险1：人员高处坠落摔伤。<br>措施：高处作业系好保险带。<br>风险2：高压液压油刺伤人员。<br>措施：拆管线前及时泄压并确认压力为零，戴好护目镜。<br>风险3：人员敲击时飞溅伤害。<br>措施：敲击时检查好榔头及周围人员站位。 |
| 1. 拆除出口管线、内防喷管线、手动锁紧杆。<br>2. 拆除挡泥伞、防喷器固定、灌浆管线和液控管线，保护好螺纹、油壬。 | 拆卸出口管线 | |
| 1. 游车上提防喷器 70% 的重量，割开双公短节与第一根套管连接的接箍。<br>2. 上提防喷器，将防喷器用吊索悬挂在转盘下方。 | 固定防喷器 | 风险1：刹把操作不当提断钢丝绳。<br>措施：专人使用对讲机指挥，上下信号明确，操作时盯好指重表，平稳控制好速度。<br>风险2：封井器固定不牢倒落砸伤人。<br>措施：固定封井器使用专用绳套，并卡好固定卡子。<br>风险3：切割烫伤、碎物溅伤、火灾、爆炸。<br>措施：清除井口周围可燃物、钻井液等杂物，放置灭火器；由持证人员作业，佩戴护目镜，执行电气焊操作规程。<br>风险4：扶钢丝绳时夹伤手。<br>措施：严禁用手扶钢丝绳。 |
| 上提联顶节，安装套管头后卸掉联顶节，绷掉联顶节。 | 卸联顶节 | 风险1：卸联顶节倒开下部套管扣。<br>措施：试卸扣后缓慢操作，专人在井口观察，上下信号通畅。<br>风险2：绷联顶节时下砸或钢丝绳弹伤人员。<br>措施：绷联顶节时小绞车操作平稳，人员远离受力的钢丝绳。 |
| 拆除防溢管，绷封井器，拆底法兰，安装完井井口。 | 拆底法兰 | 风险1：绳套脱落砸伤人员。<br>措施：使用好固定钢丝绳卡子并挂平。<br>风险2：拆卸时手工具使用掉落砸伤人员。<br>措施：工具系好尾绳，敲击时戴好护目镜。<br>风险3：卸防溢管固定时人员滑倒跌落。<br>措施：人员戴好保险带，清除脚下杂物。 |
| 1. 保存好拆下的钢圈及螺栓。<br>2. 清理现场，回收工具。 | 作业关闭 | |

图 5.23 拆防喷器 HSE 作业程序（无套管头）

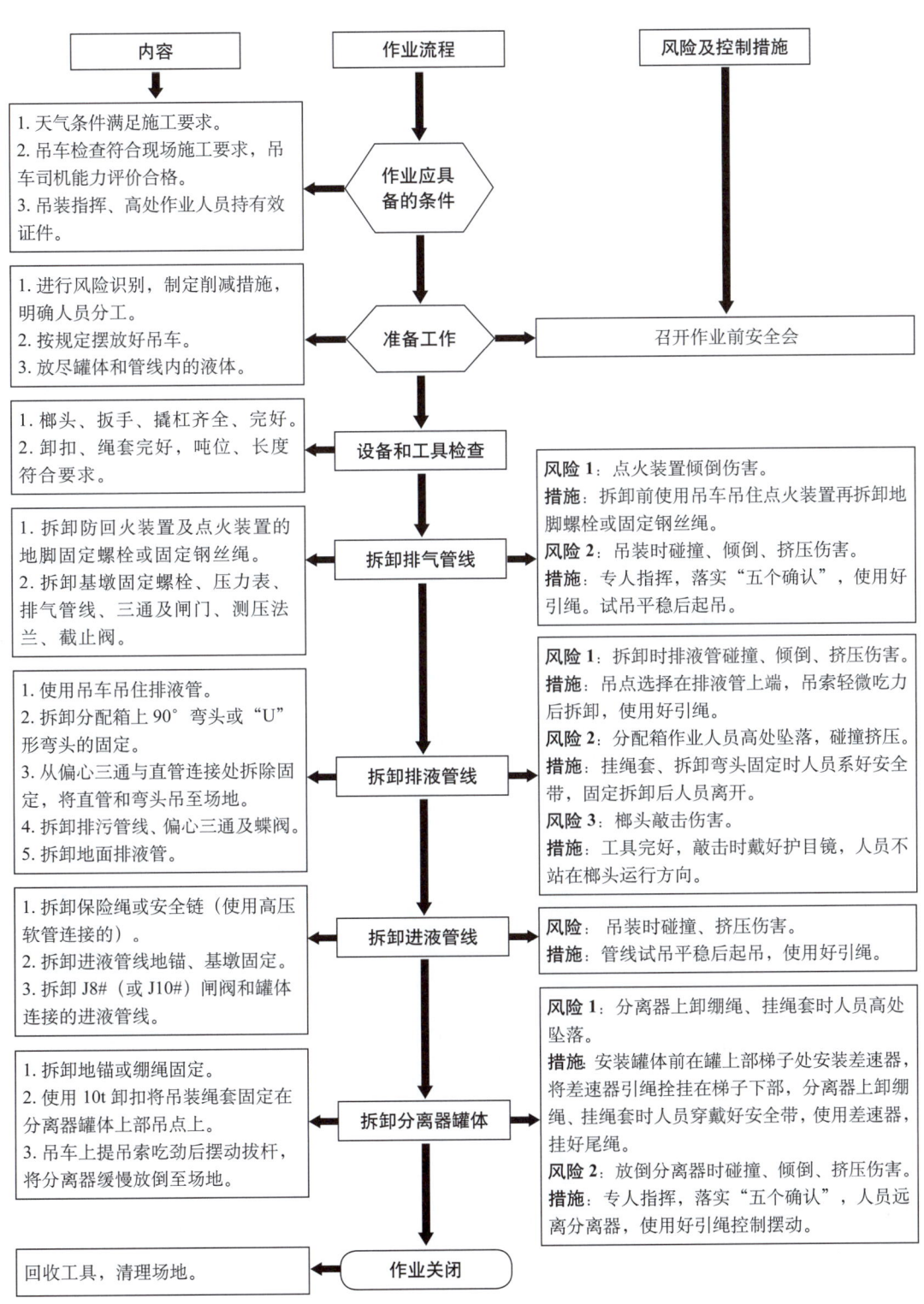

图 5.24 钻井液液气分离器拆卸 HSE 作业程序

# 6

## 设备操作与维修作业程序

## 6.1　设备操作与维修作业概述

设备操作是操作者按照操作设备的有关规定和程序，保障设备安全运行和保持良好的工作状态。

设备检维修是指设备技术状态劣化或发生故障后，为恢复其功能而进行的技术活动，包括各类计划修理和计划外的故障修理及事故修理。内容包括：设备维护保养、设备检查和设备修理，是为防止设备劣化，维持设备性能而进行的清扫、检查、润滑、紧固以及调整等日常维护保养工作；为测定设备劣化程度或性能降低程度而进行的必要检查；为修复劣化，恢复设备性能而进行的修理活动等。

本部分主要描述井口设备操作和常见维修作业程序。

## 6.2　设备操作与维修作业程序

设备操作与维修作业程序包括：
(1) 更换盘刹块 HSE 作业程序；
(2) 电磁刹车操作 HSE 作业程序；
(3) 北石顶驱安装 HSE 作业程序；
(4) 拆卸顶驱 HSE 作业程序；
(5) 钻井泵（电传动）开关 HSE 作业程序；
(6) 钻井泵（皮带传动或万向轴传动）开关 HSE 作业程序；
(7) 更换钻井泵阀座 HSE 作业程序；
(8) 更换钻井泵缸套和活塞 HSE 作业程序；
(9) 保养钻井泵安全阀作业程序；
(10) 检查钻井泵安全阀 HSE 作业程序；
(11) 更换钻井泵空气包胶囊 HSE 作业程序；
(12) 液气大钳操作 HSE 作业程序；

（13）B 型大钳上卸扣 HSE 作业程序；

（14）气动卡瓦使用 HSE 作业程序；

（15）更换气囊离合器 HSE 作业程序；

（16）电焊机 HSE 作业程序。

具体程序如图 6.1 至图 6.16 所示。

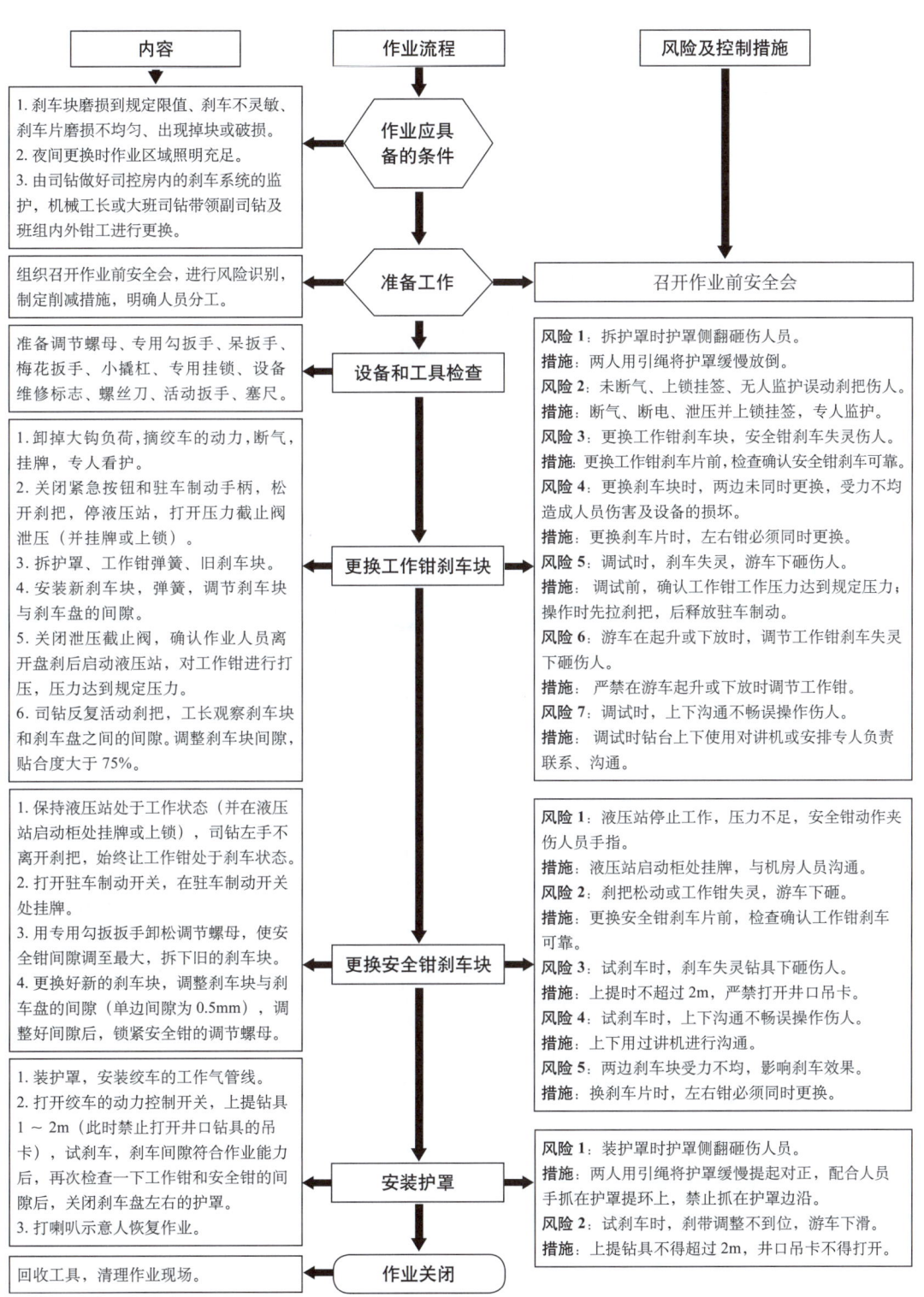

图 6.1　更换盘刹块 HSE 作业程序

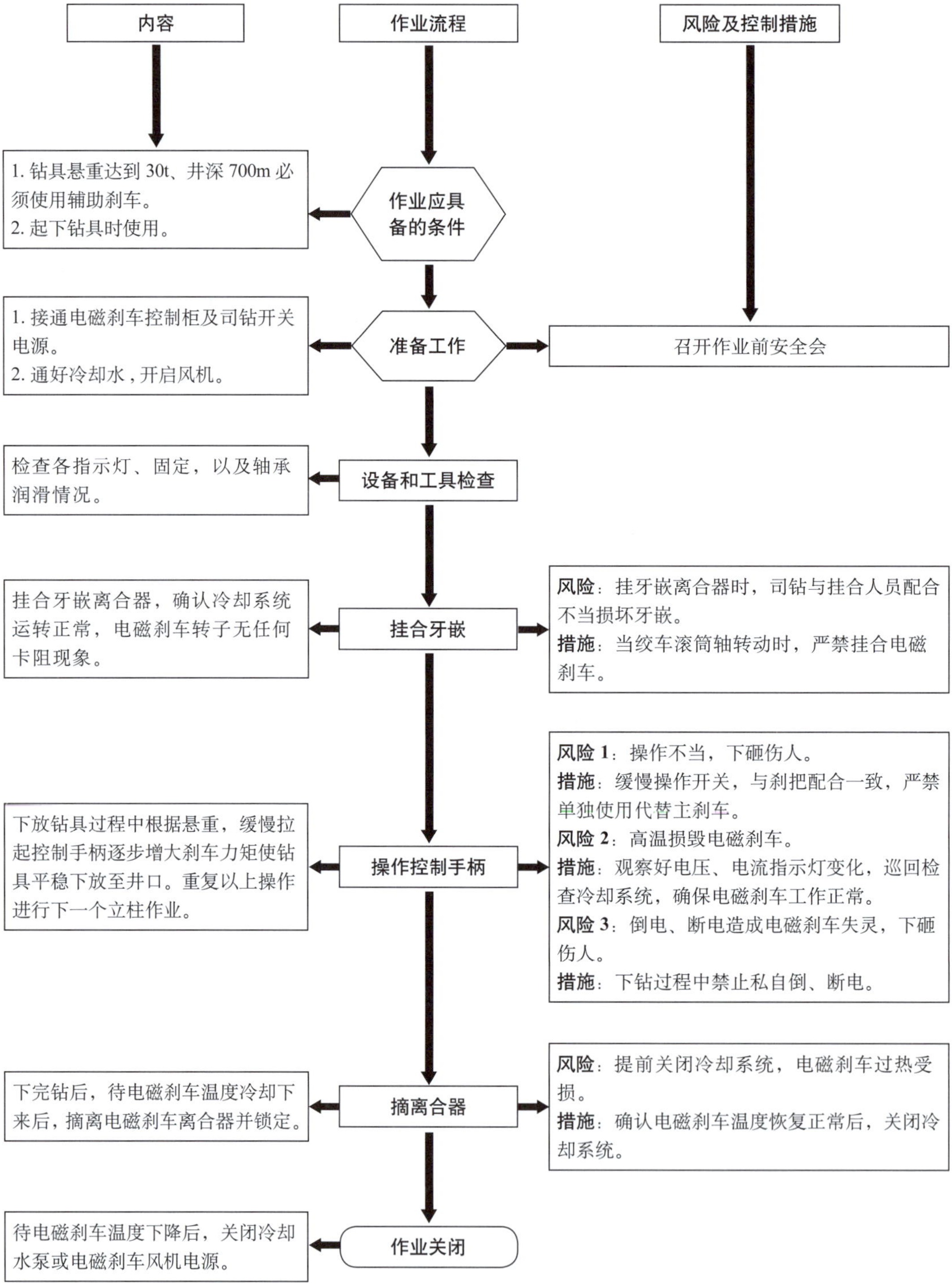

| 内容 | 作业流程 | 风险及控制措施 |
|---|---|---|
| 1. 钻具悬重达到 30t、井深 700m 必须使用辅助刹车。<br>2. 起下钻具时使用。 | 作业应具备的条件 | |
| 1. 接通电磁刹车控制柜及司钻开关电源。<br>2. 通好冷却水，开启风机。 | 准备工作 | 召开作业前安全会 |
| 检查各指示灯、固定，以及轴承润滑情况。 | 设备和工具检查 | |
| 挂合牙嵌离合器，确认冷却系统运转正常，电磁刹车转子无任何卡阻现象。 | 挂合牙嵌 | **风险**：挂牙嵌离合器时，司钻与挂合人员配合不当损坏牙嵌。<br>**措施**：当绞车滚筒轴转动时，严禁挂合电磁刹车。 |
| 下放钻具过程中根据悬重，缓慢拉起控制手柄逐步增大刹车力矩使钻具平稳下放至井口。重复以上操作进行下一个立柱作业。 | 操作控制手柄 | **风险1**：操作不当，下砸伤人。<br>**措施**：缓慢操作开关，与刹把配合一致，严禁单独使用代替主刹车。<br>**风险2**：高温损毁电磁刹车。<br>**措施**：观察好电压、电流指示灯变化，巡回检查冷却系统，确保电磁刹车工作正常。<br>**风险3**：倒电、断电造成电磁刹车失灵，下砸伤人。<br>**措施**：下钻过程中禁止私自倒、断电。 |
| 下完钻后，待电磁刹车温度冷却下来后，摘离电磁刹车离合器并锁定。 | 摘离合器 | **风险**：提前关闭冷却系统，电磁刹车过热受损。<br>**措施**：确认电磁刹车温度恢复正常后，关闭冷却系统。 |
| 待电磁刹车温度下降后，关闭冷却水泵或电磁刹车风机电源。 | 作业关闭 | |

图 6.2 电磁刹车操作 HSE 作业程序

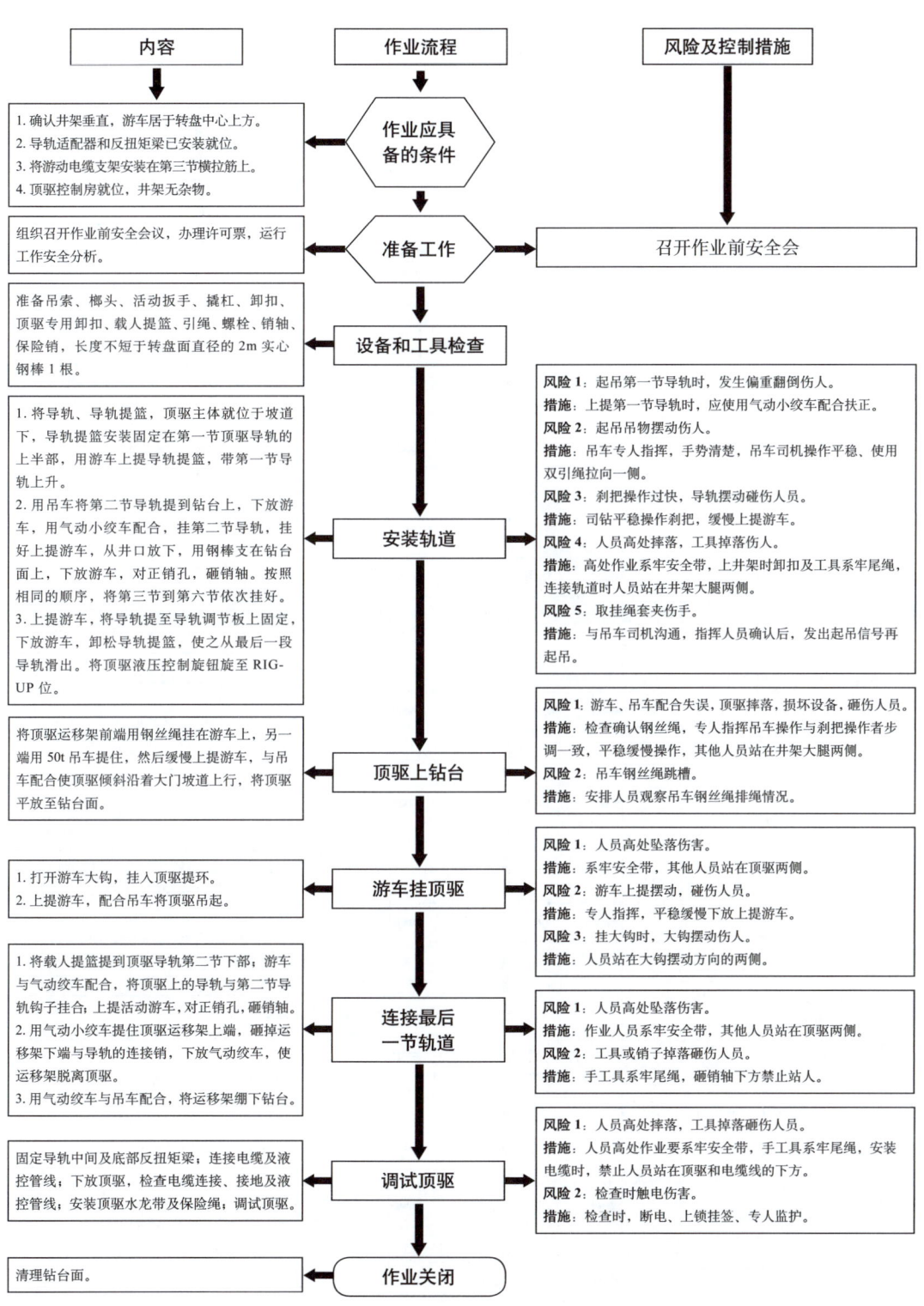

图 6.3 北石顶驱安装 HSE 作业程序

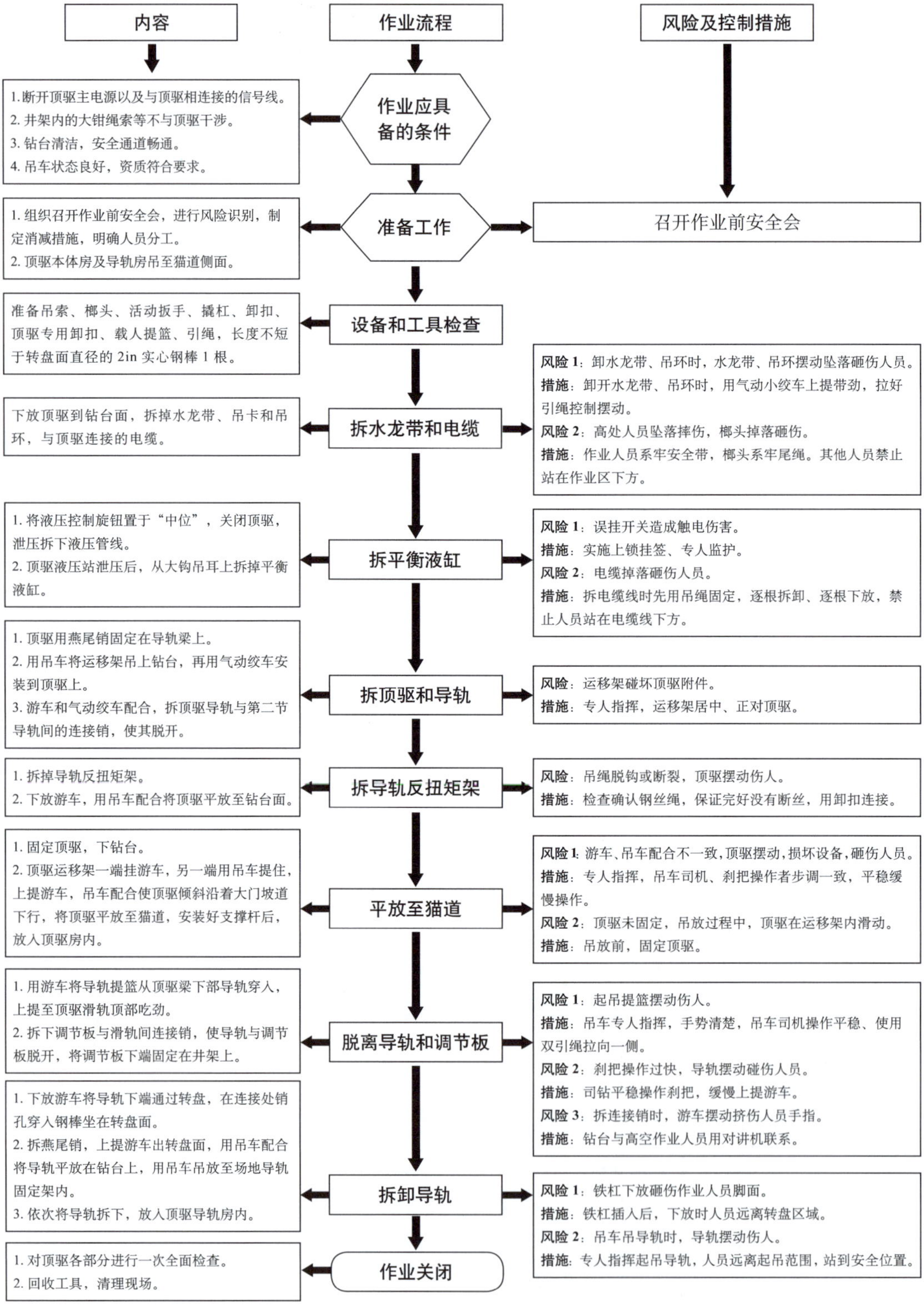

| 内容 | 作业流程 | 风险及控制措施 |
|---|---|---|
| 1. 断开顶驱主电源以及与顶驱相连接的信号线。<br>2. 井架内的大钳绳索等不与顶驱干涉。<br>3. 钻台清洁，安全通道畅通。<br>4. 吊车状态良好，资质符合要求。 | 作业应具备的条件 | |
| 1. 组织召开作业前安全会，进行风险识别，制定消减措施，明确人员分工。<br>2. 顶驱本体房及导轨吊至猫道侧面。 | 准备工作 | 召开作业前安全会 |
| 准备吊索、榔头、活动扳手、撬杠、卸扣、顶驱专用卸扣、载人提篮、引绳，长度不短于转盘面直径的 2in 实心钢棒 1 根。 | 设备和工具检查 | |
| 下放顶驱到钻台面，拆掉水龙带、吊卡和吊环，与顶驱连接的电缆。 | 拆水龙带和电缆 | 风险1：卸水龙带、吊环时，水龙带、吊环摆动坠落砸伤人员。<br>措施：卸开水龙带、吊环时，用气动小绞车上提带劲，拉好引绳控制摆动。<br>风险2：高处人员坠落摔伤，榔头掉落砸伤。<br>措施：作业人员系牢安全带，榔头系牢尾绳。其他人员禁止站在作业区下方。 |
| 1. 将液压控制旋钮置于"中位"，关闭顶驱，泄压拆下液压管线。<br>2. 顶驱液压站泄压后，从大钩吊耳上拆掉平衡液缸。 | 拆平衡液缸 | 风险1：误挂开关造成触电伤害。<br>措施：实施上锁挂签、专人监护。<br>风险2：电缆掉落砸伤人员。<br>措施：拆电缆线时先用吊绳固定，逐根拆卸、逐根下放，禁止人员站在电缆线下方。 |
| 1. 顶驱用燕尾销固定在导轨梁上。<br>2. 用吊车将运移架吊上钻台，再用气动绞车安装到顶驱上。<br>3. 游车和气动绞车配合，拆顶驱导轨与第二节导轨间的连接销，使其脱开。 | 拆顶驱和导轨 | 风险：运移架碰坏顶驱附件。<br>措施：专人指挥，运移架居中、正对顶驱。 |
| 1. 拆掉导轨反扭矩架。<br>2. 下放游车，用吊车配合将顶驱平放至钻台面。 | 拆导轨反扭矩架 | 风险：吊绳脱钩或断裂，顶驱摆动伤人。<br>措施：检查确认钢丝绳，保证完好没有断丝，用卸扣连接。 |
| 1. 固定顶驱，下钻台。<br>2. 顶驱运移架一端挂游车，另一端用吊车提住，上提游车，吊车配合使顶驱倾斜沿着大门坡道下行，将顶驱平放至猫道，安装好支撑杆后，放入顶驱房内。 | 平放至猫道 | 风险1：游车、吊车配合不一致，顶驱摆动，损坏设备，砸伤人员。<br>措施：专人指挥，吊车司机、刹把操作者步调一致，平稳缓慢操作。<br>风险2：顶驱未固定，吊放过程中，顶驱在运移架内滑动。<br>措施：吊放前，固定顶驱。 |
| 1. 用游车将导轨提篮从顶驱梁下部导轨穿入，上提至顶驱滑轨顶部吃劲。<br>2. 拆下调节板与滑轨间连接销，使导轨与调节板脱开，将调节板下端固定在井架上。 | 脱离导轨和调节板 | 风险1：起吊提篮摆动伤人。<br>措施：吊车专人指挥，手势清楚，吊车司机操作平稳，使用双引绳拉向一侧。<br>风险2：刹把操作过快，导轨摆动碰伤人员。<br>措施：司钻平稳操作刹把，缓慢上提游车。<br>风险3：拆连接销时，游车摆动挤伤人员手指。<br>措施：钻台与高空作业人员用对讲机联系。 |
| 1. 下放游车将导轨下端通过转盘，在连接处销孔内穿入钢棒坐在转盘面。<br>2. 上提燕尾销，上提游车出转盘面，用吊车配合将导轨平放在钻台上，用吊车吊放至场地导轨固定架内。<br>3. 依次将导轨拆下，放入顶驱导轨房内。 | 拆卸导轨 | 风险1：铁杠下放砸伤作业人员脚面。<br>措施：铁杠插人后，下放时人员远离转盘区域。<br>风险2：吊车吊导轨时，导轨摆动伤人。<br>措施：专人指挥起吊导轨，人员远离起吊范围，站到安全位置。 |
| 1. 对顶驱各部分进行一次全面检查。<br>2. 回收工具，清理现场。 | 作业关闭 | |

图 6.4 拆卸顶驱 HSE 作业程序

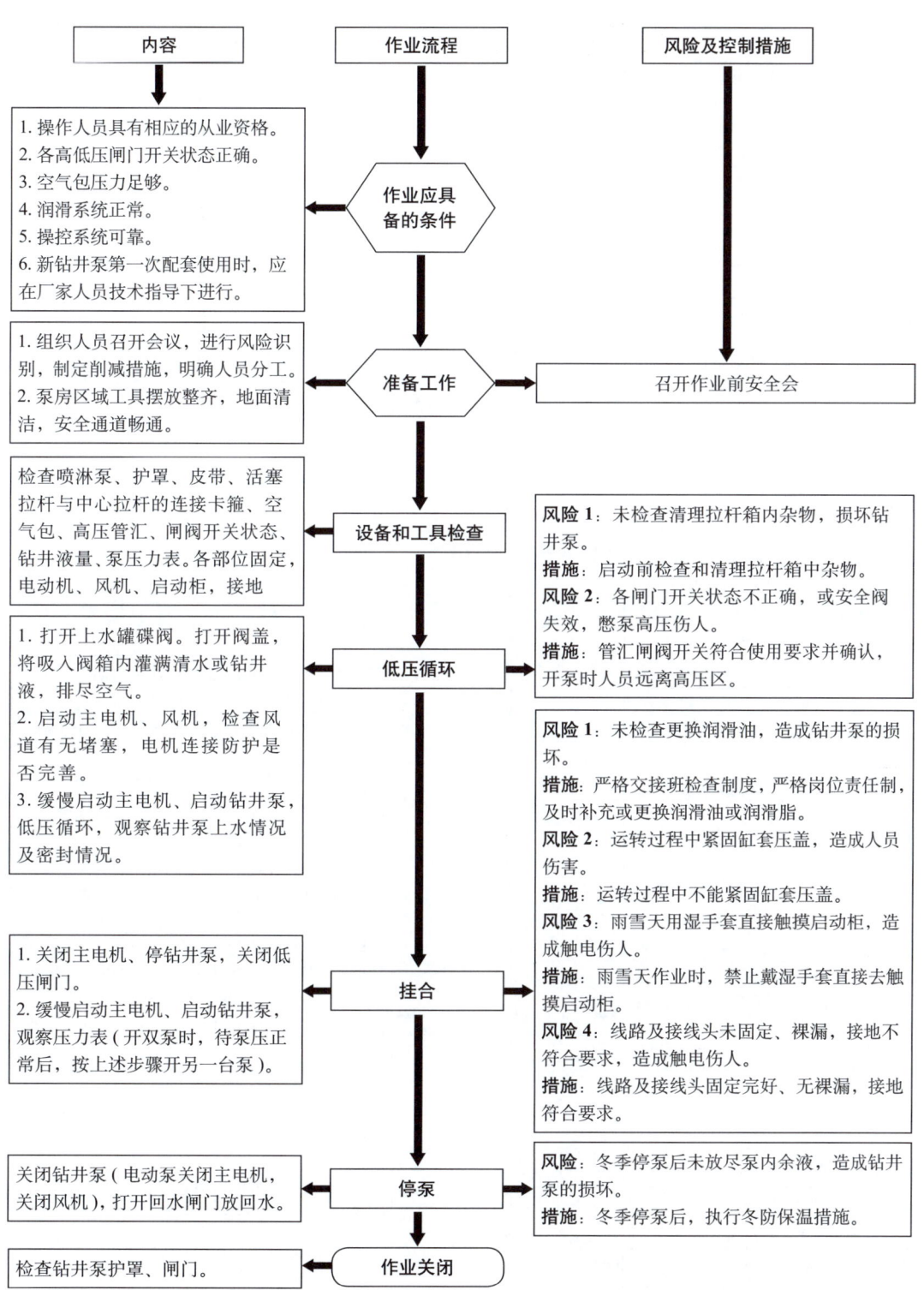

图 6.5 钻井泵(电传动)开关 HSE 作业程序

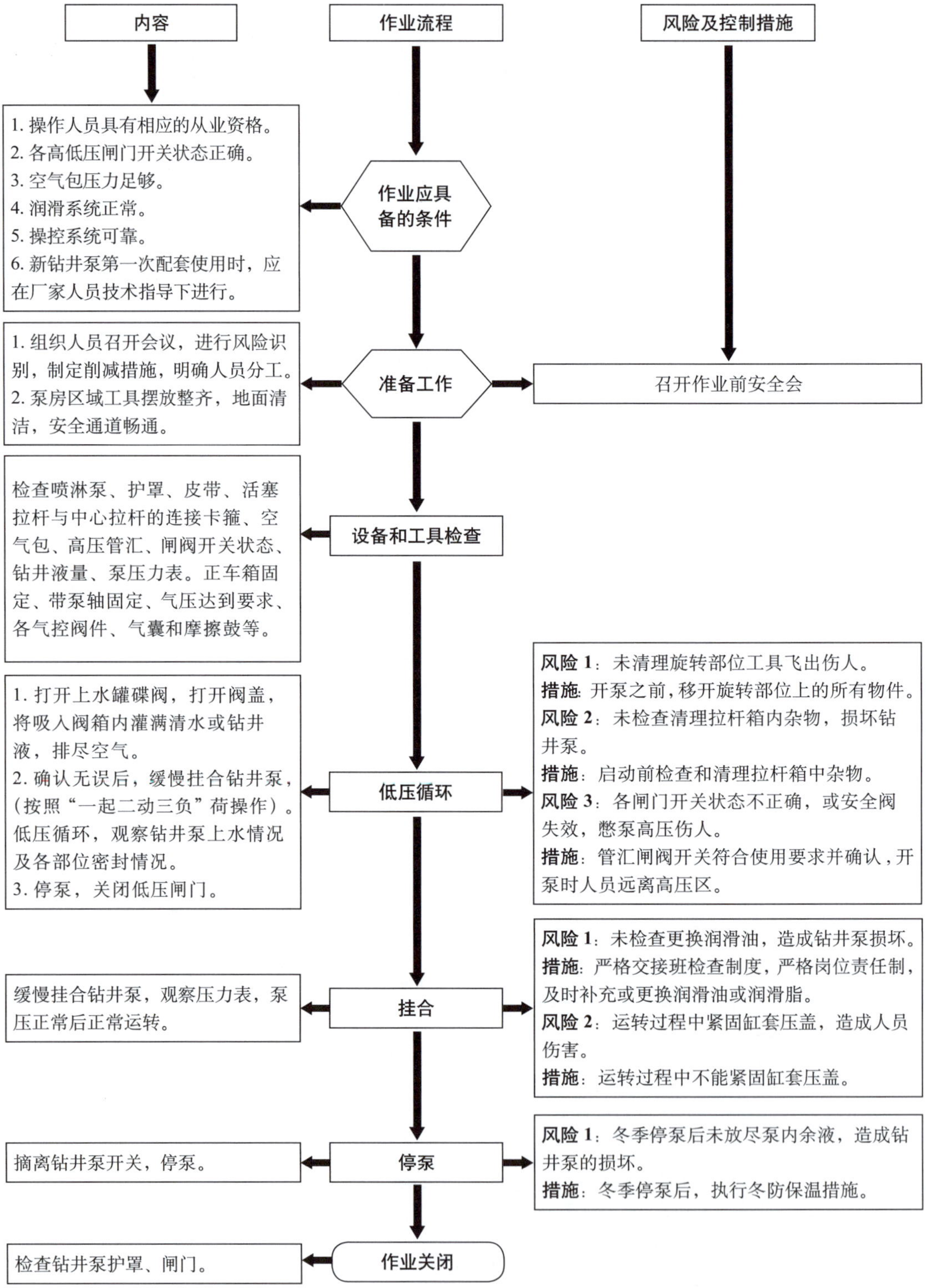

| 内容 | 作业流程 | 风险及控制措施 |
|---|---|---|
| 1. 操作人员具有相应的从业资格。<br>2. 各高低压闸门开关状态正确。<br>3. 空气包压力足够。<br>4. 润滑系统正常。<br>5. 操控系统可靠。<br>6. 新钻井泵第一次配套使用时，应在厂家人员技术指导下进行。 | 作业应具备的条件 | |
| 1. 组织人员召开会议，进行风险识别，制定削减措施，明确人员分工。<br>2. 泵房区域工具摆放整齐，地面清洁，安全通道畅通。 | 准备工作 | 召开作业前安全会 |
| 检查喷淋泵、护罩、皮带、活塞拉杆与中心拉杆的连接卡箍、空气包、高压管汇、闸阀开关状态、钻井液量、泵压力表。正车箱固定、带泵轴固定、气压达到要求、各气控阀件、气囊和摩擦鼓等。 | 设备和工具检查 | |
| 1. 打开上水罐碟阀，打开阀盖，将吸入阀箱内灌满清水或钻井液，排尽空气。<br>2. 确认无误后，缓慢挂合钻井泵，（按照"一起二动三负"荷操作）。低压循环，观察钻井泵上水情况及各部位密封情况。<br>3. 停泵，关闭低压闸门。 | 低压循环 | **风险1**：未清理旋转部位工具飞出伤人。<br>**措施**：开泵之前，移开旋转部位上的所有物件。<br>**风险2**：未检查清理拉杆箱内杂物，损坏钻井泵。<br>**措施**：启动前检查和清理拉杆箱中杂物。<br>**风险3**：各闸门开关状态不正确，或安全阀失效，憋泵高压伤人。<br>**措施**：管汇闸阀开关符合使用要求并确认，开泵时人员远离高压区。 |
| 缓慢挂合钻井泵，观察压力表，泵压正常后正常运转。 | 挂合 | **风险1**：未检查更换润滑油，造成钻井泵损坏。<br>**措施**：严格交接班检查制度，严格岗位责任制，及时补充或更换润滑油或润滑脂。<br>**风险2**：运转过程中紧固缸套压盖，造成人员伤害。<br>**措施**：运转过程中不能紧固缸套压盖。 |
| 摘离钻井泵开关，停泵。 | 停泵 | **风险1**：冬季停泵后未放尽泵内余液，造成钻井泵的损坏。<br>**措施**：冬季停泵后，执行冬防保温措施。 |
| 检查钻井泵护罩、闸门。 | 作业关闭 | |

图 6.6 钻井泵（皮带传动或万向轴传动）开关 HSE 作业程序

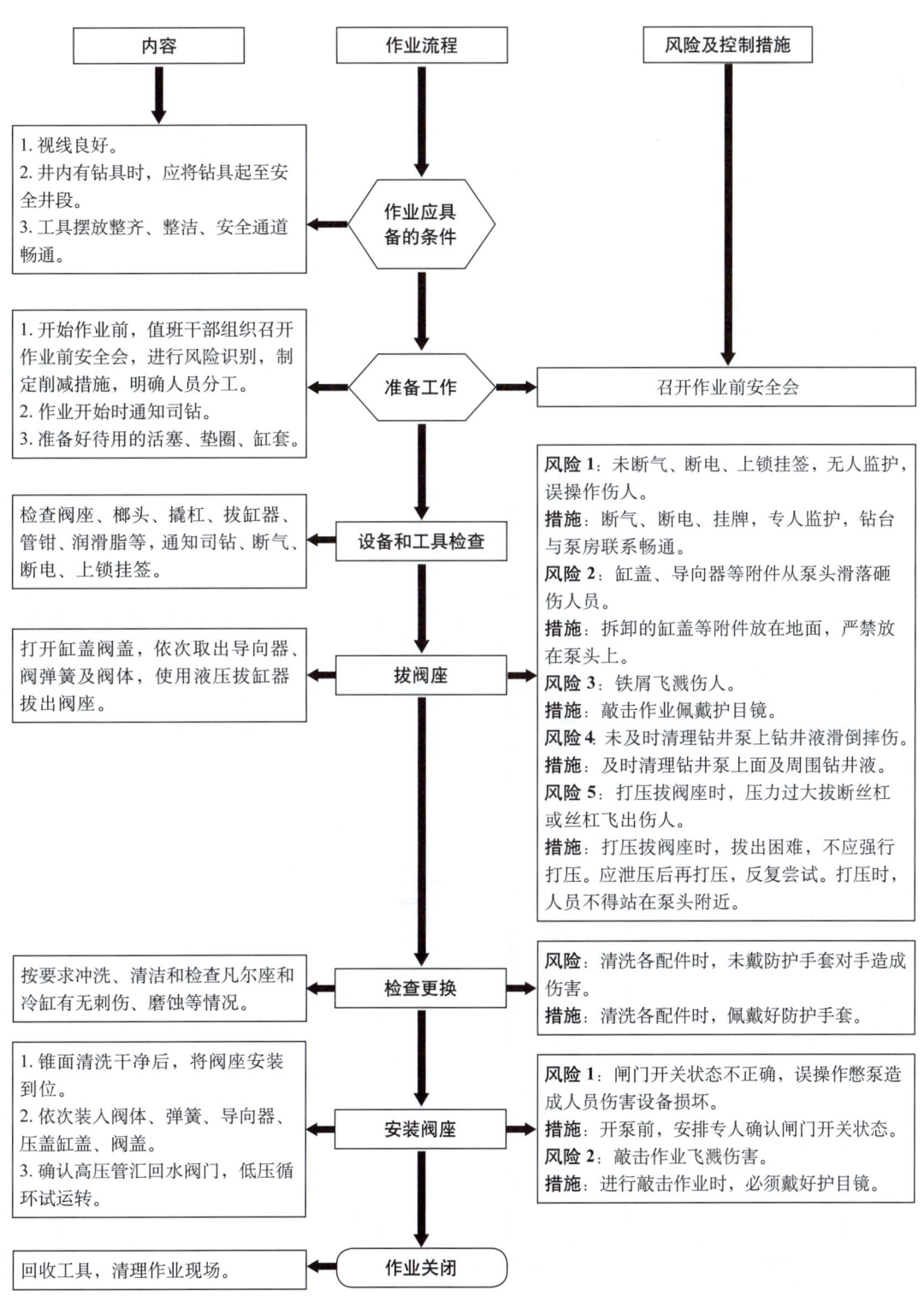

图 6.7　更换钻井泵阀座 HSE 作业程序

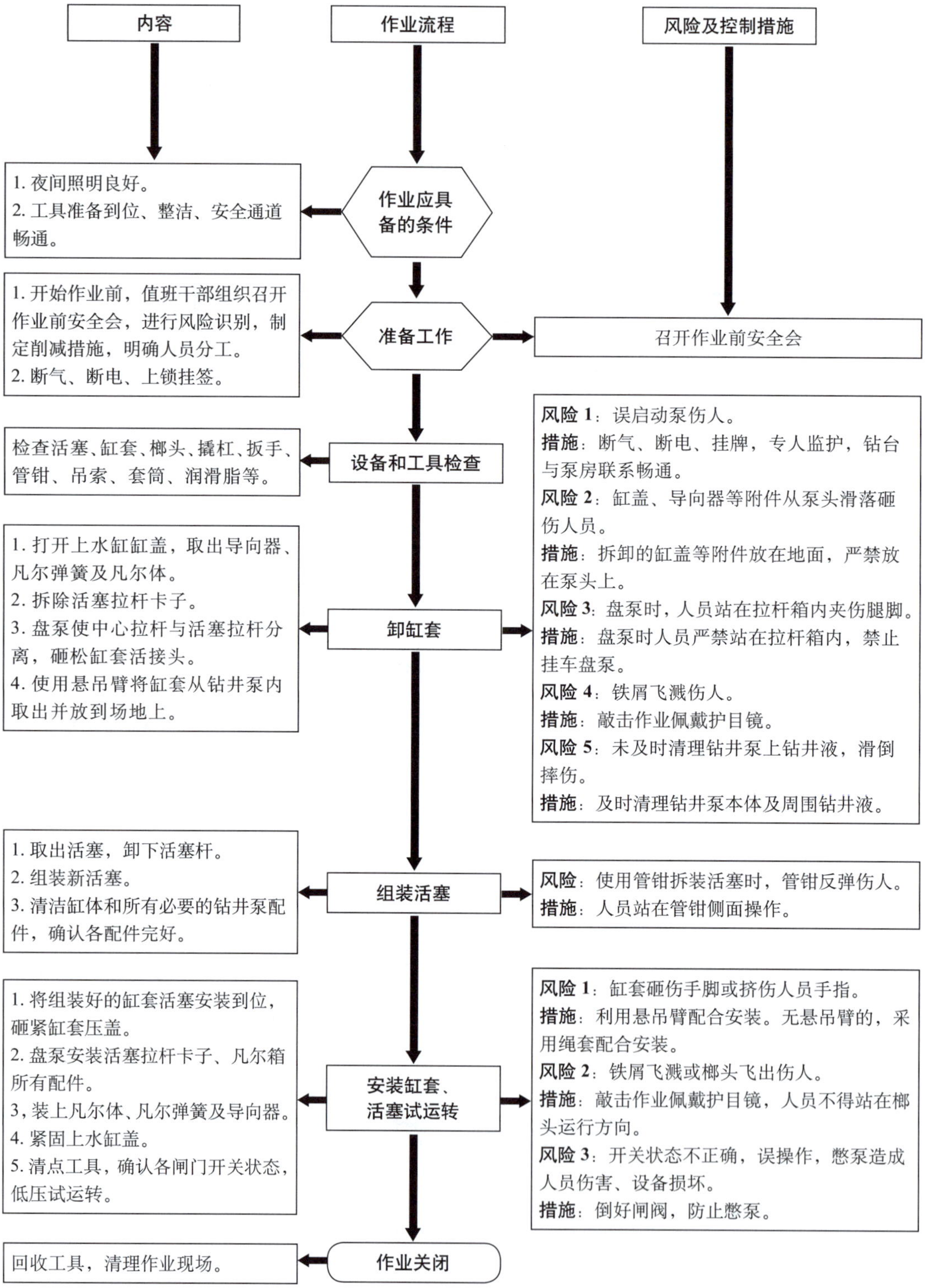

# 更换钻井泵缸套和活塞 HSE 作业程序

| 内容 | 作业流程 | 风险及控制措施 |
|---|---|---|
| 1. 夜间照明良好。<br>2. 工具准备到位、整洁、安全通道畅通。 | 作业应具备的条件 | |
| 1. 开始作业前，值班干部组织召开作业前安全会，进行风险识别，制定削减措施，明确人员分工。<br>2. 断气、断电、上锁挂签。 | 准备工作 | 召开作业前安全会 |
| 检查活塞、缸套、榔头、撬杠、扳手、管钳、吊索、套筒、润滑脂等。 | 设备和工具检查 | **风险1**：误启动泵伤人。<br>**措施**：断气、断电、挂牌、专人监护，钻台与泵房联系畅通。<br>**风险2**：缸盖、导向器等附件从泵头滑落砸伤人员。<br>**措施**：拆卸的缸盖等附件放在地面，严禁放在泵头上。 |
| 1. 打开上水缸缸盖，取出导向器、凡尔弹簧及凡尔体。<br>2. 拆除活塞拉杆卡子。<br>3. 盘泵使中心拉杆与活塞拉杆分离，砸松缸套活接头。<br>4. 使用悬吊臂将缸套从钻井泵内取出并放到场地上。 | 卸缸套 | **风险3**：盘泵时，人员站在拉杆箱内夹伤腿脚。<br>**措施**：盘泵时人员严禁站在拉杆箱内，禁止挂车盘泵。<br>**风险4**：铁屑飞溅伤人。<br>**措施**：敲击作业佩戴护目镜。<br>**风险5**：未及时清理钻井泵上钻井液，滑倒摔伤。<br>**措施**：及时清理钻井泵本体及周围钻井液。 |
| 1. 取出活塞，卸下活塞杆。<br>2. 组装新活塞。<br>3. 清洁缸体和所有必要的钻井泵配件，确认各配件完好。 | 组装活塞 | **风险**：使用管钳拆装活塞时，管钳反弹伤人。<br>**措施**：人员站在管钳侧面操作。 |
| 1. 将组装好的缸套活塞安装到位，砸紧缸套压盖。<br>2. 盘泵安装活塞拉杆卡子、凡尔箱所有配件。<br>3. 装上凡尔体、凡尔弹簧及导向器。<br>4. 紧固上水缸盖。<br>5. 清点工具，确认各闸门开关状态，低压试运转。 | 安装缸套、活塞试运转 | **风险1**：缸套砸伤手脚或挤伤人员手指。<br>**措施**：利用悬吊臂配合安装。无悬吊臂的，采用绳套配合安装。<br>**风险2**：铁屑飞溅或榔头飞出伤人。<br>**措施**：敲击作业佩戴护目镜，人员不得站在榔头运行方向。<br>**风险3**：开关状态不正确，误操作，憋泵造成人员伤害、设备损坏。<br>**措施**：倒好闸阀，防止憋泵。 |
| 回收工具，清理作业现场。 | 作业关闭 | |

图 6.8 更换钻井泵缸套和活塞 HSE 作业程序

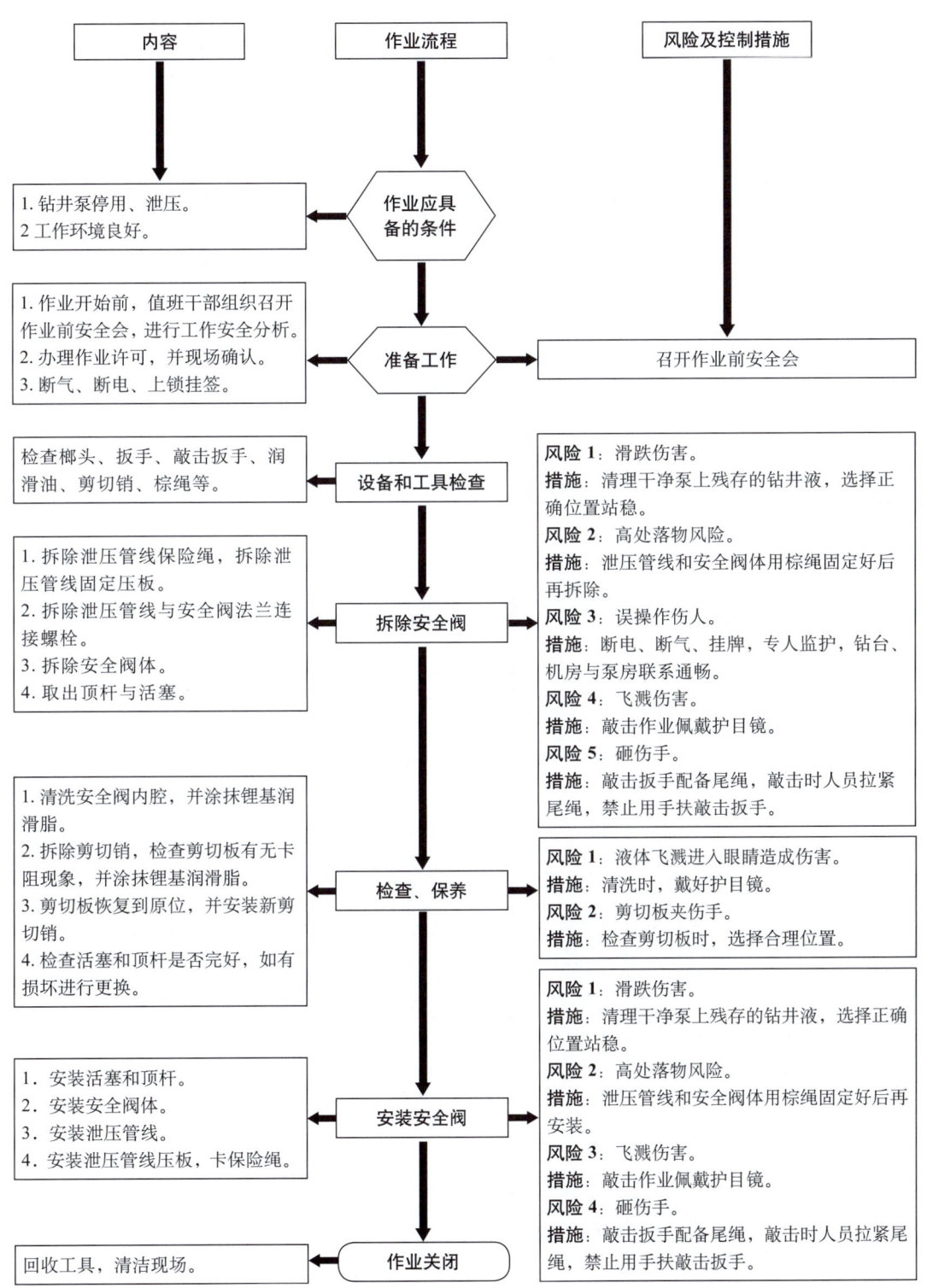

图 6.9　保养钻井泵安全阀作业程序

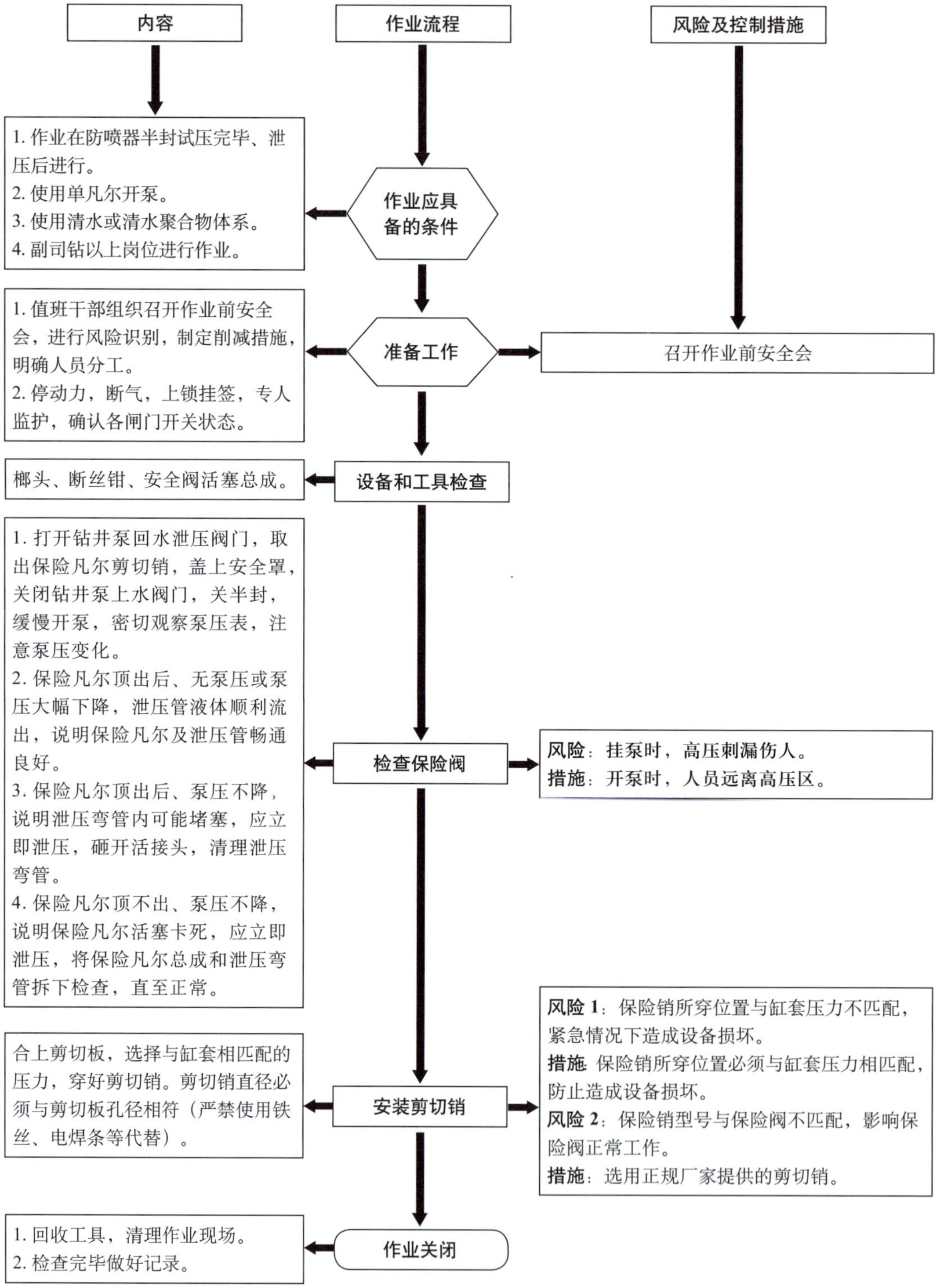

| 内容 | 作业流程 | 风险及控制措施 |
|---|---|---|
| 1. 作业在防喷器半封试压完毕、泄压后进行。<br>2. 使用单凡尔开泵。<br>3. 使用清水或清水聚合物体系。<br>4. 副司钻以上岗位进行作业。 | 作业应具备的条件 | |
| 1. 值班干部组织召开作业前安全会，进行风险识别，制定削减措施，明确人员分工。<br>2. 停动力，断气，上锁挂签，专人监护，确认各闸门开关状态。 | 准备工作 | 召开作业前安全会 |
| 榔头、断丝钳、安全阀活塞总成。 | 设备和工具检查 | |
| 1. 打开钻井泵回水泄压阀门，取出保险凡尔剪切销，盖上安全罩，关闭钻井泵上水阀门，关半封，缓慢开泵，密切观察泵压表，注意泵压变化。<br>2. 保险凡尔顶出后、无泵压或泵压大幅下降，泄压管液体顺利流出，说明保险凡尔及泄压管畅通良好。<br>3. 保险凡尔顶出后、泵压不降，说明泄压弯管内可能堵塞，应立即泄压，砸开活接头，清理泄压弯管。<br>4. 保险凡尔顶不出、泵压不降，说明保险凡尔活塞卡死，应立即泄压，将保险凡尔总成和泄压弯管拆下检查，直至正常。 | 检查保险阀 | 风险：挂泵时，高压刺漏伤人。<br>措施：开泵时，人员远离高压区。 |
| 合上剪切板，选择与缸套相匹配的压力，穿好剪切销。剪切销直径必须与剪切板孔径相符（严禁使用铁丝、电焊条等代替）。 | 安装剪切销 | 风险1：保险销所穿位置与缸套压力不匹配，紧急情况下造成设备损坏。<br>措施：保险销所穿位置必须与缸套压力相匹配，防止造成设备损坏。<br>风险2：保险销型号与保险阀不匹配，影响保险阀正常工作。<br>措施：选用正规厂家提供的剪切销。 |
| 1. 回收工具，清理作业现场。<br>2. 检查完毕做好记录。 | 作业关闭 | |

图 6.10 检查钻井泵安全阀 HSE 作业程序

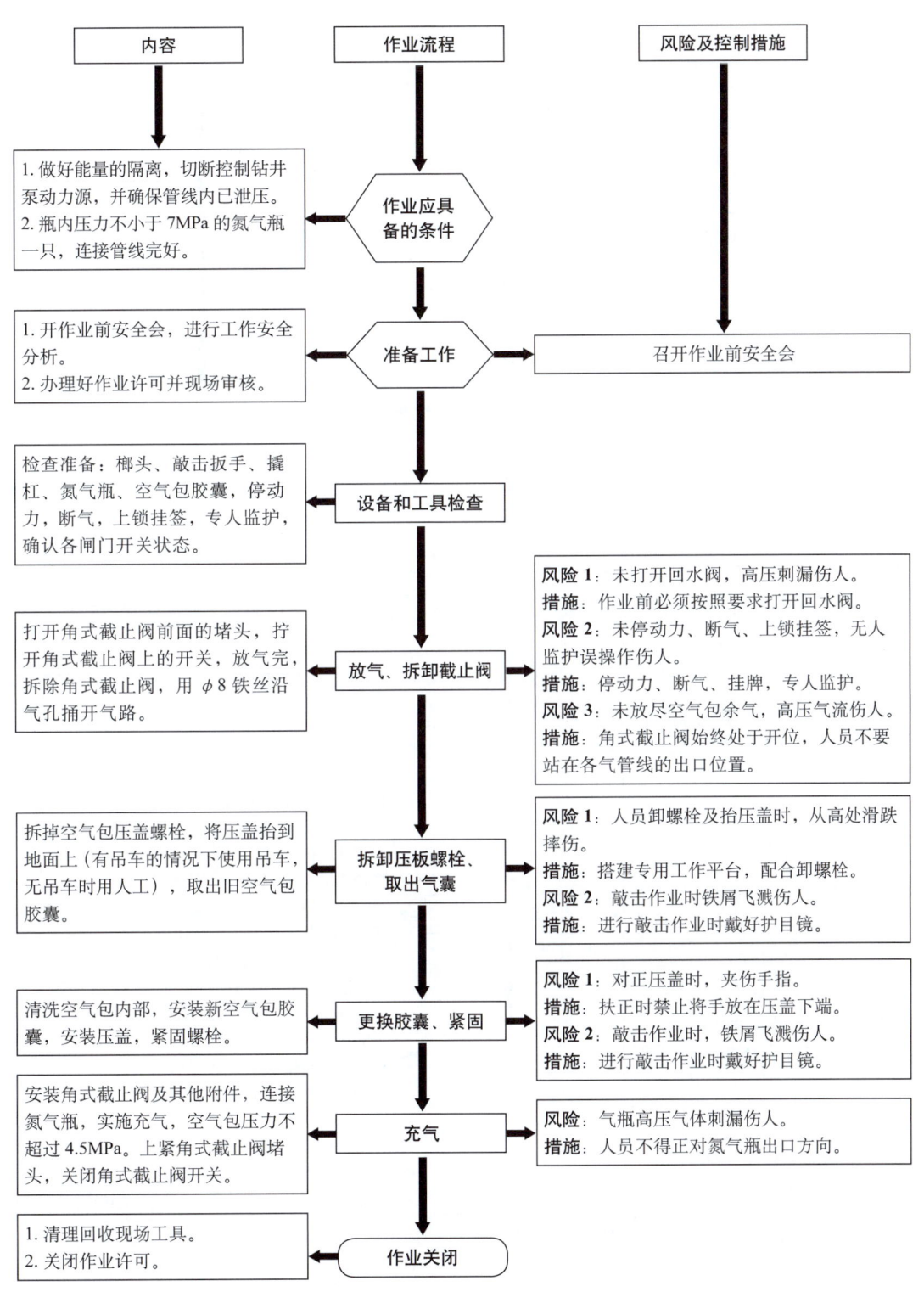

图 6.11　更换钻井泵空气包胶囊 HSE 作业程序

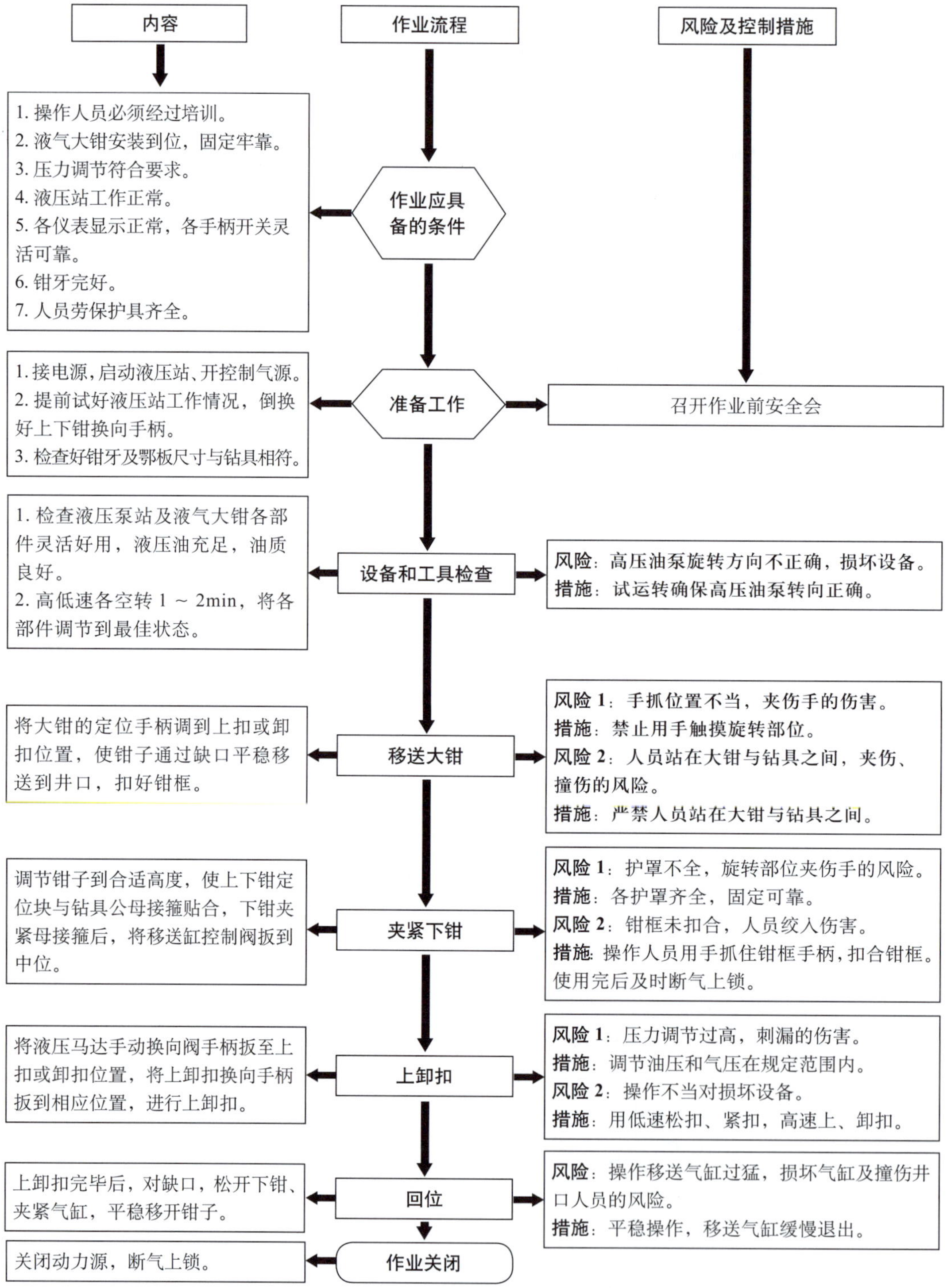

| 内容 | 作业流程 | 风险及控制措施 |
|---|---|---|
| 1. 操作人员必须经过培训。<br>2. 液气大钳安装到位，固定牢靠。<br>3. 压力调节符合要求。<br>4. 液压站工作正常。<br>5. 各仪表显示正常，各手柄开关灵活可靠。<br>6. 钳牙完好。<br>7. 人员劳保护具齐全。 | 作业应具备的条件 | |
| 1. 接电源，启动液压站、开控制气源。<br>2. 提前试好液压站工作情况，倒换好上下钳换向手柄。<br>3. 检查好钳牙及鄂板尺寸与钻具相符。 | 准备工作 | 召开作业前安全会 |
| 1. 检查液压泵站及液气大钳各部件灵活好用，液压油充足，油质良好。<br>2. 高低速各空转 1～2min，将各部件调节到最佳状态。 | 设备和工具检查 | 风险：高压油泵旋转方向不正确，损坏设备。<br>措施：试运转确保高压油泵转向正确。 |
| 将大钳的定位手柄调到上扣或卸扣位置，使钳子通过缺口平稳移送到井口，扣好钳框。 | 移送大钳 | 风险1：手抓位置不当，夹伤手的伤害。<br>措施：禁止用手触摸旋转部位。<br>风险2：人员站在大钳与钻具之间，夹伤、撞伤的风险。<br>措施：严禁人员站在大钳与钻具之间。 |
| 调节钳子到合适高度，使上下钳定位块与钻具公母接箍贴合，下钳夹紧母接箍后，将移送缸控制阀扳到中位。 | 夹紧下钳 | 风险1：护罩不全，旋转部位夹伤手的风险。<br>措施：各护罩齐全，固定可靠。<br>风险2：钳框未扣合，人员绞入伤害。<br>措施：操作人员用手抓住钳框手柄，扣合钳框。使用完后及时断气上锁。 |
| 将液压马达手动换向阀手柄扳至上扣或卸扣位置，将上卸扣换向手柄扳到相应位置，进行上卸扣。 | 上卸扣 | 风险1：压力调节过高，刺漏的伤害。<br>措施：调节油压和气压在规定范围内。<br>风险2：操作不当对损坏设备。<br>措施：用低速松扣、紧扣，高速上、卸扣。 |
| 上卸扣完毕后，对缺口，松开下钳、夹紧气缸，平稳移开钳子。 | 回位 | 风险：操作移送气缸过猛，损坏气缸及撞伤井口人员的风险。<br>措施：平稳操作，移送气缸缓慢退出。 |
| 关闭动力源，断气上锁。 | 作业关闭 | |

图 6.12　液气大钳操作 HSE 作业程序

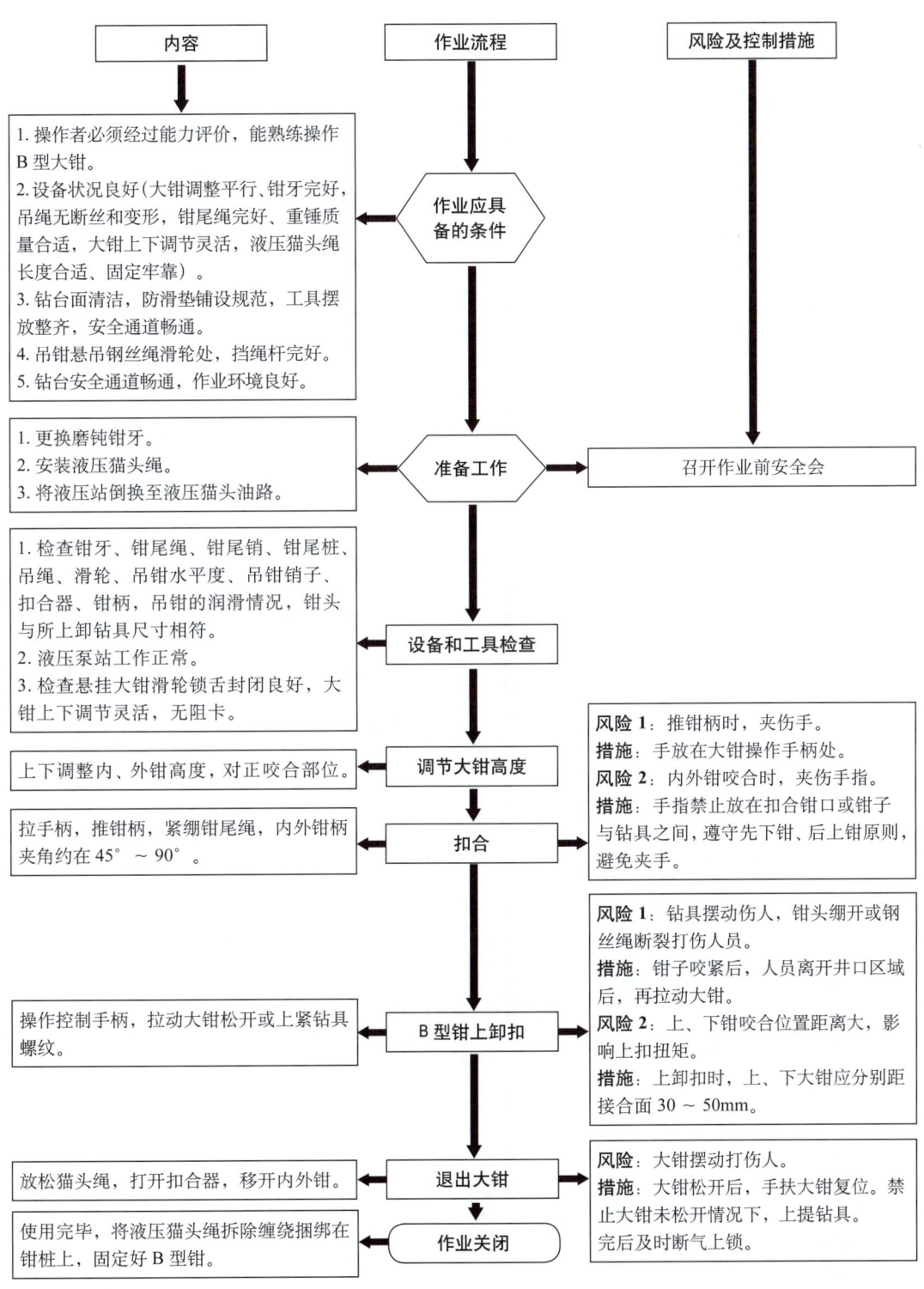

图 6.13 B 型大钳上卸扣 HSE 作业程序

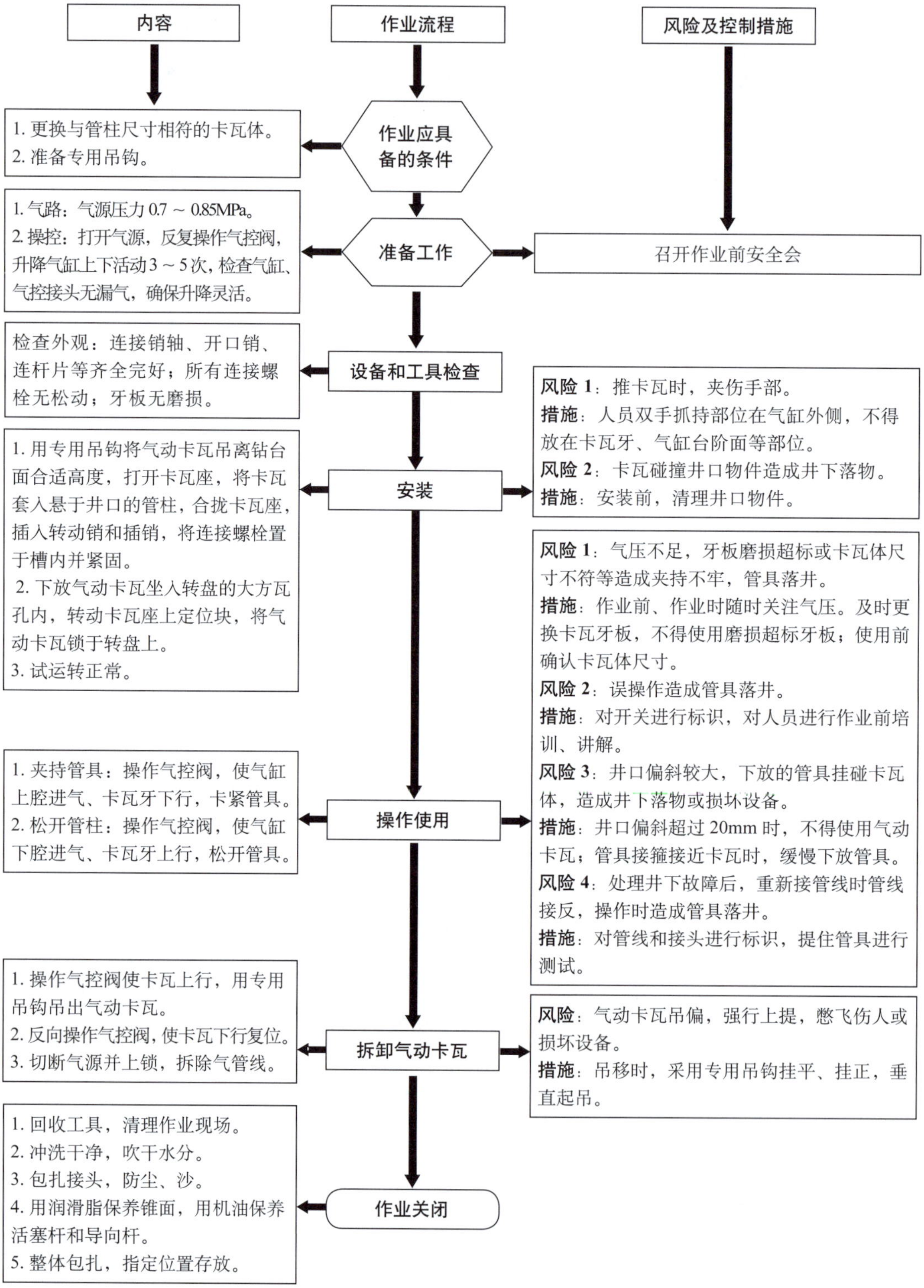

## 图 6.14 气动卡瓦使用 HSE 作业程序

| 内容 | 作业流程 | 风险及控制措施 |
|---|---|---|
| 1. 更换与管柱尺寸相符的卡瓦体。<br>2. 准备专用吊钩。 | 作业应具备的条件 | |
| 1. 气路：气源压力 0.7～0.85MPa。<br>2. 操控：打开气源，反复操作气控阀，升降气缸上下活动3～5次，检查气缸、气控接头无漏气，确保升降灵活。 | 准备工作 | 召开作业前安全会 |
| 检查外观：连接销轴、开口销、连杆片等齐全完好；所有连接螺栓无松动；牙板无磨损。 | 设备和工具检查 | 风险1：推卡瓦时，夹伤手部。<br>措施：人员双手抓持部位在气缸外侧，不得放在卡瓦牙、气缸台阶面等部位。<br>风险2：卡瓦碰撞井口物件造成井下落物。<br>措施：安装前，清理井口物件。 |
| 1. 用专用吊钩将气动卡瓦吊离钻台面合适高度，打开卡瓦座，将卡瓦套入悬于井口的管柱，合拢卡瓦座，插入转动销和插销，将连接螺栓置于槽内并紧固。<br>2. 下放气动卡瓦坐入转盘的大方瓦孔内，转动卡瓦座上定位块，将气动卡瓦锁于转盘上。<br>3. 试运转正常。 | 安装 | |
| 1. 夹持管具：操作气控阀，使气缸上腔进气、卡瓦牙下行，卡紧管具。<br>2. 松开管柱：操作气控阀，使气缸下腔进气、卡瓦牙上行，松开管具。 | 操作使用 | 风险1：气压不足，牙板磨损超标或卡瓦体尺寸不符等造成夹持不牢，管具落井。<br>措施：作业前、作业时随时关注气压。及时更换卡瓦牙板，不得使用磨损超标牙板；使用前确认卡瓦体尺寸。<br>风险2：误操作造成管具落井。<br>措施：对开关进行标识，对人员进行作业前培训、讲解。<br>风险3：井口偏斜较大，下放的管具挂碰卡瓦体，造成井下落物或损坏设备。<br>措施：井口偏斜超过20mm时，不得使用气动卡瓦；管具接箍接近卡瓦时，缓慢下放管具。<br>风险4：处理井下故障后，重新接管线时管线接反，操作时造成管具落井。<br>措施：对管线和接头进行标识，提住管具进行测试。 |
| 1. 操作气控阀使卡瓦上行，用专用吊钩吊出气动卡瓦。<br>2. 反向操作气控阀，使卡瓦下行复位。<br>3. 切断气源并上锁，拆除气管线。 | 拆卸气动卡瓦 | 风险：气动卡瓦吊偏，强行上提，憋飞伤人或损坏设备。<br>措施：吊移时，采用专用吊钩挂平、挂正，垂直起吊。 |
| 1. 回收工具，清理作业现场。<br>2. 冲洗干净，吹干水分。<br>3. 包扎接头，防尘、沙。<br>4. 用润滑脂保养锥面，用机油保养活塞杆和导向杆。<br>5. 整体包扎，指定位置存放。 | 作业关闭 | |

图 6.14　气动卡瓦使用 HSE 作业程序

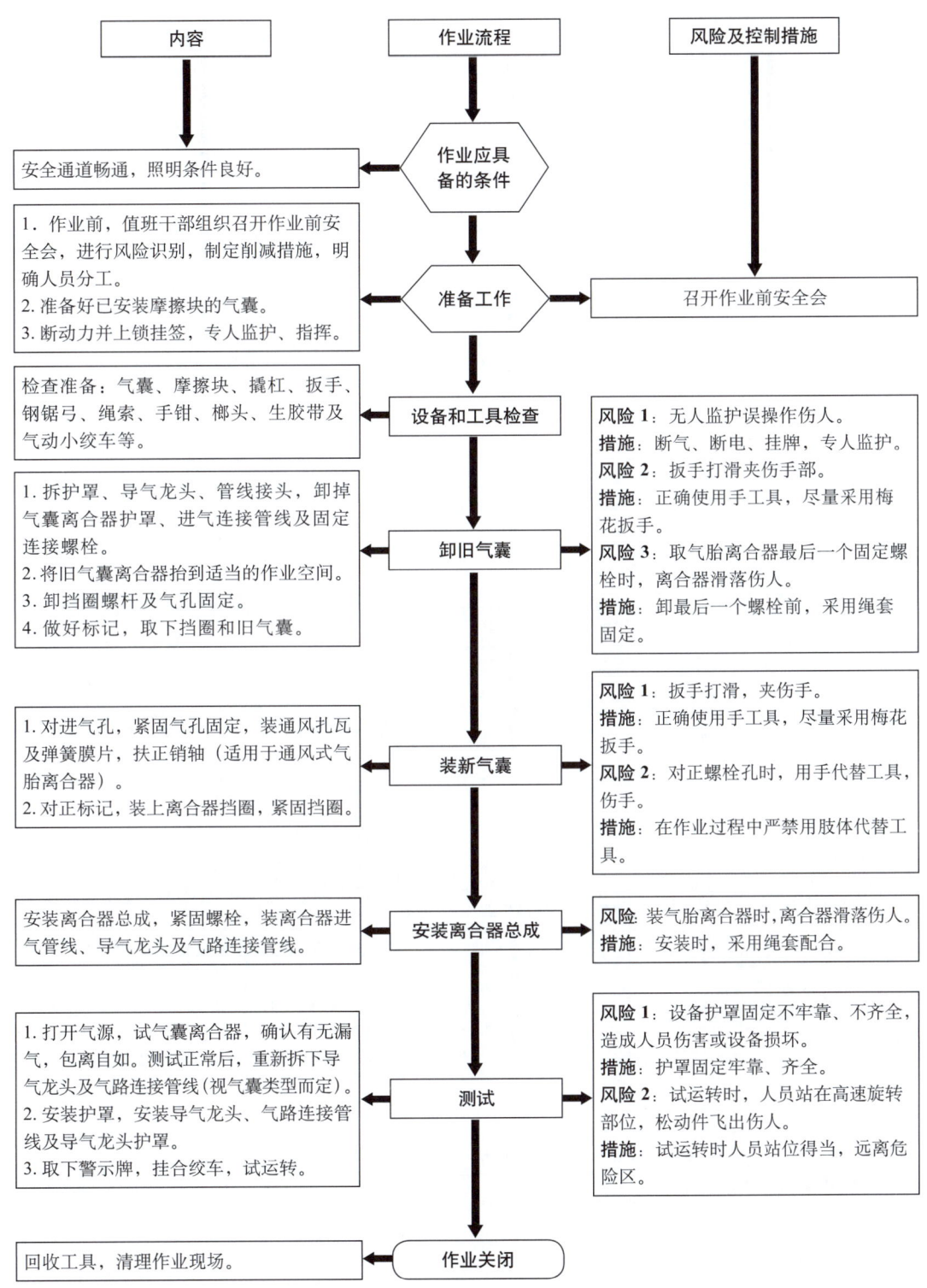

图 6.15 更换气囊离合器 HSE 作业程序

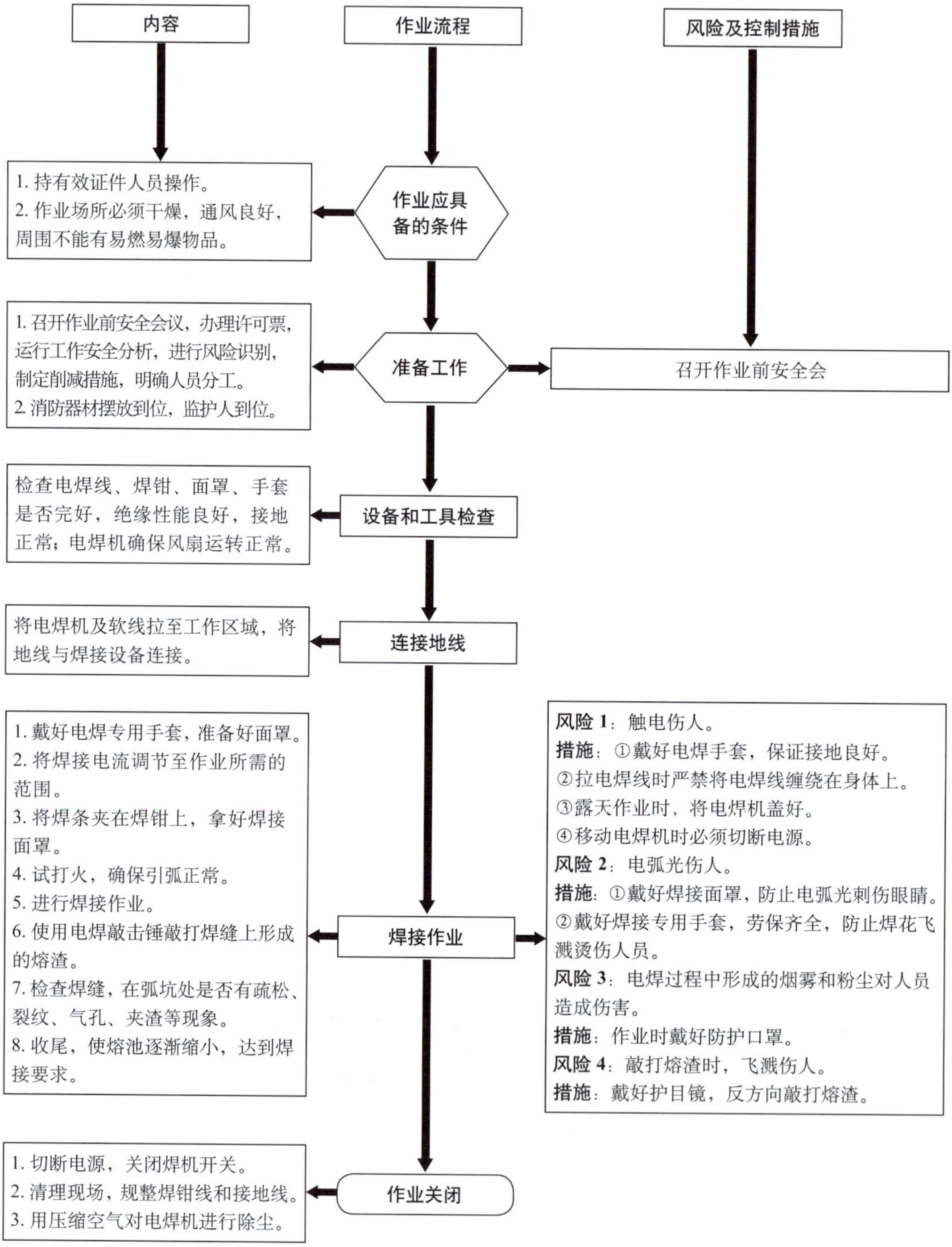

## 内容

**作业应具备的条件**
1. 持有效证件人员操作。
2. 作业场所必须干燥，通风良好，周围不能有易燃易爆物品。

**准备工作**
1. 召开作业前安全会议，办理许可票，运行工作安全分析，进行风险识别，制定削减措施，明确人员分工。
2. 消防器材摆放到位，监护人到位。

**设备和工具检查**
检查电焊线、焊钳、面罩、手套是否完好，绝缘性能良好，接地正常；电焊机确保风扇运转正常。

**连接地线**
将电焊机及软线拉至工作区域，将地线与焊接设备连接。

**焊接作业**
1. 戴好电焊专用手套，准备好面罩。
2. 将焊接电流调节至作业所需的范围。
3. 将焊条夹在焊钳上，拿好焊接面罩。
4. 试打火，确保引弧正常。
5. 进行焊接作业。
6. 使用电焊敲击锤敲打焊缝上形成的熔渣。
7. 检查焊缝，在弧坑处是否有疏松、裂纹、气孔、夹渣等现象。
8. 收尾，使熔池逐渐缩小，达到焊接要求。

**作业关闭**
1. 切断电源，关闭焊机开关。
2. 清理现场，规整焊钳线和接地线。
3. 用压缩空气对电焊机进行除尘。

## 风险及控制措施

召开作业前安全会

**风险1**：触电伤人。
**措施**：①戴好电焊手套，保证接地良好。
②拉电焊线时严禁将电焊线缠绕在身体上。
③露天作业时，将电焊机盖好。
④移动电焊机时必须切断电源。
**风险2**：电弧光伤人。
**措施**：①戴好焊接面罩，防止电弧光刺伤眼睛。
②戴好焊接专用手套，劳保齐全，防止焊花飞溅烫伤人员。
**风险3**：电焊过程中形成的烟雾和粉尘对人员造成伤害。
**措施**：作业时戴好防护口罩。
**风险4**：敲打熔渣时，飞溅伤人。
**措施**：戴好护目镜，反方向敲打熔渣。

图 6.16 电焊机 HSE 作业程序

# 7

## 辅助作业作业程序

## 7.1 辅助作业概述

辅助作业指为维持生产作业活动正常运行的工作，是生产过程中不可缺少的组成部分。本部分主要对调节刹把、倒滑大绳、电路检查、高处作业、受限空间等一些作业进行描述。

## 7.2 辅助作业作业程序

辅助作业程序包括：
（1）调节刹把 HSE 作业程序（带刹）；
（2）调节刹把 HSE 作业程序（盘刹）；
（2）倒(割)大绳 HSE 作业程序；
（3）滑大绳 HSE 作业程序；
（4）更换大绳 HSE 作业程序；
（5）电控系统安装 HSE 作业程序；
（6）电路检查 HSE 作业程序；
（7）高处作业 HSE 作业程序；
（8）隔离作业 HSE 作业程序；
（9）更换链条 HSE 作业程序；
（10）更换水龙带 HSE 作业程序；
（11）火焰切割 HSE 作业程序；
（12）清理沉沙罐 HSE 作业程序；
（13）清洗钻井液罐 HSE 作业程序。
具体程序如图 7.1 至图 7.14 所示。

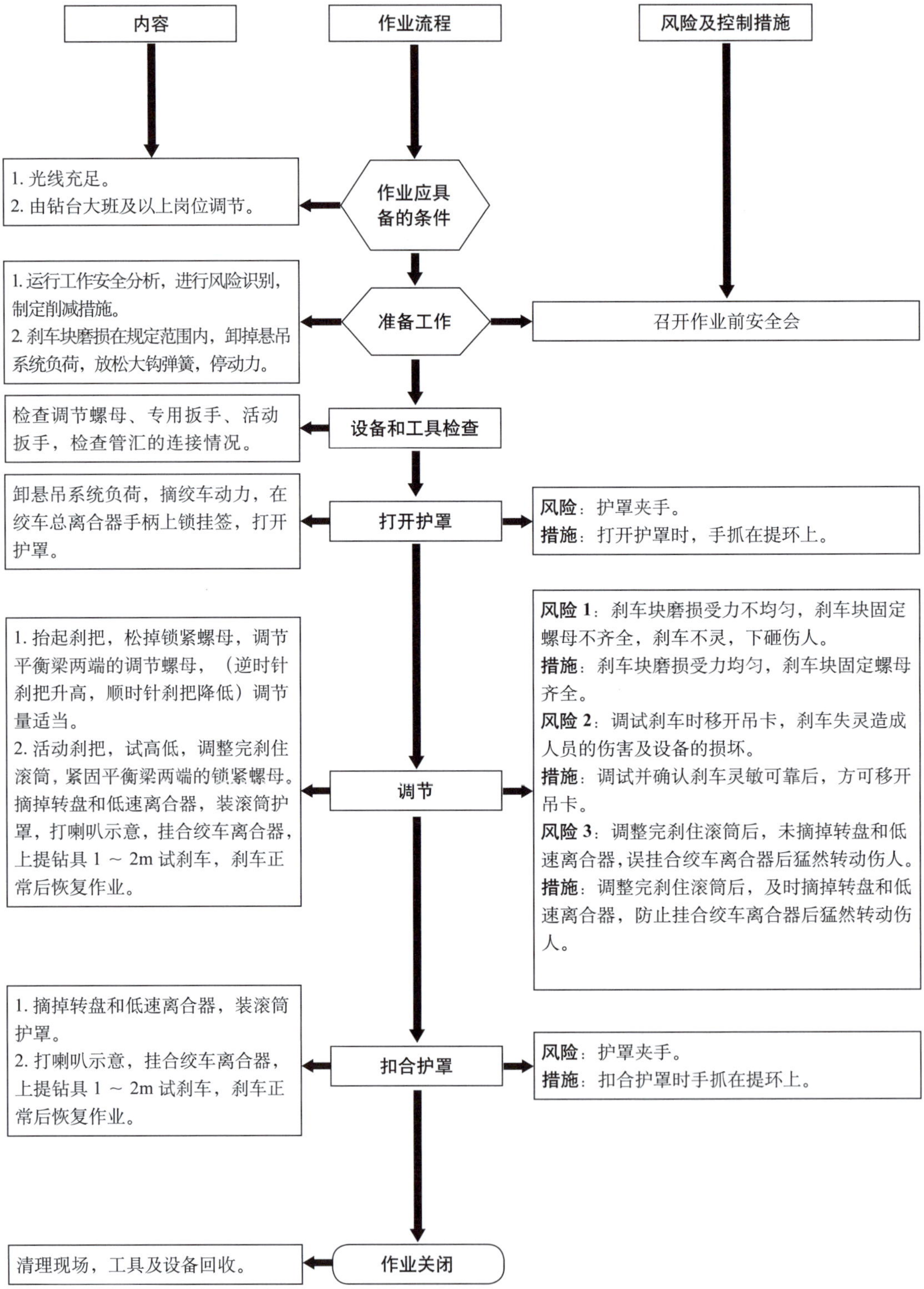

# 调节刹把 HSE 作业程序（带刹）

## 内容
- 1. 光线充足。
- 2. 由钻台大班及以上岗位调节。

## 作业流程
**作业应具备的条件**

---

**内容**
1. 运行工作安全分析，进行风险识别，制定削减措施。
2. 刹车块磨损在规定范围内，卸掉悬吊系统负荷，放松大钩弹簧，停动力。

**作业流程：准备工作**

**风险及控制措施：** 召开作业前安全会

---

**内容：** 检查调节螺母、专用扳手、活动扳手，检查管汇的连接情况。

**作业流程：** 设备和工具检查

---

**内容：** 卸悬吊系统负荷，摘绞车动力，在绞车总离合器手柄上锁挂签，打开护罩。

**作业流程：** 打开护罩

**风险：** 护罩夹手。
**措施：** 打开护罩时，手抓在提环上。

---

**内容：**
1. 抬起刹把，松掉锁紧螺母，调节平衡梁两端的调节螺母，（逆时针刹把升高，顺时针刹把降低）调节量适当。
2. 活动刹把，试高低，调整完刹住滚筒，紧固平衡梁两端的锁紧螺母。摘掉转盘和低速离合器，装滚筒护罩，打喇叭示意，挂合绞车离合器，上提钻具1～2m试刹车，刹车正常后恢复作业。

**作业流程：** 调节

**风险1：** 刹车块磨损受力不均匀，刹车块固定螺母不齐全，刹车不灵，下砸伤人。
**措施：** 刹车块磨损受力均匀，刹车块固定螺母齐全。
**风险2：** 调试刹车时移开吊卡，刹车失灵造成人员的伤害及设备的损坏。
**措施：** 调试并确认刹车灵敏可靠后，方可移开吊卡。
**风险3：** 调整完刹住滚筒后，未摘掉转盘和低速离合器，误挂合绞车离合器后猛然转动伤人。
**措施：** 调整完刹住滚筒后，及时摘掉转盘和低速离合器，防止挂合绞车离合器后猛然转动伤人。

---

**内容：**
1. 摘掉转盘和低速离合器，装滚筒护罩。
2. 打喇叭示意，挂合绞车离合器，上提钻具1～2m试刹车，刹车正常后恢复作业。

**作业流程：** 扣合护罩

**风险：** 护罩夹手。
**措施：** 扣合护罩时手抓在提环上。

---

**内容：** 清理现场，工具及设备回收。

**作业流程：** 作业关闭

图 7.1 调节刹把 HSE 作业程序（带刹）

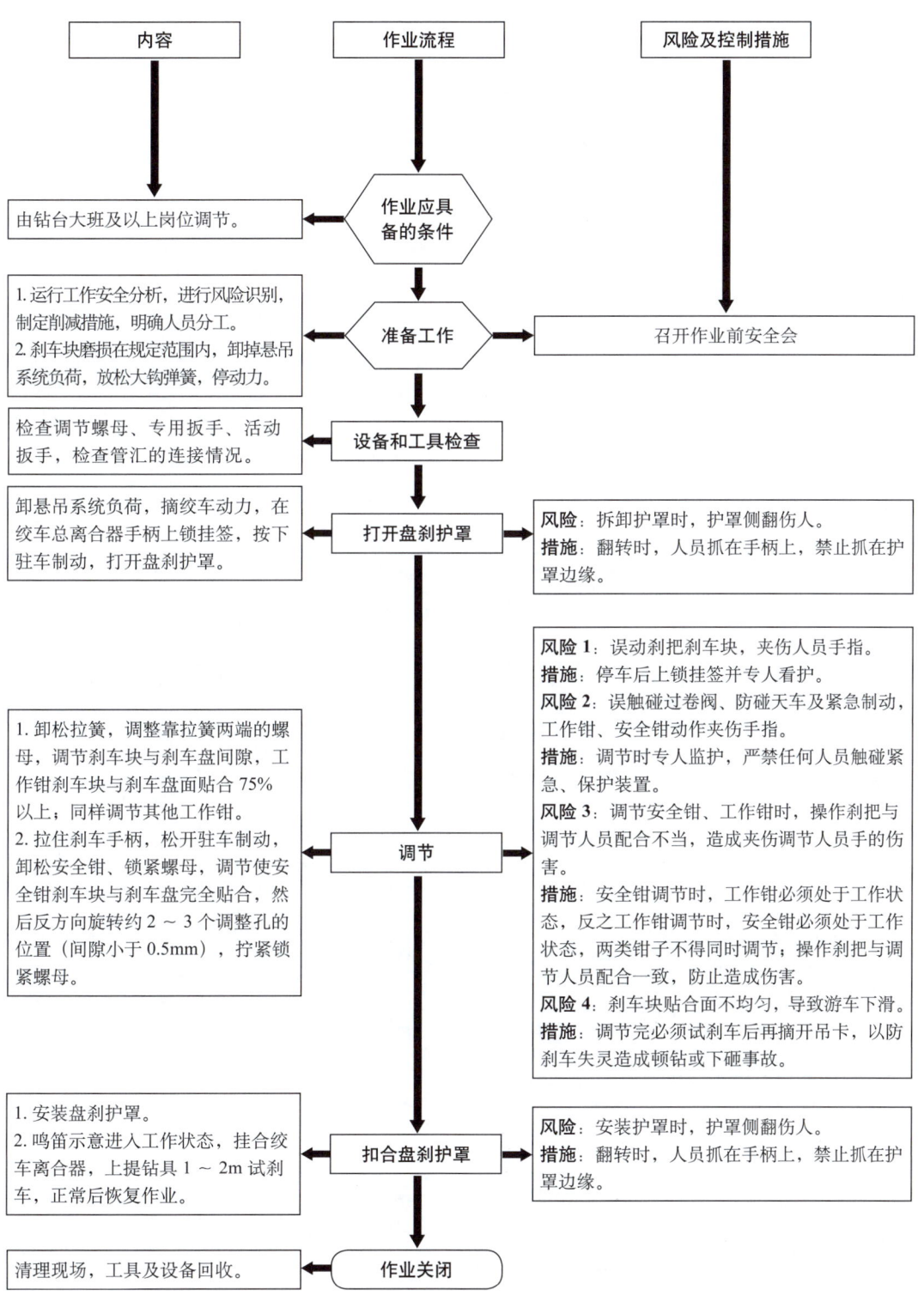

图 7.2 调节刹把 HSE 作业程序（盘刹）

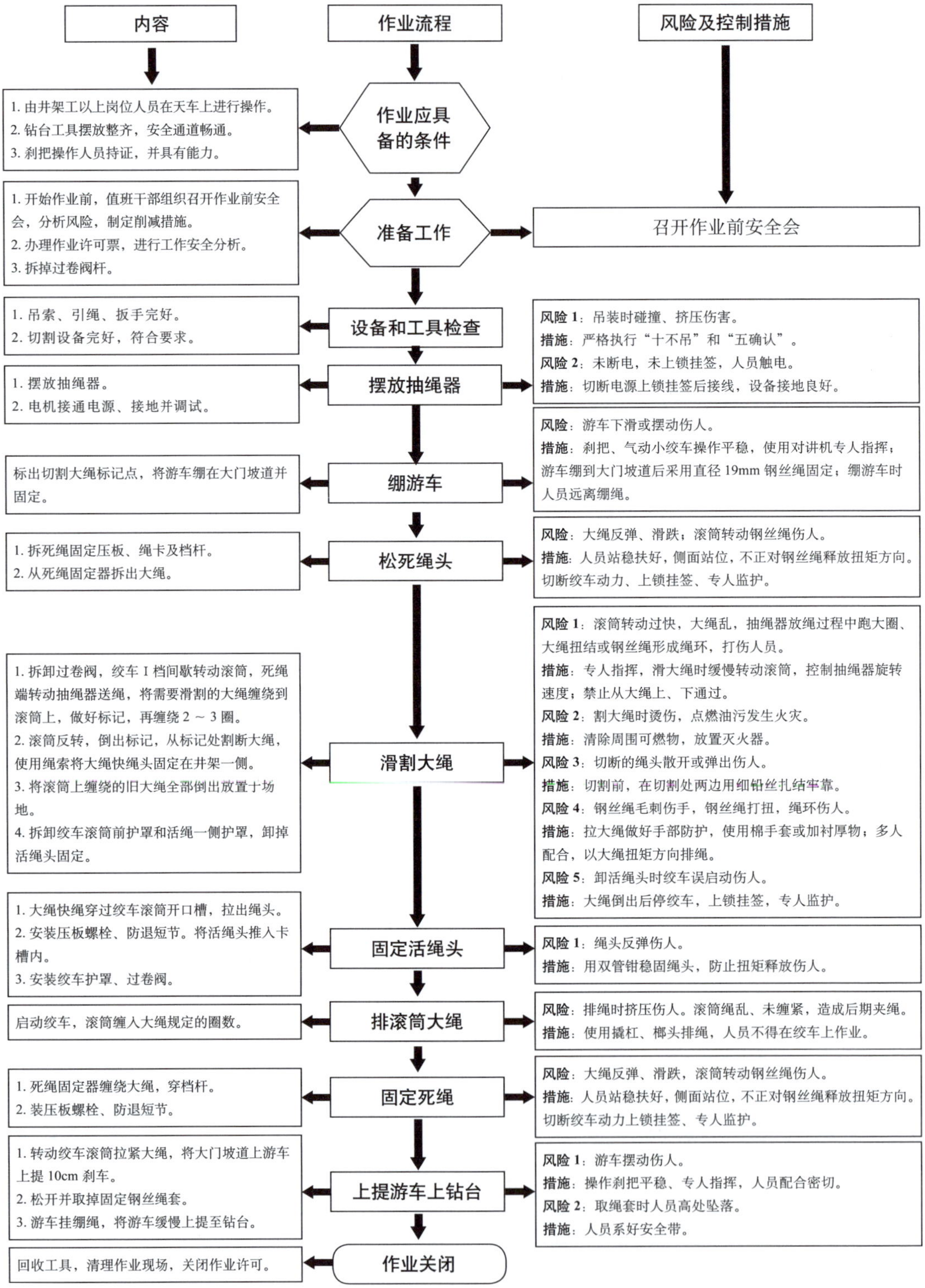

## 内容

1. 由井架工以上岗位人员在天车上进行操作。
2. 钻台工具摆放整齐，安全通道畅通。
3. 刹把操作人员持证，并具有能力。

1. 开始作业前，值班干部组织召开作业前安全会，分析风险，制定削减措施。
2. 办理作业许可票，进行工作安全分析。
3. 拆掉过卷阀杆。

1. 吊索、引绳、扳手完好。
2. 切割设备完好，符合要求。

1. 摆放抽绳器。
2. 电机接通电源、接地并调试。

标出切割大绳标记点，将游车绷在大门坡道并固定。

1. 拆死绳固定压板、绳卡及挡杆。
2. 从死绳固定器拆出大绳。

1. 拆卸过卷阀，绞车Ⅰ档间歇转动滚筒，死绳端转动抽绳器送绳，将需要滑割的大绳缠绕到滚筒上，做好标记，再缠绕2~3圈。
2. 滚筒反转，倒出标记，从标记处切断大绳，使用绳索将大绳快接头固定在井架一侧。
3. 将滚筒上缠绕的旧大绳全部倒出放置于场地。
4. 拆卸绞车滚筒前护罩和活绳一侧护罩，卸掉活绳头固定。

1. 大绳快绳穿过绞车滚筒开口槽，拉出绳头。
2. 安装压板螺栓、防退短节。将活绳头推入卡槽内。
3. 安装绞车护罩、过卷阀。

启动绞车，滚筒缠入大绳规定的圈数。

1. 死绳固定器缠绕大绳，穿挡杆。
2. 装压板螺栓、防退短节。

1. 转动绞车滚筒拉紧大绳，将大门坡道上游车上提10cm刹车。
2. 松开并取掉固定钢丝绳套。
3. 游车挂绷绳，将大绳缓慢上提至钻台。

回收工具，清理作业现场，关闭作业许可。

## 作业流程

作业应具备的条件 → 准备工作 → 设备和工具检查 → 摆放抽绳器 → 绷游车 → 松死绳头 → 滑割大绳 → 固定活绳头 → 排滚筒大绳 → 固定死绳 → 上提游车上钻台 → 作业关闭

## 风险及控制措施

召开作业前安全会

风险1：吊装时碰撞、挤压伤害。
措施：严格执行"十不吊"和"五确认"。
风险2：未断电、未上锁挂签，人员触电。
措施：切断电源上锁挂签后接线，设备接地良好。

风险：游车下滑或摆动伤人。
措施：刹把、气动小绞车操作平稳，使用对讲机专人指挥；游车绷到大门坡道后采用直径19mm钢丝绳固定；绷游车时人员远离绷绳。

风险：大绳反弹、滑跌、滚筒转动钢丝绳伤人。
措施：人员站稳扶好，侧面站位，不正对钢丝绳释放扭矩方向。切断绞车动力、上锁挂签、专人监护。

风险1：滚筒转动过快、大绳乱，抽绳器放绳过程中跑大圈、大绳扭结或钢丝绳形成绳环，打伤人员。
措施：专人指挥，滑大绳时缓慢转动滚筒，控制抽绳器旋转速度；禁止从大绳上、下通过。
风险2：割大绳时烫伤、点燃油污发生火灾。
措施：清除周围可燃物，放置灭火器。
风险3：切断的绳头散开或弹出伤人。
措施：切割前，在切割处两边用细铅丝扎结牢靠。
风险4：钢丝绳毛刺伤手、钢丝绳打扭、绳环伤人。
措施：拉大绳做好手部防护，使用棉手套或加衬厚物；多人配合，以大绳扭矩方向排绳。
风险5：卸活绳头时绞车误启动伤人。
措施：大绳倒出后停绞车，上锁挂签，专人监护。

风险1：绳头反弹伤人。
措施：用双管钳稳固绳头，防止扭矩释放伤人。

风险：排滚时挤压伤人。滚筒乱、未缠紧，造成后期夹绳。
措施：使用撬杠、榔头排绳，人员不得在绞车上作业。

风险：大绳反弹、滑跌、滚筒转动钢丝绳伤人。
措施：人员站稳扶好，侧面站位，不正对钢丝绳释放扭矩方向。切断绞车动力上锁挂签、专人监护。

风险1：游车摆动伤人。
措施：操作刹把平稳、专人指挥，人员配合密切。
风险2：取绳套时人员高处坠落。
措施：人员系好安全带。

图7.3 倒（割）大绳 HSE 作业程序

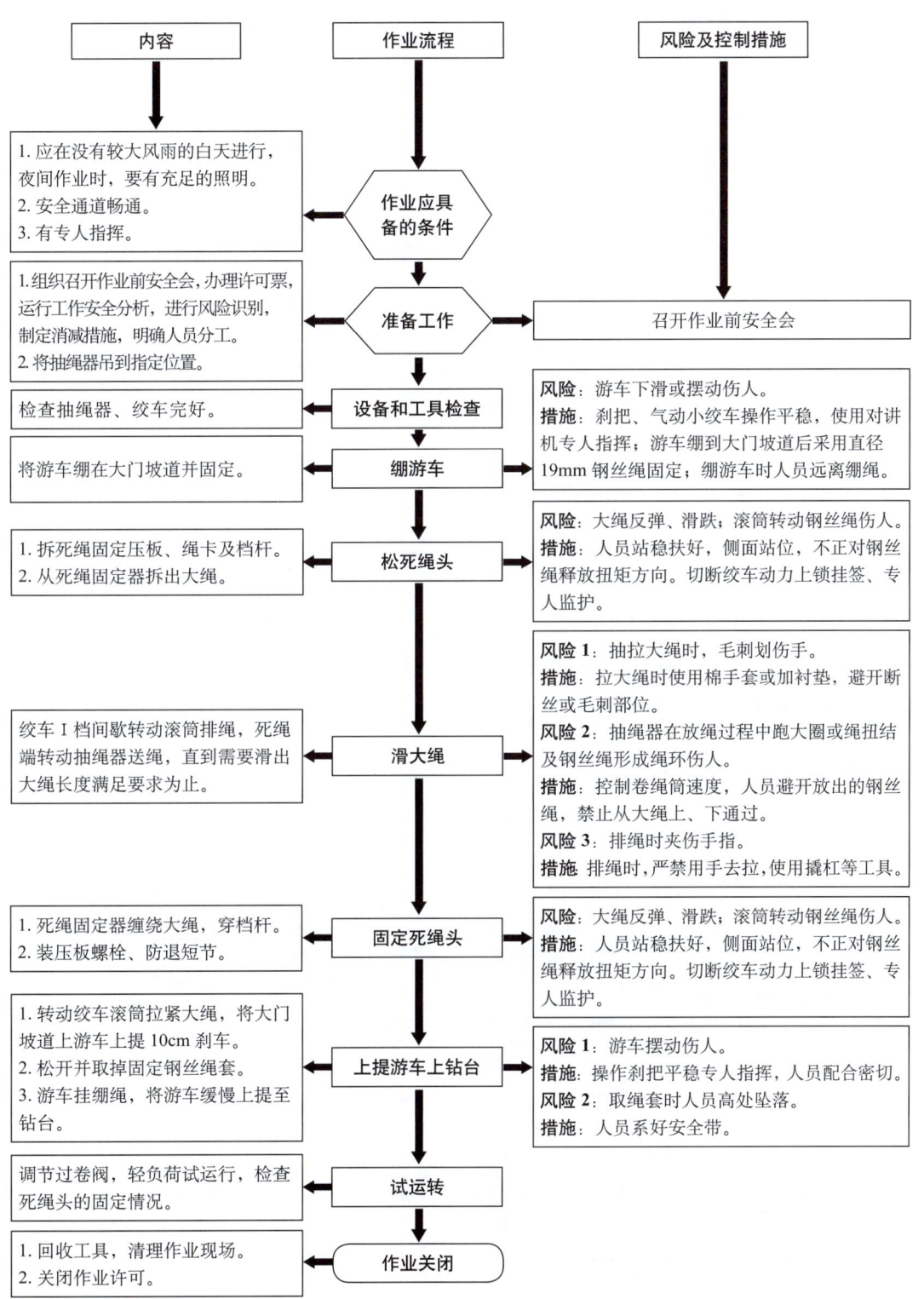

图 7.4 滑大绳 HSE 作业程序

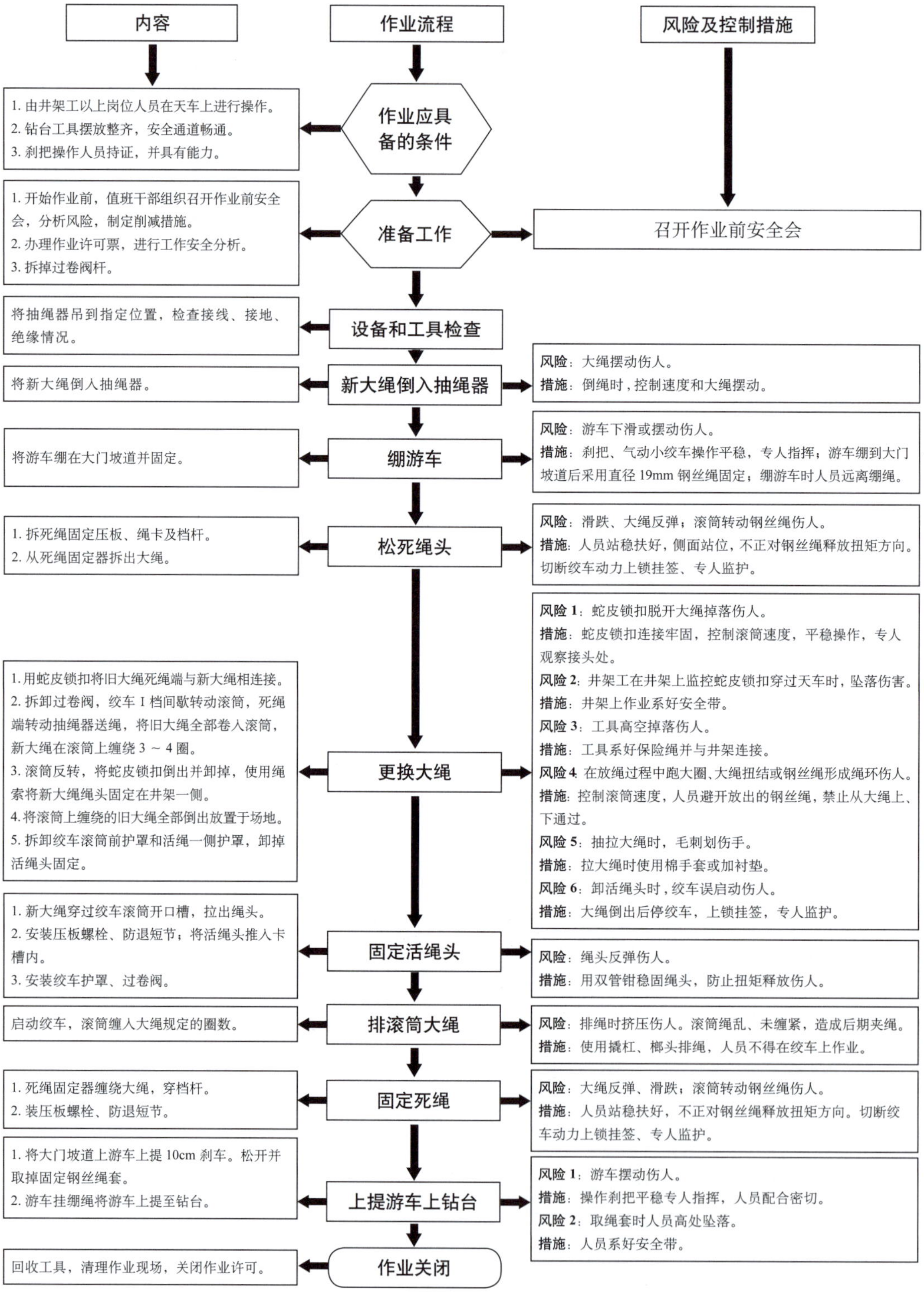

图 7.5 更换大绳 HSE 作业程序

# 7 辅助作业作业程序

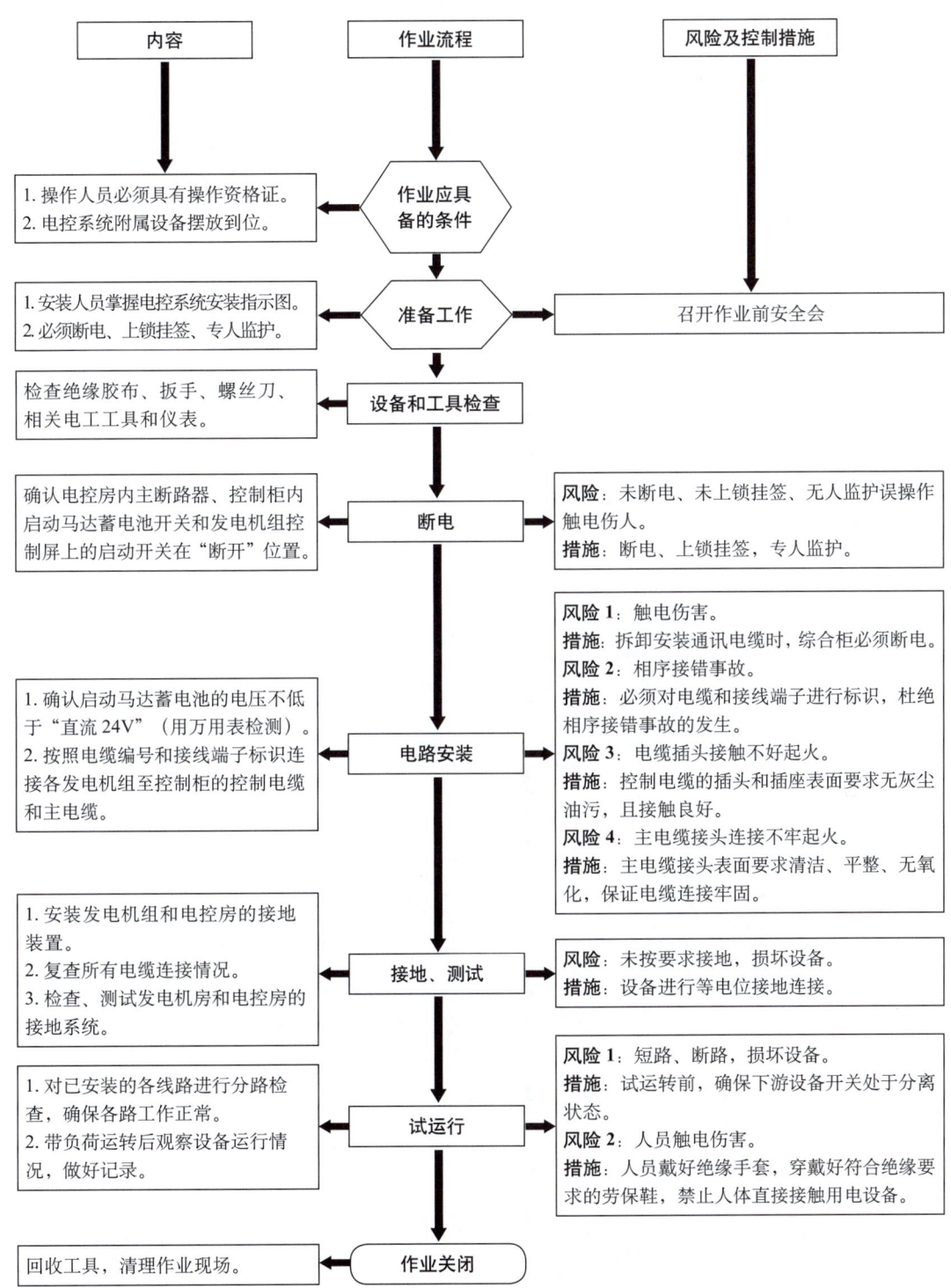

图 7.6 电控系统安装 HSE 作业程序

- 161 -

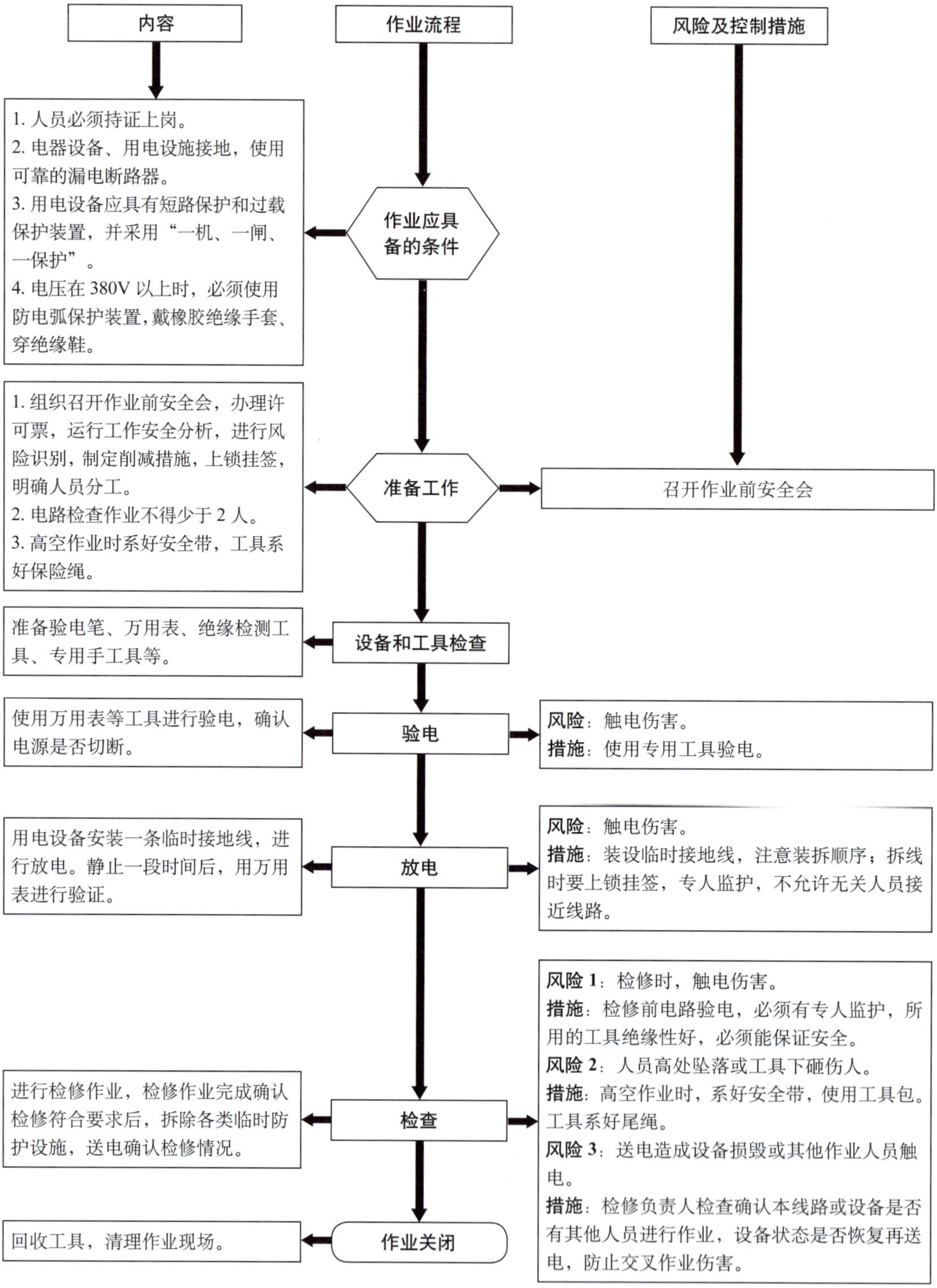

| 内容 | 作业流程 | 风险及控制措施 |
|---|---|---|
| 1. 人员必须持证上岗。<br>2. 电器设备、用电设施接地，使用可靠的漏电断路器。<br>3. 用电设备应具有短路保护和过载保护装置，并采用"一机、一闸、一保护"。<br>4. 电压在 380V 以上时，必须使用防电弧保护装置，戴橡胶绝缘手套、穿绝缘鞋。 | 作业应具备的条件 | |
| 1. 组织召开作业前安全会，办理许可票，运行工作安全分析，进行风险识别，制定削减措施，上锁挂签，明确人员分工。<br>2. 电路检查作业不得少于 2 人。<br>3. 高空作业时系好安全带，工具系好保险绳。 | 准备工作 | 召开作业前安全会 |
| 准备验电笔、万用表、绝缘检测工具、专用手工具等。 | 设备和工具检查 | |
| 使用万用表等工具进行验电，确认电源是否切断。 | 验电 | 风险：触电伤害。<br>措施：使用专用工具验电。 |
| 用电设备安装一条临时接地线，进行放电。静止一段时间后，用万用表进行验证。 | 放电 | 风险：触电伤害。<br>措施：装设临时接地线，注意装拆顺序；拆线时要上锁挂签，专人监护，不允许无关人员接近线路。 |
| 进行检修作业，检修作业完成确认检修符合要求后，拆除各类临时防护设施，送电确认检修情况。 | 检查 | 风险1：检修时，触电伤害。<br>措施：检修前电路验电，必须有专人监护，所用的工具绝缘性好，必须能保证安全。<br>风险2：人员高处坠落或工具下砸伤人。<br>措施：高空作业时，系好安全带，使用工具包。工具系好尾绳。<br>风险3：送电造成设备损毁或其他作业人员触电。<br>措施：检修负责人检查确认本线路或设备是否有其他人员进行作业，设备状态是否恢复再送电，防止交叉作业伤害。 |
| 回收工具，清理作业现场。 | 作业关闭 | |

图 7.7 电路检查 HSE 作业程序

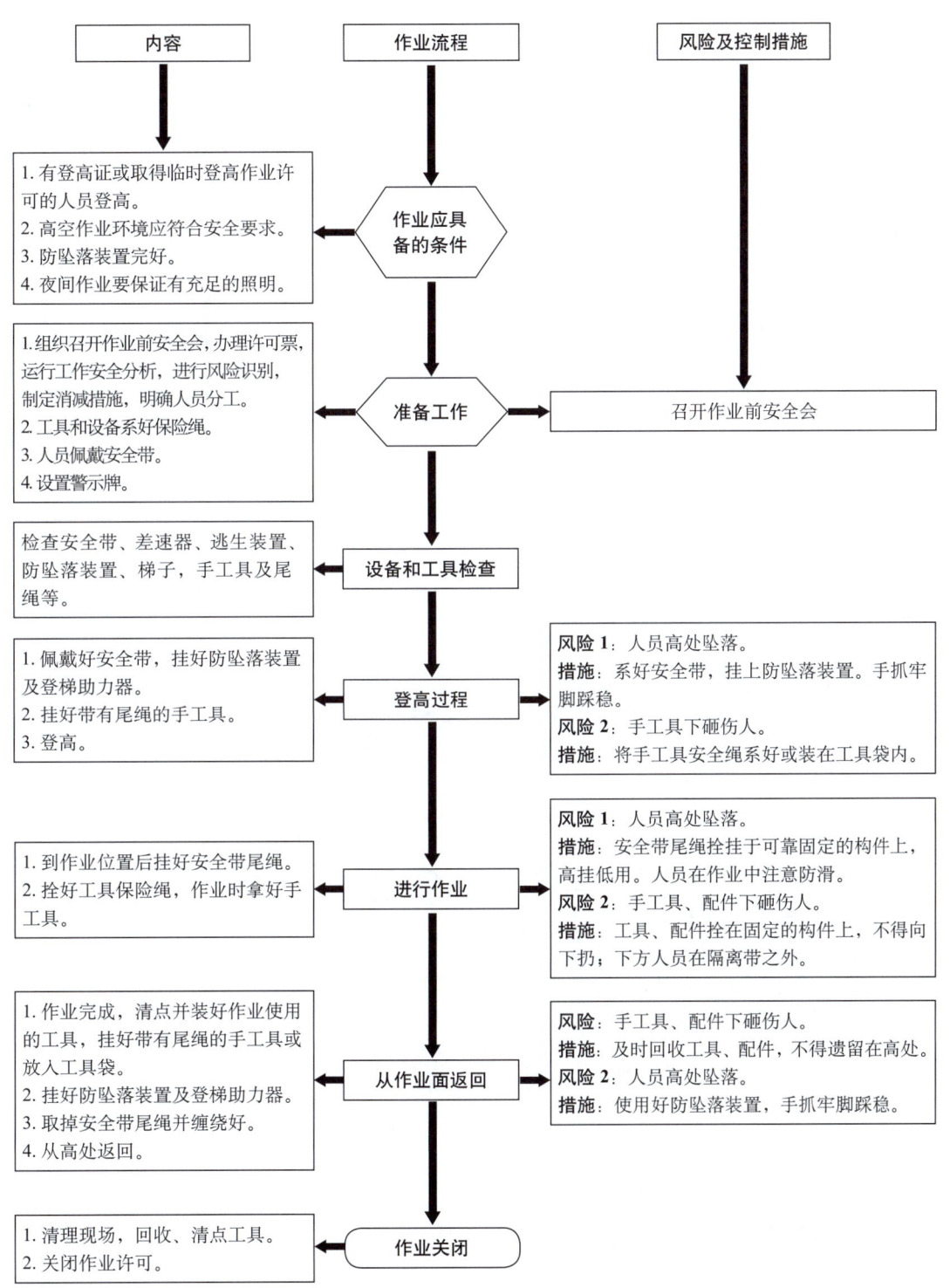

图 7.8 高处作业 HSE 作业程序

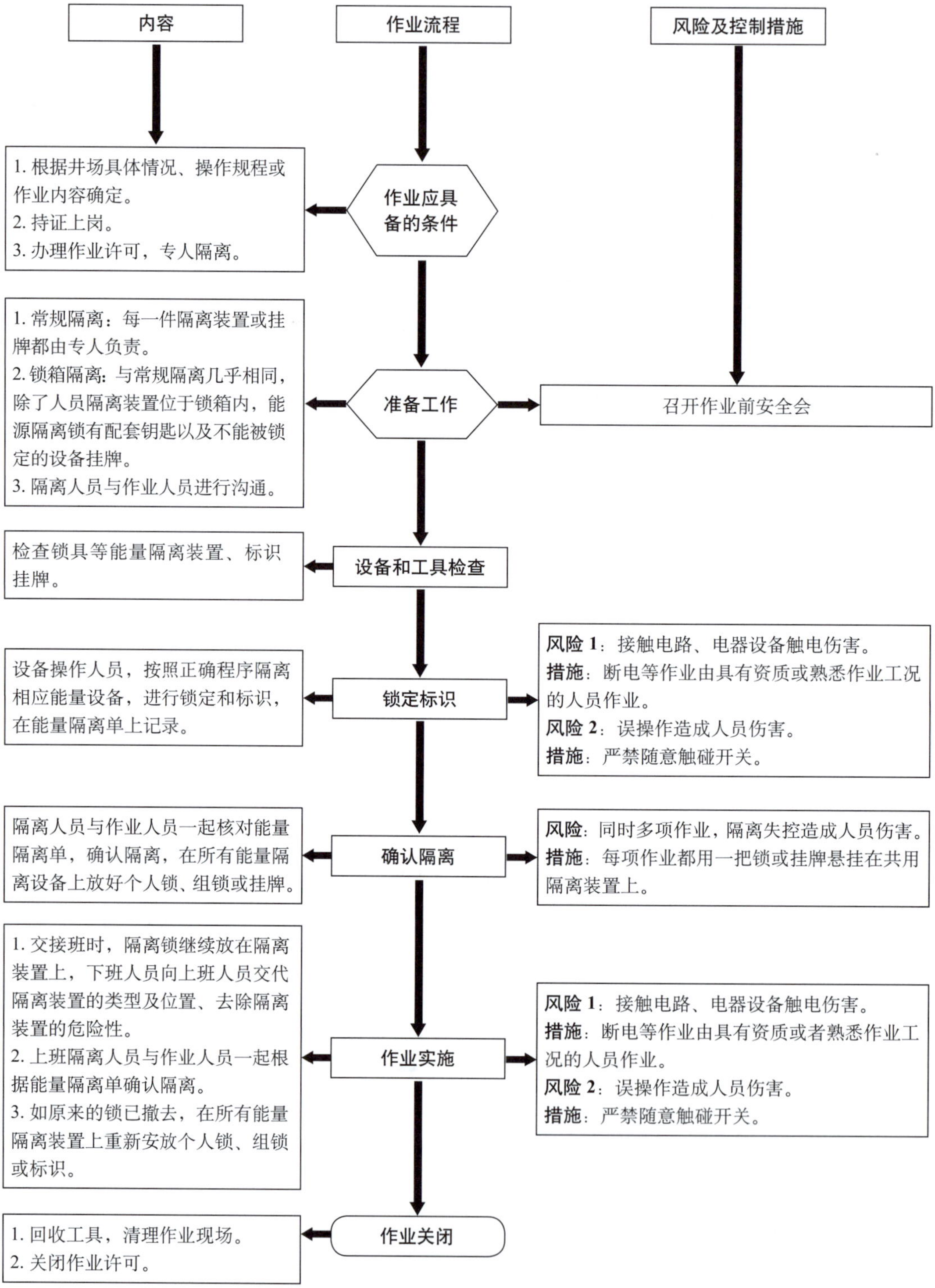

# 隔离作业 HSE 作业程序流程图

| 内容 | 作业流程 | 风险及控制措施 |
|---|---|---|
| 1. 根据井场具体情况、操作规程或作业内容确定。<br>2. 持证上岗。<br>3. 办理作业许可，专人隔离。 | 作业应具备的条件 | |
| 1. 常规隔离：每一件隔离装置或挂牌都由专人负责。<br>2. 锁箱隔离：与常规隔离几乎相同，除了人员隔离装置位于锁箱内，能源隔离锁有配套钥匙以及不能被锁定的设备挂牌。<br>3. 隔离人员与作业人员进行沟通。 | 准备工作 | 召开作业前安全会 |
| 检查锁具等能量隔离装置、标识挂牌。 | 设备和工具检查 | |
| 设备操作人员，按照正确程序隔离相应能量设备，进行锁定和标识，在能量隔离单上记录。 | 锁定标识 | **风险1**：接触电路、电器设备触电伤害。<br>**措施**：断电等作业由具有资质或熟悉作业工况的人员作业。<br>**风险2**：误操作造成人员伤害。<br>**措施**：严禁随意触碰开关。 |
| 隔离人员与作业人员一起核对能量隔离单，确认隔离，在所有能量隔离设备上放好个人锁、组锁或挂牌。 | 确认隔离 | **风险**：同时多项作业，隔离失控造成人员伤害。<br>**措施**：每项作业都用一把锁或挂牌悬挂在共用隔离装置上。 |
| 1. 交接班时，隔离锁继续放在隔离装置上，下班人员向上班人员交代隔离装置的类型及位置、去除隔离装置的危险性。<br>2. 上班隔离人员与作业人员一起根据能量隔离单确认隔离。<br>3. 如原来的锁已撤去，在所有能量隔离装置上重新安放个人锁、组锁或标识。 | 作业实施 | **风险1**：接触电路、电器设备触电伤害。<br>**措施**：断电等作业由具有资质或者熟悉作业工况的人员作业。<br>**风险2**：误操作造成人员伤害。<br>**措施**：严禁随意触碰开关。 |
| 1. 回收工具，清理作业现场。<br>2. 关闭作业许可。 | 作业关闭 | |

图 7.9　隔离作业 HSE 作业程序

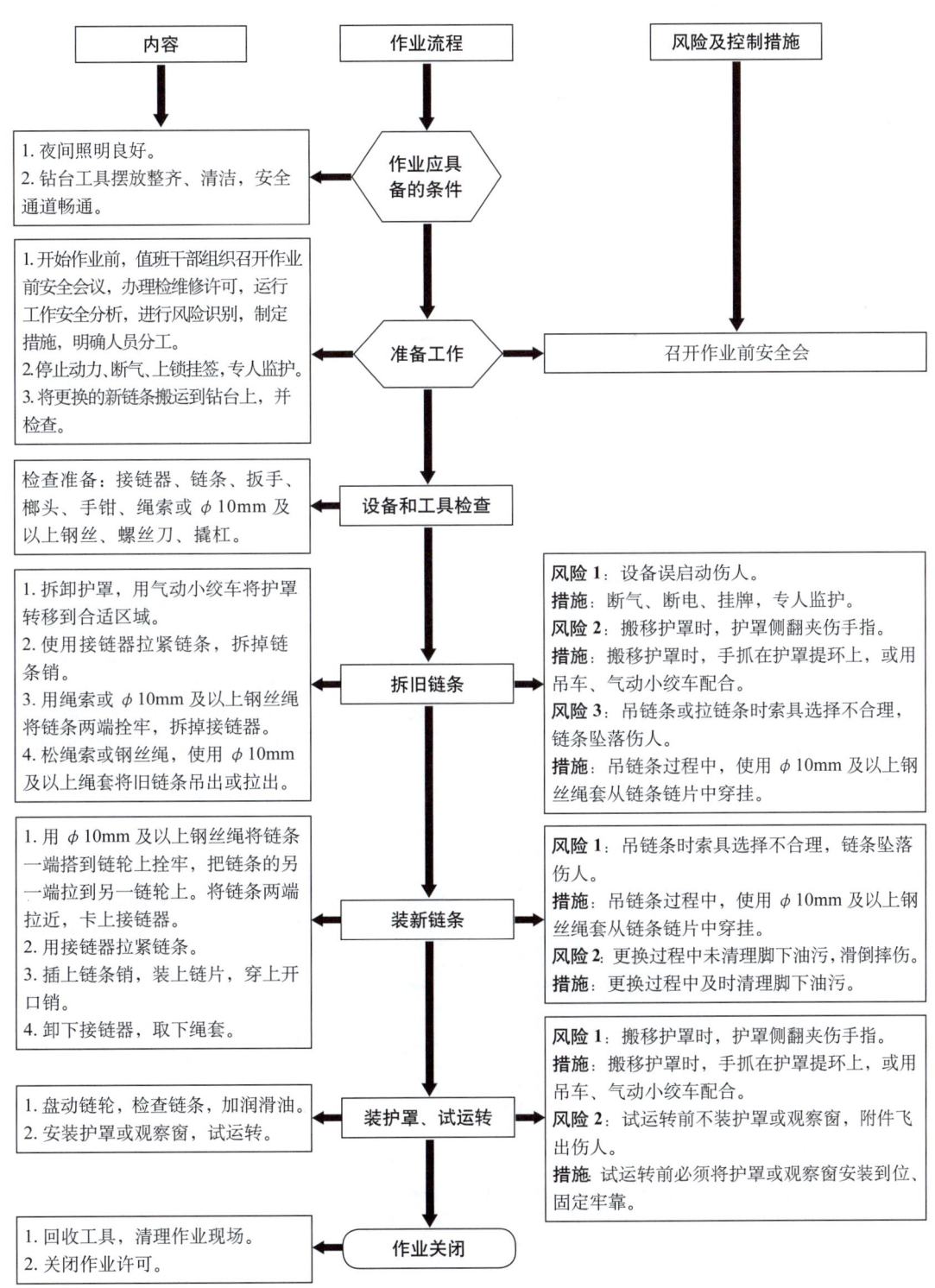

图 7.10 更换链条 HSE 作业程序

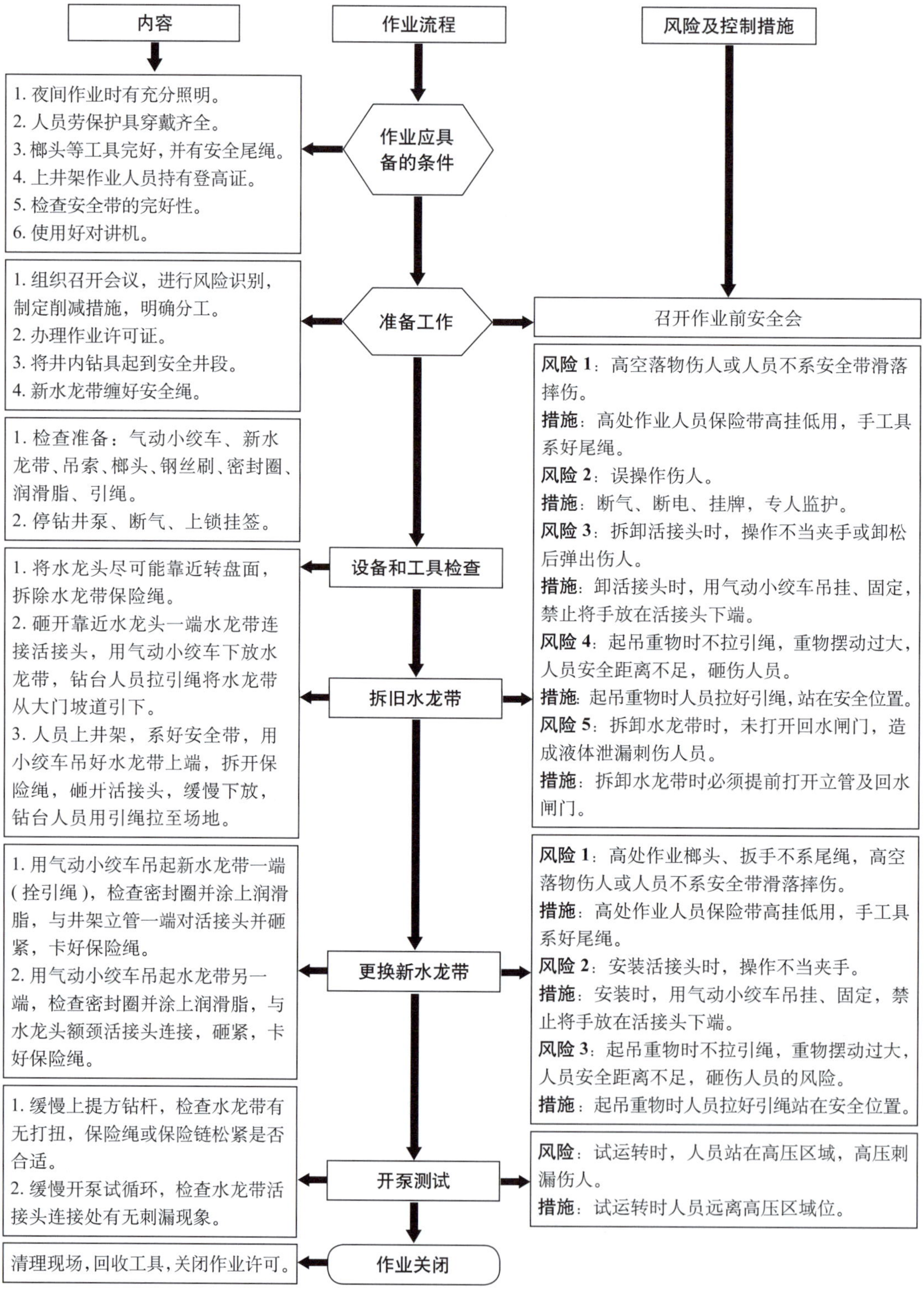

## 图 7.11 更换水龙带 HSE 作业程序

| 内容 | 作业流程 | 风险及控制措施 |
|---|---|---|
| 1. 夜间作业时有充分照明。<br>2. 人员劳保护具穿戴齐全。<br>3. 榔头等工具完好，并有安全尾绳。<br>4. 上井架作业人员持有登高证。<br>5. 检查安全带的完好性。<br>6. 使用好对讲机。 | 作业应具备的条件 | |
| 1. 组织召开会议，进行风险识别，制定削减措施，明确分工。<br>2. 办理作业许可证。<br>3. 将井内钻具起到安全井段。<br>4. 新水龙带缠好安全绳。 | 准备工作 | 召开作业前安全会 |
| 1. 检查准备：气动小绞车、新水龙带、吊索、榔头、钢丝刷、密封圈、润滑脂、引绳。<br>2. 停钻井泵、断气、上锁挂签。 | 设备和工具检查 | 风险1：高空落物伤人或人员不系安全带滑落摔伤。<br>措施：高处作业人员保险带高挂低用，手工具系好尾绳。<br>风险2：误操作伤人。<br>措施：断气、断电、挂牌、专人监护。<br>风险3：拆卸活接头时，操作不当夹手或卸松后弹出伤人。<br>措施：卸活接头时，用气动小绞车吊挂、固定，禁止将手放在活接头下端。<br>风险4：起吊重物时不拉引绳，重物摆动过大，人员安全距离不足，砸伤人员。<br>措施：起吊重物时人员拉好引绳，站在安全位置。<br>风险5：拆卸水龙带时，未打开回水闸门，造成液体泄漏刺伤人员。<br>措施：拆卸水龙带时必须提前打开立管及回水闸门。 |
| 1. 将水龙头尽可能靠近转盘面，拆除水龙头保险绳。<br>2. 砸开靠近水龙头一端水龙带连接活接头，用气动小绞车下放水龙带，钻台人员拉引绳将水龙带从大门坡道引下。<br>3. 人员上井架，系好安全带，用小绞车吊好水龙带上端，拆开保险绳，砸开活接头，缓慢下放，钻台人员用引绳拉至场地。 | 拆旧水龙带 | |
| 1. 用气动小绞车吊起新水龙带一端（拴引绳），检查密封圈并涂上润滑脂，与井架立管一端对活接头并砸紧，卡好保险绳。<br>2. 用气动小绞车吊起水龙带另一端，检查密封圈并涂上润滑脂，与水龙头额颈活接头连接，砸紧，卡好保险绳。 | 更换新水龙带 | 风险1：高处作业榔头、扳手不系尾绳，高空落物伤人或人员不系安全带滑落摔伤。<br>措施：高处作业人员保险带高挂低用，手工具系好尾绳。<br>风险2：安装活接头时，操作不当夹手。<br>措施：安装时，用气动小绞车吊挂、固定，禁止将手放在活接头下端。<br>风险3：起吊重物时不拉引绳，重物摆动过大，人员安全距离不足，砸伤人员的风险。<br>措施：起吊重物时人员拉好引绳站在安全位置。 |
| 1. 缓慢上提方钻杆，检查水龙带有无打扭，保险绳或保险链松紧是否合适。<br>2. 缓慢开泵试循环，检查水龙带活接头连接处有无刺漏现象。 | 开泵测试 | 风险：试运转时，人员站在高压区域，高压刺漏伤人。<br>措施：试运转时人员远离高压区域位。 |
| 清理现场，回收工具，关闭作业许可。 | 作业关闭 | |

图 7.11　更换水龙带 HSE 作业程序

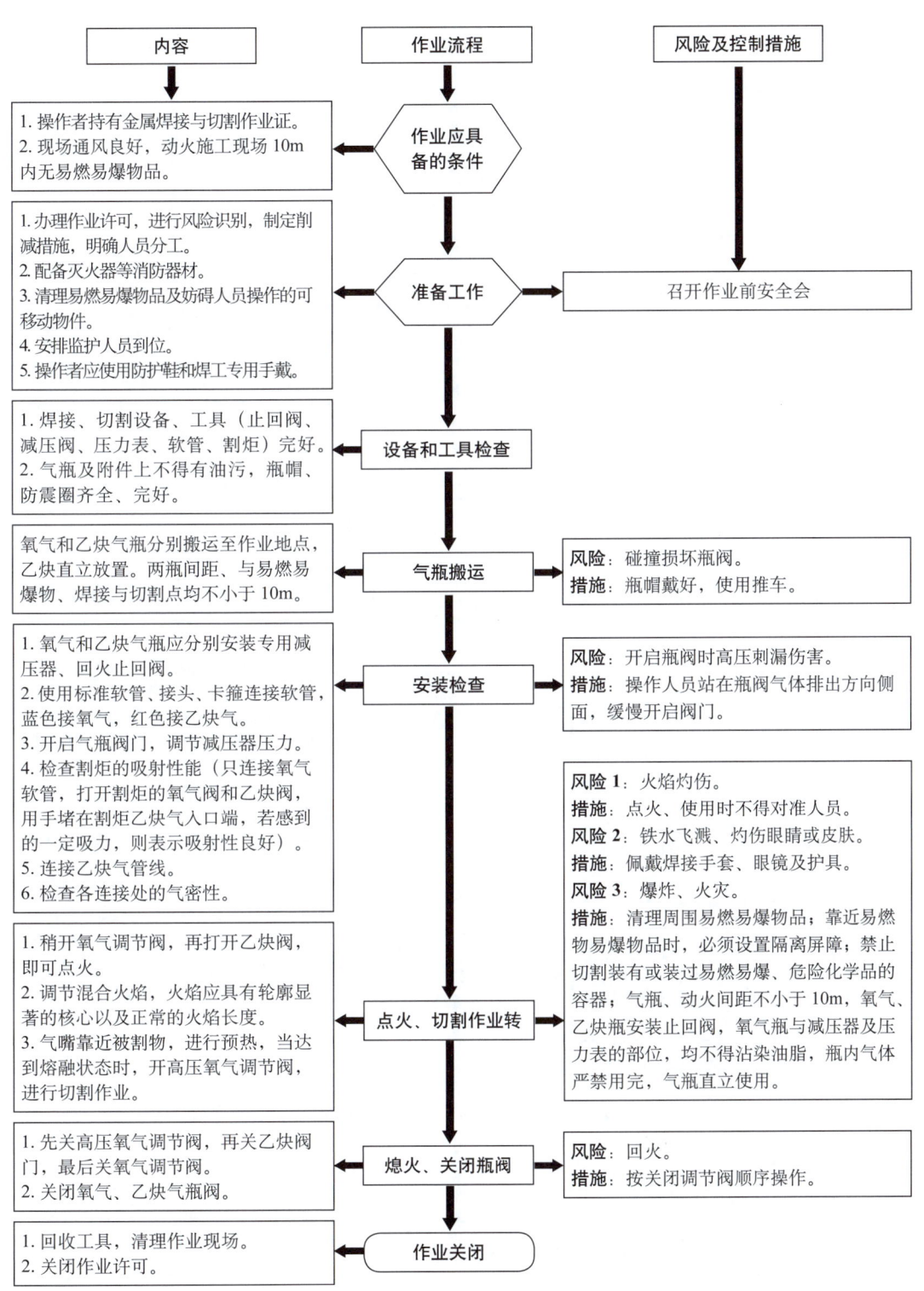

图 7.12 火焰切割 HSE 作业程序

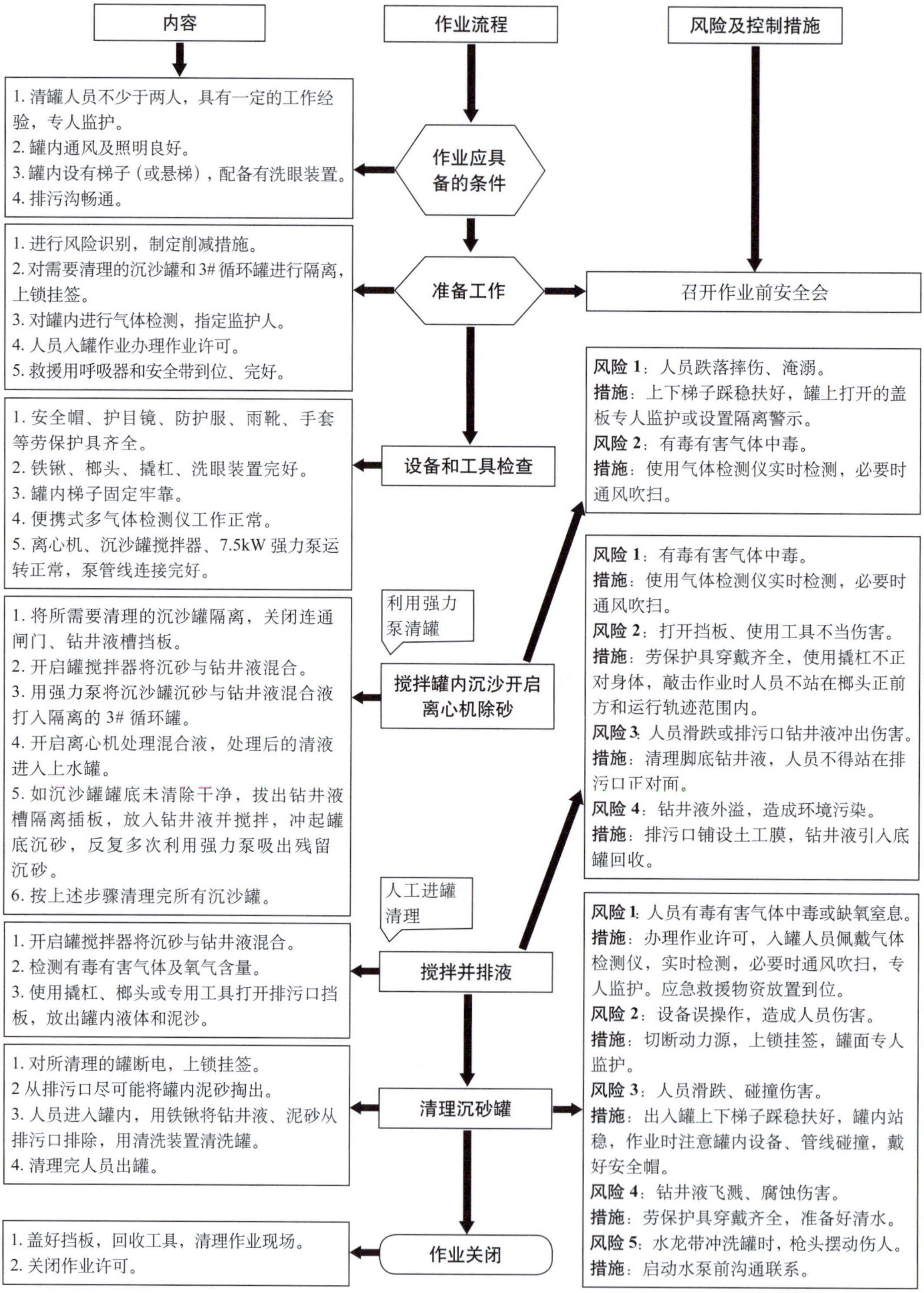

## 清理沉沙罐 HSE 作业程序

| 内容 | 作业流程 | 风险及控制措施 |
|---|---|---|
| 1. 清罐人员不少于两人，具有一定的工作经验，专人监护。<br>2. 罐内通风及照明良好。<br>3. 罐内设有梯子（或悬梯），配备有洗眼装置。<br>4. 排污沟畅通。 | 作业应具备的条件 | |
| 1. 进行风险识别，制定削减措施。<br>2. 对需要清理的沉沙罐和3#循环罐进行隔离，上锁挂签。<br>3. 对罐内进行气体检测，指定监护人。<br>4. 人员入罐作业办理作业许可。<br>5. 救援用呼吸器和安全带到位、完好。 | 准备工作 | 召开作业前安全会 |
| 1. 安全帽、护目镜、防护服、雨靴、手套等劳保护具齐全。<br>2. 铁锹、榔头、撬杠、洗眼装置完好。<br>3. 罐内梯子固定牢靠。<br>4. 便携式多气体检测仪工作正常。<br>5. 离心机、沉沙罐搅拌器、7.5kW强力泵运转正常，泵管线连接完好。 | 设备和工具检查 | 风险1：人员跌落摔伤、淹溺。<br>措施：上下梯子踩稳扶好，罐上打开的盖板专人监护或设置隔离警示。<br>风险2：有毒有害气体中毒。<br>措施：使用气体检测仪实时检测，必要时通风吹扫。 |
| 1. 将所需要清理的沉沙罐隔离，关闭连通闸门、钻井液槽挡板。<br>2. 开启搅拌器将沉砂与钻井液混合。<br>3. 用强力泵将沉沙罐沉砂与钻井液混合液打入隔离的3#循环罐。<br>4. 开启离心机处理混合液，处理后的清液进入上水罐。<br>5. 如沉沙罐罐底未清除干净，拔出钻井液槽隔离插板，放入钻井液并搅拌，冲起罐底沉砂，反复多次利用强力泵吸出残留沉砂。<br>6. 按上述步骤清理完所有沉沙罐。 | 利用强力泵清罐<br>搅拌罐内沉沙开启离心机除砂 | 风险1：有毒有害气体中毒。<br>措施：使用气体检测仪实时检测，必要时通风吹扫。<br>风险2：打开挡板、使用工具不当伤害。<br>措施：劳保护具穿戴齐全，使用撬杠不正对身体，敲击作业时人员不站在榔头正前方和运行轨迹范围内。<br>风险3：人员滑跌或排污口钻井液冲出伤害。<br>措施：清理脚底钻井液，人员不得站在排污口正对面。<br>风险4：钻井液外溢，造成环境污染。<br>措施：排污口铺设土工膜，钻井液引入底罐回收。 |
| 1. 开启搅拌器将沉砂与钻井液混合。<br>2. 检测有毒有害气体及氧气含量。<br>3. 使用撬杠、榔头或专用工具打开排污口挡板，放出罐内液体和泥沙。 | 人工进罐清理<br>搅拌并排液 | 风险1：人员有毒有害气体中毒或缺氧窒息。<br>措施：办理作业许可，入罐人员佩戴气体检测仪，实时检测，必要时通风吹扫，专人监护。应急救援物资放置到位。<br>风险2：设备误操作，造成人员伤害。<br>措施：切断动力源，上锁挂签，罐面专人监护。 |
| 1. 对所清理的罐断电，上锁挂签。<br>2. 从排污口尽可能将罐内泥砂掏出。<br>3. 人员进入罐内，用铁锹将钻井液、泥砂从排污口排除，用清洗装置清洗。<br>4. 清理完人员出罐。 | 清理沉砂罐 | 风险3：人员滑跌、碰撞伤害。<br>措施：出入罐上下梯子踩稳扶好，罐内站稳，作业时注意罐内设备、管线碰撞，戴好安全帽。<br>风险4：钻井液飞溅、腐蚀伤害。<br>措施：劳保护具穿戴齐全，准备好清水。 |
| 1. 盖好挡板，回收工具，清理作业现场。<br>2. 关闭作业许可。 | 作业关闭 | 风险5：水龙带冲洗罐时，枪头摆动伤人。<br>措施：启动水泵前沟通联系。 |

图 7.13 清理沉沙罐 HSE 作业程序

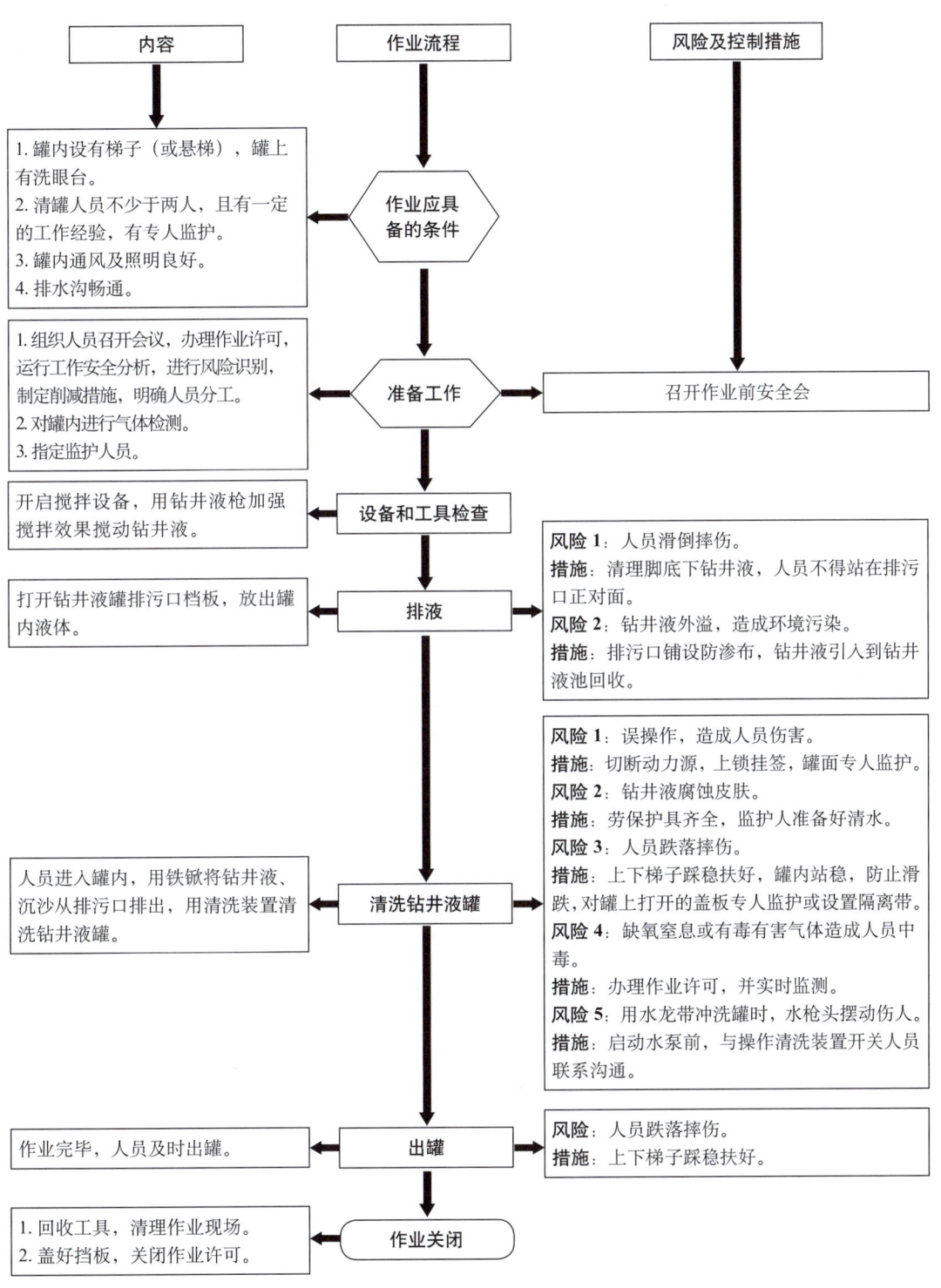

图 7.14　清洗钻井液罐 HSE 作业程序

# 8

## 处理事故、复杂作业程序

## 8.1　处理事故、复杂作业概述

处理事故、复杂作业包括地面设备设施出现异常和井下复杂或事故。

钻井是一种隐蔽的地下工程，需要钻穿各种地层，钻井时会遇到井下地层、压力、温度的各种变化，在钻遇复杂地层时或操作处理不当，可能引起井下复杂或事故。井下复杂情况指遇阻、卡钻、溢流、井涌、井喷、井漏等情况；而发生钻具折断、井下落物等称为井下事故。

地面设备设施异常处理危险性较大，如处理不当可能造成设备损坏或人身伤害。

本部分主要针对井下遇阻倒划眼处理、卡钻使用震击器、处理大绳打扭、大绳跳槽、立柱出指梁等复杂情况进行作业程序描述。

## 8.2　处理事故、复杂作业程序

处理事故、复杂作业程序包括：
(1) 处理大绳打扭 HSE 作业程序；
(2) 处理立柱出指梁 HSE 作业程序；
(3) 处理天车大绳跳槽 HSE 作业程序；
(4) 倒划眼 HSE 作业程序（方钻杆在转盘面以上或无法接方钻杆）；
(5) 倒划眼（方钻杆在转盘内）HSE 作业程序；
(6) 倒划眼（使用顶驱）HSE 作业程序；
(7) 地面震击器 HSE 作业程序；
(8) 泡油解卡作业程序；
(9) 有线随钻打捞无线随钻仪器施工作业程序。

具体程序如图 8.1 至图 8.9 所示。

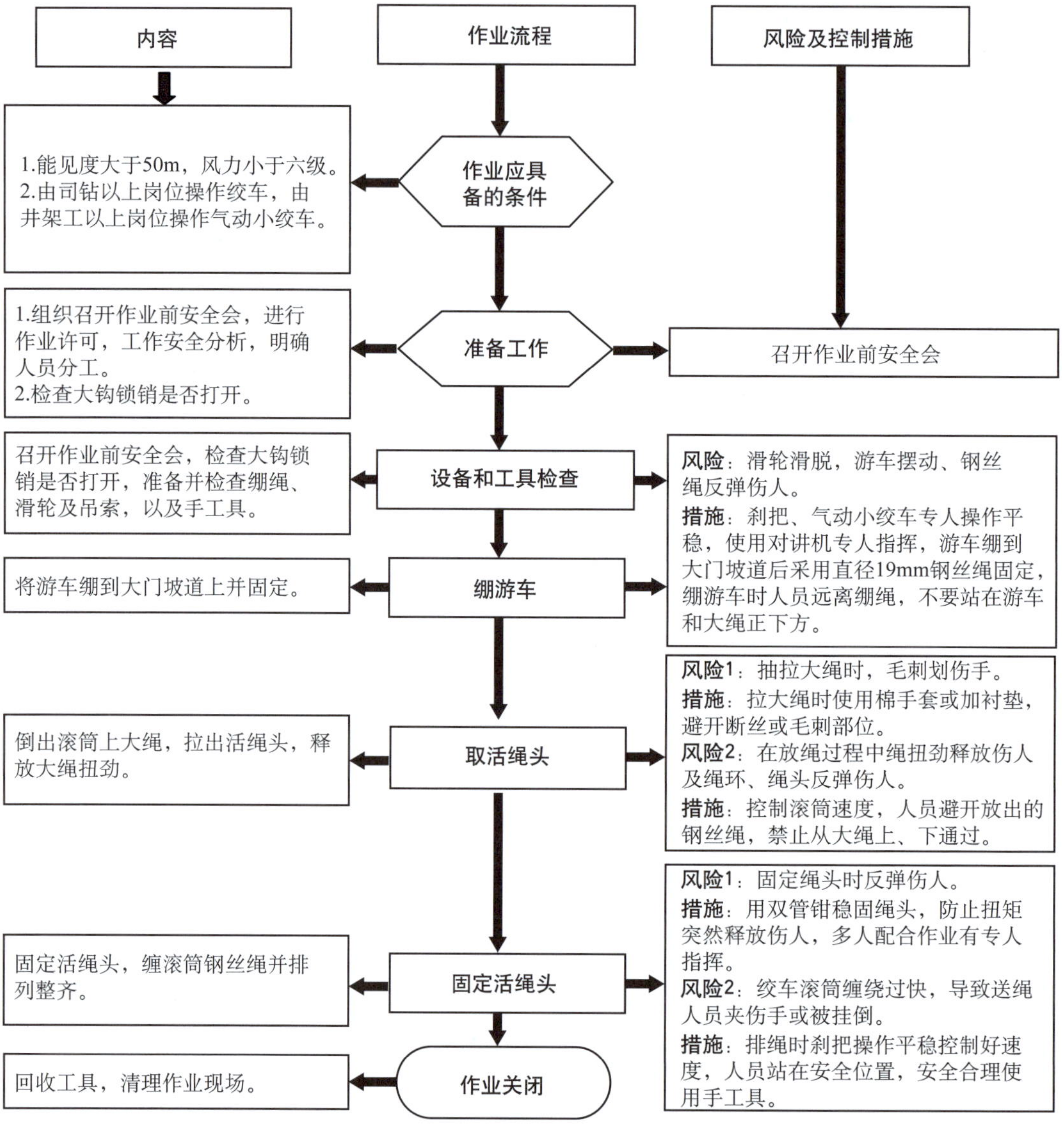

## 处理大绳打扭 HSE 作业程序

| 内容 | 作业流程 | 风险及控制措施 |
|---|---|---|
| 1.能见度大于50m，风力小于六级。<br>2.由司钻以上岗位操作绞车，由井架工以上岗位操作气动小绞车。 | 作业应具备的条件 | |
| 1.组织召开作业前安全会，进行作业许可，工作安全分析，明确人员分工。<br>2.检查大钩锁销是否打开。 | 准备工作 | 召开作业前安全会 |
| 召开作业前安全会，检查大钩锁销是否打开，准备并检查绷绳、滑轮及吊索，以及手工具。 | 设备和工具检查 | **风险**：滑轮滑脱，游车摆动、钢丝绳反弹伤人。<br>**措施**：刹把、气动小绞车专人操作平稳，使用对讲机专人指挥，游车绷到大门坡道后采用直径19mm钢丝绳固定，绷游车时人员远离绷绳，不要站在游车和大绳正下方。 |
| 将游车绷到大门坡道上并固定。 | 绷游车 | |
| 倒出滚筒上大绳，拉出活绳头，释放大绳扭劲。 | 取活绳头 | **风险1**：抽拉大绳时，毛刺划伤手。<br>**措施**：拉大绳时使用棉手套或加衬垫，避开断丝或毛刺部位。<br>**风险2**：在放绳过程中绳扭劲释放伤人及绳环、绳头反弹伤人。<br>**措施**：控制滚筒速度，人员避开放出的钢丝绳，禁止从大绳上、下通过。 |
| 固定活绳头，缠滚筒钢丝绳并排列整齐。 | 固定活绳头 | **风险1**：固定绳头时反弹伤人。<br>**措施**：用双管钳稳固绳头，防止扭矩突然释放伤人，多人配合作业有专人指挥。<br>**风险2**：绞车滚筒缠绕过快，导致送绳人员夹伤手或被挂倒。<br>**措施**：排绳时刹把操作平稳控制好速度，人员站在安全位置，安全合理使用手工具。 |
| 回收工具，清理作业现场。 | 作业关闭 | |

图 8.1  处理大绳打扭 HSE 作业程序

备注：若大钩带有钻具，因大钩制动销未打开造成的打扭，卡上卡瓦，打开大钩制动销；因其他原因，在井下钻具允许倒转的情况下，用B型大钳缓慢倒转钻具，下放钻具，带动游车解除打扭。试空游车是否打扭，正常恢复作业。如打扭，执行常规打扭程序。

风险1：解大钩制动销时人员高空坠落。

措施：登高开大钩制动销时，人员系好安全带，工具系好尾绳。

风险2：B型钳飞出伤人。

措施：使用B型钳打好钳子后，人员远离危险区。

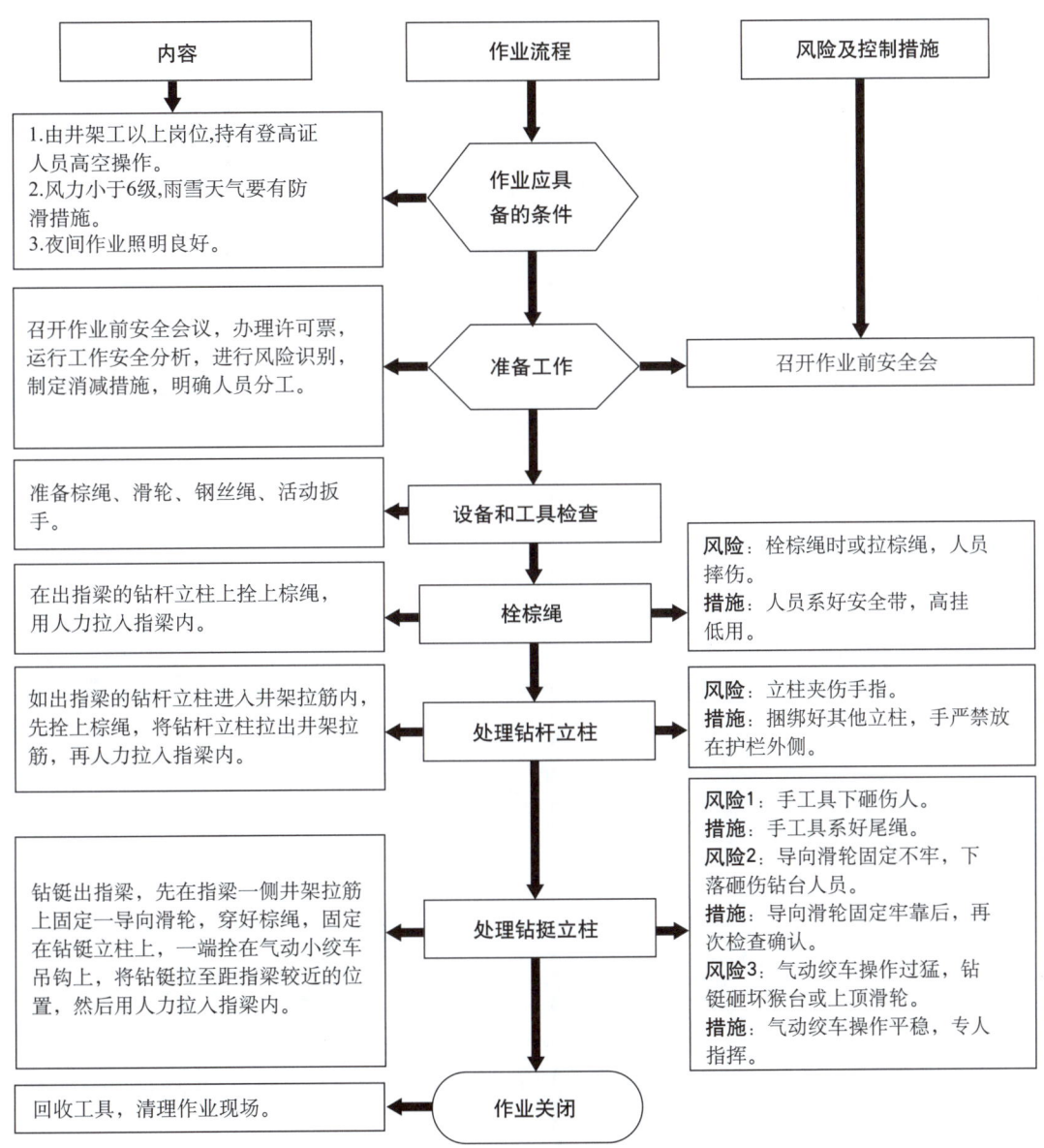

图 8.2 处理立柱出指梁 HSE 作业程序

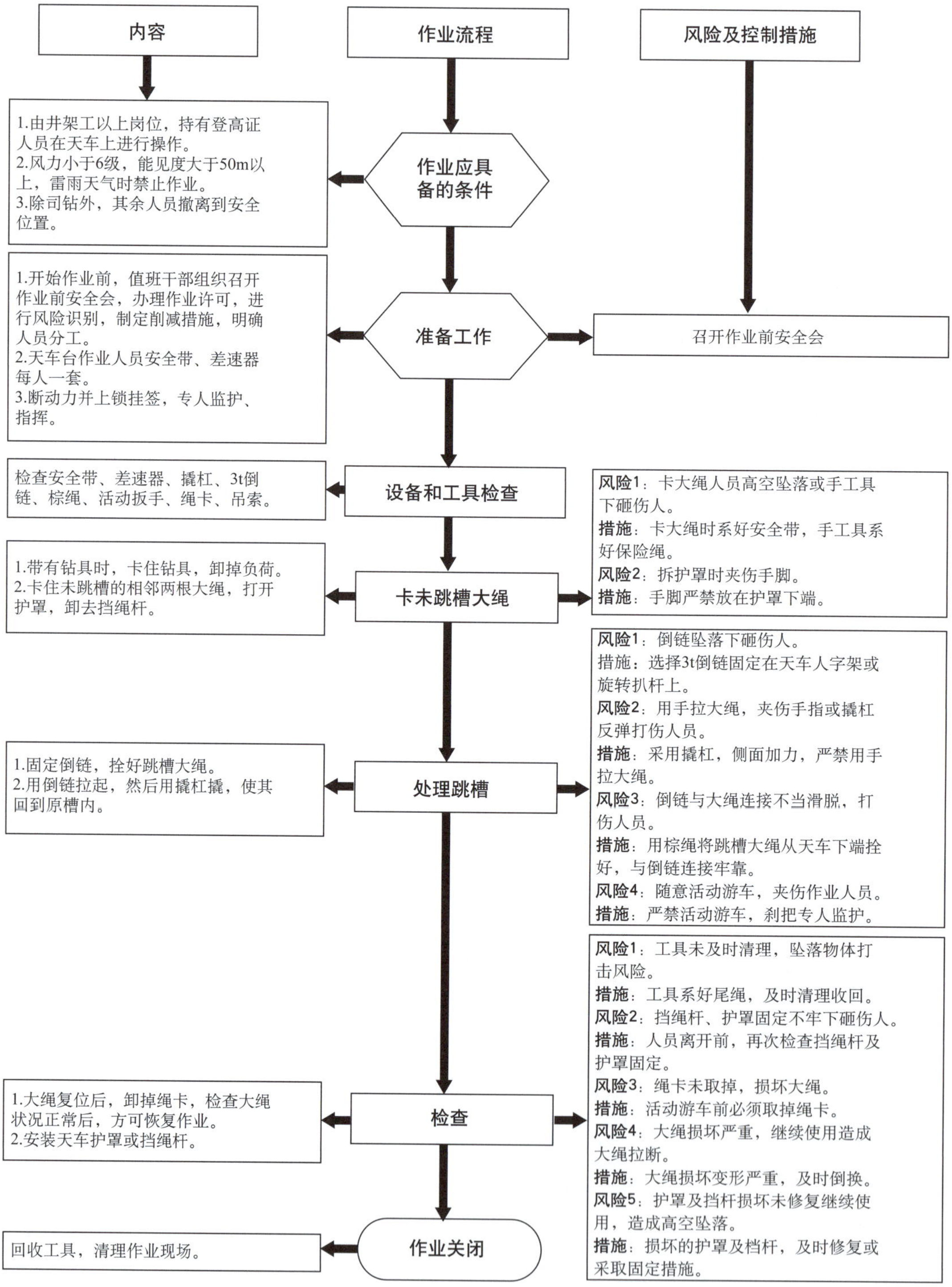

## 处理天车大绳跳槽 HSE 作业程序流程

| 内容 | 作业流程 | 风险及控制措施 |
|---|---|---|
| 1.由井架工以上岗位，持有登高证人员在天车上进行操作。<br>2.风力小于6级，能见度大于50m以上，雷雨天气时禁止作业。<br>3.除司钻外，其余人员撤离到安全位置。 | 作业应具备的条件 | |
| 1.开始作业前，值班干部组织召开作业前安全会，办理作业许可，进行风险识别，制定削减措施，明确人员分工。<br>2.天车台作业人员安全带、差速器每人一套。<br>3.断动力并上锁挂签，专人监护、指挥。 | 准备工作 | 召开作业前安全会 |
| 检查安全带、差速器、撬杠、3t倒链、棕绳、活动扳手、绳卡、吊索。 | 设备和工具检查 | 风险1：卡大绳人员高空坠落或手工具下砸伤人。<br>措施：卡大绳时系好安全带，手工具系好保险绳。<br>风险2：拆护罩时夹伤手脚。<br>措施：手脚严禁放在护罩下端。 |
| 1.带有钻具时，卡住钻具，卸掉负荷。<br>2.卡住未跳槽的相邻两根大绳，打开护罩，卸去挡绳杆。 | 卡未跳槽大绳 | |
| 1.固定倒链，拴好跳槽大绳。<br>2.用倒链拉起，然后用撬杠撬，使其回到原槽内。 | 处理跳槽 | 风险1：倒链坠落下砸伤人。<br>措施：选择3t倒链固定在天车人字架或旋转扒杆上。<br>风险2：用手拉大绳，夹伤手指或撬杠反弹打伤人员。<br>措施：采用撬杠，侧面加力，严禁用手拉大绳。<br>风险3：倒链与大绳连接不当滑脱，打伤人员。<br>措施：用棕绳将跳槽大绳从天车下端拴好，与倒链连接牢靠。<br>风险4：随意活动游车，夹伤作业人员。<br>措施：严禁活动游车，刹把专人监护。 |
| 1.大绳复位后，卸掉绳卡，检查大绳状况正常后，方可恢复作业。<br>2.安装天车护罩或挡绳杆。 | 检查 | 风险1：工具未及时清理，坠落物体打击风险。<br>措施：工具系好尾绳，及时清理收回。<br>风险2：挡绳杆、护罩固定不牢下砸伤人。<br>措施：人员离开前，再次检查挡绳杆及护罩固定。<br>风险3：绳卡未取掉，损坏大绳。<br>措施：活动游车前必须卸掉绳卡。<br>风险4：大绳损坏严重，继续使用造成大绳拉断。<br>措施：大绳损坏变形严重，及时倒换。<br>风险5：护罩及挡杆损坏未修复继续使用，造成高空坠落。<br>措施：损坏的护罩及杆件，及时修复或采取固定措施。 |
| 回收工具，清理作业现场。 | 作业关闭 | |

图 8.3　处理天车大绳跳槽 HSE 作业程序

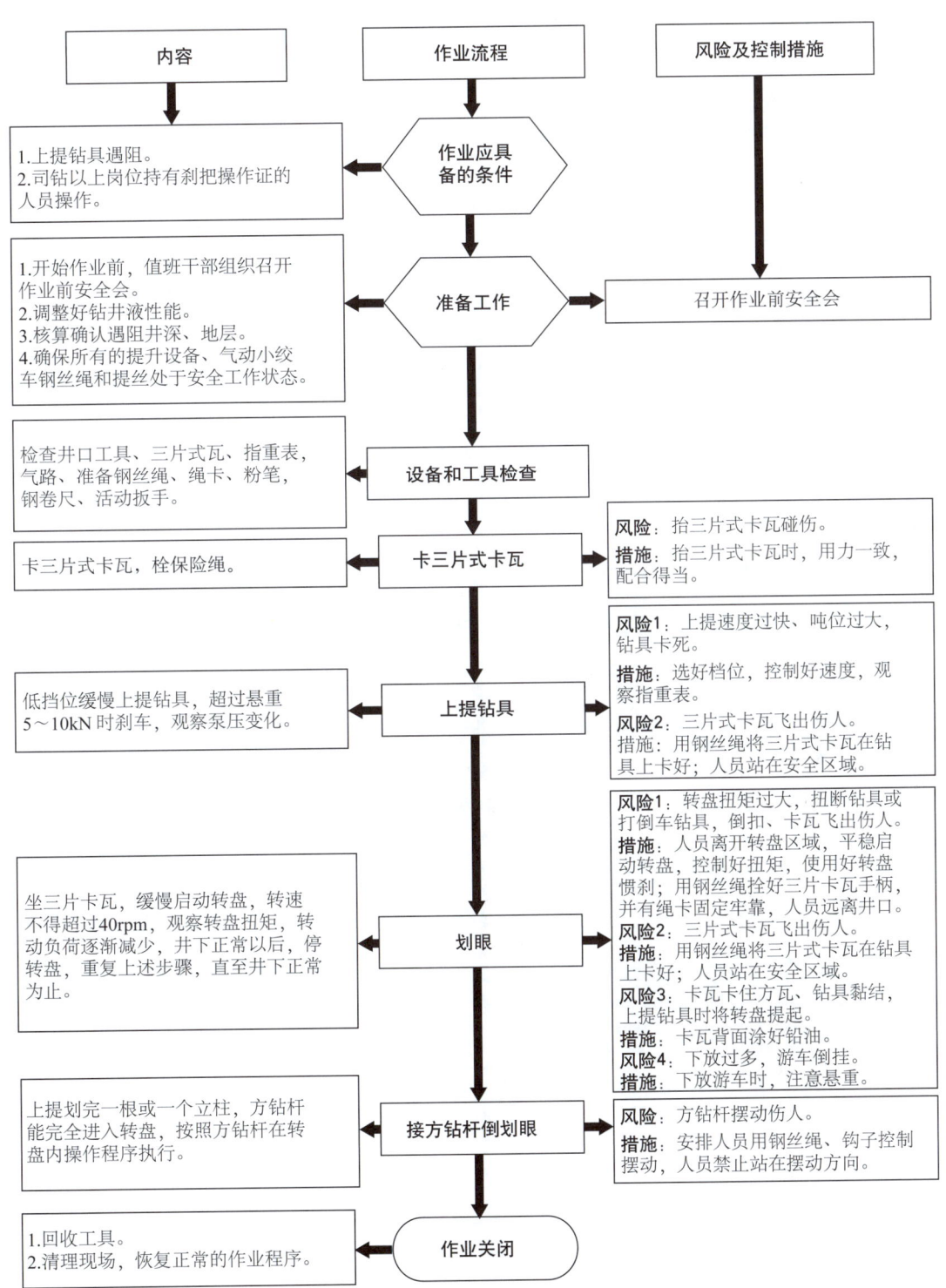

图 8.4 倒划眼 HSE 作业程序（方钻杆在转盘面以上或无法接方钻杆）

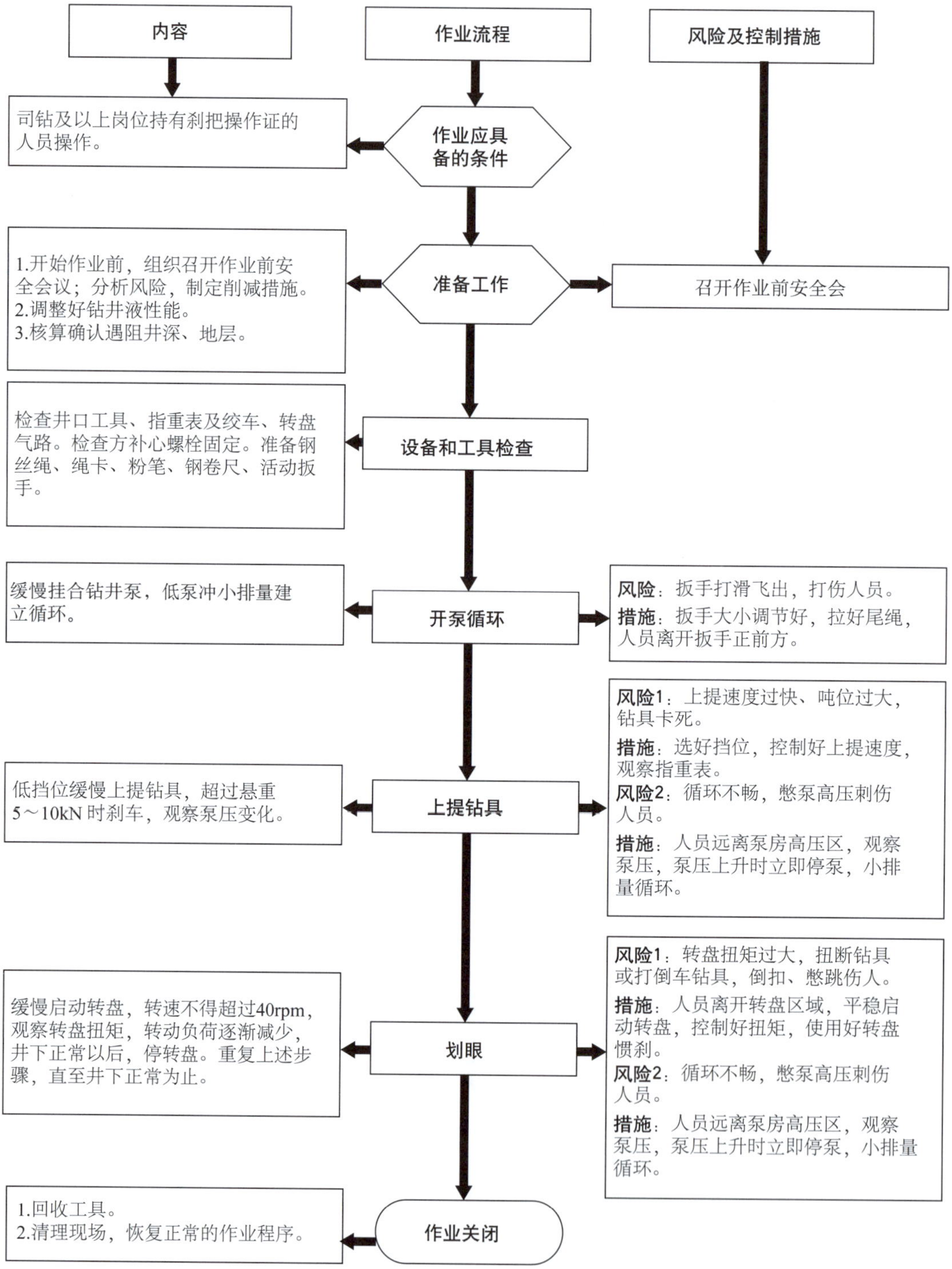

## 内容 / 作业流程 / 风险及控制措施

**作业应具备的条件** ← 司钻及以上岗位持有刹把操作证的人员操作。

**准备工作**
- 内容：
  1. 开始作业前，组织召开作业前安全会议；分析风险，制定削减措施。
  2. 调整好钻井液性能。
  3. 核算确认遇阻井深、地层。
- 风险及控制措施：召开作业前安全会

**设备和工具检查**
- 内容：检查井口工具、指重表及绞车、转盘气路。检查方补心螺栓固定。准备钢丝绳、绳卡、粉笔、钢卷尺、活动扳手。

**开泵循环**
- 内容：缓慢挂合钻井泵，低泵冲小排量建立循环。
- 风险：扳手打滑飞出，打伤人员。
- 措施：扳手大小调节好，拉好尾绳，人员离开扳手正前方。

**上提钻具**
- 内容：低挡位缓慢上提钻具，超过悬重5～10kN时刹车，观察泵压变化。
- 风险1：上提速度过快、吨位过大，钻具卡死。
- 措施：选好挡位，控制好上提速度，观察指重表。
- 风险2：循环不畅，憋泵高压刺伤人员。
- 措施：人员远离泵房高压区，观察泵压，泵压上升时立即停泵，小排量循环。

**划眼**
- 内容：缓慢启动转盘，转速不得超过40rpm，观察转盘扭矩，转动负荷逐渐减少，井下正常以后，停转盘。重复上述步骤，直至井下正常为止。
- 风险1：转盘扭矩过大，扭断钻具或打倒车钻具，倒扣、憋跳伤人员。
- 措施：人员离开转盘区域，平稳启动转盘，控制好扭矩，使用好转盘惯刹。
- 风险2：循环不畅，憋泵高压刺伤人员。
- 措施：人员远离泵房高压区，观察泵压，泵压上升时立即停泵，小排量循环。

**作业关闭**
1. 回收工具。
2. 清理现场，恢复正常的作业程序。

图 8.5 倒划眼（方钻杆在转盘内）HSE 作业程序

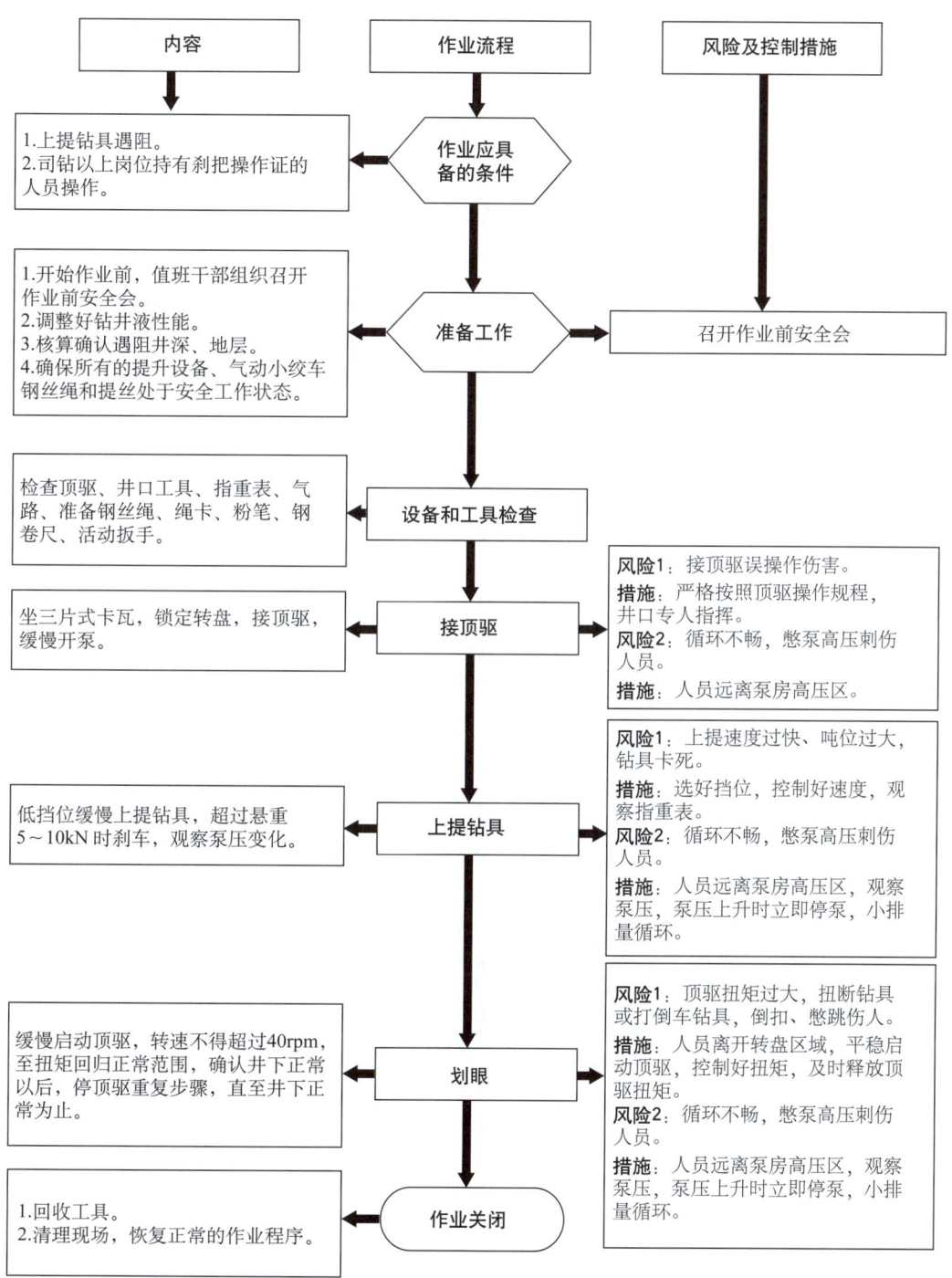

图 8.6　倒划眼（使用顶驱）HSE 作业程序

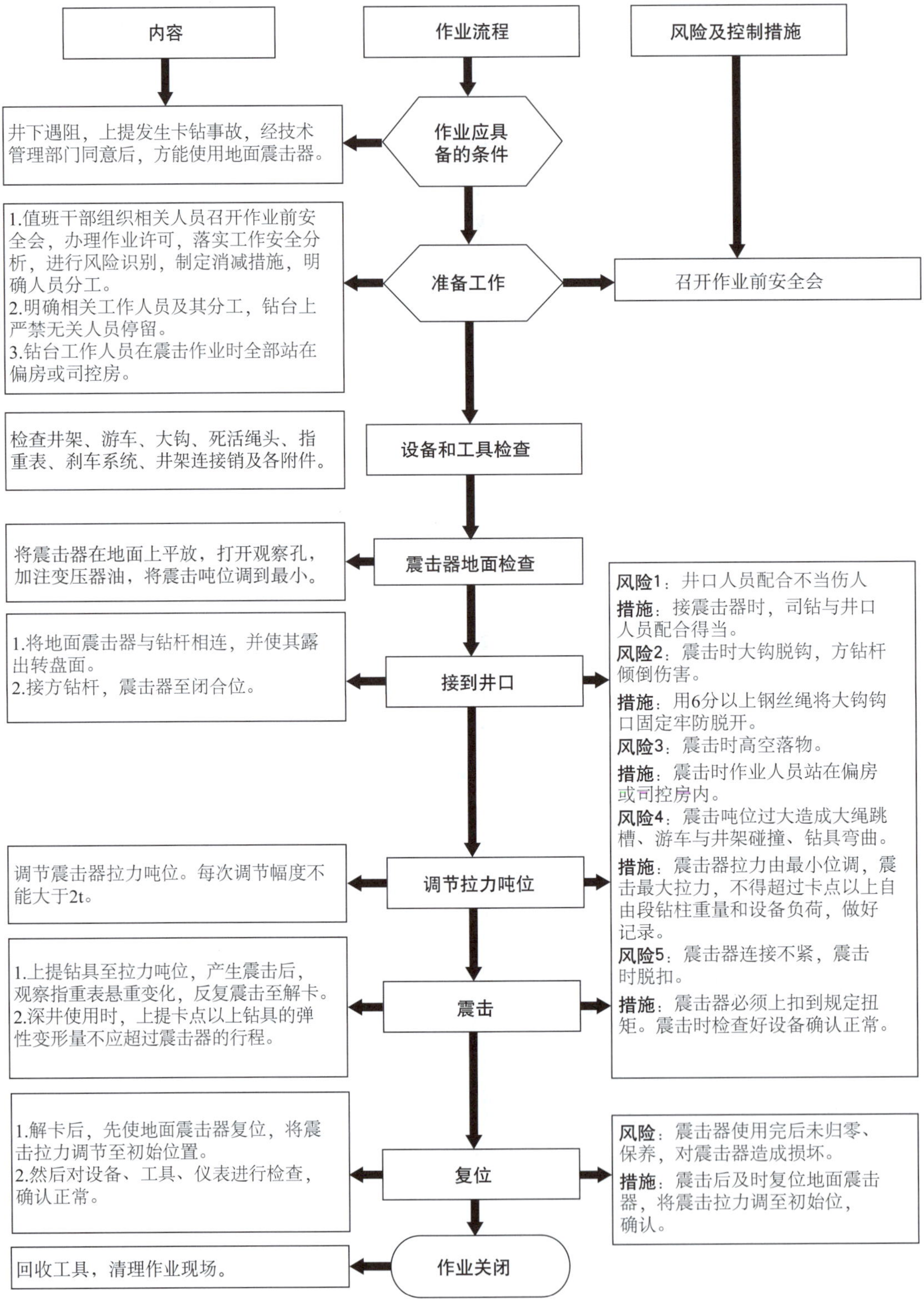

| 内容 | 作业流程 | 风险及控制措施 |
|---|---|---|
| | **作业应具备的条件** | |
| 井下遇阻，上提发生卡钻事故，经技术管理部门同意后，方能使用地面震击器。 | | |
| 1.值班干部组织相关人员召开作业前安全会，办理作业许可，落实工作安全分析，进行风险识别，制定消减措施，明确人员分工。<br>2.明确相关工作人员及其分工，钻台上严禁无关人员停留。<br>3.钻台工作人员在震击作业时全部站在偏房或司控房。 | **准备工作** | 召开作业前安全会 |
| 检查井架、游车、大钩、死活绳头、指重表、刹车系统、井架连接销及各附件。 | **设备和工具检查** | |
| 将震击器在地面上平放，打开观察孔，加注变压器油，将震击吨位调到最小。 | **震击器地面检查** | 风险1：井口人员配合不当伤人<br>措施：接震击器时，司钻与井口人员配合得当。<br>风险2：震击时大钩脱钩，方钻杆倾倒伤害。<br>措施：用6分以上钢丝绳将大钩钩口固定牢防脱开。<br>风险3：震击时高空落物。<br>措施：震击时作业人员站在偏房或司控房内。<br>风险4：震击吨位过大造成大绳跳槽、游车与井架碰撞、钻具弯曲。<br>措施：震击器拉力由最小位调，震击最大拉力，不得超过卡点以上自由段钻柱重量和设备负荷，做好记录。<br>风险5：震击器连接不紧，震击时脱扣。<br>措施：震击器必须上扣到规定扭矩。震击时检查好设备确认正常。 |
| 1.将地面震击器与钻杆相连，并使其露出转盘面。<br>2.接方钻杆，震击器至闭合位。 | **接到井口** | |
| 调节震击器拉力吨位。每次调节幅度不能大于2t。 | **调节拉力吨位** | |
| 1.上提钻具至拉力吨位，产生震击后，观察指重表悬重变化，反复震击至解卡。<br>2.深井使用时，上提卡点以上钻具的弹性变形量不应超过震击器的行程。 | **震击** | |
| 1.解卡后，先使地面震击器复位，将震击拉力调节至初始位置。<br>2.然后对设备、工具、仪表进行检查，确认正常。 | **复位** | 风险：震击器使用完后未归零、保养，对震击器造成损坏。<br>措施：震击后及时复位地面震击器，将震击拉力调至初始位，确认。 |
| 回收工具，清理作业现场。 | **作业关闭** | |

图 8.7 地面震击器 HSE 作业程序

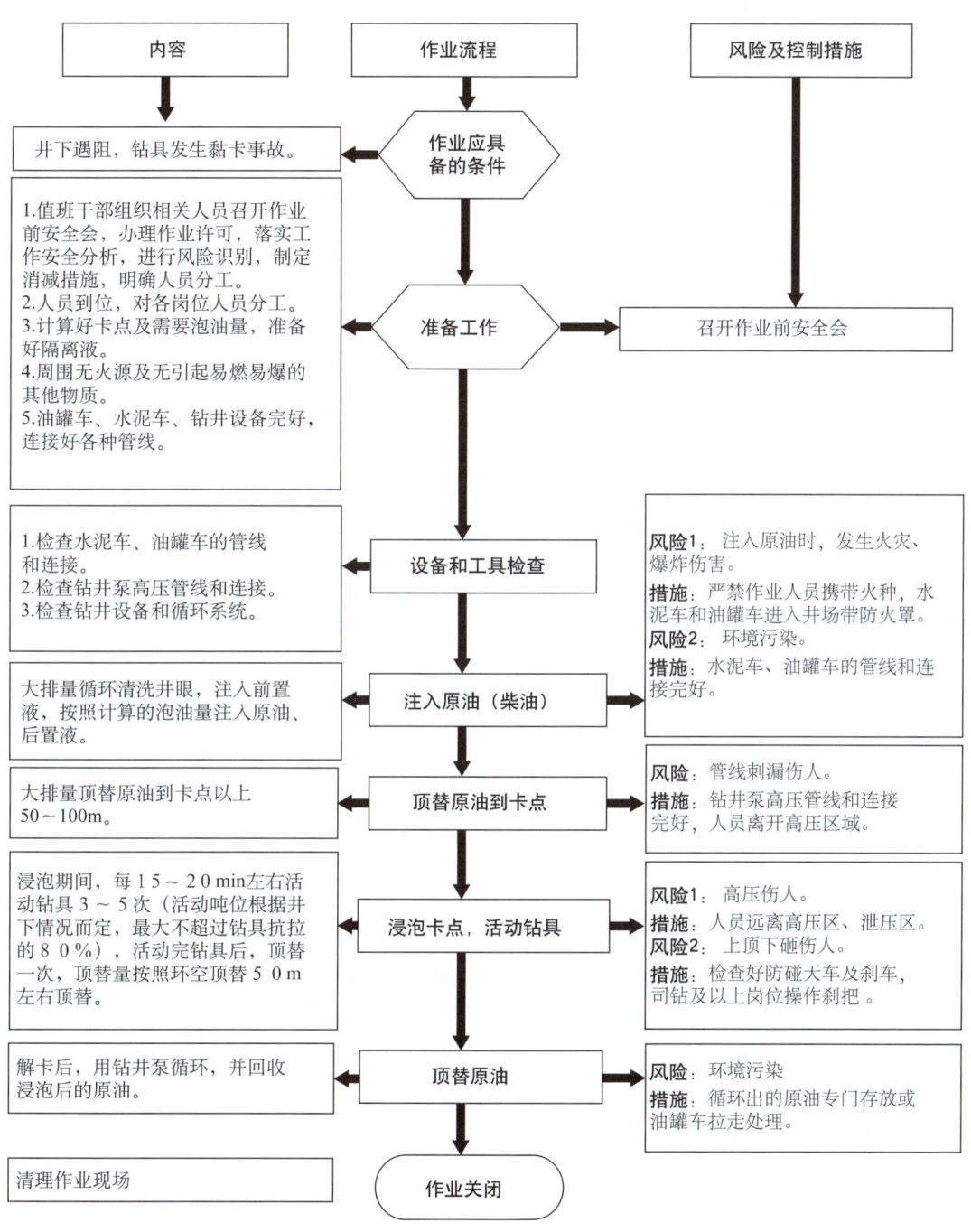

图 8.8 泡油解卡作业程序

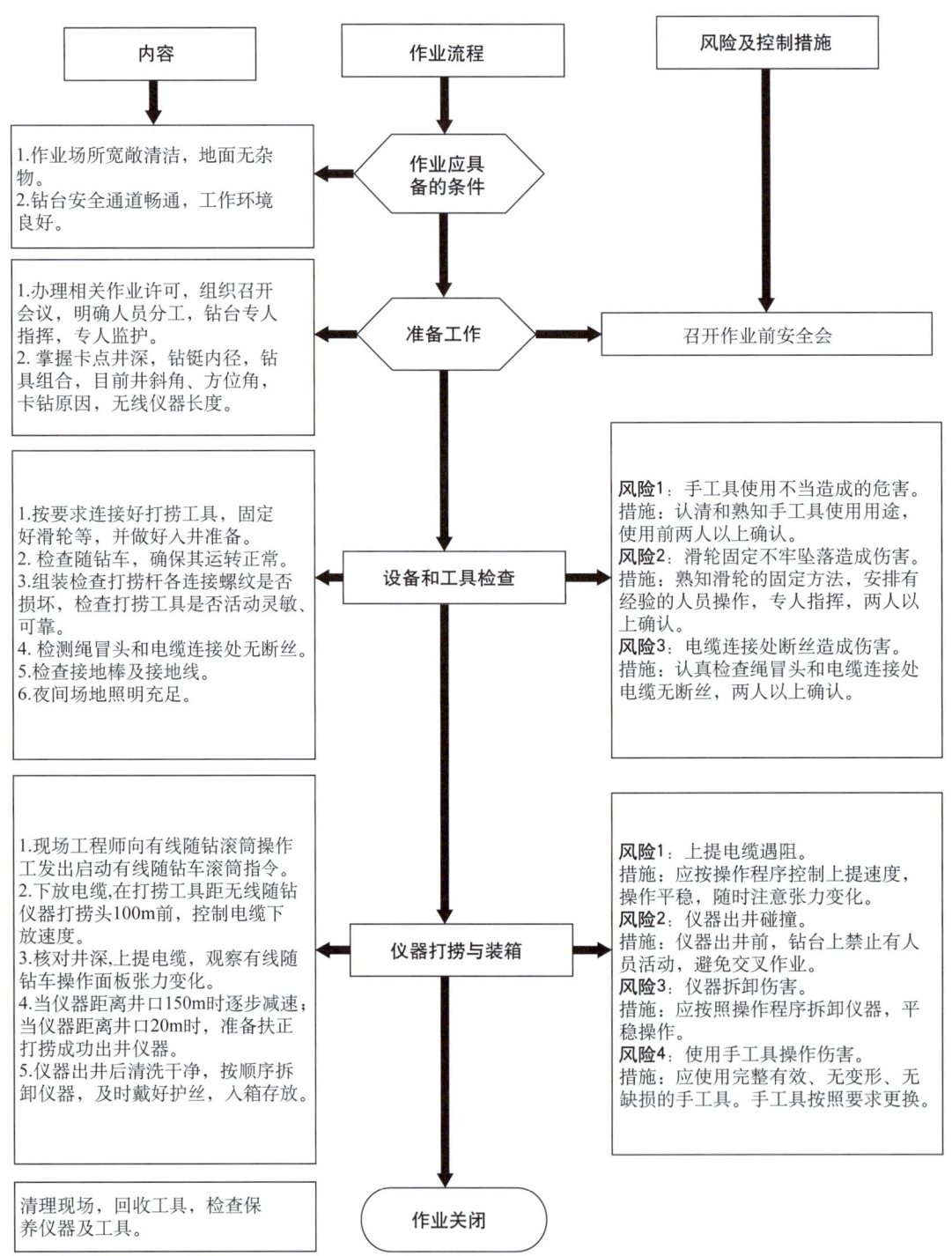

图 8.9 有线随钻打捞无线随钻仪器施工作业程序

# 9

## 完井作业程序

## 9.1 完井作业概述

完井作业就是按照设计要求钻完该井的井深,将钻井液性能调整好后,起出井内的钻具进行测井及以后工序的施工。

完井作业包括测井、下套管、固井及固井质量的检查、绷钻具等。

在完井作业中挂天滑轮、下套管、绷钻具等作业存在较大危险,本部分主要的电测、下套管、绷钻具、完井试压作业程序进行描述。

## 9.2 完井作业程序

完井作业程序包括:

(1) 水平井完井电测挂天滑轮 HSE 作业程序;

(2) 水平井电缆送测 HSE 作业程序;

(3) 下套管 HSE 作业程序;

(4) 管柱自动化系统下套管 HSE 作业程序;

(5) 下油管 HSE 作业程序;

(6) 卡瓦式套管头安装 HSE 作业程序;

(7) 完井试压 HSE 作业程序;

(8) 绷钻杆 HSE 作业程序;

(9) 绷钻铤 HSE 作业程序。

具体程序如图 9.1 至图 9.9 所示。

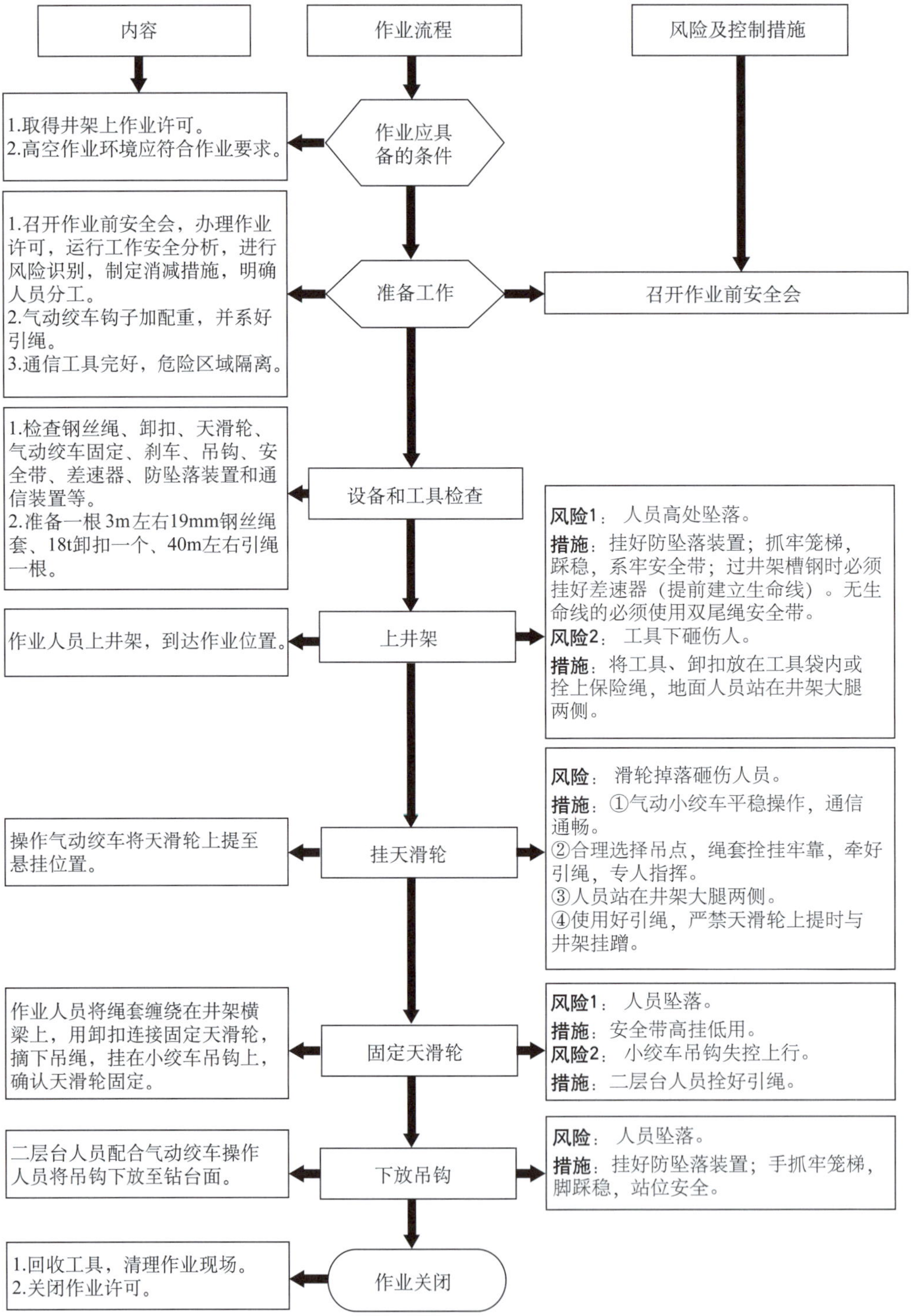

| 内容 | 作业流程 | 风险及控制措施 |
|---|---|---|
| 1.取得井架上作业许可。<br>2.高空作业环境应符合作业要求。 | 作业应具备的条件 | |
| 1.召开作业前安全会,办理作业许可,运行工作安全分析,进行风险识别,制定消减措施,明确人员分工。<br>2.气动绞车钩子加配重,并系好引绳。<br>3.通信工具完好,危险区域隔离。 | 准备工作 | 召开作业前安全会 |
| 1.检查钢丝绳、卸扣、天滑轮、气动绞车固定、刹车、吊钩、安全带、差速器、防坠落装置和通信装置等。<br>2.准备一根3m左右19mm钢丝绳套、18t卸扣一个、40m左右引绳一根。 | 设备和工具检查 | |
| 作业人员上井架,到达作业位置。 | 上井架 | 风险1:人员高处坠落。<br>措施:挂好防坠落装置;抓牢笼梯,踩稳,系牢安全带;过井架槽钢时必须挂好差速器(提前建立生命线)。无生命线的必须使用双尾绳安全带。<br>风险2:工具下砸伤人。<br>措施:将工具、卸扣放在工具袋内或拴上保险绳,地面人员站在井架大腿两侧。 |
| 操作气动绞车将天滑轮上提至悬挂位置。 | 挂天滑轮 | 风险:滑轮掉落砸伤人员。<br>措施:①气动小绞车平稳操作,通信通畅。<br>②合理选择吊点,绳套拴挂牢靠,牵好引绳,专人指挥。<br>③人员站在井架大腿两侧。<br>④使用好引绳,严禁天滑轮上提时与井架挂蹭。 |
| 作业人员将绳套缠绕在井架横梁上,用卸扣连接固定天滑轮,摘下吊钩,挂在小绞车吊钩上,确认天滑轮固定。 | 固定天滑轮 | 风险1:人员坠落。<br>措施:安全带高挂低用。<br>风险2:小绞车吊钩失控上行。<br>措施:二层台人员拴好引绳。 |
| 二层台人员配合气动绞车操作人员将吊钩下放至钻台面。 | 下放吊钩 | 风险:人员坠落。<br>措施:挂好防坠落装置;手抓牢笼梯,脚踩稳,站位安全。 |
| 1.回收工具,清理作业现场。<br>2.关闭作业许可。 | 作业关闭 | |

图 9.1 水平井完井电测挂天滑轮 HSE 作业程序

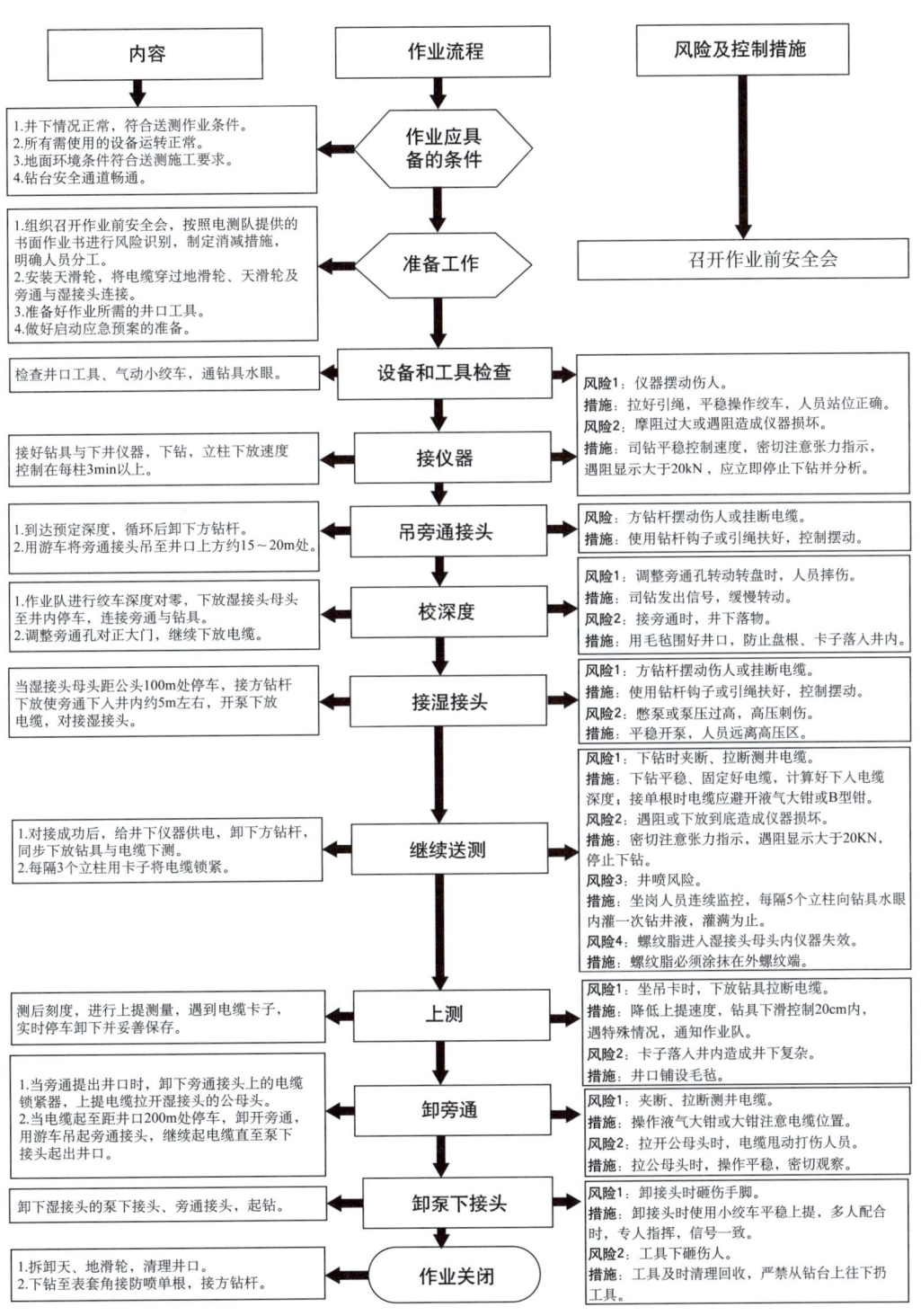

图 9.2 水平井电缆送测 HSE 作业程序

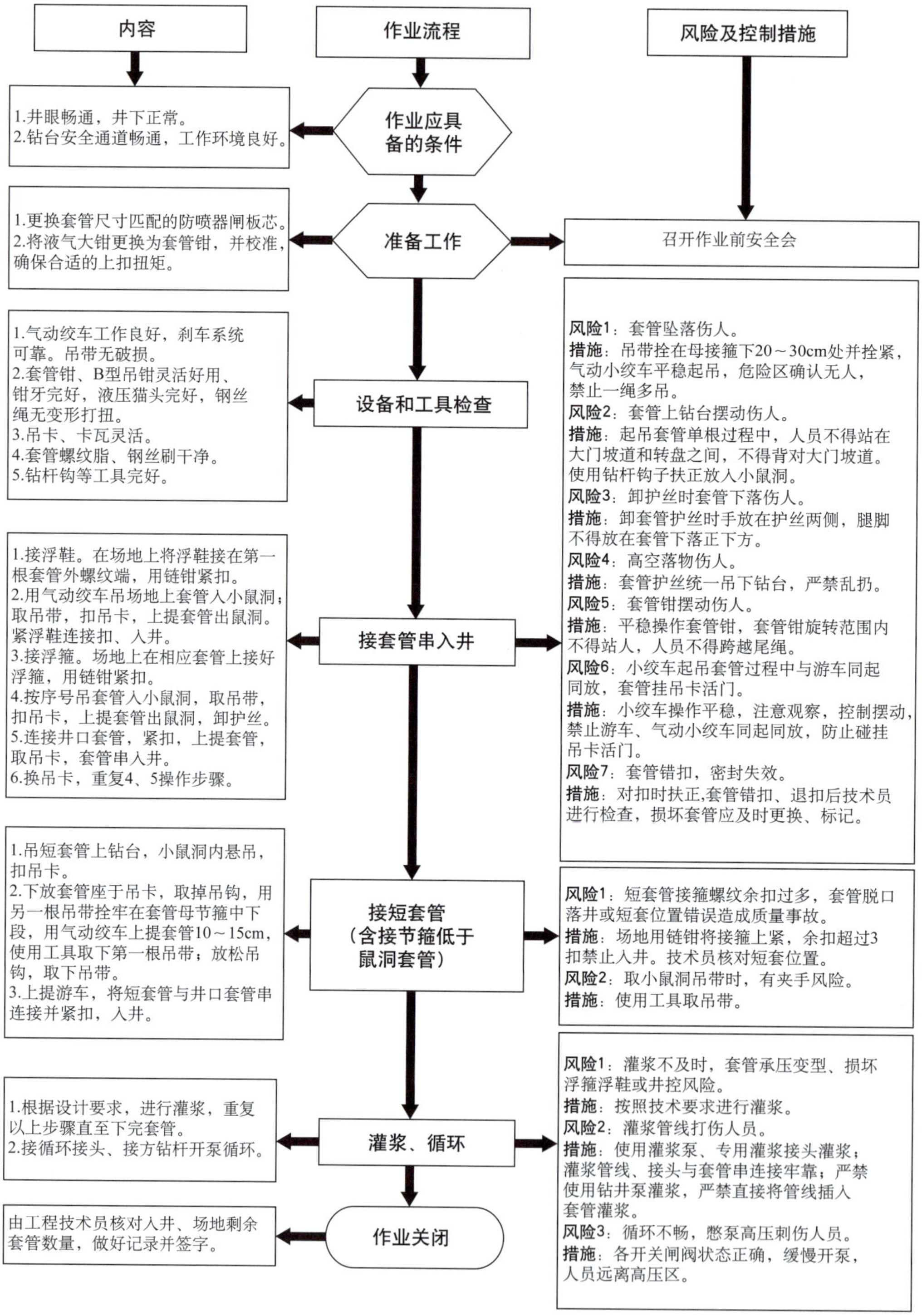

| 内容 | 作业流程 | 风险及控制措施 |
|---|---|---|
| 1.井眼畅通，井下正常。<br>2.钻台安全通道畅通，工作环境良好。 | 作业应具备的条件 | |
| 1.更换套管尺寸匹配的防喷器闸板芯。<br>2.将液气大钳更换为套管钳，并校准，确保合适的上扣扭矩。 | 准备工作 | 召开作业前安全会 |
| 1.气动绞车工作良好，刹车系统可靠。吊带无破损。<br>2.套管钳、B型吊钳灵活好用，钳牙完好，液压猫头完好，钢丝绳无变形打扭。<br>3.吊卡、卡瓦灵活。<br>4.套管螺纹脂、钢丝刷干净。<br>5.钻杆钩等工具完好。 | 设备和工具检查 | **风险1**：套管坠落伤人。<br>**措施**：吊带拴在母接箍下20～30cm处并拴紧，气动小绞车平稳起吊，危险区确认无人，禁止一绳多吊。<br>**风险2**：套管上钻台摆动伤人。<br>**措施**：起吊套管单根过程中，人员不得站在大门坡道和转盘之间，不得背对大门坡道。使用钻杆钩子扶正放入小鼠洞。<br>**风险3**：卸护丝时套管下落伤人。<br>**措施**：卸套管护丝时手放在护丝两侧，腿脚不得放在套管下落正下方。<br>**风险4**：高空落物伤人。<br>**措施**：套管护丝统一吊下钻台，严禁乱扔。 |
| 1.接浮鞋。在场地上将浮鞋接在第一根套管外螺纹端，用链钳紧扣。<br>2.用气动绞车吊起地上套管入小鼠洞；取吊带，扣吊卡，上提套管出鼠洞。紧浮鞋连接扣、入井。<br>3.接浮箍。场地上在相应套管上接好浮箍，用链钳紧扣。<br>4.按序号吊套管入小鼠洞，取吊带，扣吊卡，上提套管出鼠洞，卸护丝。<br>5.连接井口套管，紧扣，上提套管，取吊卡，套管串入井。<br>6.换吊卡，重复4、5操作步骤。 | 接套管串入井 | **风险5**：套管钳摆动伤人。<br>**措施**：平稳操作套管钳，套管钳旋转范围内不得站人，人员不得跨越尾绳。<br>**风险6**：小绞车起吊套管过程中与游车同起同放，套管挂吊卡活门。<br>**措施**：小绞车操作平稳，注意观察，控制摆动，禁止游车、气动小绞车同起同放，防止碰挂吊卡活门。<br>**风险7**：套管错扣，密封失效。<br>**措施**：对扣时扶正,套管错扣、退扣后技术员进行检查，损坏套管应及时更换、标记。 |
| 1.吊短套管上钻台，小鼠洞内悬均，扣吊卡。<br>2.下放套管座于吊卡，取掉吊钩，用另一根吊带拴牢在套管母节箍中下段，用气动绞车上提套管10～15cm，使用工具取下第一根吊带；放松吊钩，取下吊带。<br>3.上提游车，将短套管与井口套管串连接并紧扣，入井。 | 接短套管<br>（含接节箍低于鼠洞套管） | **风险1**：短套管接箍螺纹余扣过多，套管脱口落井或短套位置错误造成质量事故。<br>**措施**：场地用链钳将接箍上紧，余扣超过3扣禁止入井。技术员核对短套位置。<br>**风险2**：取小鼠洞吊带时，有夹手风险。<br>**措施**：使用工具取吊带。 |
| 1.根据设计要求，进行灌浆，重复以上步骤直至下完套管。<br>2.接循环接头、接方钻杆开泵循环。 | 灌浆、循环 | **风险1**：灌浆不及时，套管承压变型、损坏浮箍浮鞋或井控风险。<br>**措施**：按照技术要求进行灌浆。<br>**风险2**：灌浆管线打伤人员。<br>**措施**：使用灌浆泵、专用灌浆接头灌浆；灌浆管线、接头与套管串连接牢靠；严禁使用钻井泵灌浆，严禁直接将管线插入套管灌浆。<br>**风险3**：循环不畅，憋泵高压刺伤人员。<br>**措施**：各开关闸阀状态正确，缓慢开泵，人员远离高压区。 |
| 由工程技术员核对入井、场地剩余套管数量，做好记录并签字。 | 作业关闭 | |

图 9.3 下套管 HSE 作业程序

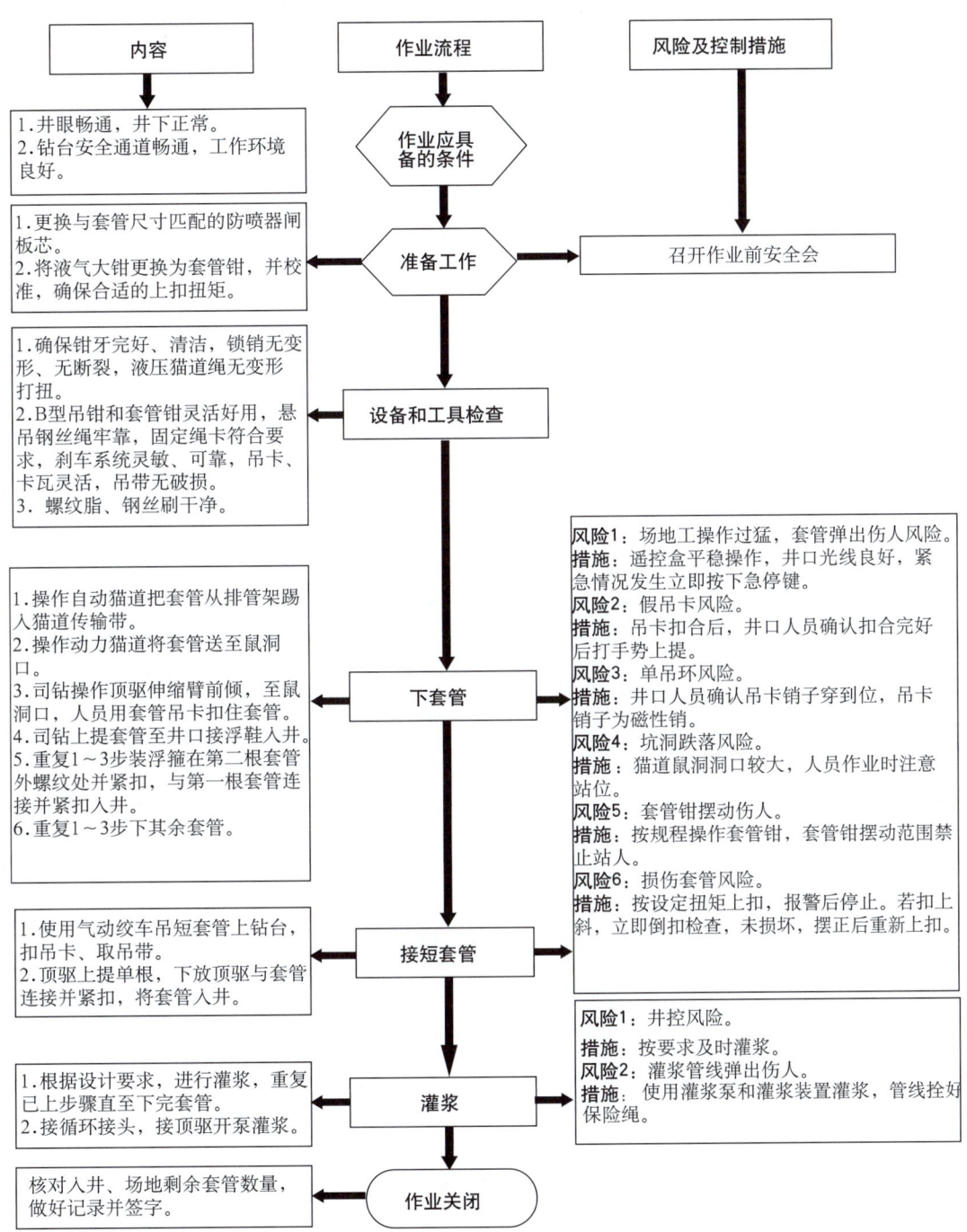

图 9.4 管柱自动化系统下套管 HSE 作业程序

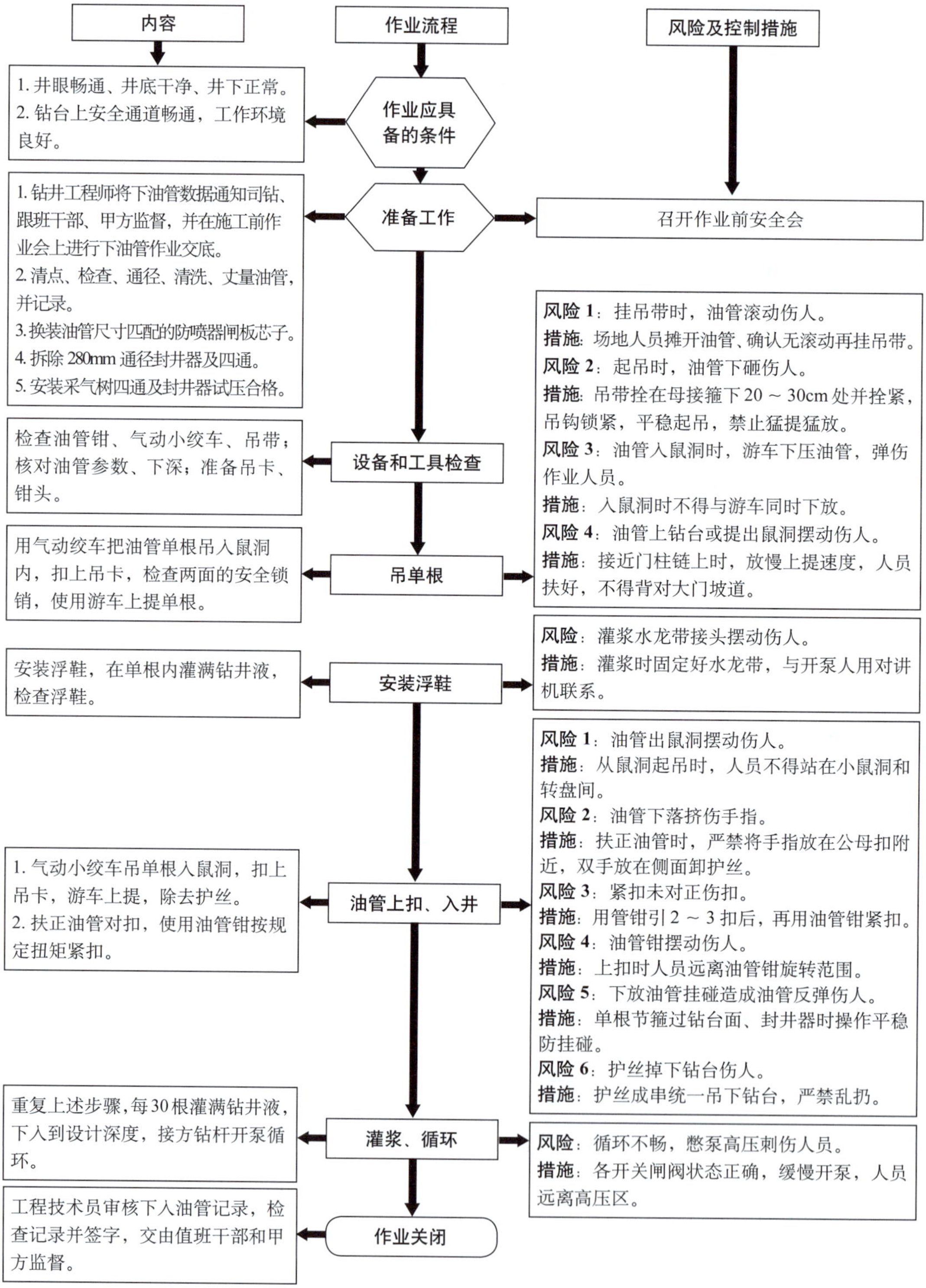

| 内容 | 作业流程 | 风险及控制措施 |
|---|---|---|
| 1. 井眼畅通、井底干净、井下正常。<br>2. 钻台上安全通道畅通，工作环境良好。 | 作业应具备的条件 | |
| 1. 钻井工程师将下油管数据通知司钻、跟班干部、甲方监督，并在施工前作业会上进行下油管作业交底。<br>2. 清点、检查、通径、清洗、丈量油管，并记录。<br>3. 换装油管尺寸匹配的防喷器闸板芯子。<br>4. 拆除280mm通径封井器及四通。<br>5. 安装采气树四通及封井器试压合格。 | 准备工作 | 召开作业前安全会 |
| 检查油管钳、气动小绞车、吊带；核对油管参数、下深；准备吊卡、钳头。 | 设备和工具检查 | 风险1：挂吊带时，油管滚动伤人。<br>措施：场地人员摊开油管、确认无滚动再挂吊带。<br>风险2：起吊时，油管下砸伤人。<br>措施：吊带拴在母接箍下20～30cm处并拴紧，吊钩锁紧，平稳起吊，禁止猛提猛放。<br>风险3：油管入鼠洞时，游车下压油管，弹伤作业人员。<br>措施：入鼠洞时不得与游车同时下放。<br>风险4：油管上钻台或提出鼠洞摆动伤人。<br>措施：接近门柱链上时，放慢上提速度，人员扶好，不得背对大门坡道。 |
| 用气动绞车把油管单根吊入鼠洞内，扣上吊卡，检查两面的安全锁销，使用游车上提单根。 | 吊单根 | |
| 安装浮鞋，在单根内灌满钻井液，检查浮鞋。 | 安装浮鞋 | 风险：灌浆水龙带接头摆动伤人。<br>措施：灌浆时固定好水龙带，与开泵人用对讲机联系。 |
| 1. 气动小绞车吊单根入鼠洞，扣上吊卡，游车上提，除去护丝。<br>2. 扶正油管对扣，使用油管钳按规定扭矩紧扣。 | 油管上扣、入井 | 风险1：油管出鼠洞摆动伤人。<br>措施：从鼠洞起吊时，人员不得站在小鼠洞和转盘间。<br>风险2：油管下落挤伤手指。<br>措施：扶正油管时，严禁将手指放在公母扣附近，双手放在侧面卸护丝。<br>风险3：紧扣未对正伤扣。<br>措施：用管钳引2～3扣后，再用油管钳紧扣。<br>风险4：油管钳摆动伤人。<br>措施：上扣时人员远离油管钳旋转范围。<br>风险5：下放油管挂碰造成油管反弹伤人。<br>措施：单根节箍过钻台面、封井器时操作平稳防挂碰。<br>风险6：护丝掉下钻台伤人。<br>措施：护丝成串统一吊下钻台，严禁乱扔。 |
| 重复上述步骤，每30根灌满钻井液，下入到设计深度，接方钻杆开泵循环。 | 灌浆、循环 | 风险：循环不畅，憋泵高压刺伤人员。<br>措施：各开关闸阀状态正确，缓慢开泵，人员远离高压区。 |
| 工程技术员审核下入油管记录，检查记录并签字，交由值班干部和甲方监督。 | 作业关闭 | |

图 9.5 下油管 HSE 作业程序

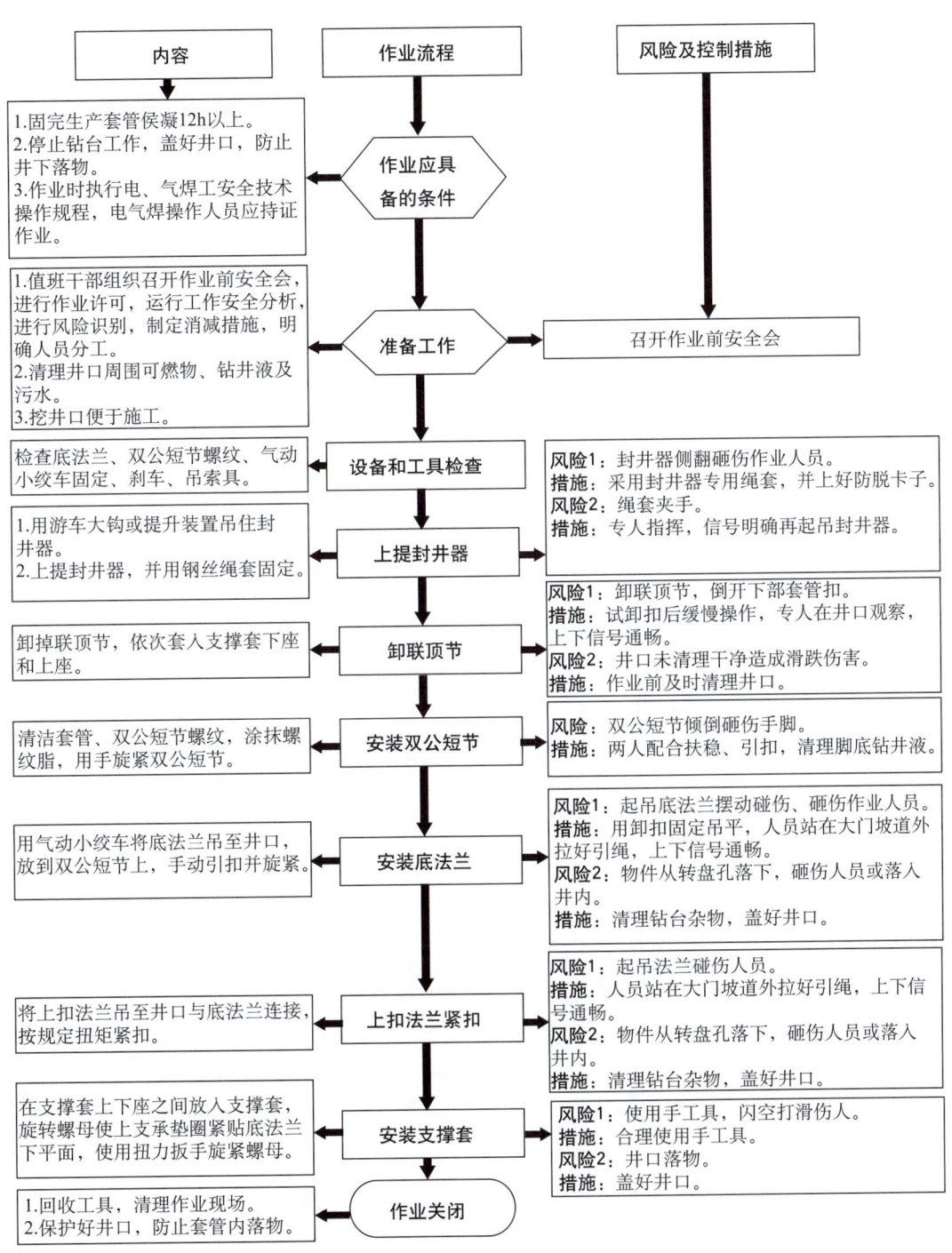

图 9.6 卡瓦式套管头安装 HSE 作业程序

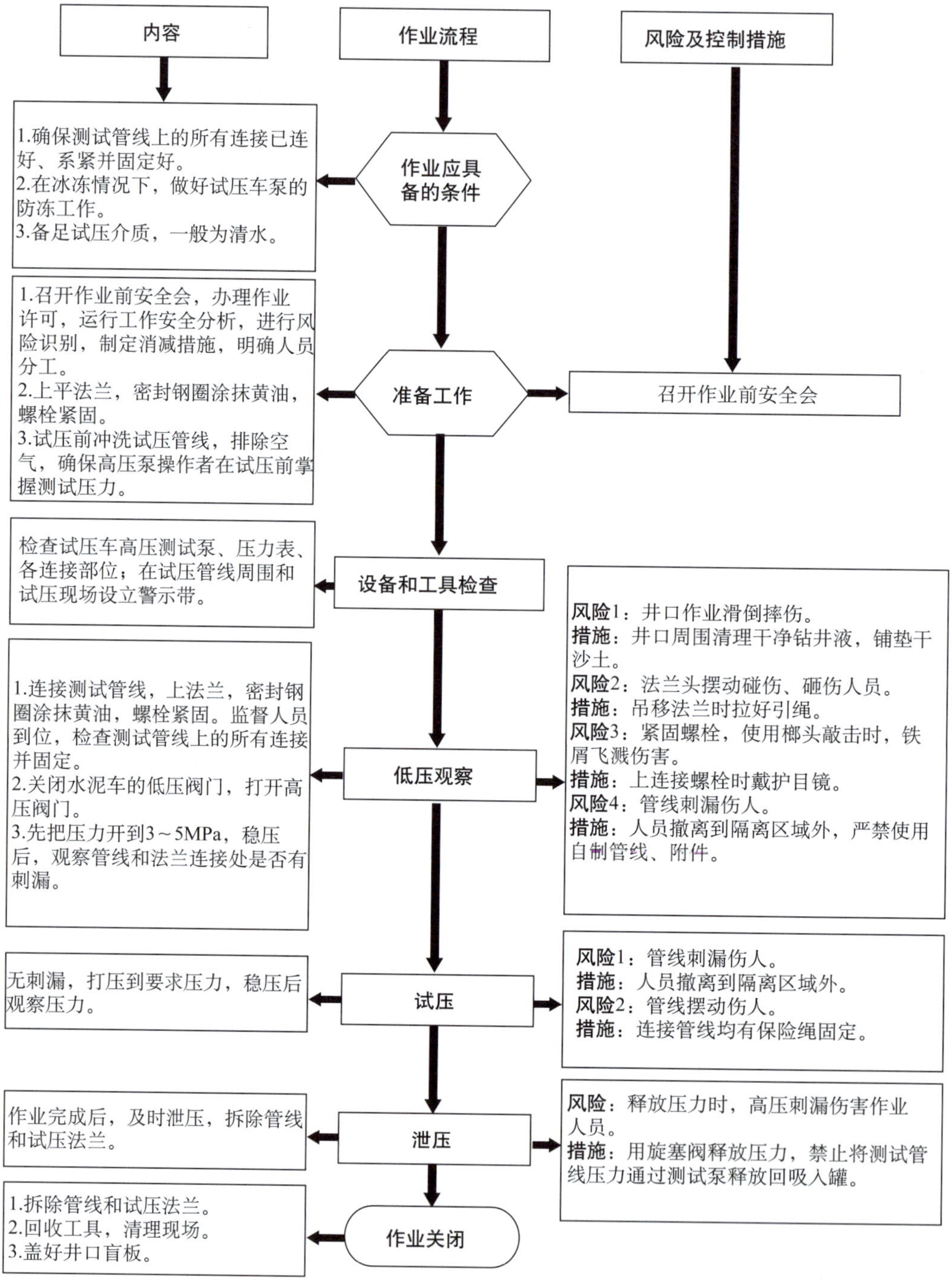

## 完井试压 HSE 作业程序

| 内容 | 作业流程 | 风险及控制措施 |
|---|---|---|
| 1.确保测试管线上的所有连接已连好、系紧并固定好。<br>2.在冰冻情况下，做好试压车泵的防冻工作。<br>3.备足试压介质，一般为清水。 | 作业应具备的条件 | |
| 1.召开作业前安全会，办理作业许可，运行工作安全分析，进行风险识别，制定消减措施，明确人员分工。<br>2.上平法兰，密封钢圈涂抹黄油，螺栓紧固。<br>3.试压前冲洗试压管线，排除空气，确保高压泵操作者在试压前掌握测试压力。 | 准备工作 | 召开作业前安全会 |
| 检查试压车高压测试泵、压力表、各连接部位，在试压管线周围和试压现场设立警示带。 | 设备和工具检查 | |
| 1.连接测试管线，上法兰，密封钢圈涂抹黄油，螺栓紧固。监督人员到位，检查测试管线上的所有连接并固定。<br>2.关闭水泥车的低压阀门，打开高压阀门。<br>3.先把压力开到3～5MPa，稳压后，观察管线和法兰连接处是否有刺漏。 | 低压观察 | 风险1：井口作业滑倒摔伤。<br>措施：井口周围清理干净钻井液，铺垫干沙土。<br>风险2：法兰头摆动碰伤、砸伤人员。<br>措施：吊移法兰时拉好引绳。<br>风险3：紧固螺栓，使用榔头敲击时，铁屑飞溅伤害。<br>措施：上连接螺栓时戴护目镜。<br>风险4：管线刺漏伤人。<br>措施：人员撤离到隔离区域外，严禁使用自制管线、附件。 |
| 无刺漏，打压到要求压力，稳压后观察压力。 | 试压 | 风险1：管线刺漏伤人。<br>措施：人员撤离到隔离区域外。<br>风险2：管线摆动伤人。<br>措施：连接管线均有保险绳固定。 |
| 作业完成后，及时泄压，拆除管线和试压法兰。 | 泄压 | 风险：释放压力时，高压刺漏伤害作业人员。<br>措施：用旋塞阀释放压力，禁止将测试管线压力通过测试泵释放回吸入罐。 |
| 1.拆除管线和试压法兰。<br>2.回收工具，清理现场。<br>3.盖好井口盲板。 | 作业关闭 | |

图 9.7　完井试压 HSE 作业程序

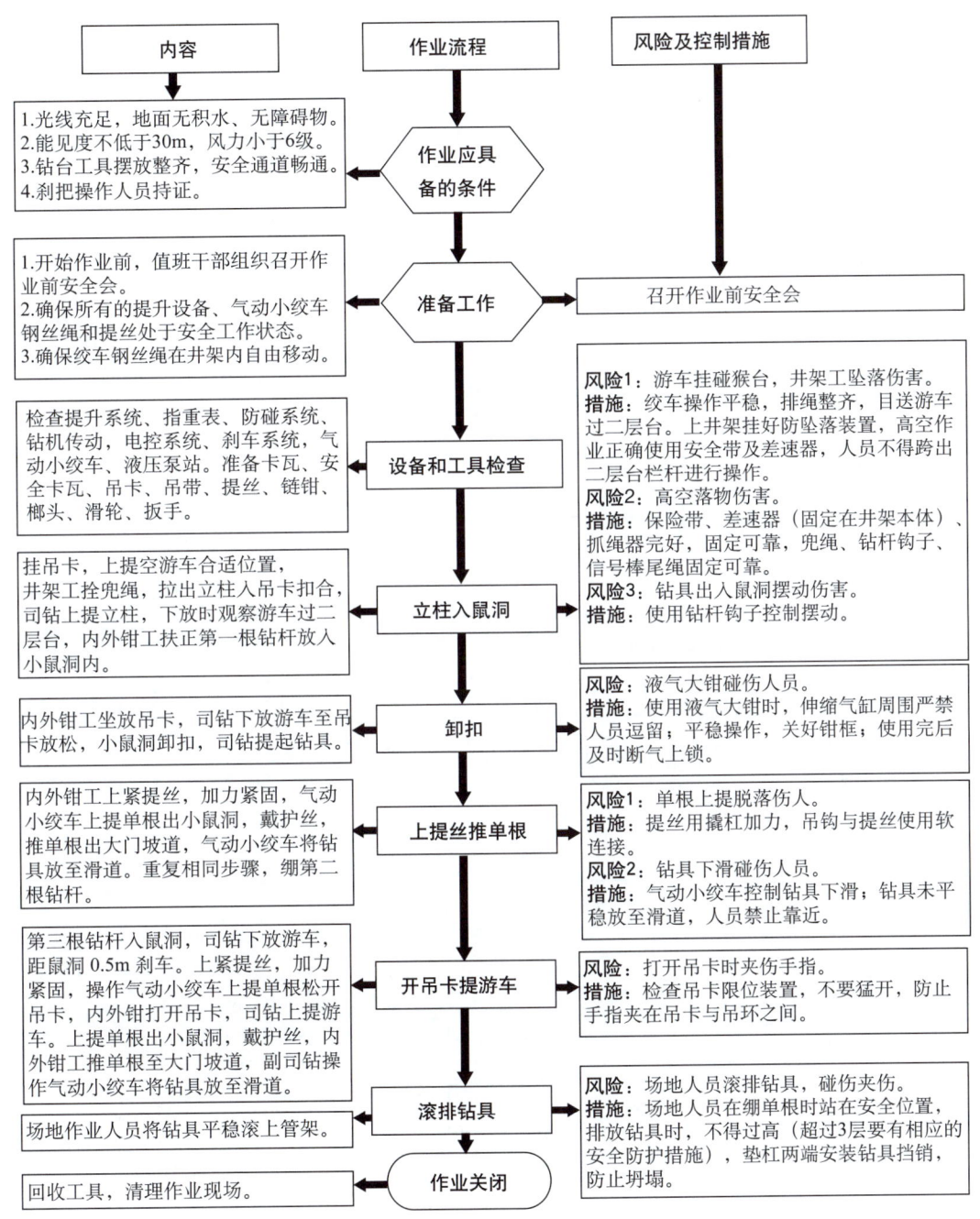

图 9.8 绷钻杆 HSE 作业程序

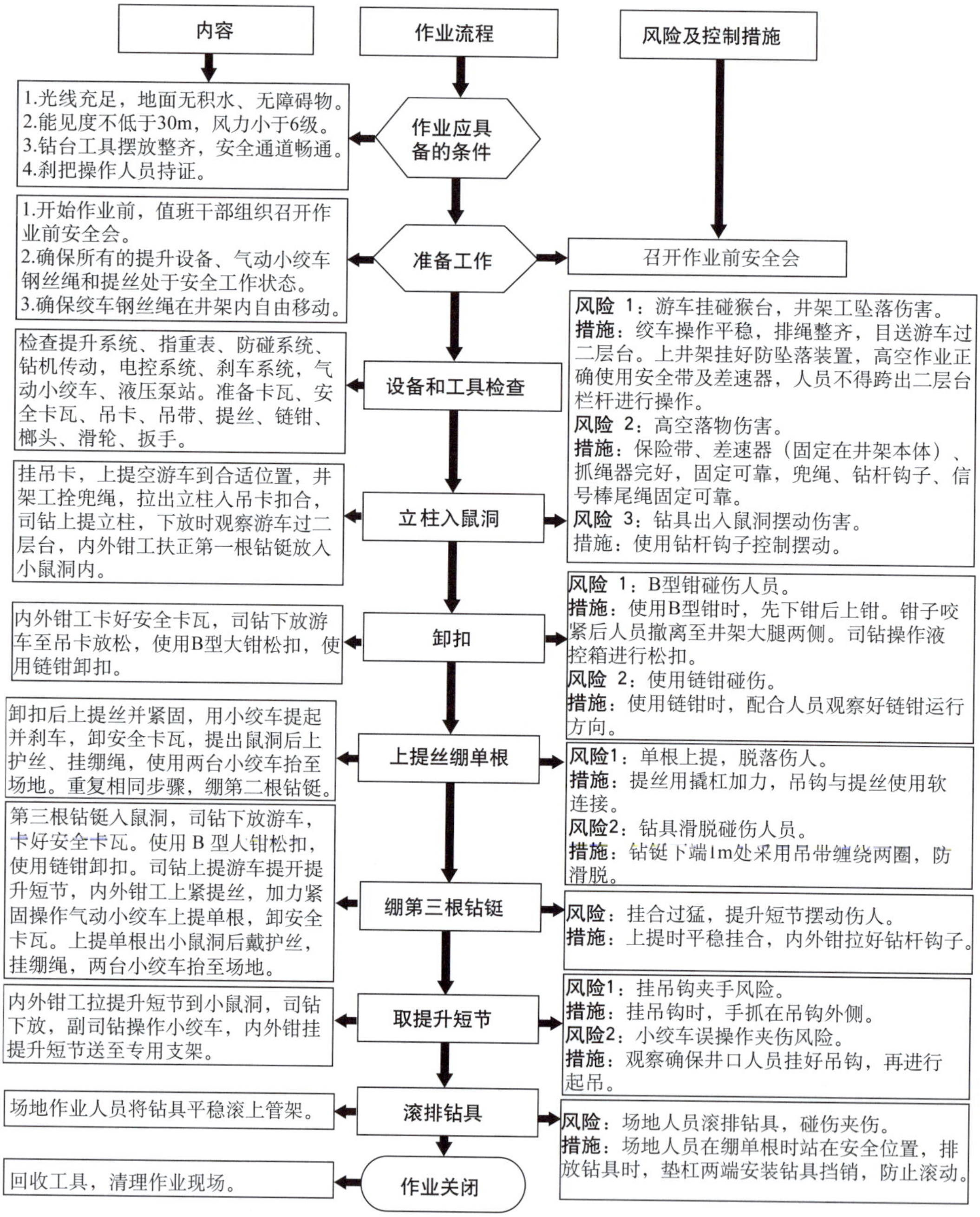

| 内容 | 作业流程 | 风险及控制措施 |
|---|---|---|
| 1.光线充足,地面无积水、无障碍物。<br>2.能见度不低于30m,风力小于6级。<br>3.钻台工具摆放整齐,安全通道畅通。<br>4.刹把操作人员持证。 | 作业应具备的条件 | |
| 1.开始作业前,值班干部组织召开作业前安全会。<br>2.确保所有的提升设备、气动小绞车钢丝绳和提丝处于安全工作状态。<br>3.确保绞车钢丝绳在井架内自由移动。 | 准备工作 | 召开作业前安全会 |
| 检查提升系统、指重表、防碰系统、钻机传动、电控系统、刹车系统、气动小绞车、液压泵站。准备卡瓦、安全卡瓦、吊卡、吊带、提丝、链钳、榔头、滑轮、扳手。 | 设备和工具检查 | 风险1:游车挂碰猴台,井架工坠落伤害。<br>措施:绞车操作平稳,排绳整齐,目送游车过二层台。上井架挂好防坠落装置,高空作业正确使用安全带及差速器,人员不得跨出二层台栏杆进行操作。<br>风险2:高空落物伤害。<br>措施:保险带、差速器(固定在井架本体)、抓绳器完好,固定可靠,兜绳、钻杆钩子、信号棒尾绳固定可靠。 |
| 挂吊卡,上提空游车到合适位置,井架工拴兜绳,拉出立柱入吊卡扣合,司钻上提立柱,下放时观察游车过二层台,内外钳工扶正第一根钻铤放入小鼠洞内。 | 立柱入鼠洞 | 风险3:钻具出入鼠洞摆动伤害。<br>措施:使用钻杆钩子控制摆动。 |
| 内外钳工卡好安全卡瓦,司钻下放游车至吊卡放松,使用B型大钳松扣,使用链钳卸扣。 | 卸扣 | 风险1:B型钳碰伤人员。<br>措施:使用B型钳时,先下钳后上钳。钳子咬紧后人员撤离至井架大腿两侧。司钻操作液控箱进行松扣。<br>风险2:使用链钳碰伤。<br>措施:使用链钳时,配合人员观察好链钳运行方向。 |
| 卸扣后上提丝并紧固,用小绞车提起并刹车,卸安全卡瓦,提出鼠洞后上护丝、挂绷绳,使用两台小绞车抬至场地。重复相同步骤,绷第二根钻铤。 | 上提丝绷单根 | 风险1:单根上提,脱落伤人。<br>措施:提丝用撬杠加力,吊钩与提丝使用软连接。<br>风险2:钻具滑脱碰伤人员。<br>措施:钻铤下端1m处采用吊带缠绕两圈,防滑脱。 |
| 第三根钻铤入鼠洞,司钻下放游车,卡好安全卡瓦。使用B型人钳松扣,使用链钳卸扣。司钻上提游车提开提升短节,内外钳工上紧提丝,加力紧固操作气动小绞车上提单根,卸安全卡瓦。上提单根出小鼠洞后戴护丝,挂绷绳,两台小绞车抬至场地。 | 绷第三根钻铤 | 风险:挂合过猛,提升短节摆动伤人。<br>措施:上提时平稳挂合,内外钳拉好钻杆钩子。 |
| 内外钳工拉提升短节到小鼠洞,司钻下放,副司钻操作小绞车,内外钳挂提升短节送至专用支架。 | 取提升短节 | 风险1:挂吊钩夹手风险。<br>措施:挂吊钩时,手抓在吊钩外侧。<br>风险2:小绞车误操作夹伤风险。<br>措施:观察确保井口人员挂好吊钩,再进行起吊。 |
| 场地作业人员将钻具平稳滚上管架。 | 滚排钻具 | 风险:场地人员滚排钻具,碰伤夹伤。<br>措施:场地人员在绷单根时站在安全位置,排放钻具时,垫杠两端安装钻具挡销,防止滚动。 |
| 回收工具,清理作业现场。 | 作业关闭 | |

图 9.9 绷钻铤 HSE 作业程序

# 10

## 工具、仪器及仪表作业程序

## 10.1　工具、仪器及仪表作业概述

仪器仪表是指在某个过程和系统中，能够进行感应、测量、传送或调解的设备；作用是对生产过程进行准确的测量和控制。

工具指工作时所需用的器具。

## 10.2　工具、仪器及仪表作业程序

工具、仪器及仪表作业程序包括：

（1）装载机拆卸安装铲斗（抓管器、吊臂）HSE 作业程序；

（2）MWD 循环套拆卸 HSE 作业程序；

（3）校正指重表 HSE 作业程序；

（4）喷灯使用 HSE 作业程序。

工具、仪器及仪表作业程序如图 10.1 至图 10.4 所示。

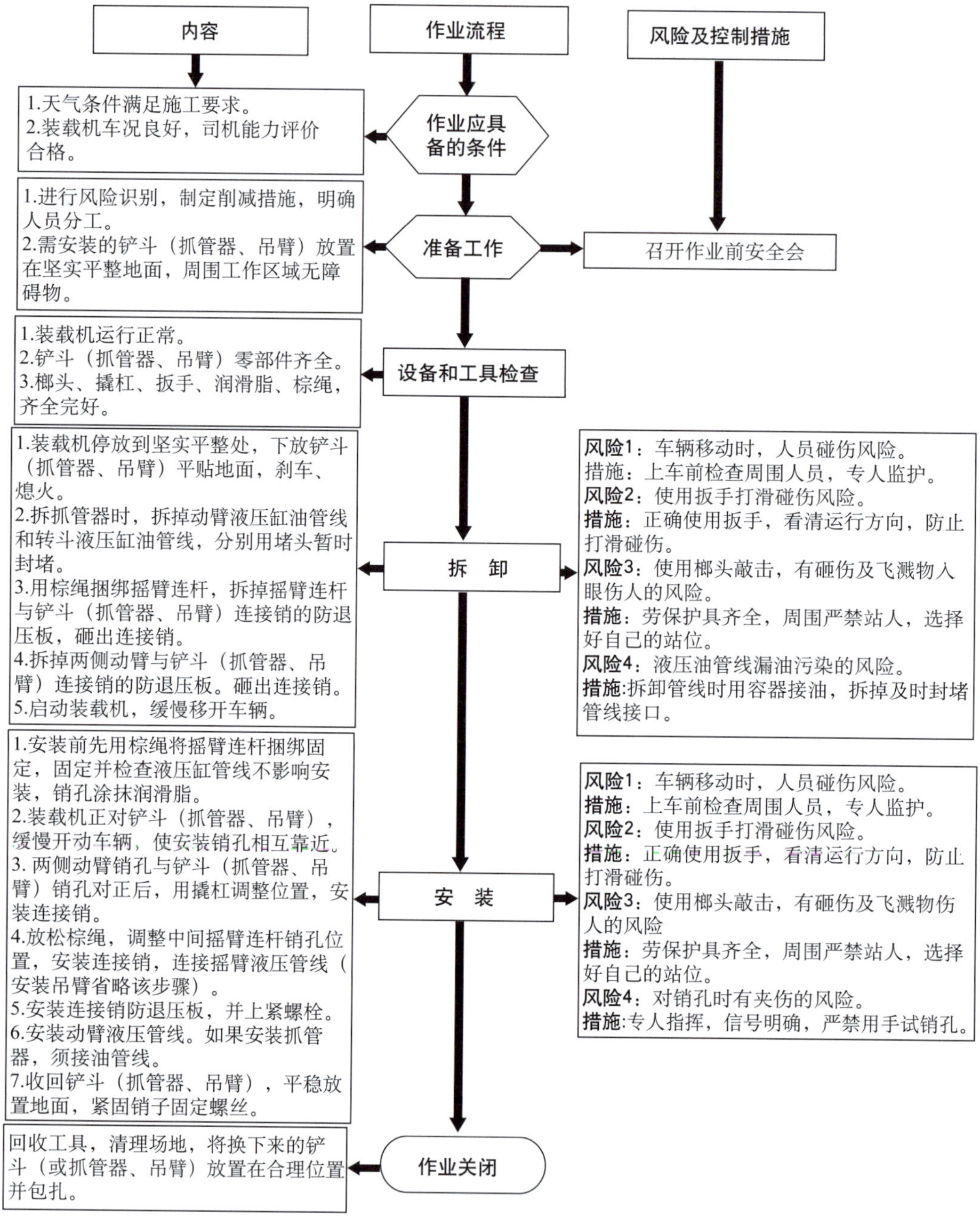

| 内容 | 作业流程 | 风险及控制措施 |
|---|---|---|
| 1.天气条件满足施工要求。<br>2.装载机车况良好，司机能力评价合格。 | 作业应具备的条件 | |
| 1.进行风险识别，制定削减措施，明确人员分工。<br>2.需安装的铲斗（抓管器、吊臂）放置在坚实平整地面，周围工作区域无障碍物。 | 准备工作 | 召开作业前安全会 |
| 1.装载机运行正常。<br>2.铲斗（抓管器、吊臂）零部件齐全。<br>3.榔头、撬杠、扳手、润滑脂、棕绳、齐全完好。 | 设备和工具检查 | |
| 1.装载机停放到坚实平整处，下放铲斗（抓管器、吊臂）平贴地面，刹车、熄火。<br>2.拆抓管器时，拆掉动臂液压缸油管线和转斗液压缸油管线，分别用堵头暂时封堵。<br>3.用棕绳捆绑摇臂连杆，拆掉摇臂连杆与铲斗（抓管器、吊臂）连接销的防退压板，砸出连接销。<br>4.拆掉两侧动臂与铲斗（抓管器、吊臂）连接销的防退压板。砸出连接销。<br>5.启动装载机，缓慢移开车辆。 | 拆 卸 | 风险1：车辆移动时，人员碰伤风险。<br>措施：上车前检查周围人员，专人监护。<br>风险2：使用扳手打滑碰伤风险。<br>措施：正确使用扳手，看清运行方向，防止打滑碰伤。<br>风险3：使用榔头敲击，有砸伤及飞溅物入眼伤人的风险。<br>措施：劳保护具齐全，周围严禁站人，选择好自己的站位。<br>风险4：液压油管线漏油污染的风险。<br>措施:拆卸管线时用容器接油，拆掉及时封堵管线接口。 |
| 1.安装前先用棕绳将摇臂连杆捆绑固定，固定并检查液压缸管线不影响安装，销孔涂抹润滑脂。<br>2.装载机正对铲斗（抓管器、吊臂），缓慢开动车辆，使安装销孔相互靠近。<br>3.两侧动臂销孔与铲斗（抓管器、吊臂）销孔对正后，用撬杠调整位置，安装连接销。<br>4.放松棕绳，调整中间摇臂连杆销孔位置，安装连接销，连接摇臂液压管线（安装吊臂省略该步骤）。<br>5.安装连接销防退压板，并上紧螺栓。<br>6.安装动臂液压管线。如果安装抓管器，须接油管线。<br>7.收回铲斗（抓管器、吊臂），平稳放置地面，紧固销子固定螺丝。 | 安 装 | 风险1：车辆移动时，人员碰伤风险。<br>措施：上车前检查周围人员，专人监护。<br>风险2：使用扳手打滑碰伤风险。<br>措施：正确使用扳手，看清运行方向，防止打滑碰伤。<br>风险3：使用榔头敲击，有砸伤及飞溅物伤人的风险<br>措施：劳保护具齐全，周围严禁站人，选择好自己的站位。<br>风险4：对销孔时有夹伤的风险。<br>措施:专人指挥，信号明确，严禁用手试销孔。 |
| 回收工具，清理场地，将换下来的铲斗（或抓管器、吊臂）放置在合理位置并包扎。 | 作业关闭 | |

图 10.1 装载机拆卸安装铲斗（抓管器、吊臂）HSE 作业程序

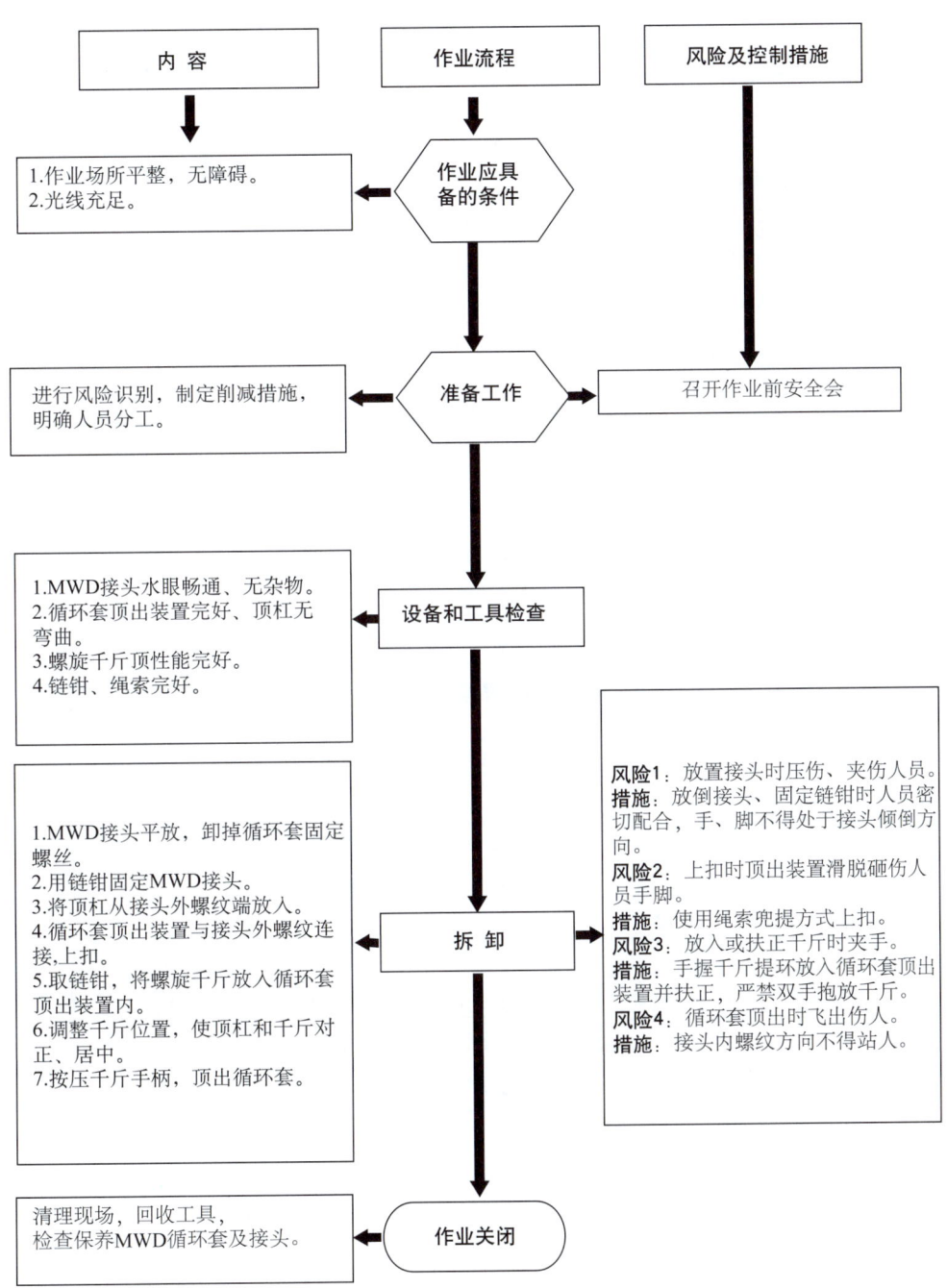

图 10.2　MWD 循环套拆卸 HSE 作业程序

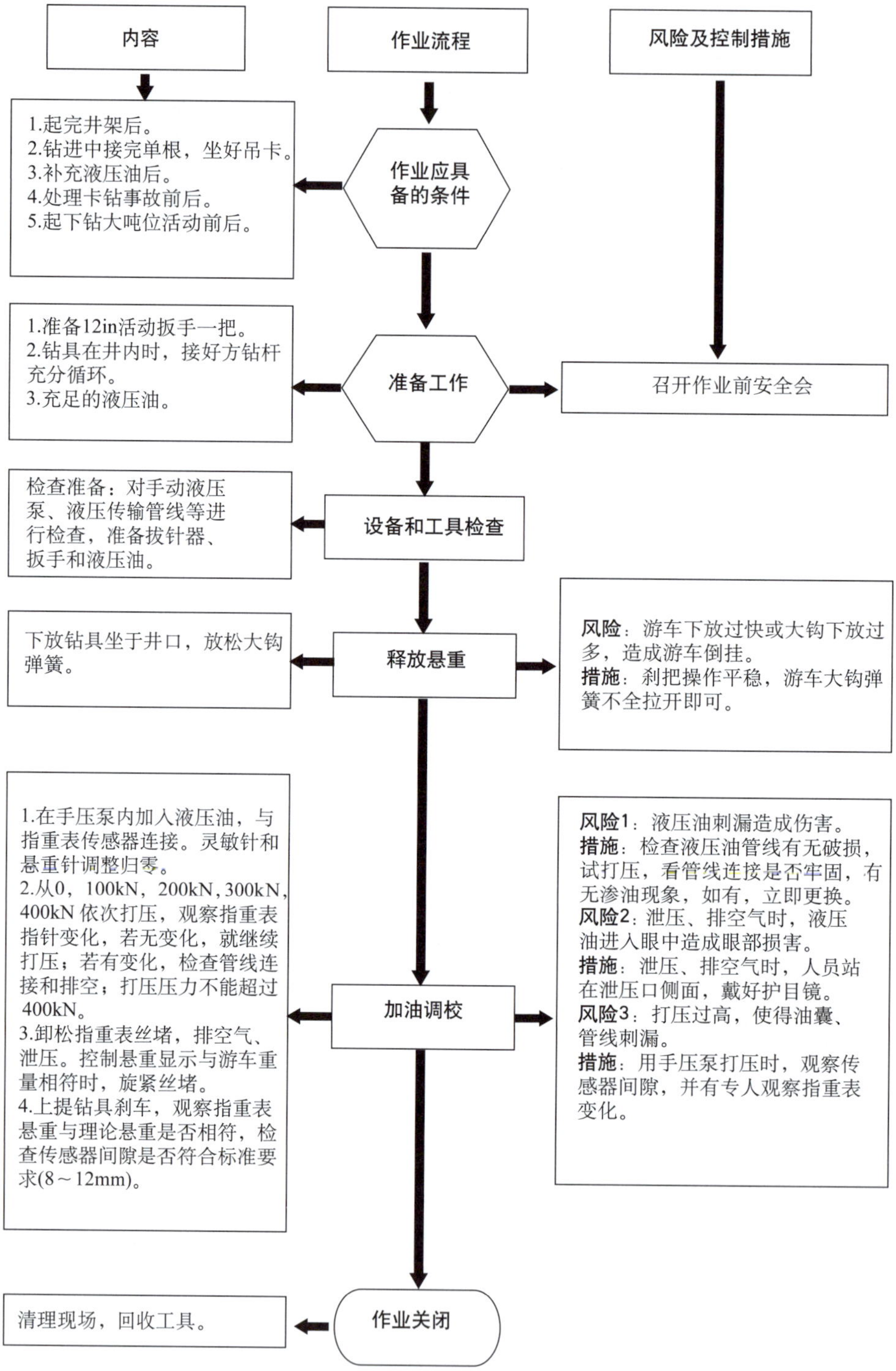

| 内容 | 作业流程 | 风险及控制措施 |
|---|---|---|
| 1.起完井架后。<br>2.钻进中接完单根，坐好吊卡。<br>3.补充液压油后。<br>4.处理卡钻事故前后。<br>5.起下钻大吨位活动前后。 | 作业应具备的条件 | |
| 1.准备12in活动扳手一把。<br>2.钻具在井内时，接好方钻杆充分循环。<br>3.充足的液压油。 | 准备工作 | 召开作业前安全会 |
| 检查准备：对手动液压泵、液压传输管线等进行检查，准备拔针器、扳手和液压油。 | 设备和工具检查 | |
| 下放钻具坐于井口，放松大钩弹簧。 | 释放悬重 | 风险：游车下放过快或大钩下放过多，造成游车倒挂。<br>措施：刹把操作平稳，游车大钩弹簧不全拉开即可。 |
| 1.在手压泵内加入液压油，与指重表传感器连接。灵敏针和悬重针调整归零。<br>2.从0、100kN、200kN、300kN、400kN依次打压，观察指重表指针变化，若无变化，就继续打压；若有变化，检查管线连接和排空；打压压力不能超过400kN。<br>3.卸松指重表丝堵，排空气、泄压。控制悬重显示与游车重量相符时，旋紧丝堵。<br>4.上提钻具刹车，观察指重表悬重与理论悬重是否相符，检查传感器间隙是否符合标准要求(8~12mm)。 | 加油调校 | 风险1：液压油刺漏造成伤害。<br>措施：检查液压油管线有无破损，试打压，看管线连接是否牢固，有无渗油现象，如有，立即更换。<br>风险2：泄压、排空气时，液压油进入眼中造成眼部损害。<br>措施：泄压、排空气时，人员站在泄压口侧面，戴好护目镜。<br>风险3：打压过高，使得油囊、管线刺漏。<br>措施：用手压泵打压时，观察传感器间隙，并有专人观察指重表变化。 |
| 清理现场，回收工具。 | 作业关闭 | |

图 10.3　校正指重表 HSE 作业程序

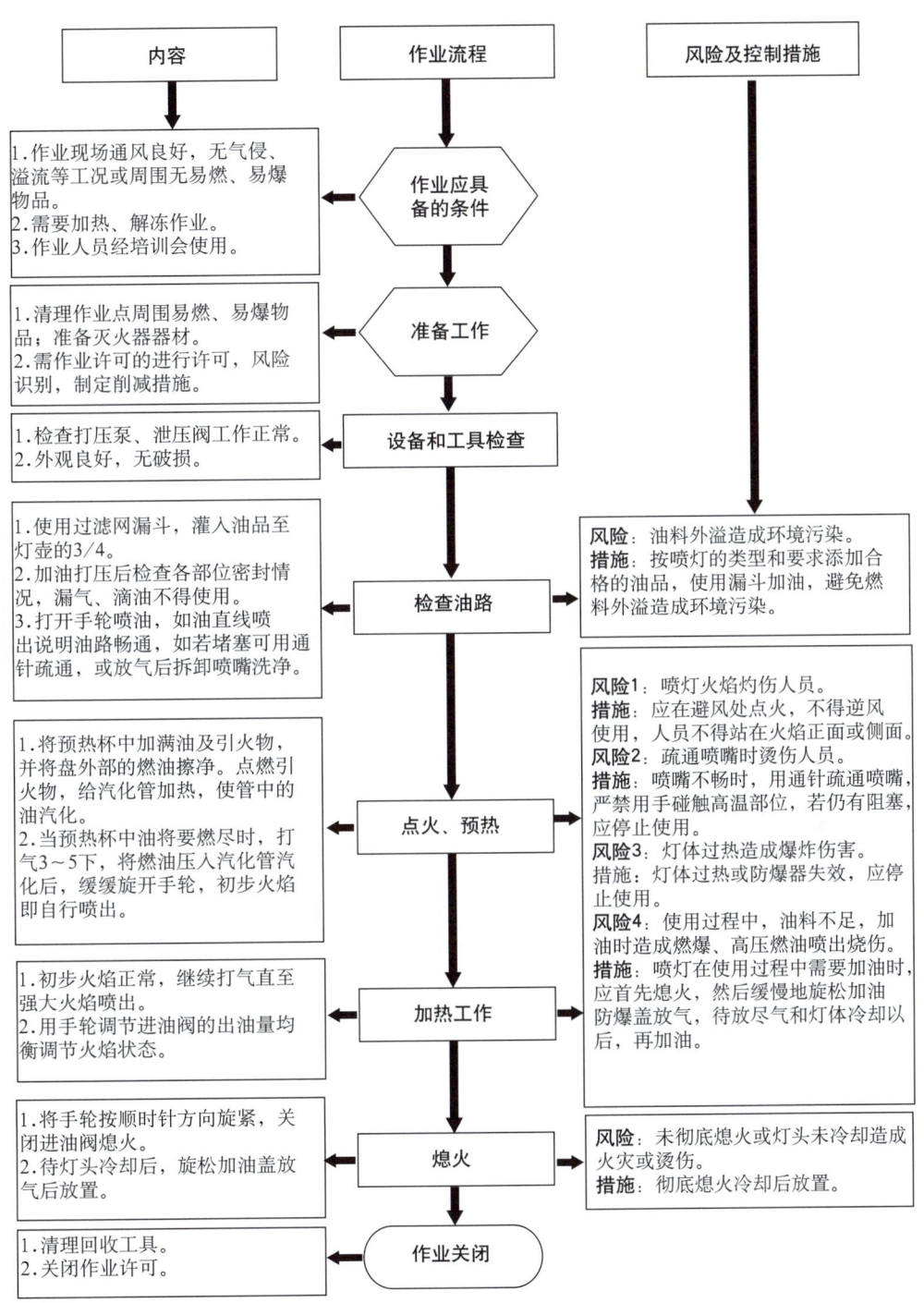

图 10.4 喷灯使用 HSE 作业程序

# 参 考 文 献

[1] 郭书昌，刘喜福．钻井工程安全手册 [M]．北京：石油工业出版社 2009.10．

[2] 张潇，赵明海，刘福生，谭德讲，李冠明．标准操作规程 (SOP) 由来、书写要求及其作用 [J]．实验动物科学，2007,10（5）．

[3] Q/SY 1217—2009　HSE 作业指导书编制指南．